HEXIN SUYANG DAOXIANG DE GAOZHONG SHUXUE JIAOXUE

核心素养导向的高中数学教学

王尊甫　著

中国海洋大学出版社
·青岛·

图书在版编目(CIP)数据

核心素养导向的高中数学教学 / 王尊甫著. —青岛：
中国海洋大学出版社，2021.4

ISBN 978-7-5670-2802-9

Ⅰ.①核… Ⅱ.①王… Ⅲ.①中学数学课－高中－教
学参考资料 Ⅳ.①G633.603

中国版本图书馆 CIP 数据核字(2021)第 069607 号

出版发行	中国海洋大学出版社		
社　　址	青岛市香港东路 23 号	**邮政编码**	266071
出 版 人	杨立敏		
网　　址	http://pub.ouc.edu.cn		
电子信箱	zwz_qingdao@sina.com		
订购电话	0532－82032573(传真)		
责任编辑	邹伟真	**电　　话**	0532－85902533
印　　制	日照日报印务中心		
版　　次	2021 年 4 月第 1 版		
印　　次	2021 年 4 月第 1 次印刷		
成品尺寸	170 mm×230 mm		
印　　张	19.25		
字　　数	365 千		
印　　数	1—1000		
定　　价	78.00 元		

发现印装质量问题，请致电 18663037500，由印刷厂负责调换。

自序

源于一份热爱和追求

我刚刚踏上讲坛时,正好碰上"新课改"。而今,新的一轮课改又开始启动。从教近二十年,我一直在转变教育观念,改进教学策略与方式,细细品味教育的真谛。在教育观上,从知能为先到追求品位品质,以素养立意;在教学观上,从封闭式演练到开放性探究,促进高阶思维发展;在教学研究上,从个人跨越发展到学科组整体提升。工作中,既有播种时的辛苦与劳累,也有收获时的喜悦与充实。

刚入职时,我和大多数教师一样,紧紧围绕教材知识与高考要求安排教学工作,积极听课,深入研究高考题。初期,我的教学设计突出知识与题型的全面性,以容量大、密度高为主要特征。课堂上更多以讲授为主,通过"三大纪律、八项注意"刺激学生,突出数学的题型化与程序化。通过高考研究中生成的第一手资料,以及对学生"稳妥有力"的课堂管理,我的教学成绩一直名列前茅。三年后学生毕业,学科成绩名列全市第一,我也因此崭露头角。

随着对新课程理念的逐步深入,我对自己的教育观与教学方式进行了持续、深入的反思。我认识到任何学科的教学都不仅仅为了获得若干知识、技能和能力,而要同时指向人的精神、思想情感、思维方式、生活方式和价值观的生成与提升。学科教学要体现文化意义、思维意义、价值意义,即人的意义!当然,在高考的指挥棒下,作为一名高中教师,谁都无法真正脱俗,但我们是不是可以让教学的过程变得"自然"一点,"生动"一点,"有趣"一点,让学生学习知识的过程快乐一点,让他们除了会考试之外,还能够会质疑、会探索,去思考学科与现实生活的联系,借助学科的学习认识人生的意义和价值。那么,学科不仅仅是通过成绩与学生相维系,而是变成一种工具和思维方式去影响学生观照自我,了解自然,认识世界。

在此之后,我的课堂也有了明显的变化。教学设计时,我开始琢磨数学知识之间、数学与现实生活、数学与科学的联系,创设更贴切、更真实有效的问题情境，让学生知道数学从何而来，在问题的探究中感受数学的现实意义；课堂教学中，密切联系数学史与数学文化，与学生一道含英咀华，汲取数学智慧，感受哲学辩证，提升学科素养；师生互动中，开始减少记忆类问题的提问，关注理解类问题、分析类问题等，关注问题系统的构建，利用梯度合理、不失开放性的问题串与问题链，驱动学生深度思考，启迪智慧；开始创设更多的机会让学生走上讲台，进行充分的交流、展示、互评，成为"小先生"，而我则走下讲台，走向学生，多一点倾听，多一点鼓励，成为学生的"大军师"。

为了更好地激发学生学习数学的兴趣，让更多的学生喜欢上数学，学会用数学眼光观察现实世界，用数学思维思考现实生活，我将现实中的数学问题、文化中的数学情境等适切地融入课堂中，引导学生了解数学的发展历程，认识数学在科学技术、社会发展中的作用，进一步感悟数学价值，提升学生的科学精神、应用意识和人文素养，取得了意想不到的效果。

苏霍姆林斯基说过：在学生的脑力劳动中，摆在第一位的并不是背书，不是记住别人的思想，而是让学生本人进行思考，也就是进行生动的创造。《普通高中数学课程标准（2017年版）》（以下简称新课标）也指出：教师可以围绕某个具体的数学问题，引导学生开展自主探究、合作研究并最终解决问题的探究活动，让学生进行高阶思维的锻炼，促使其步入深度学习。

在这个学习与自主学习的人工智能时代，教师的主要功能是让学生爱上学习，提高学习过程中的愉悦感和成就感，在此基础上逐渐强化自觉学习、主动学习的意识和习惯，实现学习方式的根本性改变。因此，好的教师应该尽可能开展数学探究活动和数学实践活动，让学生自觉学习、主动学习、深度学习，激发和促进学科的发展。

在深度学习中，学生发现和提出有意义的数学问题，猜测合理的数学结论，提出解决问题的思路和方案，通过自主探索、合作研究论证数学结论。学生在从类比、模仿到自主创新、从局部实施到整体构想的实践过程中，经历课题研发的全部过程，积累发现和提出问题、分析和解决问题的经验，形成遵守学术规范，坚守诚信底线的道德准则，养成独立思考与合作交流的习惯。它可以让学生在理解学习的基础上，能够批判性地学习新知识、新理论，将学习的感受、感知与感悟有机地融入自己的原有认知结构中，进而提升学习层次，强化学习能力。

学生大都具有"向师性"。让学生成为研究者，教师首先要成为研究者。我经常把自己对于学科内容的拓展与研究展示给学生，让学生体会数学学科的趣味性与美,感受探究的快乐。2020年初,我把自己在寒假中研究的"关于导数压轴题的题根研究"文字材料分批展示给学生,学生对于研究所得的大量结论规律和深刻的背景分析大为惊讶,更有一些学生积极地加入研究行动中,探究高考题的多样解法,研究高考题与课本例题的吻合度与改编方式等。值得一提的是,还有几位同学的论文发表在期刊上。这些成果让学生不仅提高了应用意识和探究能力,而且在知识与技能之外,形成了直接的基本活动经验,丰富了自身对数学的认知,提升了数学素养。

所以,我认为,只有教师能够把教学活动的重心放在促进学生学会学习上,积极探索有利于促进学生学习的多样化教学方式,让学生由被动地学习和吸收转变为自主地研究与创造,在深度思考中提高应用意识与创新能力。更重要的是,在这种深度学习的推进过程中,学习也悄悄地完成了变革。学生已然从单纯的课堂学习消费者转变成课堂学习贡献者。

当然,我们在发展和成就学生的同时,不要忘记发展自己。教师的职业使命是育人。这里所说的"育人",并不单单是培育学生,也是在培育自己。《论语》中说"夫仁者,己欲立而立人,己欲达而达人"。我认为,"立己"就是教师要不断地提升技能和修炼素养,实现自身的专业化发展;"达人"就是要把技能和素养转化为教育的智慧,促进学生的发展,形成育人的成效。

所以,我认为教师应该与学生一起成长,也就是说在立己达人、再立己达人的螺旋上升中,成就一批批学生的同时也在不断地实现自己的人生价值。

刚入职时,偶然在青岛书城买到全国模范教师杨冠夏的《高中数学的教育方式——基础与境界》与高慎英、刘良华的《有效教学论》,在阅读和反思后,我得以建构起知识体系和教学秩序,形成建构主义知识观,初步成长为一名专业知识扎实、专业技能过硬的数学教师;为了更深刻地了解教材编写的主旨,我在网上收集了人民教育出版社课程教材研究所副主任章建跃关于数学教育与数学教学的近百篇讲稿和文章,又购买了他和曹才翰先生合著的《中学数学教学概论》,经仔细品读,认真领会,我在教学中对于教材的疑惑得到了解答,让我能够站在教材编写者的角度上认识数学知识脉络,了解教材编写意图,实现了从"教教材"到"用教材教"的转变;张景中院士的《数学与哲学》、任勇的《数学教育的智慧与境界》等,让我更加坚定了走智慧课堂、趣味课堂和文化课堂的步伐,将文化与艺术融入课堂中,将价值观与美育渗透课堂中,实现价值融合与学科育人。

阅读让我与教育大师对话,与教材编写者请教,与教育一线同志切磋。在阅读中,我明确地感觉到那些理性、智慧的文字滋养和启迪着我。我饥渴地吸收着大家对于教育的理解,感受他们对于"人的教育"的关注和追求,汲取着数学与其他学科,尤其是与哲学的联系,更强烈地体会数学的文化价值与美学价值。在阅读中,我很欣慰自己的观念和行为可以在很多教育论著中得以证实,这让我内心在教育跌宕的浪潮中更加笃定和平静。我的思维逐步跳出局限,如同宇航员脱离地心引力,进入广阔的星空。

在做数学组教研组长和学科研究中心主任期间,我将自己的所读、所思、所行进一步梳理,贯彻到学科组的建设中。我坚定地将教学研究作为学科组活动的中心,将课堂教学作为聚焦点,开启了"重建课堂"的主题教研活动。在活动中,我积极拓展思路,大胆创新形式,以案例为专业引领的载体,从理念转变到实践研究,从行动研究到目标导引,从重视课堂效率到重视课堂效益,探索教师教学行为密码,提升课堂教学技能,规范各课型教学模式,提高课堂教学品位,使数学组的教学研究氛围大大提升。

作为学科研究中心主任,我一直置身于数学教学研究的最前线。在活动中,我经常以竞争者的身份与老师同课异构,展示多元的教育理念、风格迥异的教学设计、殊途同归的教学策略、智慧的教学艺术,各美其美,美美与共;以示范者的身份构建活生生的课堂现场,生动而直观地展现自己对于教育的理解,对于数学的理解,对于教学的理解;以指导者的身份剖析课堂目标定位、结构设计、效果评测,引导教师们聚焦学生行为,凸显思维过程,体现核心价值。

正是这特定的身份,让我拥有了更多思维交锋、智慧碰撞的机会,拥有了更广阔、更自主的展示空间,进而对数学有了更加系统和深入的理解,也让我在不断地沉淀和升华之后有了更多的研究成果。我曾展示山东省公开课、青岛市公开课、青岛市名师开放课、城乡交流课等,荣获青岛市教学能手、青岛市优质课一等奖、青岛市原创命题一等奖,5件微课作品分获青岛市首届微课程一、二、三等奖,课例被评为山东省"一课一名师,一师一优课"优秀课例,多篇论文在《中学数学教学参考》《高中数学教与学》《中学生理科应试》《中学数学》等期刊上发表,有一篇论文获山东省中小学教育科研优秀成果一等奖、一篇论文获山东省继续教育研究优秀成果一等奖,多次在青岛市教研活动中交流经验,被评为平度市优秀教师和平度市基础教育教师培训专家。

"却顾所来径,苍苍横翠微。"每一份成绩背后,必然有默默耕耘的身影,那份努力在别人眼中可能是另类和极端,在当事人身上却是朴素的情感流露与自然的行为方式,而这都源于自身对教育诚挚的爱和不懈的追求。

作家三毛说过:每个人心里都有一亩田。教育就是我们教育人心中一方充满希望的沃土。作为教师的我们,自然就是那辛勤的播种者。有人种桃,有人种李。而我愿种一缕春风,携来温柔的春雨,融化冰冻的知识,唤醒沉睡的课堂,让个性的胚芽舒展,让教研的成果芳美,让生动、活泼、真正的"人"从教育中徐徐走出。

本书是在我十余年积累和反思的基础上,结合近两年的课改研究工作成果而成,以丰富的案例为参考论述,从课标到教材,再到课堂以及评价的诸多方面。一方面,是想把个人的研究在沉淀后有一个物化的成果;另一方面,希望本书能为从事数学教学的青年教师朋友们提供一份借鉴和参考。因本人才疏学浅,难免有不当之处,敬请批评指正。

最后,希望青年教师朋友们能够从这本书中得到启发和进步。

是为序。

王尊甫
于山东省平度第一中学德元楼
2021 年 2 月

目　录

第一章　新课标解读

导读

　　课标,规定了教育目标和教育内容,是国家意志在教育领域的直接体现,是纲领性教学文件。只有深入地研读课标,深刻地领会课标内涵,才能更好地理解教材,推进课堂教学改革,把握高考的脉搏和动向。

　　那么,新课标的价值何在,内容有哪些,有哪些具体可行的解读方式呢?

第一节　新课标解读的价值与内容

　　党的十九大明确提出:要全面贯彻党的教育方针,落实立德树人的根本任务,发展素质教育,推进教育公平,培养德智体美全面发展的社会主义建设者和接班人。

　　2003 年,教育部印发普通高中课程方案和课程标准实验稿;2013 年,教育部启动普通高中课程修订工作;2018 年,教育部制定并印发《普通高中课程标准(2017 年版)》(以下简称新课标);2019 年秋季,普通高中教科书正式发行面世。

　　新的课程方案进一步明确了普通高中教育的定位,将培养目标设定为"进一步提升学生综合素质,着力发展核心素养,使学生具有理想信念和社会责任感,具有科学文化素养和终身学习的习惯,具有自主发展能力和沟通合作能力";进一步优化了课程结构,将课程类别调整为必修课程、选择性必修课程和选修课程,为不同发展方向和不同学习水平的学生提供了有选择的课程,既保证了基础性,又兼顾了选择性和发展性;强化了课程有效实施的制度建设,包括增设教师队伍建设、教学设施和经费保障等条件保障,强化各级教育行政部门和学校课程实施的管理和监督责任。

　　课标,规定了教育目标和教育内容,是国家意志在教育领域的直接体现,是纲领性教学文件,它凝练了先进的教育理念,促进教育观念的更新;指明了阶段性的课程改革方向,指导课程改革实践;指导考试评价制度及方式改革,推进人才培养模式的变革。

新课标指出,数学是自然科学的重要基础,承载着思想和文化,是人类文明的重要组成部分,并且在社会科学中发挥越来越大的作用;数学在形成人的理性思维、科学精神和促进个人智力发展的过程中发挥着不可替代的作用;并提出了"学生发展为本,立德树人,提升素养""优化课程结构,突出主线,精选内容""把握数学本质,启发思考,改进教学""重视过程评价,聚焦素养,提高质量"四个基本理念,对课程任务、教材编写、教学改革、考试评价提出了原则性的要求和指导。

新课标明确指出普通高中的数学课程目标:"通过高中数学课程的学习,学生能获得进一步学习以及未来发展所必需的数学基础知识、基本技能、基本思想、基本活动经验(简称'四基');提高从数学发现和提出问题的能力、分析和解决问题的能力(简称'四能')。"新课标凝练了学科核心素养,明确了学生学习课程后应达成的正确价值观念、必备品格和关键能力。普通高中数学学科核心素养包括数学抽象、逻辑推理、数学建模、直观想象、数学运算和数据分析。这些数学学科核心素养既相对独立,又相互交融,是一个有机整体,是数学学科育人价值的集中体现,是数学课程目标的集中体现。

新课标精选了学科内容,优化了课程结构,以主题为引领,突出数学主线;凸显数学内在逻辑和思想方法,强调数学与生活以及其他学科的联系;课程内容情境化,提升学生应用数学解决实际问题的能力;同时有机融入社会主义核心价值观、中华优秀传统文化等,渗透数学文化,充分体现数学的科学价值、应用价值、文化价值和审美价值。

新课标以发展学生数学学科核心素养为导向,引导学科育人,强调提高学生综合运用知识解决实际问题的能力,研制学业质量标准,为阶段性评价、学业水平考试和升学考试命题提供重要依据,有效地促进教、学、考有机衔接,形成育人的合力。

新课标每个模块或主题由"内容要求""教学提示""学业要求"三部分组成,增加了 37 个教学与评价案例,大大增强了对教材编写、教学实施和考试评价的指导性。

所以说,课标是课堂教学、考试评价的依据。只有深入地研读新课标,深刻地领会课标内涵,才能更好地推进课堂教学改革,把握高考的脉搏和动向。

第二节 新课标的解读方式

新课标的解读方式多种多样,既可以通读浏览,也可以精读细析;既可以自主解读,也可以小组研讨;既可以个人体会,也可以参照名家。当然,单纯的一种解读方式未免单薄,教师可以采取多种方式并行或递进解读的方式。

一、通读文本,了解新课标的内容及要点

教师们可以购买《普通高中数学课程标准(2017年版)》,结合课标主要编写者史宁中、王尚志所著的《普通高中数学课程标准(2017年版)解读》进行通读。

新课标除前言外,有"课程性质与基本理念""学科核心素养与课程目标""课程结构""课程内容""学业质量""实施建议"六章内容。

前言部分介绍了新课标修订的背景及意义、指导思想和基本原则、修订的主要内容和变化,提出了普通高中课程改革的预期和前景。

"课程性质与基本理念"部分提出了高中数学课程的性质、地位和四个基本理念("学生发展为本,立德树人,提升素养""优化课程结构,突出主线,精选内容""把握数学本质,启发思考,改进教学""重视过程评价,聚焦素养,提高质量")。

"学科核心素养与课程目标"部分逐项对数学学科六大核心素养——数学抽象、逻辑推理、数学建模、直观想象、数学运算和数据分析进行诠释,提出课程目标("四基""四能")。

"课程结构"部分分析了设计依据、结构、学分与选课。高中数学课程分为必修课程、选择性必修课程和选修课程,课程内容打破原先的板块设置,以主题引领,突出函数、几何与代数、概率与统计、数学建模活动与数学探究活动四条主线,贯穿必修、选择性必修、选修课程。另外,数学文化融入课程内容。同时,对各类课程的学分设置、课程定位、选课说明进行叙述,体现了高中数学课程的基础性、选择性、发展性,体现了教、学、评的统一。

"课程内容"部分分别对必修课程、选择性必修课程分主题,从内容要求、教学提示、学业要求三个方面进行论述。选修课程则按照A,B,C,D,E五类课程对课程目标及课程内容进行论述。在内容要求中,指明教学中的地位及作用,界定主题内容,明晰教学要求(借助了解、理解、识别、体会、正确使用、掌握、判断、应用等动词表述)。在教学提示中,课标介绍知识的结构和呈现方式,揭示

知识间的内在逻辑关系,提出合理科学的教学建议。在学业要求中,明确知识、能力要求,明确指出教学目标和学科核心素养导向。

如必修课程中,对于主题一预备知识的论述。

首先,指明该主题的地位及作用。

以义务教育阶段数学课程内容为载体,结合集合、常用逻辑用语、相等关系与不等关系、从函数观点看一元二次方程和一元二次不等式等内容的学习,为高中数学课程做好学习心理、学习方式和知识技能等方面的准备,帮助学生完成初高中数学学习的过渡。

然后介绍内容要求,并对具体内容进行分析,提出教学目标。

内容包括集合、常用逻辑用语、相等关系与不等关系、从函数观点看一元二次方程和一元二次不等式。

1. 集合

在高中数学课程中,集合是刻画一类事物的语言和工具。本单元的学习,可以帮助学生使用集合的语言简洁、准确地表述数学的研究对象,学会用数学的语言表达和交流,积累数学抽象的经验。

内容包括集合的概念与表示、集合的基本关系、集合的基本运算。

(1)集合的概念与表示

①通过实例,了解集合的含义,理解元素与集合的"属于"关系。

②针对具体问题,能够在自然语言和图形语言的基础上,用符号语言刻画集合。

③在具体情境中,了解全集与空集的含义。

其次,教学提示中则对学情分析、教学方式、知识内在逻辑、教育价值等方面进行论述。

初中阶段数学知识相对具体,高中阶段数学知识相对抽象。老师应针对这一特征帮助学生完成从初中到高中数学学习的过渡,包括知识与技能、方法与习惯、能力与态度等方面。在集合、常用逻辑用语的教学中,老师应创设合适的教学情境,以义务教育阶段学过的数学内容为载体,引导学生用集合语言和常用逻辑用语梳理、表达学过的相应数学内容。应引导学生理解属于关系是集合的基本关系,了解元素 A 与元素 A 组成的集合{A}的差异……采用自主学习与合作学习相结合的方式组织教学活动……教学中,要根据内容的定位和教育价值,关注数学学科核心素养的培养。要让学生逐渐养成借助直观理解概念、进行逻辑推理的思维习惯,以及独立思考、合作交流的学习习惯,引导学生感悟高中阶段数学课程的特征,适应高中阶段的数学学习。

学业要求则对相关课程内容提出了相应的最低要求,包括基础知识、基本技能、思想方法、基本活动经验等方面。

能够在现实情境或数学情境中,概括出数学对象的一般特征,并用集合语言予以表达。初步学会用三种语言(自然语言、图形语言、符号语言)表达数学研究对象,并能进行转换。掌握集合的基本关系与基本运算在数学表达中的作用。能够从函数的观点认识方程和不等式,感悟函数学知识之间的关联,认识函数的重要性。掌握等式与不等式的性质。重点提升数学抽象、逻辑推理和数学运算素养。

从中,我们可以清晰地看到新课程标准的编写体例,体会其中的逻辑关系,更深刻地理解新课标。

二、研读细节,理解新课标内涵与理念

新课标是经过专家几易其稿,反复修订的。所以,新课标中渗透着专家对于数学教材编排的构想,暗含着对于课堂教学的原则性规划,蕴含着对考试评价的指导性要求。因此,在通读之后,教师有必要对新课标进行二次精读,重点体会知识的内在逻辑联系、在课堂中的落实、在考评中的体现等方面,让新课标更好地服务于教研、教学、评价。

例如,在"立体几何初步"中,课标指出:"借助长方体,在直观认识空间点、直线、平面的位置关系的基础上,抽象出空间点、直线、平面的位置关系的定义,了解以下基本事实和定理……""借助长方体,通过直观感知,了解空间中直线与直线、直线与平面、平面与平面的平行和垂直的关系,归纳出以下性质定理,并加以证明……""借助长方体,通过直观感知,了解空间中直线与直线、直线与平面、平面与平面的平行和垂直的关系,归纳出以下判定定理,并加以证明……"从以上论述中,我们可以清晰地看到新课标对于教材编写的指导和对于教学实施路径的建议。课标指明了教学的起点——"长方体",指明了教学的路径:直观感知—操作确认—逻辑论证,体现了从特殊到一般,从简单到复杂,从数学直观到数学抽象的数学发现和研究之路。

再如,在"平面向量及其应用"的教学提示中,新课标指出:应从力、速度、位移等实际情境入手,从物理、几何、代数三个角度理解向量的概念与运算法则,引导学生运用类比的方法探索实数运算与向量运算的共性与差异。可以通过力的分解引出向量基本定理,建立基的概念和向量的坐标表示。可以引导学生运用向量解决一些物理和几何问题……从以上论述中,我们可以看到平面向量的教学中要融入情境:以物理学科为背景的情境、以平面几何为背景的情境、以代数运算为背景的情境,体现数学的学科价值和应用价值。同时,在教学中,教师要抓住平面向量的物理、几何、代数等不同属性,研究其运算法则,引导学生体会运算背后的物理意义、几何意义,体会实数运算与向量运算的联系和差异,建立起学科之间的融合,建构起数学不同知识之间的内在联系。

在"概率与统计"的学业要求中,新课标指出:"能够根据实际问题的需求,选择恰当的抽样方法获取样本数据,并从中提取需要的数字特征推断总体。能够正确运用数据分析的方法解决简单的实际问题。"从中我们可以明确感受新课标编写者对于数学应用的重视,"选择恰当的抽样方法"优于固定方法的考查,"提取需要的数字特征"优于固定数字特征的考查,"正确运用数据分析的方法"则体现了用统计结果解释实际问题,实现从现实出发,用数学解决问题,再从数学回归现实世界的研究路径,体现数学的应用价值。因此,在教学过程中,教师要充分利用教材中或生活中的实例,给学生提供广阔的舞台,让学生在现实面前利用统计知识选择抽样方法,选择统计工具,提取所需统计信息,得出统计结论,感受统计的全过程,体会数学和现实生活的紧密联系。

三、交流分享,向同事取经

"有一百个读者,就有一百个哈姆雷特。"每一位教师在解读新课标的过程中都会受到个人教学理念、教学经验的影响而形成不同的理解和体会。如果,我们能够彼此之间真诚畅通地交流,在思维的交锋中碰撞融合,那么,我们对于新课标的理解将会更加全面、立体、深刻。

我所在的教研中心全体教师经常利用日常集体备课的机会,在文本阅读中反思、重建,形成对课标的第一体验,并进行交流分享。

我们通常采用这样的流程进行课标研究与课时设计的集体备课。

1. 研读课标写个案

集体备课时,每个教师必须备好个人的第一教案,对新课标要求、教材地位及内容、学情基础及认知障碍有清晰的认识,初步形成了融注自己教学思想的个案。

2. 主备人展示说意图

主备人在集体备课活动前需准备详细解读说意图并复印,人手一份。主备人借鉴说课的形式,重点对课标分析、问题情境设置、问题系统构建、题目选择及应用、师生活动组织五个方面进行解说,展现个人对于课标的理解、对于教材和学情的把握。活动形式以文本展示和课件展示为例,对于抽象的知识点则以几何画板等技术辅助展示。

3. 交流评议成共案

交流评议这一环节是集备的关键环节,决定了教师对于活动本身及活动成果的认同程度,决定了集备产生输出,最终达成教研成果到课堂的力度。

学科主任组织教师根据主备人的交流展示,发表补充意见,进行全组讨论。可以用提问的方式反问主备人,提出自己的见解;可以就一些普遍存在的问题展开辩论和思考;对共同存在的疑难问题进行探讨相应的解决办法;针对年轻教师的不足提出建议和意见。

学科主任既要起到穿针引线的作用,通过征询教师的意见,和对发出不同声音的教师进行鼓励性评价,提高教师的参与度;又能起到定海神针的作用,让讨论始终聚焦主题,不致偏离教研重心。最后,学科主任要综合集体的意见,确定各个环节的最佳方案,或给出针对不同学情的预案。主备人负责对文本进行修订,形成具有群体智慧的、达成共识的文案。

4. 个性修订生特色

集备的目的不是为了完全的统一,而是开拓思维,集思广智,通过教师对同一个课题从不同的角度解读,综合组内全体教师的智慧,形成透彻的认识,寻求最佳路径,达成最优效益。

在共案形成后,各位教师可根据自己面对的学情、教学要求、教学风格等,对共案进行再一次备课修订,甚至再创造,使自己的教学既充满集体智慧,又体现个人风格,实现共性和个性的完美结合。这样的集众家之长,又兼有自己个性特色的个案,应用于教学实践,必能更好地促进教学。这才是集体备课所要达成的最终效果。

5. 开放课堂促落实

除每星期按级部要求举行教研现场课外,数学学科全体教师开放课堂,建立教师间公开授课的体制。此机制既可以打破教师隔阂,在校内为教师安排自我学习的非正式教研机会,尤其是对青年教师的自觉发展极具促进作用;又可以开放授课教师心灵,使之虚心学习,深度反思,促进个人专业发展;还可以形成透明的授课氛围,打通集体备课成果进课堂的终关,倒逼集体备课活动参与的深度与效度。

这样的非正式学术交流对于课标的研究是大有裨益的。它不仅要求每位教师在阅读中生成个人体验,而且在相互之间的分享和交流中,通过展示、质疑、辨析、补充,加深体验,丰富体验。

四、学习培训,向专家问道

每次的课程改革,人教社都会组织相应的培训会。课标的修订人员、教材的主要编写者都会开设讲座,详细介绍课标修订的背景、过程、目的,对课改的理念进行阐释和交流,如章建跃、史宁中、李海东、王尚志、鲍建生、白涛等专家学者。教师有必要参加此类对标新高考及与学科核心素养培育有关的专题会议,这些会议可以让教师迅速了解课标的核心内容和实质,更深层地感受课标修订背后的教育理念和课改方向。

第三节　新课标解读成果

在新课标的学习过程中,我根据其四大主线知识,将新课标内容和2019年全国卷高考题进行拆分对接,形成了4万余字的新课标与新高考对接材料。该材料每一部分均由主题、新课标要求(贯穿必修课程与选择性必修课程)、高考题重现、试题分析及教学建议组成。以新课标为基础,以高考原题为参考,分析二者关联,并将其中的精神与课堂教学相联系,提出课堂教学的着力点与关键点。

为方便读者阅读和体会,本书特将新课标中的"内容要求"与"学业要求"进行摘录,既保持了新课标解读成果的完整性,又方便了读者与高考题重现部分、试题分析与教学建议部分对照参考,加深理解。

主题一　预备知识

以义务教育阶段数学课程内容为载体,结合集合、常用逻辑用语、相等关系与不等关系、从函数观点看一元二次方程和一元二次不等式等内容的学习,为高中数学课程做好学习心理、学习方式和知识技能等方面的准备,帮助学生完成初高中数学学习的过渡。

【内容要求】

内容包括集合、常用逻辑用语、相等关系与不等关系、从函数观点看一元二次方程和一元二次不等式。

1. 集合

在高中数学课程中,集合是刻画一类事物的语言和工具。本单元的学习,可以帮助学生使用集合的语言简洁、准确地表述数学的研究对象,学会用数学的语言表达和交流,积累数学抽象的经验。内容包括集合的概念与表示、集合的基本关系、集合的基本运算。

(1)集合的概念与表示

①通过实例,了解集合的含义,理解元素与集合的"属于"关系。

②针对具体问题,能够在自然语言和图形语言的基础上,用符号语言刻画集合。

③在具体情境中,了解全集与空集的含义。

(2)集合的基本关系

理解集合之间包含与相等的含义,能识别给定集合的子集。

(3)集合的基本运算

①理解两个集合的并集与交集的含义,能求两个集合的并集与交集。

②理解在给定集合中一个子集的补集的含义,能求给定子集的补集。

③能使用 Venn 图表达集合的基本关系与基本运算,体会图形对理解抽象概念的作用。

2. 常用逻辑用语

常用逻辑用语是数学语言的重要组成部分,是数学表达和交流的工具,是逻辑思维的基本语言。本单元的学习,可以帮助学生使用常用逻辑用语表达数学对象,进行数学推理,体会常用逻辑用语在表述数学内容和论证数学结论中的作用,提升交流的严谨性与准确性。内容包括必要条件、充分条件、充要条件,全称量词、存在量词、全称量词命题与存在量词命题的否定。

(1)必要条件、充分条件、充要条件

①通过对典型数学命题的梳理,理解必要条件的意义,理解性质定理与必要条件的关系。

②通过对典型数学命题的梳理,理解充分条件的意义,理解判定定理与充分条件的关系。

③通过对典型数学命题的梳理,理解充要条件的意义,理解数学定义与充要条件的关系。

(2)全称量词与存在量词

通过已知的数学实例,理解全称量词与存在量词的意义。

(3)全称量词命题与存在量词命题的否定

①能正确使用存在量词对全称量词命题进行否定。

②能正确使用全称量词对存在量词命题进行否定。

3. 相等关系与不等关系

相等关系、不等关系是数学中最基本的数量关系,是构建方程、不等式的基础。本单元的学习,可以帮助学生通过类比,理解等式和不等式的共性与差异,掌握基本不等式。内容包括等式与不等式的性质、基本不等式。

(1)等式与不等式的性质

梳理等式的性质,理解不等式的概念,掌握不等式的性质。

(2)基本不等式

理解基本不等式。结合具体实例,能用基本不等式解决简单的求最大值或最小值的问题。

4. 从函数观点看一元二次方程和一元二次不等式

用函数理解方程和不等式是数学的基本思想方法。本单元的学习,可以帮助学生用一元二次函数认识一元二次方程和一元二次不等式。通过梳理初中数学的相关内容,理解函数、方程和不等式之间的联系,体会数学的整体性。内容包括从函数观点看一元二次方程、从函数观点看一元二次不等式。

(1)从函数观点看一元二次方程

会结合一元二次函数的图象,判断一元二次方程实根的存在性及根的个数,了解函数的零点与方程根的关系。

(2)从函数观点看一元二次不等式

①经历从实际情境中抽象出一元二次不等式的过程,了解一元二次不等式的现实意义;能够借助一元二次函数求解一元二次不等式;能用集合表示一元二次不等式的解集。

②借助一元二次函数的图象,了解一元二次不等式与相应函数、方程的联系。

【学业要求】

能够在现实情境或数学情境中,概括出数学对象的一般特征,并用集合语言予以表达。初步学会用三种语言(自然语言、图形语言、符号语言)表达数学研究对象,并能进行转换。掌握集合的基本关系与基本运算。

能够从函数的观点认识方程和不等式,感悟函数知识之间的关联,认识函数的重要性。掌握等式与不等式的性质。

重点提升数学抽象、逻辑推理和数学运算素养。

【高考试题重现——集合】

(2019文Ⅰ2)已知集合 $U=\{1,2,3,4,5,6,7,\}$,$A=\{2,3,4,5\}$,$B=\{2,3,6,7\}$,则 $B\bigcap C_U A=($)。

A. $\{1,6\}$ B. $\{1,7\}$ C. $\{6,7\}$ D. $\{1,6,7\}$

(2019 理 I 1) 已知集合 $M=\{x\,|-4<x<2\}$，$N=\{x\,|\,x^2-x-6<0\}$，则 $M\cap N=($)。

A. $\{x\,|-4<x<3\}$ B. $\{x\,|-4<x<-2\}$

C. $\{x\,|-2<x<2\}$ D. $\{x\,|\,2<x<3\}$

(2019 文 II 1) 已知集合 $A=\{x\,|\,x>-1\}$，$B=\{x\,|\,x<2\}$，则 $A\cap B=($)。

A. $(-1,+\infty)$ B. $(-\infty,2)$ C. $(-1,2)$ D. φ

(2019 理 II 1) 设集合 $A=\{x\,|\,x^2-5x+6>0\}$，$B=\{x\,|\,x-1<0\}$，则 $A\cap B=($)。

A. $(-\infty,1)$ B. $(-2,1)$ C. $(-3,-1)$ D. $(3,+\infty)$

(2019 文理 III 1) 已知集合 $A=\{-1,0,1,2\}$，$B=\{x\,|\,x^2\leqslant1\}$，则 $A\cap B=($)。

A. $\{-1,0,1\}$ B. $\{0,1\}$ C. $\{-1,1\}$ D. $\{0,1,2\}$

【试题分析及教学建议】

新课标指出，对于集合的基本运算，学生需要达到掌握集合的基本关系与基本运算，理解两个集合的并集与交集的含义，能求两个集合的并集与交集；理解在给定集合中一个子集的补集的含义，能求给定子集的补集。

2019 年高考题全部考查了交集运算，另外文科 I 还考查了补集。在集合的呈现形式上，文科类会突出考查列举法，即使考查描述法，也仅像文 II 直接给出，顶多像文 III 以一元二次不等式的解集给出；理科重点考查描述法，集合多以一元二次不等式的解集给出，这应该也是全国卷集合题命制的上限了。

教师教学中要指导学生准确地理解集合的含义，理解集合运算的含义，能够快速准确地求解不等式的解集（加强对于一元二次不等式求解正答率的指导），并能够借助数轴、VENN 图等工具辅助进行集合的运算。

集合是表示事物和事物之间关系的语言和工具。教师要加强对主干知识的解释，促进学生对于概念的理解，促进学生对于集合这一语言工具的使用，让学生体会从具体情境到数学抽象，再到代数符号化的完整的概念学习过程，逐步建立学习数学的常规路径，形成科学的学习方法。

教学中，要避免就题论题，避免题型化讲解，对于涉及复杂参数讨论的问题不要花费太多时间。另外，此处设置过多的讨论，会打击学生学习的自信，严重挫伤学生学习的热情和积极性，直接影响后续的学习。教师在教学中对于特殊的运算关系要有意识地引导学生转化为集合间的基本关系来处理,也可在教学过程中适当地渗透逻辑,以加深理解。

条件允许的班级可从特殊情况出发,推导容斥原理。

【高考试题重现——常用逻辑用语】

(2019 文Ⅱ5)在"一带一路"知识测验后,甲、乙、丙三人对成绩进行预测。

甲:我的成绩比乙高。

乙:丙的成绩比我和甲的都高。

丙:我的成绩比乙高。

成绩公布后,三人成绩互不相同且只有一个人预测正确,那么三人按成绩由高到低的次序为(   )。

A. 甲、乙、丙   B. 乙、甲、丙   C. 丙、乙、甲   D. 甲、丙、乙

(2019 文理Ⅱ7)设 α,β 为两个平面,则 $\alpha /\!/ \beta$ 的充要条件是(   )。

A. α 内有无数条直线与 β 平行   B. α 内有两条相交直线与 β 平行

C. α,β 平行于同一条直线   D. α,β 垂直于同一平面

(2019 文Ⅲ11)记不等式组 $\begin{cases} x+y\geq 6, \\ 2x-y\geq 0; \end{cases}$ 表示的平面区域为 D。命题 p:

$\exists (x,y)\in D,2x+y\geq 9$;命题 q:$\forall (x,y)\in D,2x+y\leq 12$。下面给出了四个命题:

①$p \vee q$ ②$\neg p \vee q$ ③$p \vee \neg q$ ④$\neg p \vee \neg q$

这四个命题中,所有真命题的编号是(   )。

A. ①③   B. ①②   C. ②③   D. ③④

【试题分析及教学建议】

常用逻辑用语是组织数学推理和论证的语言和工具。新课标指出,学生要通过对典型数学命题的梳理,理解必要条件的意义,理解性质定理与必要条件的关系;通过对典型数学命题的梳理,理解充分条件的意义,理解判定定理与充分条件的关系;通过对典型数学命题的梳理,理解充要条件的意义,理解数学定义与充要条件的关系。对于含有一个量词的命题则要求理解全称量词与存在量词的意义,能正确使用存在量词对全称量词命题进行否定;能正确使用全称量词对存在量词命题进行否定。

2019 年全国卷文Ⅱ以现实生活中的具体事例为载体,考查学生对命题真假性的推理;全国Ⅱ卷以立体几何中的面面平行这一概念为中心明确地考查了数学定义与充要条件的关系;文Ⅲ则以线性规划为知识中心,将线性代数式的最

值与含有一个量词的命题真假性判定相结合。另外,对于含有一个量词的命题的否定形式并没有得到考查,也许因为此知识点倾向于形式化,不如通过真假性的判断更能充分地体现学生的思维能力和思维水平,更能充分地体现知识的应用与迁移能力有关系。

在本单元的教学中,教师要在学生初中的学习基础上,理解条件关系是基于真命题推出关系的数学表述,认识到如何数学地、严密地研究一个数学对象,树立逻辑严密、论述充分的学习品格。通过典型事例深刻理解充要条件的概念,并能利用充要条件实施等价转化,实现以简驭繁。引导学生体会量词引入的必要性,掌握含有一个量词的命题的形式,并能够准确地判断其真假性,体会正例、反例以小驳大的作用,能够准确地书写给定一个命题的否定。教师要引导学生利用命题的否定与原命题的关系,在事情难以解决的过程中,有"正难则反"的意识,能够以补集的思想解决之。

集合与逻辑是数学表达与数学交流的重要工具和语言。在教学过程中,教师要从合适的角度,有意识地体现集合语言与逻辑用语间的联系和转化,引导学生体会数学知识间的整体性和联系性。

"集合"和"简易逻辑"是整个高中数学学习的理论基石。获得数学概念和规则,提出数学命题和模型,形成数学方法与思想,认识数学结构体系,这些都离不开"集合"和"简易逻辑"的相关知识。教师要让学生能在生活或数学情境中抽象出数学概念、命题、方法以及科学的思维,积累从具体到抽象的活动经验;养成在日常生活和实践中一般性思考问题的习惯,把握事物的本质;从而自觉运用集合的思想和简易逻辑的理论来思考并解决各种数学问题。

教师在教学中要把握逻辑用语的工具性,在各个章节的教学中不断渗透和突出逻辑思维,凸显知识主线的内在联系,剖析命题间的逻辑关系,更重要的是,要以逻辑的观点组织学生进入思辨性的深度学习,促进学生对于概念、定理、推论等的深刻理解,引领学生进行学习方式的转变,提高学生思维的严谨性和表达的准确性,提升学生的思维品质,培养学生勇于质疑探究的科学精神和理性思维。

【高考试题重现——相等关系与不等关系】

(2019 文理 I 3)已知 $a=\log_2 0.2, b=2^{0.2}, c=0.2^{0.3}$,则(　　)。

A. $a<b<c$　　　　B. $a<c<b$　　　　C. $c<a<b$　　　　D. $b<c<a$

(2019 文 II 13)若变量 x,y 满足约束条件 $\begin{cases} 2x+3y-6\geq0 \\ x+y-3\leq0 \\ y-2\leq0 \end{cases}$ 则 $z=3x-y$ 的

最大值是_____。

（2019 理Ⅱ6）若 $a>b$，则（　　）。

A. $\ln(a-b)>0$ B. $3^a<3^b$

C. $a^3-b^3>0$ D. $|a|>|b|$

（2019 文Ⅲ11）记不等式组 $\begin{cases} x+y\geqslant 6, \\ 2x-y\geqslant 0, \end{cases}$ 表示的平面区域为 D。命题 p：$\exists(x,y)\in D, 2x+y\geqslant 9$；命题 q：$\forall(x,y)\in D, 2x+y\leqslant 12$。下面给出了四个命题：

①$p\vee q$　　　②$\neg p\vee q$　　　③$p\vee\neg q$　　　④$\neg p\vee\neg q$

这四个命题中，所有真命题的编号是（　　）。

A. ①③　　　　B. ①②　　　　C. ②③　　　　D. ③④

（2019Ⅲ文12理11）设 $f(x)$ 是定义域为 R 的偶函数，且在 $(0,+\infty)$ 单调递减，则（　　）。

A. $f(\log_3\dfrac{1}{4})>f(2^{-\frac{3}{2}})>f(2^{-\frac{2}{3}})$

B. $f(\log_3\dfrac{1}{4})>f(2^{-\frac{2}{3}})>f(2^{-\frac{3}{2}})$

C. $f(2^{-\frac{3}{2}})>f(2^{-\frac{2}{3}})>f(\log_3\dfrac{1}{4})$

D. $f(2^{-\frac{2}{3}})>f(2^{-\frac{3}{2}})>f(\log_3\dfrac{1}{4})$

【试题分析及教学建议】

相等关系和不等关系是解决数学问题的核心工具。相等关系以等式体现，主要指的是函数与方程。

新课标指出，用函数理解方程和不等式是数学的基本思想方法。教师要紧紧围绕这一思想方法，引领学生逐步深入地理解函数、方程和不等式之间的联系，体会数学的整体性。

2019 年理科三套题均是以函数的图象和单调性为背景，考查数值或函数值间的大小关系。理Ⅰ和理Ⅱ以函数的单调性为内核，考查了指数函数、对数函数、幂函数、绝对值函数背景下的不等式；理Ⅲ则以抽象函数的单调性、对称性为背景，结合具体函数下的函数值大小比较，系统而综合地考查了函数的性质、图象等内容，充分地体现了函数与不等式间的紧密联系，体现了数与形的相互为用的和谐之美。2019 年文科题则均是以线性规划为背景考查最值的求解，体现不等式取值"变态"背后隐含的"定态"——最值。

教师在教学过程中,不仅要教会学生判断和比较的方式方法,更要揭示不等关系下的理论支撑——函数的单调性,要给学生充分的时间和机会从不同的角度抽象函数模型,让他们调集知识储备,用函数的观点认识和分析等式和不等式,体会知识间的联系性和整体性。

主题二　函数

一、必修课程

函数是现代数学中最基本的概念,是描述客观世界中变量关系和规律的最为基本的数学语言和工具,在解决实际问题中发挥重要作用。函数是贯穿高中数学课程的主线。

【内容要求】

内容包括函数概念与性质,幂函数、指数函数、对数函数,三角函数,函数应用。

1. 函数概念与性质

本单元的学习,可以帮助学生建立完整的函数概念,不仅把函数理解为刻画变量之间依赖关系的数学语言和工具,也把函数理解为实数集合之间的对应关系;能用代数运算和函数图象揭示函数的主要性质;在现实问题中,能利用函数构建模型,解决问题。内容包括函数概念、函数性质、*函数的形成与发展(标有 * 的内容为选学内容,不作为考试要求)。

(1)函数概念

①在初中用变量之间的依赖关系描述函数的基础上,用集合语言和对应关系刻画函数,建立完整的函数概念,体会集合语言和对应关系在刻画函数概念中的作用。了解构成函数的要素,能求简单函数的定义域。

②在实际情境中,会根据不同的需要选择恰当的方法(如图象法、列表法、解析法)表示函数,理解函数图象的作用。

③通过具体实例,了解简单的分段函数,并能简单应用。

(2)函数性质

①借助函数图象,会用符号语言表达函数的单调性、最大值、最小值,理解它们的作用和实际意义。

②结合具体函数,了解奇偶性的概念和几何意义。

③结合三角函数,了解周期性的概念和几何意义。

(3)＊函数的形成与发展

收集函数概念的形成与发展的历史资料,撰写论文,论述函数发展的过程、重要结果、主要人物、关键事件及其对人类文明的贡献。

2. 幂函数、指数函数、对数函数

幂函数、指数函数与对数函数是最基本的、应用最广泛的函数,是进一步研究数学的基础。本单元的学习,可以帮助学生学会用函数图象和代数运算的方法研究这些函数的性质;理解这些函数中所蕴含的运算规律;运用这些函数建立模型,解决简单的实际问题,体会这些函数在解决实际问题中的作用。内容包括幂函数、指数函数、对数函数。

(1)幂函数

通过具体实例,结合函数的图象,理解它们的变化规律,了解幂函数。

(2)指数函数

①通过对有理指数幂、实数指数幂($a>0$,且$a\neq 1$,$x\in \mathbf{R}$)含义的认识,了解指数幂的拓展过程,掌握指数幂的运算性质。

②通过具体实例,了解指数函数的实际意义,理解指数函数的概念。

③能用描点法或借助计算工具画出具体指数函数的图象,探索并理解指数函数的单调性与特殊点。

(3)对数函数

①理解对数的概念和运算性质,知道用换底公式能将一般对数转化成自然对数或常用对数。

②通过具体实例,了解对数函数的概念。能用描点法或借助计算工具画出具体对数函数的图象,探索并了解对数函数的单调性与特殊点。

③知道对数函数与指数函数互为反函数($a>0$,且$a\neq 1$)。

④＊收集、阅读对数概念的形成与发展的历史资料,撰写小论文,论述对数发明的过程以及对数对简化运算的作用。

3. 三角函数

三角函数是一类最典型的周期函数。本单元的学习,可以帮助学生在用锐角三角函数刻画直角三角形中边角关系的基础上,借助单位圆建立一般三角函数的概念,体会引入弧度制的必要性;用几何直观和代数运算的方法研究三角函数的周期性、奇偶性(对称性)、单调性和最大(小)值等性质;探索和研究三角函数之间的一些恒等关系;利用三角函数构建数学模型,解决实际问题。内容包括角与弧度、三角函数概念和性质、同角三角函数的基本关系式、三角恒等变换、三角函数应用。

（1）角与弧度

了解任意角的概念和弧度制，能进行弧度与角度的互化，体会引入弧度制的必要性。

（2）三角函数概念和性质

①借助单位圆理解三角函数（正弦、余弦、正切）的定义，能画出这些三角函数的图象，了解三角函数的周期性、奇偶性、最大（小）值。借助单位圆的对称性，利用定义推导出诱导公式（$\alpha\pm\dfrac{\pi}{2}$，$\alpha\pm\pi$ 的正弦、余弦、正切）。

②借助图象理解正弦函数、余弦函数在 $[0,2\pi]$ 上、正切函数在 $(-\dfrac{\pi}{2},\dfrac{\pi}{2})$ 上的性质。

③结合具体实例，了解 $y=A\sin(\omega x+\varphi)$ 的实际意义；能借助图象理解参数 ω,φ,A 的意义，了解参数的变化对函数图象的影响。

（3）同角三角函数的基本关系式

理解同角三角函数的基本关系式。

（4）三角恒等变换

①经历推导两角差余弦公式的过程，知道两角差余弦公式的意义。

②能从两角差的余弦公式推导出两角和与差的正弦、余弦、正切公式，二倍角的正弦、余弦、正切公式，了解它们的内在联系。

③能运用上述公式进行简单的恒等变换（包括推导出积化和差、和差化积、半角公式，这三组公式不要求记忆）。

（5）三角函数应用

会用三角函数解决简单的实际问题，体会可以利用三角函数构建刻画事物周期变化的数学模型。

4. 函数应用

函数应用不仅体现在用函数解决数学问题，更重要的是用函数解决实际问题。本单元的学习，可以帮助学生掌握运用函数性质求方程近似解的基本方法（二分法）；理解用函数构建数学模型的基本过程；运用模型思想发现和提出、分析和解决问题。内容包括二分法与求方程近似解、函数与数学模型。

（1）二分法与求方程近似解

①结合学过的函数图象，了解函数的零点与方程解的关系。

②结合具体连续函数及其图象的特点，了解函数零点存在定理，探索用二

分法求方程近似解的思路并会画程序框图,能借助计算工具用二分法求方程近似解,了解用二分法求方程近似解具有一般性。

(2)函数与数学模型

①理解函数是描述客观世界中变量关系和规律的重要数学语言和工具。在实际情境中,会选择合适的函数类型刻画现实问题的变化规律。

②结合现实情境中的具体问题,利用计算工具,比较对数函数、一元一次函数、指数函数增长速度的差异,理解"对数增长""直线上升""指数爆炸"等术语的现实含义。

③收集、阅读一些现实生活、生产实际或者经济领域中的数学模型,体会人们是如何借助函数刻画实际问题的,感悟数学模型中参数的现实意义。

【学业要求】

能够从两个变量之间的依赖关系、实数集合之间的对应关系、函数图象的几何直观等多个角度,理解函数的意义与数学表达;理解函数符号表达与抽象定义之间的关联,知道函数抽象概念的意义。

能够理解函数的单调性、最大(小)值,了解函数的奇偶性、周期性;掌握一些基本函数类(一元一次函数、反比例函数、一元二次函数、幂函数、指数函数、对数函数、三角函数等)的背景、概念和性质。

能够对简单的实际问题,选择适当的函数构建数学模型,解决问题;能够从函数的观点认识方程,并运用函数的性质求方程的近似解;能够从函数观点认识不等式,并运用函数的性质解不等式。

重点提升数学抽象、数学建模、数学运算、直观想象和逻辑推理素养。

二、选择性必修课程

在必修课程中,学生学习了函数的概念和性质,总结了研究函数的基本方法,掌握了一些具体的基本函数类型,探索了函数的应用。在本主题中,学生将学习数列和一元函数导数及其应用。数列是一类特殊的函数,是数学重要的研究对象,是研究其他类型函数的基本工具,在日常生活中也有着广泛的应用。导数是微积分的核心内容之一,是现代数学的基本概念,蕴含微积分的基本思想,导数定量地刻画了函数的局部变化,是研究函数性质的基本工具。

【内容要求】

内容包括数列、一元函数导数及其应用。

1. 数列

本单元的学习,可以帮助学生通过对日常生活中实际问题的分析,了解数列的概念;探索并掌握等差数列和等比数列的变化规律,建立通项公式和前 n 项和公式;能运用等差数列、等比数列解决简单的实际问题和数学问题,感受数学模型的现实意义与应用;了解等差数列与一元一次函数、等比数列与指数函数的联系,感受数列与函数的共性与差异,体会数学的整体性。内容包括数列概念、等差数列、等比数列、﹡数学归纳法。

（1）数列概念

通过日常生活和数学中的实例,了解数列的概念和表示方法（列表、图象、通项公式）,了解数列是一种特殊函数。

（2）等差数列

①通过生活中的实例,理解等差数列的概念和通项公式的意义。

②探索并掌握等差数列的前 n 项和公式,理解等差数列的通项公式与前 n 项和公式的关系。

③能在具体的问题情境中,发现数列的等差关系,并解决相应的问题。

④体会等差数列与一元一次函数的关系。

（3）等比数列

①通过生活中的实例,理解等比数列的概念和通项公式的意义。

②探索并掌握等比数列的前 n 项和公式,理解等比数列的通项公式与前 n 项和公式的关系。

③能在具体的问题情境中,发现数列的等比关系,并解决相应的问题。

④体会等比数列与指数函数的关系。

（4）﹡数学归纳法

了解数学归纳法的原理,能用数学归纳法证明数列中的一些简单命题。

2. 一元函数导数及其应用

本单元的学习,可以帮助学生通过丰富的实际背景理解导数的概念,掌握导数的基本运算,运用导数研究函数的性质,并解决一些实际问题。内容包括导数概念及其意义、导数运算、导数在研究函数中的应用、﹡微积分的创立与发展。

（1）导数概念及其意义

①通过实例分析,经历由平均变化率过渡到瞬时变化率的过程,了解导数概念的实际背景,知道导数是关于瞬时变化率的数学表达,体会导数的内涵与思想。

②体会极限思想。

③通过函数图象直观理解导数的几何意义。

(2)导数运算

①能根据导数定义求函数 $y=c,y=x,y=x^2,y=x^3,y=\dfrac{1}{x},y=\sqrt{x}$ 的导数。

②能利用给出的基本初等函数的导数公式和导数的四则运算法则,求简单函数的导数;能求简单的复合函数[限于形如 $f(ax+b)$]的导数。

③会使用导数公式表。

(3)导数在研究函数中的应用

①结合实例,借助几何直观了解函数的单调性与导数的关系,能利用导数研究函数的单调性;对于多项式函数,能求不超过三次的多项式函数的单调区间。

②借助函数的图象,了解函数在某点取得极值的必要条件和充分条件;能利用导数求某些函数的极大值、极小值以及给定闭区间上不超过三次的多项式函数的最大值、最小值,体会导数与单调性、极值、最大(小)值的关系。

(4)＊微积分的创立与发展

收集、阅读对微积分的创立和发展起重大作用的有关资料,包括一些重要历史人物(牛顿、莱布尼茨、柯西、魏尔斯特拉斯等)和事件,采取独立完成或者小组合作的方式,完成一篇有关微积分创立与发展的研究报告。

【学业要求】

能够结合具体实例,理解通项公式对于数列的重要性,知道通项公式是这类函数的解析表达式;通过等差数列和等比数列的研究,感悟数列是可以用来刻画现实世界中一类具有递推规律事物的数学模型。掌握通项公式与前 n 项和公式的关系;能够运用数列解决简单的实际问题。

能够通过具体情境,直观理解导数概念,感悟极限思想,知道极限思想是人类深刻认识和表达现实世界必备的思维品质。理解导数是一种借助极限的运算,掌握导数的基本运算规则,能求简单函数和简单复合函数的导数。能够运用导数研究简单函数的性质和变化规律,能够利用导数解决简单的实际问题。知道微积分创立过程以及微积分对数学发展的作用。

重点提升数学抽象、数学运算、直观想象、数学建模和逻辑推理素养。

【高考试题重现——函数】

(2019 文理 Ⅰ 3)已知 $a=\log_2 0.2,b=2^{0.2},c=0.2^{0.3}$,则(　　)。

A. $a<b<c$　　　　B. $a<c<b$　　　　C. $c<a<b$　　　　D. $b<c<a$

(2019 文理 I 5)函数 $f(x)=\dfrac{\sin x+x}{\cos x+x^2}$ 在 $[-\pi,\pi]$ 的图象大致为( )。

A.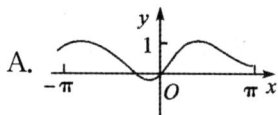

B.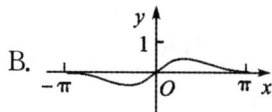

C.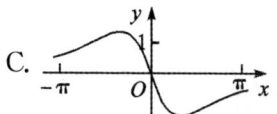

D.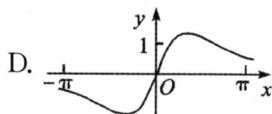

(2019 理 I 11)关于函数 $f(x)=\sin|x|+|\sin x|$ 有下述四个结论:

①$f(x)$ 是偶函数　②$f(x)$ 在区间 $(\dfrac{\pi}{2},\pi)$ 单调递增

③$f(x)$ 在 $[-\pi,\pi]$ 有 4 个零点　④$f(x)$ 的最大值为 2

其中,所有正确结论的编号是( )。

A. ①②④　　　B. ②④　　　C. ①④　　　D. ①③

(2019 文 II 6)设 $f(x)$ 为奇函数,且当 $x\geqslant0$ 时,$f(x)=\mathrm{e}^x+1$,则当 $x<0$ 时,$f(x)=($)。

A. $\mathrm{e}^{-x}-1$

B. $\mathrm{e}^{-x}+1$

C. $-\mathrm{e}^{-x}-1$

D. $-\mathrm{e}^{-x}+1$

(2019 理 II 6)若 $a>b$,则( )。

A. $\ln(a-b)>0$

B. $3^a<3^b$

C. $a^3-b^3>0$

D. $|a|>|b|$

(2019 理 II 9)下列函数中,以 $\dfrac{\pi}{2}$ 为周期且在区间 $(\dfrac{\pi}{4},\dfrac{\pi}{2})$ 单调递增的是( )。

A. $f(x)=|\cos 2x|$

B. $f(x)=|\sin 2x|$

C. $f(x)=\cos|x|$

D. $f(x)=\sin|x|$

(2019 理 II 12)设函数 $f(x)$ 的定义域为 **R**,满足 $f(x+1)=2f(x)$,且当 $x\in(0,1]$ 时,$f(x)=x(x-1)$。若对任意 $x\in(-\infty,m]$,都有 $f(x)\geqslant-\dfrac{8}{9}$,则 m 的取值范围是( )。

A. $(-\infty,\dfrac{9}{4}]$

B. $(-\infty,\dfrac{7}{3}]$

C. $(-\infty,\dfrac{5}{2}]$

D. $(-\infty,\dfrac{8}{3}]$

(2019 理 Ⅱ 14)已知 $f(x)$ 是奇函数,且当 $x<0$ 时,$f(x)=-\mathrm{e}^{ax}$。若 $f(\ln 2)=8$,则 $a=$ _____。

(2019 理 Ⅲ 7)函数 $y=\dfrac{2x^3}{2^x+2^{-x}}$ 在 $[-6,6]$ 的图象大致为(   )。

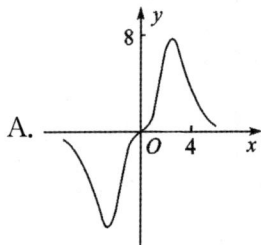

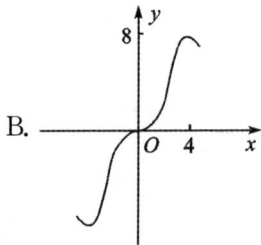

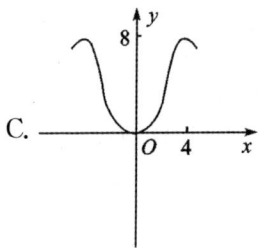

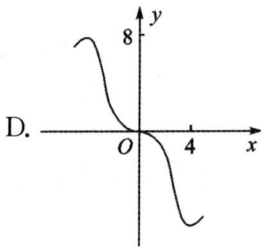

(2019 Ⅲ 文 12 理 11)设 $f(x)$ 是定义域为 **R** 的偶函数,且在 $(0,+\infty)$ 单调递减,则(   )。

A. $f(\log_3 \frac{1}{4})>f(2^{-\frac{3}{2}})>f(2^{-\frac{2}{3}})$

B. $f(\log_3 \frac{1}{4})>f(2^{-\frac{2}{3}})>f(2^{-\frac{3}{2}})$

C. $f(2^{-\frac{3}{2}})>f(2^{-\frac{2}{3}})>f(\log_3 \frac{1}{4})$

D. $f(2^{-\frac{2}{3}})>f(2^{-\frac{3}{2}})>f(\log_3 \frac{1}{4})$

【试题分析及教学建议】

函数是数学的灵魂,是高中数学的核心内容,是高中数学教材的一条主线,它贯穿高中数学的各个板块。函数思想是数学解题的灵魂,在高中数学所有模块中都有广泛的应用,在每一份高考试卷中也均有丰富多样的体现。

新课标在本部分内容的学业要求第二段中指出:能够理解函数的单调性、最大(小)值,了解函数的奇偶性、周期性;掌握一些基本函数类(一元一次函数、反比例函数、一元二次函数、幂函数、指数函数、对数函数、三角函数等)的背景、概念和性质。应该说,每年的高考题对于函数的考查也多着眼于此。第三段指出,能够对简单的实际问题,选择适当的函数构建数学模型,解决问题;能够从函数的观点认识方程,并运用函数的性质求方程的近似解;能够从函数观点认识不等式,并运用函数的性质解不等式。此项要求主要针对输出应用,利用函数来揭示运动变化的规律,从而从函数的观点求解最值、零点等特殊值或解不等式,可与其他章节跨界出题,体现函数的工具性;也可从现实背景出发,利用函数建立模型,解决问题。正如新课标所言,"函数应用不仅体现在用函数解决数学问题,更重要的是用函数解决实际问题"。另外,在新课标中,多次阐述要分别从代数运算和图象直观两个角度认识函数的性质,体现了数形的相互印证:代数性质确定图象特征,图象特征反映代数性质,二者以性质紧密相连,一里一表。

2019 年高考题中有直接通过函数式判断函数图象的题目(以性质为主要研究对象,紧紧抓住选项间的相互矛盾,通过对定义域、对称性、单调性、函数值正负、极限思想等性质的排查,通过排除法确定正确选项),如全国卷Ⅰ和卷Ⅲ。也有像卷Ⅰ11与卷Ⅱ9两题,在常规函数的基础上进行适度的变换产生新的函数,考查学生对于一般函数研究的具体内容和具体路径的把握。在奇偶性考查中,突出了对称区间上的代数表达式的考查,如文Ⅱ6和理Ⅱ14。其他题目则重点考查"从函数观点认识不等式,并运用函数的性质解不等式",体现函数的观点和思想方法,突出函数的主线。

教学中,教师要深刻地认识函数是实数集合间的特殊的对应关系,而性质的研究则是对于这种对应关系的深入探索。而且这种探索是双渠道的,一条渠道是代数运算,一条渠道是几何直观,二者不可偏废。当然,在函数的概念与性质及基本初等函数的新授课中更多是以描点法或通过计算工具描绘图象,从图象中直观地了解相关性质,然后抽象概括为符号语言,最后通过代数运算的方式进行阐释和证明。在函数的应用过程中,我们也倾向于充分发挥图象的直观性,辅助解题。

从高考命题看,整体强化对函数图象的考查,意在强化对数形结合数学思想方法的考查,要求学生通过观察、分析、归纳捕捉图象信息并应用所学的函数性质对问题做出准确的判断。而这其中,很多题目以分段函数为载体(如全国卷 2019 年Ⅰ理 11,Ⅱ理 12,Ⅲ理 11 文 12,天津 2019 年理 8、文 8,浙江 2019 年文理 9,江苏 2019 年 14 等),融合函数与方程、函数与不等式、函数零点等,对学生的综合能力要求比较高,不仅考查数形结合思想,对分类讨论、转化与化归、函数与方程等思想方法的考查力度也比较大。

对函数模型的考查多与其他知识恰当综合,突出对考生数学能力与核心素养的考查,注重学科融合。如(北京 2019 年卷 14)李明自主创业,在网上经营一家水果店,销售的水果中有草莓、京白梨、西瓜、桃。价格依次为 60 元/盒、65 元/盒、80 元/盒、90 元/盒,为增加销量,李明对这四种水果进行促销:一次购买水果的总价达到 120 元,顾客就少付 x 元,每笔订单顾客网上支付成功后,李明会得到支付款的 80%。

①当 $x=10$ 时,顾客一次购买草莓和西瓜各 1 盒,需要支付_____元。

②在促销活动中,为保证李明每笔订单得到的金额均不低于促销前总价的七折,则 x 的最大值为_____。

教师在教学中,要注重函数与三角、向量、不等式、概率统计等其他考点的交会。另外,还要关注学科知识之间的综合与融合,体现数学的工具性,如北京卷 2019 年文 8、上海卷 2019 年 11 都渗透着函数的思想。再如北京卷 2019 年理 6,体现数学与天文学知识的融合;再如 Ⅱ 卷 4,以嫦娥四号月球探测器为背景,以牛顿运动定律、万有引力为载体,考查学生的运算能力,体现数学与物理学科知识的融合。这类题,题目情境新颖,能够较好地考查学生的阅读理解、问题数学化、估算等能力,考查学生数学应用和数学创新的意识,较好地体现了数学新高考的价值取向。

因此,在平时教学中,教师要加强学生建模的指导,增强利用函数的观点来认识和分析问题的意识和能力。

(2019·北京文 8)如图 1-1,A,B 是半径为 2 的圆周上的定点,P 为圆周上的动点,$\angle APB$ 是锐角,大小为 β。图中阴影区域的面积的最大值为(　　　)。

图 1-1

 A. $4\beta+4\cos\beta$ B. $4\beta+4\sin\beta$

 C. $2\beta+2\cos\beta$ D. $2\beta+2\sin\beta$

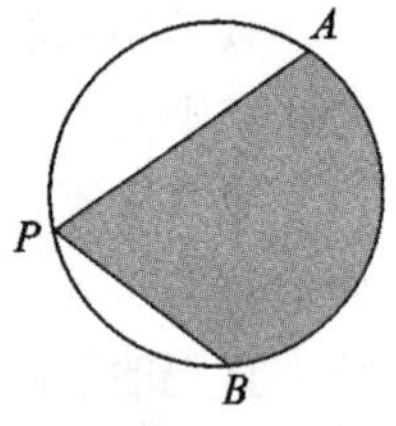

(2019 江苏 18)如图 1-2,一个湖边界是圆心为 O 的圆,湖的一侧有一条直线公路 l,湖上有桥 AB(AB 是湖圆的直径),规划在公路 l 上选两个点 P,Q,并修建两段直线道路 PB,QA,规划要求:线段 PB,QA 上的所有点到点 Q 的距离均不小于圆 O 的半径,已知点 A,B 到直线 l 距离分别是 AC 和 BD(C,D 为垂足),测得 $AB=10$,$AC=6$,$BD=12$(单位:百米)。

(1)若道路 PB 与 AB 垂直,求道路 PB 的长。

(2)在规划要求下,P 和 Q 是否有一个点选在 D 处? 并说明理由。

(3)在规划要求下,若道路 PB,QA 的长度均为 d(单位:百米),求当 d 最小时,P,Q 两点间的距离。

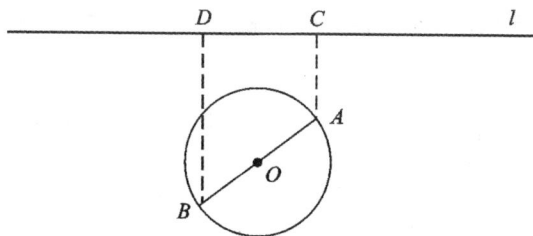

图 1-2

（2019・北京理 6）在天文学中，天体的明暗程度可以用星等或亮度来描述。两颗星的星等与亮度满足 $m_2 - m_1 = \dfrac{5}{2} \lg \dfrac{E_1}{E_2}$，其中星等为 m_k 的星的亮度为 $E_k(k=1,2)$。已知太阳的星等为 -26.7，天狼星的星等为 -1.45，则太阳与天狼星的亮度的比值为（　　）。

A. $10^{10.1}$　　　　B. 10.1　　　　C. $\lg 10.1$　　　　D. $10^{-10.1}$

【高考试题重现——三角函数】

（2019 文 I 7）$\tan 255° = ($　　$)$。

A. $-2 - \sqrt{3}$　　　　B. $-2 + \sqrt{3}$　　　　C. $2 - \sqrt{3}$　　　　D. $2 + \sqrt{3}$

（2019 文 I 15）函数 $f(x) = \sin\left(2x + \dfrac{3\pi}{2}\right) - 3\cos x$ 的最小值为_____。

（2019 文 II 8）若 $x_1 = \dfrac{\pi}{4}, x_2 = \dfrac{3\pi}{4}$ 是函数 $f(x) = \sin \omega x (\omega > 0)$ 两个相邻的极值点，则 $\omega = ($　　$)$。

A. 2　　　　B. $\dfrac{3}{2}$　　　　C. 1　　　　D. $\dfrac{1}{2}$

（2019 文 II 11，理 10）已知 $\alpha \in \left(0, \dfrac{\pi}{2}\right)$，$2\sin 2\alpha = \cos 2\alpha + 1$，则 $\sin \alpha = ($　　$)$。

A. $\dfrac{1}{5}$　　　　B. $\dfrac{\sqrt{5}}{5}$　　　　C. $\dfrac{\sqrt{3}}{3}$　　　　D. $\dfrac{2\sqrt{5}}{5}$

（2019 理 II 9）下列函数中，以 $\dfrac{\pi}{2}$ 为周期且在区间 $\left(\dfrac{\pi}{4}, \dfrac{\pi}{2}\right)$ 单调递增的是（　　）。

A. $f(x) = |\cos 2x|$　　　　　　　　B. $f(x) = |\sin 2x|$

C. $f(x) = \cos |x|$　　　　　　　　D. $f(x) = \sin |x|$

(2019 文Ⅲ5)函数 $f(x)=2\sin x-\sin 2x$ 在 $[0,2\pi]$ 的零点个数为(   )。

A. 2　　　　　　B. 3　　　　　　C. 4　　　　　　D. 5

(2019 理Ⅲ12)设函数 $f(x)=\sin(\omega x+\dfrac{\pi}{5})(\omega>0)$,已知 $f(x)$ 在 $[0,2\pi]$ 有且仅有 5 个零点,下述四个结论:

① $f(x)$ 在 $(0,2\pi)$ 有且仅有 3 个极大值点

② $f(x)$ 在 $(0,2\pi)$ 有且仅有 2 个极小值点

③ $f(x)$ 在 $(0,\dfrac{\pi}{10})$ 单调递增

④ ω 的取值范围是 $[\dfrac{12}{5},\dfrac{29}{10})$

其中所有正确结论的编号是(   )。

A. ①④　　　　B. ②③　　　　C. ①②③　　　　D. ①③④

【试题分析及教学建议】

三角函数是一类最典型的周期函数。本单元的学习,主要集中于用几何直观和代数运算的方法研究三角函数的周期性、奇偶性(对称性)、单调性和最大(小)值等性质;探索和研究三角函数之间的一些恒等关系。

2019 年全国卷高考题也主要围绕以上内容进行考查。文Ⅰ7、文Ⅰ15,文Ⅱ11,理Ⅱ10、文Ⅲ5 主要对代数运算方面进行考查,包括诱导公式、倍角公式等恒等关系式。新课标中还指出,学生要能借助图象理解参数 φ,ω,A 的意义,了解参数的变化对函数图象的影响。文Ⅱ8、理Ⅲ12 则充分地体现了这一点,尤其是理Ⅲ12,通过对函数零点的个数加以限制,间接限制了参数 ω,决定了周期的范围,同时设置与周期紧密相关的极值点、单调区间等性质选项,综合考查了函数的性质。文Ⅱ8 同样将极值点与三角函数的对称性相关联,考查三角函数的周期性。

教师在教学过程中要引导学生充分思考弧度制的必要性;借助单位圆的模型深刻理解三角函数的定义,并经历利用定义推证诱导公式、同角关系及两角差的余弦公式等恒等式的完整过程,加深对于定义的理解,加深对于知识整体性和关联性的认识,进一步体会三角函数是反映匀速圆周运动的一类模型;在摩天轮、潮汐等背景下引入正弦型函数模型,理解参数 φ,ω,A 的现实意义与几何意义,了解参数的变化对函数图象的影响;灵活掌握正弦型函数的性质(单调性、对称性、周期性、零点、极值点、最值等),体会各类性质背后周期性的深刻影响。

另外,值得注意的是教师要引导学生分析三角函数的极值点与对称性、周期性的关系,让学生从不同的角度认识和理解三角函数的对称轴与对称中心,体会三角函数在解决问题时的个性与同为函数模型的一般性。

在三角恒等式应用中,要重视恒等式的理解层次,强化公式的内在联系及变换方向,让学生能够灵活地正用、逆用、变形应用公式。教学中,要给学生以具体、明确的指导(角的关系的寻找与结构特征的把握等),引导学生明确目标、统筹兼顾,不断优化解题过程,形成合理、科学的思考路径和思维方式。当然,在教学和训练中师生均要避免烦琐的运算与不当的技巧。

【高考试题重现——数列】

(2019 理Ⅰ9)记 S_n 为等差数列 $\{a_n\}$ 的前 n 项和。已知 $S_4=0,a_5=5$,则( )。

A. $a_n=2n-5$ B. $a_n=3n-10$

C. $S_n=2n^2-8n$ D. $S_n=\dfrac{1}{2}n^2-2n$

(2019 文Ⅰ14)记 S_n 为等比数列 $\{a_n\}$ 的前 n 项和。若 $a_1=1,S_3=\dfrac{3}{4}$,则 $S_n=$ _____。

(2019 理Ⅰ14)记 S_n 为等比数列 $\{a_n\}$ 的前 n 项和。若 $a_1=\dfrac{1}{3},a_4{}^2=a_6$,则 $S_5=$ _____。

(2019 文Ⅰ18)记 S_n 为等差数列 $\{a_n\}$ 的前 n 项和,已知 $S_9=-a_5$。

(1)若 $a_3=4$,求 $\{a_n\}$ 的通项公式;

(2)若 $a_1>0$,求使得 $S_n>a_n$ 的 n 的取值范围。

(2019 文Ⅱ18)已知 $\{a_n\}$ 是各项均为正数的等比数列。$a_1=2,a_3=2a_2+16$。

(1)求 $\{a_n\}$ 的通项公式;

(2)设 $b_n=\log_2 a_n$,求数列 $\{b_n\}$ 的前 n 项和。

(2019 理Ⅱ19)已知数列 $\{a_n\}$ 和 $\{b_n\}$ 满足 $a_1=1,b_1=0,4a_{n+1}=3a_n-b_n+4,4b_{n+1}=3b_n-a_n-4$。

(1)证明:$\{a_n+b_n\}$ 是等比数列,$\{a_n-b_n\}$ 是等差数列;

(2)求 $\{a_n\}$ 和 $\{b_n\}$ 的通项公式。

(2019Ⅲ文6理5)已知各项均为正数的等比数列 $\{a_n\}$ 的前 4 项为和为 15,且 $a_5=3a_3+4a_1$,则 $a_1=$( )。

A. 16   B. 8   C. 4   D. 2

(2019 文Ⅲ14)记 S_n 为等差数列 $\{a_n\}$ 的前 n 项和,若 $a_3=5$,$a_7=13$,则 S_{10} =_____。

(2019 理Ⅲ14)记 S_n 为等差数列 $\{a_n\}$ 的前 n 项和,$a_1\neq 0$,$a_2=3a_1$,则 $\dfrac{S_{10}}{S_5}$ =_____。

【试题分析及教学建议】

数列内容是整个高中函数主线的重要组成部分。这可以归因于数列与函数和不等式之间关系较为密切,数列与集合、三角函数、几何也有联系,数列知识和思想在生活中的储蓄、人口增长、分期付款等有着广泛的应用。

2019 年高考数列题依然是以数列中最基本也是最重要的两个研究内容——通项公式、前 n 项和为主要考查对象。小题依然是以基本量的运算为主要突破方式,间或辅以等差(比)数列的性质优化解题过程或丰富题目解法,考查方程的思想。大题也依然是给出特殊数列(理Ⅱ则需先行证明),求解其通项公式与前 n 项的和。而且多数情况下,同一套试卷会达成等差与等比的知识覆盖。题目主要考查基础方法与方程思想,突出技巧性。

新课标明确指出,能在具体的问题情境中,发现数列的等差(比)关系,并解决相应的问题。2019 年全国卷Ⅰ则很好地体现了这一要求。题干中给出了数列中项的递推关系,学生在将背景迁移到数列板块就能轻易地使用相关方法实现问题的解决。然而,大多数学生对于问题情境分析不够透彻,对于数列中项的指代不明,造成大量丢分。究其原因,学生对于数列的工具性认识不到位,应用意识淡薄,知识和方法的迁移能力薄弱。

在浙江、天津、北京等省市,对于数列更侧重于能力方面的综合运用,需要对一个新数列用掌握的方法进行研究得到一般的结论,有时对数列题目进行一定的变化,考查学生强大的分析问题的能力。

教师在教学中要通过日常生活和数学中的实例,让学生了解数列是一种特殊函数 $a_n=f(n)$,并能借助实例深刻地体会递推关系 $f(n+1)=kf(n)+b$ 等,这是学生"能在具体的问题情境中,发现数列的等差(比)关系,并解决相应的问题"的思维基础;与学生一起探索并掌握等差(比)数列的前 n 项和公式,促进对数列的通项公式与前 n 项和公式的关系的理解,强化函数的观点与方程的思想。教师要主动收集数列在现实生活及相关数学问题中的应用案例(如排列组合、统计概率、类循环结构的数学解题过程),让学生感悟数列是可以用来刻画现实世界中一类具有递推规律事物的数学模型,加强学生对于数列作为一种特殊函数模型的工具性和应用价值的认识。建议在其他知识的讲授中要渗透这一点,否则学生对于数列的认识将是片面的、单一的,无法与其他知识结构下的情境建立充分的联系。

另外,既然数列是一类特殊的函数模型,教师就可以围绕此中心,将数列放到函数背景下,探究数列中项与项数的对应关系,研究单调性、周期性、最值等性质,并与不等式等组合命题。

条件允许的学校和教师,可拓展补充数列求通项公式和前 n 项和公式的方法,让学生能够高屋建瓴地认识数列中项与项的递推关系。

教师可适当地关注江苏、浙江、天津、北京、上海等地的高考卷,对于数列的考查角度和考查方式进行细致的研究,体会数列递推的思想,提高认识,拓宽眼界。

【高考试题重现——导数】

(2019 文理 I 13)曲线 $y = 3(x^2 + x)\mathrm{e}^x$ 在点 $(0,0)$ 处的切线方程为_____。

(2019 文 I 20)已知函数 $f(x) = 2\sin x - x\cos x - x$,$f'(x)$ 为 $f(x)$ 的导数。

(1)证明:$f'(x)$ 在区间 $(0,\pi)$ 存在唯一零点;

(2)若 $x \in (0,\pi)$ 时,$f(x) \geqslant ax$,求 a 的取值范围。

(2019 理 I 20)已知函数 $f(x) = \sin x - \ln(1+x)$,$f'(x)$ 为 $f(x)$ 的导数。证明:

(1)$f'(x)$ 在区间 $\left(-1, \dfrac{\pi}{2}\right)$ 存在唯一极大值点;

(2)$f(x)$ 有且仅有 2 个零点。

(2019 文 II 10)曲线 $f(x) = \sin x + 2\cos x$ 在点 $(\pi, -1)$ 处的切线方程为

A. $x - y - \pi - 1 = 0$ B. $2x - y - 2\pi - 1 = 0$

C. $2x + y - 2\pi + 1 = 0$ D. $x + y - \pi + 1 = 0$

(2019 文 II 21)已知函数 $f(x) = (x-1)\ln x - x - 1$。证明:

(1)$f(x)$ 存在唯一的极值点;

(2)$f(x) = 0$ 有且仅有两个实根,且两个实根互为倒数。

(2019 理 II 20)已知函数 $f(x) = \ln x - \dfrac{x+1}{x-1}$。

(1)$2x + y - 2\pi + 1 = 0$ 讨论 $f(x)$ 的单调性,并证明 $f(x)$ 有且仅有两个零点;

(2)设 x_0 是 $f(x)$ 的一个零点,证明曲线 $y = \ln x$ 在点 $A(x_0, \ln x_0)$ 处的切线也是曲线 $y = \mathrm{e}^x$ 的切线。

(2019Ⅲ文7理6)已知曲线 $y=a\mathrm{e}^x+x\ln x$ 在点$(1,+\infty)$处的切线方程为 $y=2x+b$,则

A. $a=\mathrm{e},b=-1$ B. $a=\mathrm{e},b=1$

C. $a=\mathrm{e}^{-1},b=1$ D. $a=\mathrm{e}^{-1},b=-1$

(2019 理Ⅲ20)已知函数 $f(x)=2x^3-ax^2+b$。

(1)讨论 $f(x)$ 的单调性;

(2)是否存在 a,b,使得 $f(x)$ 在区间$[0,1]$的最小值为-1且最大值为1。若存在,求出 a,b 的所有值;若不存在,说明理由。

(2019 文Ⅲ20)已知函数 $f(x)=2x^3-ax^2+2$。

(1)讨论 $f(x)$ 的单调性;

(2)当 $0<a<3$ 时,记 $f(x)$ 在区间$[0,1]$的最大值为 M,最小值为 m,求 $M-m$ 的取值范围。

【试题分析及教学建议】

2019 年全国卷高考导数题,小题全部考查函数图象在某点处的切线问题,聚焦导数的几何意义,卷Ⅱ理科大题在小题未考查的情况下弥补性地考查切线问题(两个函数图象的公切线)。除卷Ⅲ大题的第一问考查单调性的讨论之外,其他试卷的大题都是通过极值点个数的研究间接考查了导数在函数单调性中的应用。另外,从考查函数上来看,全国卷Ⅰ终于在千呼万唤后将三角函数与其他初等函数结合命题,全国卷Ⅱ将对数函数与分式函数结合,全国卷Ⅲ则严格贯彻了课标中"能利用导数求给定闭区间上不超过三次的多项式函数的最大值、最小值"的要求。

教师在导数的教学中要注意浅入深出,借助微积分的产生等数学史料帮助学生体会导数的物理意义及几何意义,体会微积分在生产生活、经济发展中的重大作用。教师要紧紧抓住利用导数与函数单调性的关系,以单调性为发动机,以图象直观辅助,以函数零点存在定理等为支撑,向极值、最值、函数零点等方面有力推进,向方程、不等式等方向拓展。教师在对于综合题目的讲解中要紧紧抓住这条主线,以求思路清楚,脉络可循。在难度较大的题目中,要引导学生多总结解题方法(如固定的思路转化等),多梳理思维脉络(如移参、虚拟根等),多探究本原模型(如极值点偏移、切割线问题等的背景),使学生解题方法熟练,思维清晰,理解透彻。在题目解答过程中,注意大力渗透方程的观点与函数的思想。

主题三　几何与代数

一、必修课程

几何与代数是高中数学课程的主线之一。在必修课程与选择性必修课程中，突出几何直观与代数运算之间的融合，即通过形与数的结合，感悟数学知识之间的关联，加强对数学整体性的理解。

【内容标准】

内容包括平面向量及其应用、复数、立体几何初步。

1. 平面向量及其应用

向量理论具有深刻的数学内涵、丰富的物理背景。向量既是代数研究对象，也是几何研究对象，是沟通几何与代数的桥梁。向量是描述直线、曲线、平面、曲面以及高维空间数学问题的基本工具，是进一步学习和研究其他数学领域问题的基础，在解决实际问题中发挥重要作用。本单元的学习，可以帮助学生理解平面向量的几何意义和代数意义；掌握平面向量的概念、运算、向量基本定理以及向量的应用；用向量语言、方法表述和解决现实生活、数学和物理中的问题。内容包括向量概念、向量运算、向量基本定理及坐标表示、向量应用。

（1）向量概念

①通过对力、速度、位移等的分析，了解平面向量的实际背景，理解平面向量的意义和两个向量相等的含义。

②理解平面向量的几何表示和基本要素。

（2）向量运算

①借助实例和平面向量的几何表示，掌握平面向量加、减运算及运算规则，理解其几何意义。

②通过实例分析，掌握平面向量数乘运算及运算规则，理解其几何意义。理解两个平面向量共线的含义。

③了解平面向量的线性运算性质及其几何意义。

④通过物理中功等实例，理解平面向量数量积的概念及其物理意义，会计算平面向量的数量积。

⑤通过几何直观，了解平面向量投影的概念以及投影向量的意义。

⑥会用数量积判断两个平面向量的垂直关系。

（3）向量基本定理及坐标表示

①理解平面向量基本定理及其意义。

②借助平面直角坐标系，掌握平面向量的正交分解及坐标表示。

③会用坐标表示平面向量的加、减运算与数乘运算。

④能用坐标表示平面向量的数量积，会表示两个平面向量的夹角。

⑤能用坐标表示平面向量共线、垂直的条件。

（4）向量应用

①会用向量方法解决简单的平面几何问题、力学问题以及其他实际问题，体会向量在解决数学和实际问题中的作用。

②借助向量的运算，探索三角形边长与角度的关系，掌握余弦定理、正弦定理。

③能用余弦定理、正弦定理解决简单的实际问题。

2. 复数

复数是一类重要的运算对象，有广泛的应用。本单元的学习，可以帮助学生通过方程求解，理解引入复数的必要性，了解数系的扩充，掌握复数的表示、运算及其几何意义。内容包括复数的概念、复数的运算、＊复数的三角表示。

（1）复数的概念

①通过方程的解，认识复数。

②理解复数的代数表示及其几何意义，理解两个复数相等的含义。

（2）复数的运算

掌握复数代数表示的四则运算，了解复数加、减运算的几何意义。

（3）＊复数的三角表示

通过复数的几何意义，了解复数的三角表示，了解复数的代数形式与三角表示之间的关系，了解复数乘、除运算的三角表示及其几何意义。

3. 立体几何初步

立体几何研究现实世界中物体的形状、大小与位置关系。本单元的学习，可以帮助学生以长方体为载体，认识和理解空间点、直线、平面的位置关系；用数学语言表述有关平行、垂直的性质与判定，并对某些结论进行论证；了解一些简单几何体的表面积与体积的计算方法；运用直观感知、操作确认、推理论证、度量计算等认识和探索空间图形的性质，建立空间观念。内容包括基本立体图形、基本图形位置关系、＊几何学的发展。

（1）基本立体图形

①利用实物、计算机软件等观察空间图形，认识柱、锥、台、球及简单组合体的结构特征，能运用这些特征描述现实生活中简单物体的结构。

②知道球、棱柱、棱锥、棱台的表面积和体积的计算公式,能用公式解决简单的实际问题。

③能用斜二测法画出简单空间图形(长方体、球、圆柱、圆锥、棱柱及其简单组合)的直观图。

(2)基本图形位置关系

①借助长方体,在直观认识空间点、直线、平面的位置关系的基础上,抽象出空间点、直线、平面的位置关系的定义,了解以下基本事实(基本事实1~4也称公理)和定理。

基本事实1:过不在一条直线上的三个点,有且只有一个平面。

基本事实2:如果一条直线上的两个点在一个平面内,那么这条直线在这个平面内。

基本事实3:如果两个不重合的平面有一个公共点,那么它们有且只有一条过该点的公共直线。

基本事实4:平行于同一条直线的两条直线平行。

定理:如果空间中两个角的两条边分别对应平行,那么这两个角相等或互补。

②从上述定义和基本事实出发,借助长方体,通过直观感知,了解空间中直线与直线、直线与平面、平面与平面的平行和垂直的关系,归纳出以下判定定理,并加以证明。

一条直线与一个平面平行,如果过该直线的平面与此平面相交,那么该直线与交线平行。

两个平面平行,若果另一个平面与这两个平面相交,那么两条交线平行。

垂直于同一个平面的两条直线平行。

两个平面垂直,如果一个平面内有一条直线垂直于这两个平面的交线,那么这条直线与另一个平面垂直。

③从上述定义和基本事实出发,借助长方体,通过直观感知,了解空间中直线与直线、直线与平面、平面与平面的平行和垂直的关系,归纳出以下性质定理,并加以证明。

若果平面外一条直线与此平面内的一条直线平行,那么该直线与此平面平行。

如果一个平面内的两条相交直线与另一个平面平行,那么这两个平面平行。

如果一条直线与一个平面内的两条相交直线垂直,那么该直线与此平面垂直。

如果一个平面过另一个平面的垂线,那么这两个平面垂直。

④能用已获得的结论证明空间基本图形位置关系的简单命题。

（3）＊几何学的发展

收集、阅读几何发展的历史资料，撰写小论文，论述几何发展的过程、重要结果、主要人物、关键事件及其对人类文明的贡献。

【学业要求】

能够从多种角度理解向量概念和运算法则，掌握向量基本定理；能够运用向量运算解决简单的几何和物理问题，知道数学运算与逻辑推理的关系。

能够理解复数的概念，掌握复数代数表示式的四则运算。

能够通过直观图理解空间图形，掌握基本空间图形及其简单组合体的概念和基本特征，解决简单的实际问题。能够运用图形的概念描述图形的基本关系和基本结果。能够证明简单的几何命题（平行、垂直的性质定理），并会进行简单应用。

重点提升直观想象、逻辑推理、数学运算和教学抽象素养。

二、选择性必修课程

在必修课程学习平面向量的基础上，本主题将学习空间向量，并运用空间向量研究立体几何中图形的位置关系和度量关系。解析几何是数学发展过程中的标志性成果，是微积分创立的基础。本主题将学习平面解析几何，通过建立坐标系，借助直线、圆与圆锥曲线的几何特征，导出相应方程；用代数方法研究它们的几何性质，体现形与数的结合。

【内容要求】

内容包括空间向量与立体几何、平面解析几何。

1. 空间向量与立体几何

本单元的学习，可以帮助学生在学习平面向量的基础上，利用类比的方法理解空间向量的概念、运算、基本定理和应用，体会平面向量和空间向量的共性和差异，运用向量的方法研究空间基本图形的位置关系和度量关系，体会向量方法和综合几何方法的共性和差异，运用向量方法解决简单的数学问题和实际问题，感悟向量是研究几何问题的有效工具。内容包括空间直角坐标系、空间向量及其运算、向量基本定理及坐标表示、空间向量的应用。

（1）空间直角坐标系

①在平面直角坐标系的基础上，了解空间直角坐标系，感受建立空间直角坐标系的必要性，会用空间直角坐标系刻画点的位置。

②借助特殊长方体顶点的坐标,探索并得出空间两点间的距离公式。

(2)空间向量及其运算

①经历由平面向量推广到空间向量的过程,了解空间向量的概念。

②经历由平面向量的运算及其法则推广到空间向量的过程。

(3)向量基本定理及坐标表示

①了解空间向量基本定理及其意义,掌握空间向量的正交分解及其坐标表示。

②掌握空间向量的线性运算及其坐标表示。

③掌握空间向量的数量积及其坐标表示。

④了解空间向量投影的概念以及投影向量的意义。

(4)空间向量的应用

①能用向量语言描述直线和平面,理解直线的方向向量与平面的法向量。

②能用向量语言表述直线与直线、直线与平面、平面与平面的夹角以及垂直与平行关系。

③能用向量方法证明必修内容中有关直线、平面位置关系的判定定理。

④能用向量方法解决点到直线、点到平面、相互平行的直线、相互平行的平面的距离问题和简单夹角问题,并能描述解决这一类问题的程序,体会向量方法在研究几何问题中的作用。

2. 平面解析几何

本单元的学习,可以帮助学生在平面直角坐标系中,认识直线、圆、椭圆、抛物线、双曲线的几何特征,建立它们的标准方程;运用代数方法进一步认识圆锥曲线的性质以及它们的位置关系,运用平面解析几何方法解决简单的数学问题和实际问题,感悟平面解析几何中蕴含的数学思想。内容包括直线与方程、圆与方程、圆锥曲线与方程、平面解析几何的形成与发展。

(1)直线与方程

①在平面直角坐标系中,结合具体图形,探索确定直线位置的几何要素。

②理解直线的倾斜角和斜率的概念,经历用代数方法刻画直线斜率的过程,掌握过两点的直线斜率的计算公式。

③能根据斜率判定两条直线平行或垂直。

④根据确定直线位置的几何要素,探索并掌握直线方程的几种形式(点斜式、两点式及一般式)。

⑤能用解方程组的方法求两条直线的交点坐标。

⑥探索并掌握平面上两点间的距离公式、点到直线的距离公式,会求两条平行直线间的距离。

（2）圆与方程

①回顾确定圆的几何要素，在平面直角坐标系中，探索并掌握圆的标准方程与一般方程。

②能根据给定直线、圆的方程，判断直线与圆、圆与圆的位置关系。

③能用直线和圆的方程解决一些简单的数学问题与实际问题。

（3）圆锥曲线与方程

①了解圆锥曲线的实际背景，感受圆锥曲线在刻画现实世界和解决实际问题中的作用。

②经历从具体情境中抽象出椭圆的过程，掌握椭圆的定义、标准方程及简单几何性质。

③了解抛物线与双曲线的定义、几何图形和标准方程，以及它们的简单几何性质。

④通过圆锥曲线与方程的学习，进一步体会数形结合的思想。

⑤了解椭圆、抛物线的简单应用。

（4）＊平面解析几何的形成与发展

收集、阅读平面解析几何的形成与发展的历史资料，撰写小论文、论述平面解析几何发展的过程、重要结果、主要人物、关键事件及其对人类文明的贡献。

【学业要求】

能够理解空间向量的概念、运算、背景和作用；能够依托空间向量建立空间图形及图形关系的想象力；能够掌握空间向量基本定理，体会其作用，并能简单应用；能够运用空间向量解决一些简单的实际问题，体会用向量解决一类问题的思路。

能够掌握平面解析几何解决问题的基本过程：根据具体问题情境的特点，建立平面直角坐标系；根据几何问题和图形的特点，用代数语言把几何问题转化成为代数问题；根据对几何问题（图形）的分析，探索解决问题的思路，运用代数方法得到结论，给出代数结论合理的几何解释，解决几何问题。

能够根据不同的情境，建立平面直线和圆的方程，建立椭圆、抛物线、双曲线的标准方程，能够运用代数的方法研究上述曲线之间的基本关系，能够运用平面解析几何的思想解决一些简单的实际问题。

重点提升直观想象、数学运算、数学建模、逻辑推理和数学抽象素养。

【高考试题重现——平面向量与解三角形】

（2019 Ⅰ 文 8 理 7）已知非零向量 $\vec{a},\vec{b}$ 满足 $|\vec{a}|=2|\vec{b}|$，且 $(\vec{a}-\vec{b})\perp\vec{b}$，则 $\vec{a}$

与 $\vec{b}$ 的夹角为( )。

A. $\dfrac{\pi}{6}$ B. $\dfrac{\pi}{3}$ C. $\dfrac{2\pi}{3}$ D. $\dfrac{5\pi}{6}$

(2019 文 I 11)ΔABC 的内角 A,B,C 的对边分别为 a,b,c,已知 $a\sin A - b\sin B = c\sin C$,$\cos A = -\dfrac{1}{4}$,则 $\dfrac{b}{c}=$( )。

A. 6   B. 5   C. 4   D. 3

(2019 理 I 17)ΔABC 的内角 A,B,C 的对边分别为 a,b,c,设 $(\sin B - \sin C)^2 = \sin^2 A - \sin B \sin C$。

(1)求 A;

(2)若 $\sqrt{2}a+b=2c$,求 $\sin C$。

(2019 理 II 3)已知 $\overrightarrow{AB}=(2,3)$,$\overrightarrow{AC}=(3,t)$,$|\overrightarrow{BC}|=1$,则 $\overrightarrow{AB} \cdot \overrightarrow{BC}=$( )。

A. -3 B. -2 C. 2   D. 3

(2019 文 II 3)已知向量 $\vec{a}=(2,3)$,$\vec{b}=(3,2)$,则 $|\vec{a}-\vec{b}|=$( )。

A. $\sqrt{2}$ B. 2   C. $5\sqrt{2}$ D. 50

(2019 文 II 15)ΔABC 的内角 A,B,C 的对边分别为 a,b,c。已知 $b\sin A + a\cos B = 0$,则 $B=$_____。

(2019 理 II 15)ΔABC 的内角 A,B,C 的对边分别为 a,b,c,若 $b=6$,$a=2c$,$B=\dfrac{\pi}{3}$,则 ΔABC 的面积为_____。

(2019 文 III 13)已知向量 $\vec{a}=(2,2)$,$\vec{b}=(-8,6)$,则 $\cos<\vec{a},\vec{b}>=$_____。

(2019 理 III 13)已知 $\vec{a},\vec{b}$ 为单位向量,且 $\vec{a} \cdot \vec{b}=0$,若 $\vec{c}=2\vec{a}-\sqrt{5}\vec{b}$,则 $\cos<\vec{a},\vec{c}>=$_____。

(2019 文理 III 18)ΔABC 的内角 A,B,C 的对边分别为 a,b,c,已知 $a\sin\dfrac{A+C}{2}=b\sin A$。

(1)求 B;

(2)若 ΔABC 为锐角三角形,且 $c=1$,求 ΔABC 面积的取值范围。

【试题分析及教学建议】

我们都清楚:向量既是代数研究对象,也是几何研究对象,是沟通几何与代数的桥梁。从几何的角度来看,向量的表示及基本定理、线性运算及数量积运算都存在明确的几何意义与几何背景。从代数的角度来看,向量的表示及各种运算均与实数的运算存在一定的一致性,而且向量在平面直角坐标系下可以用坐标的形式表示,进而产生坐标运算。而因为向量的线性转化不受向量表示形式的影响,因而它在向量运算中占有优先级地位。至于坐标表示,是因为复杂的向量关系如涉及多向量不易相互转化或结构不良的情形,坐标化往往能奏效。一般对几何图形的具体形状特征没有做具体限定,因而将之特殊化是优化运算的一大策略。因此,在教学中要体现向量线性运算的几何特征和向量坐标运算的代数特征。

向量的代数与几何属性决定了其在沟通数与形两大分支上的天然优势,但我们不能笼统地以"数形结合"涵盖之,根据问题表征的不同,数形结合有具体的表达:从数到形、从形到数,即以形助数与以数解形。平面向量中绝大部分概念及拓展内容,都有着鲜明的几何意义。

向量中"基底"的思想是向量线性转化的一种特殊情形,它可以将无限的问题转化为有限的问题,从而达到"有限、有效、能算"的目的。

2019 年全国卷的高考题对于平面向量知识的考查兼顾代数与几何两方面。关于代数方面的考查则侧重坐标运算,关于几何方面的考查则侧重符号运算,当然此类题目的突破角度是开放的,可以从题干中挖掘几何特征,通过图形直观求解,也可以建立坐标系,使用坐标运算代数求解。当然,不难看出,对于向量运算形式的考查侧重更具有综合性的数量积运算。2019 卷 I 运用数量积求解几何垂直与夹角(可用几何直观求解);卷 II 理以坐标的形式运用考查加减运算及数量积运算,文以坐标的形式运用考查加减运算及利用数量积求模;2019 年卷 III 文以坐标的形式运用数量积求夹角,理以数量积求夹角(可用几何直观求解)。

新课标指出,向量是描述直线、曲线、平面、曲面以及高维空间数学问题的基本工具,是进一步学习和研究其他数学领域问题的基础,在解决实际问题中发挥重要作用。教学过程中要注意借助学生物理所学知识,从物理背景引入向量,抽象出数学概念与数学运算,让学生体会学科间的联系;另外教师要挖掘向量在描述直线、曲线、平面、曲面等数学问题应用方面的知识与资源(如在共线关系的表述中,向量中的定比分点可由已知两点确定该两点所定直线上任意一点、向量的坐标可表示直线的斜率;如在垂直关系的表述中,法向量可在一定情况下替代法线、向量的斜分解,等等),巧妙地与教材知识整合,体现向量的工具性。

解三角形是平面向量的一个应用方向。2019 年高考题依然将问题设置为知识的简单应用层面,题干中的边与角度关系比较简单,没有出现太大的亮点。

学生只需要通过正弦定理、余弦定理的简单变形,就可以迅速地解决问题。

在教学过程中,教师要引导学生借助向量的运算,探索三角形边长与角度的关系,掌握余弦定理、正弦定理的推导及应用。尤其在应用过程中,教师要给学生充足的时间和机会探索研究对象及所研究三角形中边长与角度的关系,从而让学生经历确立对象—研究对象—选择方法与路径—解决问题的过程。在定值求解中,突出方程的思想;在变量求解过程中,突出函数的思想。

另外,除解决封闭式问题强化知识运用之外,教师要注意在一定时机下设定开放的背景,突出三角形中边与角的逻辑关系,提升学生的数学推理能力的素养。

有条件的班级,可在校园内组织"不可及测量问题"的数学建模活动,让学生学以致用,能用余弦定理、正弦定理解决简单的实际问题,提升学生的学习兴趣,深刻地理解数学来源于现实与服务于现实的内涵。

【高考试题重现——复数】

(2019 理 Ⅰ 2)设复数 z 满足 $|z-i|=1$,z 在复平面内对应的点为 (x,y),则(   )。

A. $(x+1)^2+y^2=1$ B. $(x-1)^2+y^2=1$

C. $x^2+(y-1)^2=1$ D. $x^2+(y+1)^2=1$

(2019 文 Ⅰ 1)设 $z=\dfrac{3-i}{1+2i}$,则 $|z|=$(   )。

A. 2   B. $\sqrt{3}$ C. $\sqrt{2}$ D. 1

(2019 理 Ⅱ 2)设 $z=-3+2i$,则在复平面内 $\bar{z}$ 对应的点位于(   )。

A. 第一象限   B. 第二象限   C. 第三象限   D. 第四象限

(2019 文 Ⅱ 2)设 $z=i(2+i)$,则 $\bar{z}=$(   )。

A. $1+2i$ B. $-1+2i$ C. $1-2i$ D. $-1-2i$

(2019 文理 Ⅲ 2)若 $z(1+i)=2i$,则 $z=$(   )。

A. $-1-i$ B. $-1+i$ C. $1-i$ D. $1+i$

【试题分析及教学建议】

新课标指出,复数是一类重要的运算对象,有广泛的应用。学生要理解复数的代数表示及其几何意义,掌握复数代数表示的四则运算,了解复数加、减运算的几何意义。2019 年高考题也主要围绕复数的概念(共轭复数、模等)、复数的四则运算、复数的几何意义(复平面内点的位置)进行命题。

本单元的学习,教师可以从数学史料出发,帮助学生通过方程求解,理解引入复数的必要性,了解数系的扩充。有条件的班级可讲授复数的三角表示,让参加自招的学生增长见识,拓宽视野,尤其是更深层地体会数形间的紧密联系,体会数学的整体性。

【高考试题重现——立体几何】

(2019 理 I 12)已知三棱锥 $P\text{-}ABC$ 的四个顶点在球 O 的球面上,$PA=PB=PC$,$\triangle ABC$ 是边长为 2 的正三角形,E,F 分别是 PA,AB 的中点,$\angle CEF=90°$,则球 O 的体积为( )。

A. $8\sqrt{6}\pi$ B. $4\sqrt{6}\pi$ C. $2\sqrt{6}\pi$ D. $\sqrt{6}\pi$

(2019 文 I 16)已知 $\angle ACB=90°$,P 为平面 ABC 外一点,$PC=2$,点 P 到 $\angle ACB$ 两边 AC,BC 的距离均为 $\sqrt{3}$,那么 P 到平面 ABC 的距离为_____。

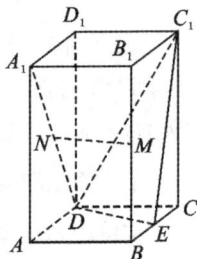

(2019 文 I 19)如图 1-3,直四棱柱 $ABCD\text{-}A_1B_1C_1D_1$ 的底面是菱形,$AA_1=4$,$AB=2$,$\angle BAD=60°$,E,M,N 分别是 BC,BB_1,A_1D 的中点。

(1)证明:$MN/\!/$平面 C_1DE;

(2)求点 C 到平面 C_1DE 的距离。

图 1-3

(2019 理 I 18)如图 1-4,直四棱柱 $ABCD\text{-}A_1B_1C_1D_1$ 的底面是菱形,$AA_1=4$,$AB=2$,$\angle BAD=60°$,E,M,N 分别是 BC,BB_1,A_1D 的中点。

(1)证明:$MN/\!/$平面 C_1DE;

(2)求二面角 $A\text{-}MA_1\text{-}N$ 的正弦值。

(2019 文理 II 7)设 α,β 为两个平面,则 $\alpha/\!/\beta$ 的充要条件是( )。

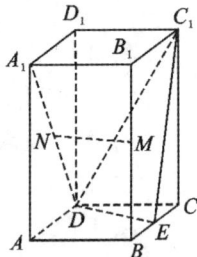

A. α 内有无数条直线与 β 平行

B. α 内有两条相交直线与 β 平行

C. α,β 平行于同一条直线

D. α,β 垂直于同一平面

图 1-4

(2019 文理 II 16)中国有悠久的金石文化,印信是金石文化的代表之一。印信的形状多为长方体、正方体或圆柱体,但南北朝时期的官员独孤信的印信形状是"半正多面体"(图 1-5)。半正多面体是由两种或两种以上的正多边形围成的多面体。半正多面体体现了数学的对称美。图 1-6 是一个棱数为 48 的半正多面体,它的所有顶点都在同一个正方体的表面上,且此正方体的棱长为 1。则该半正多面体共有_____个面,其棱长为_____。

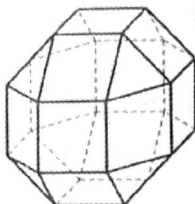

图 1-5　　　　　　　　　图 1-6

（2019 文 II 17）如图 1-7,长方体 $ABCD$-$A_1B_1C_1D_1$ 的底面 $ABCD$ 是正方形,点 E 在棱 AA_1 上,$BE\perp EC_1$。

(1)证明:$BE\perp$ 平面 EB_1C_1;

(2)若 $AE=A_1E$,$AB=3$,求四棱锥 E-BB_1C_1C 的体积。

（2019 理 II 17）如图 1-8 所示,长方体 $ABCD$-$A_1B_1C_1D_1$ 的底面 $ABCD$ 是正方形,点 E 在棱 AA_1 上,$BE\perp EC_1$。

(1)证明:$BE\perp$ 平面 EB_1C_1;

(2)若 $AE=A_1E$,$AB=3$,求二面角 B-EC-C_1 的正弦值。

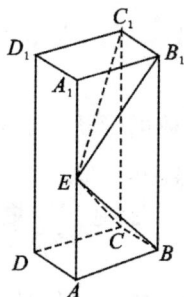

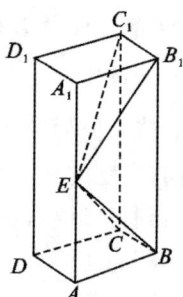

图 1-7　　　　　　　　　图 1-8

（2019 文理 III 8）如图 1-9,点 N 为正方形 $ABCD$ 的中心,$\triangle ECD$ 为正三角形,平面 $ECD\perp$ 平面 $ABCD$,M 是线段 ED 的中点,则（　　）。

A. $BM=EN$,且直线 BM,EN 是相交直线

B. $BM\neq EN$,且直线 BM,EN 是相交直线

C. $BM=EN$,且直线 BM,EN 是异面直线

D. $BM\neq EN$,且直线 BM,EN 是异面直线

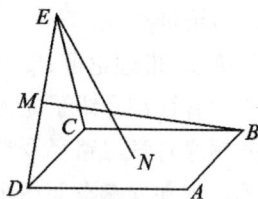

图 1-9

（2019 文理 III 16）学生到工厂劳动实践,利用 3D 打印技术制作模型。如图 1-10,该模型为长方体 $ABCD$-$A_1B_1C_1D_1$ 挖去四棱锥 O-$EFGH$ 后所得几何

体,其中 O 为长方体的中心,E,F,G,H 分别为所在棱的中点,$AB=BC=6$ cm,$AA_1=4$ cm,3D 打印所用原料密度为 0.9 g/cm^3,不考虑打印损耗,制作该模型所需原料的质量为_____。

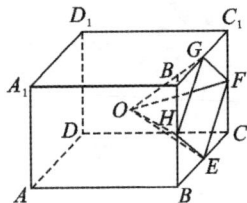

图 1-10

(2019 文理 Ⅲ 19)图 1-11 是由矩形 $ADEB$、Rt$\triangle ABC$ 和菱形 $BFGC$ 组成的一个平面图形,其中 $AB=1$,$BE=BF=2$,$\angle FBC=60°$,将其沿 AB,BC 折起使得 BE 与 BF 重合,连接 DG,如图 1-12。

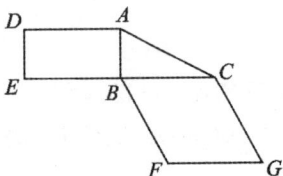

图 1-11

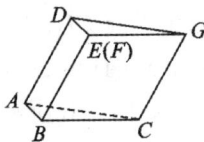

图 1-12

(1)证明:图 1-12 中的 A,C,G,D 四点共面,且平面 $ABC\perp$ 平面 $BCGE$;

(2)求图 1-12 中的二面角 B-CG-A 的大小。

【试题分析及教学建议】

新课标指出,立体几何研究现实世界中物体的形状、大小与位置关系。本单元是"代数与几何"主题的核心部分,除却立体几何的几何研究路径(从实际模型到基本图形,再到自然语言描述,到符号语言描述)外,更强调几何研究中代数"可入微、可论证"的功能。

本单元的学习,可以帮助学生以长方体为载体,认识和理解空间点、直线、平面的位置关系;用数学语言表述有关平行、垂直的性质与判定,并对某些结论进行论证;了解一些简单几何体的表面积与体积的计算方法;运用直观感知、操作确认、推理论证、度量计算等认识和探索空间图形的性质,建立空间观念。本段内容详细介绍了立体几何的研究内容:形状、大小、位置关系(也是教材编排的顺序),学习路径及学习目标:运用直观感知、操作确认、推理论证、度量计算等认识和探索空间图形的性质,建立空间观念。在对于核心知识——"点线面的位置关系"的要求中,新课标指出,"从上述定义和基本事实出发,借助长方体,通过直观感知,了解空间中直线与直线、直线与平面、平面与平面的平行和垂直的关系,归纳出以下判定定理,并加以证明"。这一句话很明确地指出如何设定学习路径实施教学,进一步体现了教材编写者让学生经历由直观感知到推理论证的学习过程的初心。

新课标还提出,立体几何初步的教学重点是帮助学生逐步形成空间观念,应遵循从整体到局部、从具体到抽象的原则,提供丰富的实物模型或利用计算机软件呈现空间几何体,帮助学生认识空间几何的结构特征,进一步掌握在平面上表示空间图形的方法和技能。通过对图形的观察和操作,引导学生发现和提出描述基本图形平行、垂直关系的命题,逐步学会用准确的数学语言表达这些命题,直观解释命题的含义和表述证明的思路,并证明其中一些命题,对相应的判定定理只要求直观感知、操作确认。

在具体的教学中,有些教师经验性地先讲授点线面位置关系再讲授几何体的结构性质则值得商榷。在单元教学设计之前,我们务必揣摩教材编写者的意图及教材的知识主线,这样才能更好地使用教材。当然,并不是说教材中的编排顺序不可调整,关键是顺序调整之后,其他的如主线脉络、例题选择、习题选择等必须随之调整铺排。

立体几何是在公理化思想下,始于几个基本公理而衍生出的知识体系,主要研究图形的位置关系和度量关系,既有定性的判断与证明,又有定量关系的度量计算。

在立体几何教学中务必加强对于直观想象、数学抽象和逻辑推理素养的培养。直观想象是建立形与数的关系,利用几何图形描述问题、几何直观理解问题、空间想象认识事物的概括,是保障立体几何初步学习逻辑(直观感知、操作确认、推理论证、度量计算)有序推进的根本性观念。数学抽象重在对立体图形及其位置关系的理解过程中抽象出基本图形,以发挥其在提出数学命题和模型层面的作用。逻辑推理则体现在立体几何研究思路与方法的方面,如由形到数、以数证形的"作,证,算"的逻辑思考与表达过程以及位置关系判断与证明中的综合与分析的证明路径的选择等。

另外,在教学中要加强转化思想的渗透。问题解决的本质就是问题转化的过程。平面几何中的几何关系与度量关系是立体几何的基本,故应是转化的归宿。从问题解决的角度讲"降维"的思想运用是主要的手段。通过"降维"将复杂的空间关系直观化、清晰化。从知识整体性的角度说,二维与三维数学对象之间的共性与异质特性可以实行类比转化,不仅能对平面几何知识有透彻的理解,还可以更快捷地获取知识,弄清概念的内涵与外延,明白结论的由来与适用范围,达到知识精炼化、条理化、网络化的目的。

值得注意的是,立体几何是现实模型的自然语言,其与数学符号语言之间的转化必须在教学过程中得以体现。自然语言是对几何体的直观描述,是其外部特征,有助于培养学生的直观感知能力;符号语言则是数学专用语言,是数学思维的外显,有助于培养学生的数学思维能力。这两者间的转化,实质是数与形的转化,是学生数学地认识和分析问题的基础和起点。

2019 年高考题中文理多为同题,解答题也是在同一几何体中设计,普遍做到了位置关系转化与度量关系运算的平衡。除第一问多是线面、面面位置关系的判定外,第二问文科加强体积或距离的求解,理科加强夹角的研究。而对于很多教师担心的与球有关的组合体,只在全国Ⅰ理科中考查了一道,研究正三棱锥的外接球。所以,我个人依然认为,要紧紧抓住课标中所说的"以长方体为载体",加强对于一些特殊几何体(长方体及其中的四面体、旋转体等)外接球的研究,而不要将太多的精力放在大圆、小圆的研究上。另外,依然需要强调的是,全国卷兼顾几何法与坐标法,或者换一种说法,全国卷突出考查几何证明(平行与垂直关系)中的逻辑推理,同时对求解角度有困难的学生留有一扇门:几何体并不复杂,可利用坐标法通过数学运算求解空间角。但是,对于那些几何法孱弱、推理能力较差的学生来说,立体几何就是送命题。2019 年全国卷Ⅰ大题模型是直四棱柱,底面为其中一内角为 60° 的菱形;卷Ⅱ则是正四棱柱;卷Ⅲ为一斜棱柱(实际考查的是一四棱锥 A-BCGE,底面为其中一内角为 60° 的菱形)。从中,我们可以看出,对于常见模型的研究应该是平时教学的重点,对于其中特殊位置关系的判断与发现则是重心所在,尤其是垂直关系。当学生对于这些常见的模型结构特征熟知,就能很快地打开缺口,从已知位置关系中快速推理到未知关系,或寻找到合理、科学的求解方法。

另外,新课标在选学部分中指出,教师可引导学生收集、阅读几何发展的历史资料,撰写小论文,论述几何发展的过程、重要结果、主要人物、关键事件及其对人类文明的贡献。如欧拉公式、正多面体、空间测绘、建筑中的几何学等,让学生用几何学的眼光认识周围的事物,体会几何学在现实生活中体现出的美与力量。

新课标还指出,"几何与代数"主题中,要突出几何直观与代数运算之间的融合,即通过形与数的结合,感悟数学知识之间的关联,加强对数学整体性的理解。在空间向量的教学中,需要对向量的内在属性中的数与形的转换与沟通机制做深刻的剖析,充分地体现向量的工具性。当然,在教学中,我们应多鼓励学生灵活选择方法,从不同角度解决立体几何问题,通过对比体会向量方法的优势。

【高考试题重现——平面解析几何】

(2019 文Ⅰ10)双曲线 $C: \dfrac{x^2}{a^2} - \dfrac{y^2}{b^2} = 1 (a>0, b>0)$ 的一条渐近线的倾斜角

为 $130°$,则 C 的离心率为(　　)。

A. $2\sin40°$　　　　B. $2\cos40°$　　　　C. $\dfrac{1}{\sin50°}$　　　　D. $\dfrac{1}{\cos50°}$

(2019Ⅰ文 12 理 10)已知椭圆 C 的焦点为 $F_1(-1,0)$,$F_2(1,0)$,过 F_2 的直线与 C 交于 A,B 两点。若 $|AF_2|=2|F_2B|$,$|AB|=|BF_1|$,则 C 的方程为(　　)。

A. $\dfrac{x^2}{2}+y^2=1$　　　B. $\dfrac{x^2}{3}+\dfrac{y^2}{2}=1$　　　C. $\dfrac{x^2}{4}+\dfrac{y^2}{3}=1$　　　D. $\dfrac{x^2}{5}+\dfrac{y^2}{4}=1$

(2019 理Ⅰ16)已知双曲线 $C:\dfrac{x^2}{a^2}-\dfrac{y^2}{b^2}=1(a>0,b>0)$ 的左、右焦点分别为 F_1,F_2,过 F_1 的直线与 C 的两条渐近线分别交于 A,B 两点。若 $\overrightarrow{F_1A}=\overrightarrow{AB}$,$\overrightarrow{F_1B}\cdot\overrightarrow{F_2B}=0$,则 C 的离心率为_____。

(2019文Ⅰ21)已知点 A,B 关于坐标原点 O 对称,$|AB|=4$,$⊙M$ 过点 A,B 且与直线 $x+2=0$ 相切。

(1)若 A 在直线 $x+y=0$ 上,求 $⊙M$ 的半径;

(2)是否存在定点 P,使得当 A 运动时,$|MA|-|MP|$ 为定值? 并说明理由。

(2019 理Ⅰ19)已知抛物线 $C:y^2=3x$ 的焦点为 F,斜率为 $\dfrac{3}{2}$ 的直线 l 与 C 的交点为 A,B,与 x 轴的交点为 P。

(1)若 $|AF|+|BF|=4$,求 l 的方程;

(2)若 $\overrightarrow{AP}=3\overrightarrow{PB}$,求 $|AB|$。

(2019Ⅱ文 9 理 8)若抛物线 $y^2=2px(p>0)$ 的焦点是椭圆 $\dfrac{x^2}{3p}+\dfrac{y^2}{p}=1$ 的一个焦点,则 $p=$(　　)。

A. 2　　　　　B. 3　　　　　C. 4　　　　　D. 8

(2019Ⅱ文 12 理 11)设 F 为双曲线 $C:\dfrac{x^2}{a^2}-\dfrac{y^2}{b^2}=1(a>0,b>0)$ 的右焦点,O 为坐标原点,以 OF 为直径的圆与圆 $x^2+y^2=a^2$ 交于 P,Q 两点。若 $|PQ|=|OF|$,则 C 的离心率为(　　)。

A. $\sqrt{2}$　　　　B. $\sqrt{3}$　　　　C. 2　　　　D. $\sqrt{5}$

(2019文Ⅱ20)已知 F_1,F_2 是椭圆 $C:\dfrac{x^2}{a^2}+\dfrac{y^2}{b^2}=1(a>b>0)$ 的两个焦点,P 为 C 上一点,O 为坐标原点。

(1)若 ΔPOF_2 为等边三角形,求 C 的离心率;

(2)如果存在点 P，使得 $PF_1 \perp PF_2$，且 $\triangle F_1 PF_2$ 的面积等于 16，求 b 的值和 a 的取值范围。

(2019 理 II 21)已知点 $A(-2,0)$，$B(2,0)$，动点 $M(x,y)$ 满足直线 AM 与 BM 的斜率之积为 $-\dfrac{1}{2}$。记 M 的轨迹为曲线 C。

(1)求 C 的方程并说明 C 是什么曲线；

(2)过坐标原点的直线交 C 于 P，Q 两点，点 P 在第一象限，$PE \perp x$ 轴，垂足为 E，连接 QE 并延长交 C 于点 G。

①证明：$\triangle PQG$ 是直角三角形；

②求 $\triangle PQG$ 面积的最大值。

(2019 III 文理 10)双曲线 $C:\dfrac{x^2}{4}-\dfrac{y^2}{2}=1$ 的右焦点为 F，点 P 在 C 的一条渐进线上，O 为坐标原点，若 $|PQ|=|PF|$，则 $\triangle PFO$ 的面积为（　　　）。

A. $\dfrac{3\sqrt{2}}{4}$ B. $\dfrac{3\sqrt{2}}{2}$ C. $2\sqrt{2}$ D. $3\sqrt{2}$

(2019 III 文理 15)设 F_1，F_2 为椭圆 $C:\dfrac{x^2}{36}+\dfrac{y^2}{20}=1$ 的两个焦点，M 为 C 上一点且在第一象限。若 $\triangle MF_1 F_2$ 为等腰三角形，则 M 的坐标为_____。

(2019 文 III 21)已知曲线 $C:y=\dfrac{x^2}{2}$，D 为直线 $y=-\dfrac{1}{2}$ 上的动点，过 D 作 C 的两条切线，切点分别为 A，B。

(1)证明：直线 AB 过定点；

(2)若以 $E\left(0,\dfrac{5}{2}\right)$ 为圆心的圆与直线 AB 相切，且切点为线段 AB 的中点，求该圆的方程。

(2019 理 III 21)已知曲线 $C:y=\dfrac{x^2}{2}$，D 为直线 $y=-\dfrac{1}{2}$ 上的动点，过 D 作 C 的两条切线，切点分别为 A，B。

(1)证明：直线 AB 过定点；

(2)若以 $E\left(0,\dfrac{5}{2}\right)$ 为圆心的圆与直线 AB 相切，且切点为线段 AB 的中点，求四边形 $ADBE$ 的面积。

【试题分析及教学建议】

本主题内容主要是帮助学生在平面直角坐标系中，认识直线、圆、椭圆、抛物线、双曲线的几何特征,建立它们的标准方程;运用代数方法进一步认识圆锥曲线的性质以及它们的位置关系,运用平面解析几何方法解决简单的数学问题和实际问题,感悟平面解析几何中蕴含的数学思想。

2019年全国卷小题考查椭圆6题次,双曲线6题次,抛物线2题次。其中椭圆主要考查性质及几何特征(中心为定义);双曲线主要围绕渐近线而展开命题(核心仍然是定义);抛物线主要考查的是焦点坐标,当然定义也不容忽视。其中全国Ⅱ卷的小题是将双曲线与圆整合命题,在考查圆锥曲线几何特征的路径上与特殊曲线——圆相遇,突出几何位置关系的应用。

全国卷Ⅰ文科解析几何大题为第21题,考查圆的方程和抛物线(暗含于题内,需要通过解析法求解动点轨迹,真正体现以数解形),且为探究类问题;理科为第19题,考查直线与抛物线的位置关系,题目常规易上手。全国Ⅱ卷文科第20题考查椭圆,第(1)问考查椭圆中的几何量,第(2)问考查焦点三角形的面积;理科为第21题,第(1)问考查椭圆的方程,与课本例题如出一辙,第(2)问研究直线与椭圆的位置关系,涉及的几何元素为三角形面积。全国Ⅲ卷文理科均为第21题,题目同枝,仅在第(2)问略有区别,考查抛物线,第(1)问背景为由准线上一点向抛物线作切线,切点所在直线过焦点,第(2)问则与圆整合,考查直线与圆的位置关系。

总体而言,2019年全国卷解析几何大题难度不大,所涉依然为方程的求解、定点定值、范围求解类问题。2019年解析几何题对于计算的要求相对往年有明显的降低,除个别题目过于常规外(如全国卷Ⅰ的理科题),能明显体现学业要求中的叙述"能够掌握平面解析几何解决问题的基本过程:根据具体问题情境的特点,建立平面直角坐标系;根据几何问题和图形的特点,用代数语言把几何问题转化成为代数问题;根据对几何问题(图形)的分析,探索解决问题的思路,运用代数方法得到结论,给出代数结论合理的几何解释,解决几何问题"。

教师在教学过程中要紧紧抓住解析法的核心:以形助数,以数解形。直线和圆的方程是平面解析几何学的基础知识,通过对直线和圆的研究,解析几何的基本思想和理论框架都得以体现,是进一步学习圆锥曲线以及其他曲线方程的基础。所以,从直线的讲授开始,教师就要贯彻落实这一点,尤其体现在公式、结论的推导与应用过程当中,让学生经历用代数方法刻画几何特征的完整过程,掌握几何图形的显著特征,探索解决问题的思路,形成合理有效的步骤和程序,并能用代数给予合理的几何解释。在圆的教学中,要紧紧抓住几个特殊模型,分析几何量间的位置关系与数量关系,参透彼此间的相互影响与作用。在圆锥曲线的教学中,教师要重视概念教学,引导学生善于抓住概念的本质进行深入思考,培养思维的深刻性。教师可以尽量多掌握一些曲线的画法,引导学生从画法中抽象动点的一般性规律,形成曲线的定义,建立起学生对曲线深刻的认识,甚至指导学生操纵软件进行曲线绘制;教师可以适当地拓展圆锥曲线中优美的结论,鼓励学生从特殊的问题中猜想归纳一般的结论,鼓励并协助学生进行严谨的证明,甚至进行数学写作,形成数学小论文。这样,让学生逐步养成在生活中抽象数学、在数学中概括思想、从思想中提升素养的习惯,形成良好的思维品质。

教师要注意引导学生认真研究教材上的例题和课后习题,把握问题的核心内容。另外,高考在本章节中考查学生的运算求解能力,需要学生在短时间内优化计算路径,设计计算程序,准确快速求解结果。这就需要教师给学生充分体验的时间和过程,让学生能够适应运算的强度,在纷繁的计算中仍然能够保证思路清晰,目标明确。

另外,对圆锥曲线的考查,常常与向量、解三角形、函数与方程、基本不等式等知识结合,所以,在平时的教学中,要培养学生对已有知识的灵活运用和综合考量。

有条件的学校和班级,可以组织学生收集、阅读平面解析几何的形成与发展的历史资料,撰写小论文、论述平面解析几何发展的过程、重要结果、主要人物、关键事件及其对人类文明的贡献。教师也可从中整理情境材料,形成跨学科的知识储备,为后期进行高质量的命题做好充分的准备。

主题四　概率与统计

一、必修课程

概率的研究对象是随机现象,为人们从不确定性的角度认识客观世界提供重要的思维模式和解决问题的方法。统计的研究对象是数据,核心是数据分析。概率为统计的发展提供理论基础。

【内容要求】

内容包括概率、统计。

1. 概率

本单元的学习,可以帮助学生结合具体实例,理解样本点、有限样本空间、随机事件,会计算古典概型中简单随机事件的概率,加深对随机现象的认识和理解。内容包括随机事件与概率、随机事件的独立性。

（1）随机事件与概率

①结合具体实例，理解样本点和有限样本空间的含义，理解随机事件与样本点的关系。了解随机事件的并、交与互斥的含义，能结合实例进行随机事件的并、交运算。

②结合具体实例，理解古典概型，能计算古典概型中简单随机事件的概率。

③通过实例，理解概率的性质，掌握随机事件概率的运算法则。

④结合实例，会用频率估计概率。

（2）随机事件的独立性

结合有限样本空间，了解两个随机事件独立性的含义。结合古典概型，利用独立性计算概率。

2. 统计

本单元的学习，可以帮助学生进一步学习数据收集和整理的方法、数据直观图表的表示方法、数据统计特征的刻画方法，通过具体实例，感悟在实际生活中进行科学决策的必要性和可能性；体会统计思维与确定性思维的差异、归纳推断与演绎证明的差异；通过实际操作、计算机模拟等活动，积累数据分析的经验。内容包括获取数据的基本途径及相关概念、抽样、统计图表、用样本估计总体。

（1）获取数据的基本途径及相关概念

①知道获取数据的基本途径，包括统计报表和年鉴、社会调查、试验设计、普查和抽样、互联网等。

②了解总体、样本、样本量的概念，了解数据的随机性。

（2）抽样

①简单随机抽样

通过实例，了解简单随机抽样的含义及其解决问题的过程，掌握两种简单随机抽样方法：抽签法和随机数法。会计算样本均值和样本方差，了解样本与总体的关系。

②分层随机抽样

通过实例，了解分层随机抽样的特点和适用范围，了解分层随机抽样的必要性，掌握各层样本量比例分配的方法。结合具体实例，掌握分层随机抽样的样本均值和样本方差。

③抽样方法的选择

在简单的实际情境中，能根据实际问题的特点，设计恰当的抽样方法解决问题。

（3）统计图表

如根据实际问题的特点，选择恰当的统计图表对数据进行可视化描述，体会合理使用统计图表的重要性。

（4）用样本估计总体

①结合实例，能用样本估计总体的集中趋势参数（平均数、中位数、众数），理解集中趋势参数的统计含义。

⑦结合实例，能用样本估计总体的离散程度参数（标准差、方差、极差），理解离散程度参数的统计含义。

③结合实例，能用样本估计总体的取值规律。

④结合实例，能用样本估计百分位数，理解百分位数的统计含义。

【学业要求】

能够掌握古典概率的基本特征，根据实际问题构建概率模型，解决简单的实际问题。能够借助古典概型初步认识有限样本空间、随机事件以及随机事件的概率。

能够根据实际问题的需求，选择恰当的抽样方法获取样本数据，并从中提取需要的数字特征推断总体，能够正确运用数据分析的方法解决简单的实际问题。

能够区别统计思维与确定性思维的差异、归纳推断与演绎证明的差异。能够结合具体问题，理解统计推断结果的或然性，正确运用统计结果解释实际问题。

重点提升数据分析、数学建模、逻辑推理和数学运算素养。

二、选择性必修课程

本主题是必修课程中概率与统计内容的延续，将学习计数原理、概率、统计的相关知识。计数原理的内容包括两个基本计数原理、排列与组合、二项式定理。概率的内容包括随机事件的条件概率、离散型随机变量及其分布列、正态分布。统计的内容包括成对数据的统计相关性、一元线性回归模型、2×2列联表。

【内容要求】

内容包括计数原理、概率、统计。

1. 计数原理

分类加法计数原理和分步乘法计数原理是解决计数问题的基础，称为基本计数原理。本单元的学习，可以帮助学生理解两个基本计数原理，运用计数原理探索排列、组合、二项式定理等问题。内容包括两个基本计数原理、排列与组合、二项式定理。

（1）两个基本计数原理

通过实例，了解分类加法计数原理、分步乘法计数原理及其意义。

（2）排列与组合

通过实例，理解排列、组合的概念，能利用计数原理推导排列数公式、组合数公式。

（3）二项式定理

能用多项式运算法则和计数原理证明二项式定理，会用二项式定理解决与二项展开式有关的简单问题。

2. 概率

本单元的学习，可以帮助学生了解条件概率及其与独立性的关系，能进行简单计算；感悟离散型随机变量及其分布列的含义，知道可以通过随机变量更好地刻画随机现象；理解伯努利试验，掌握二项分布，了解超几何分布；感悟服从正态分布的随机变量，知道连续型随机变量；基于随机变量及其分布解决简单的实际问题。内容包括随机事件的条件概率、离散型随机变量及其分布列、正态分布。

（1）随机事件的条件概率

①结合古典概型，了解条件概率，能计算简单随机事件的条件概率。

②结合古典概型，了解条件概率与独立性的关系。

③结合古典概型，会利用乘法公式计算概率。

④结合古典概型，会利用全概率公式计算概率。 ＊了解贝叶斯公式。

（2）离散型随机变量及其分布列

①通过具体实例，了解离散型随机变量的概念，理解离散型随机变量分布列及其数字特征（均值、方差）。

②通过具体实例，了解伯努利试验，掌握二项分布及其数字特征，并能解决简单的实际问题。

③通过具体实例，了解超几何分布及其均值，并能解决简单的实际问题。

（3）正态分布

①通过误差模型，了解服从正态分布的随机变量。通过具体实例、借助频率直方图的几何直观，了解正态分布的特征。

②了解正态分布的均值、方差及其含义。

3. 统计

本单元的学习，可以帮助学生了解样本相关系数的统计含义，了解一元线

性回归模型和 2×2 列联表,运用这些方法解决简单的实际问题。会利用统计软件进行数据分析。内容包括成对数据的统计相关性、一元线性回归模型、2×2 列联表。

(1)成对数据的统计相关性

①结合实例,了解样本相关系数的统计含义,了解样本相关系数与标准化数据向量夹角的关系。

②结合实例,会通过相关系数比较多组成对数据的相关性。

(2)一元线性回归模型

①结合具体实例,了解一元线性回归模型的含义,了解模型参数的统计意义,了解最小二乘原理,掌握一元线性回归模型参数的最小二乘估计方法,会使用相关的统计软件。

②针对实际问题,会用一元线性回归模型进行预测。

(3)2×2 列联表

①通过实例,理解 2×2 列联表的统计意义。

②通过实例,了解 2×2 列联表独立性检验及其应用。

【学业要求】

能够结合具体实例,识别和理解分类加法计数原理和分步乘法计数原理及其作用,并能够运用这些原理解决简单的实际问题。

能够结合具体实例,理解排列、组合、二项式定理与两个计数原理的关系,能够运用两个计数原理推导排列、组合、二项式定理的相关公式,并能够运用它们解决简单的实际问题,特别是概率中的某些问题。

能够结合具体实例,理解随机事件的独立性和条件概率的关系,理解离散型随机变量在描述随机现象中的作用,掌握两个基本概率模型及其应用,了解正态分布的作用,进一步深入理解随机思想在解决实际问题中的作用。

能够解决成对数据统计相关性的简单实际问题。能够结合具体实例,掌握运用一元线性回归分析的方法。掌握运用 2×2 列联表的方法,解决独立性检验的简单实际问题。

重点提升数据分标、数学建模、逻辑推理、数学运算和数学抽象素养。

【高考试题重现——计数原理】

(2019 理Ⅲ4)$(1+2x^2)(1+x)^4$ 的展开式中 x^3 的系数为( )。

A. 12   B. 16   C. 20   D. 24

【试题分析及教学建议】

多年以来,全国卷对于计数原理的考查就一直在淡化技巧,重视分类加法计数原理及分步乘法计数原理的理论应用。所以,在教学过程中,教师要引导学生将问题拉至身边,把问题看作身边发生的真实事件,从日常所采用的解决问题的方式出发,理解分类与分步,掌握分类的标准及分步的规范。二项定理多考查利用通项公式求解特殊项的系数,形式多以 $(a+b+c)^n$ 与 $(a+b)(c+d)^n$ 两种形式出现,体现了二项式定理的"源",体现计数原理的特定方向的应用。

【高考试题重现——概率】

(2019 理 Ⅰ6)我国古代典籍《周易》用"卦"描述万物的变化。每一"重卦"由从下到上排列的 6 个爻组成,爻分为阳爻"——"和阴爻"— —",图 1-13 就是一重卦。在所有重卦中随机取一重卦,则该重卦恰有 3 个阳爻的概率是(　　)。

图 1-13

A. $\dfrac{5}{16}$　　　　B. $\dfrac{11}{32}$　　　　C. $\dfrac{21}{32}$　　　　D. $\dfrac{11}{16}$

(2019 理 Ⅰ15)甲、乙两队进行篮球决赛,采取七场四胜制(当一队赢得四场胜利时,该队获胜,决赛结束)。根据前期比赛成绩,甲队的主客场安排依次为"主主客客主客主"。设甲队主场取胜的概率为 0.6,客场取胜的概率为 0.5,且各场比赛结果相互独立,则甲队以 4∶1 获胜的概率是_____。

(2019 理 Ⅰ21)为治疗某种疾病,研制了甲、乙两种新药,希望知道哪种新药更有效,为此进行动物试验。试验方案如下:每一轮选取两只白鼠对药效进行对比试验。对于两只白鼠,随机选一只施以甲药,另一只施以乙药。一轮的治疗结果得出后,再安排下一轮试验。当其中一种药治愈的白鼠比另一种药治愈的白鼠多 4 只时,就停止试验,并认为治愈只数多的药更有效。为了方便描述问题,约定:对于每轮试验,若施以甲药的白鼠治愈且施以乙药的白鼠未治愈则甲药得 1 分,乙药得 −1 分;若施以乙药的白鼠治愈且施以甲药的白鼠未治愈则乙药得 1 分,甲药得 −1 分;若都治愈或都未治愈则两种药均得 0 分。甲、乙两种药的治愈率分别记为 α 和 β,一轮试验中甲药的得分记为 X。

(1)求 X 的分布列;

（2）若甲药、乙药在试验开始时都赋予 4 分，$p_i(i=0,1,2,\cdots,8)$ 表示"甲药的累计得分为 i 时，最终认为甲药比乙药更有效"的概率，则 $P_0=0$，$P_8=1$，$P_i=aP_{i-1}+bP_i+cP_{i+1}$，$(i=1,2,\cdots,7)$，其中 $a=P(X=-1)$，$b=P(X=0)$，$c=P(X=1)$。假设 $\alpha=0.5$，$\beta=0.8$。

①证明：$\{P_{i+1}-P_i\}(i=0,1,2,\cdots,7)$ 为等比数列；

②求 P_4，并根据 P_4 的值解释这种试验方案的合理性。

（2019 文Ⅱ4）生物实验室有 5 只兔子，其中只有 3 只测量过某项指标，若从这 5 只兔子中随机取出 3 只，则恰有 2 只测量过该指标的概率为（　　）。

A. $\dfrac{2}{3}$　　　　B. $\dfrac{3}{5}$　　　　C. $\dfrac{2}{5}$　　　　D. $\dfrac{1}{5}$

（2019 理Ⅱ18）11 分制乒乓球比赛，每赢一球得 1 分，当某局打成 10∶10 平后，每球交换发球权，先多得 2 分的一方获胜，该局比赛结束。甲、乙两位同学进行单打比赛，假设甲发球时甲得分的概率为 0.5，乙发球时甲得分的概率为 0.4，各球的结果相互独立。在某局双方 10∶10 平后，甲先发球，两人又打了 X 个球该局比赛结束。

（1）求 $P(X=2)$；

（2）求事件"$X=4$ 且甲获胜"的概率。

（2019 文Ⅲ3）两位男同学和两位女同学随机排成一列，则两位女同学相邻的概率是（　　）。

A. $\dfrac{1}{6}$　　　　B. $\dfrac{1}{4}$　　　　C. $\dfrac{1}{3}$　　　　D. $\dfrac{1}{2}$

（2019Ⅲ文4理Ⅲ）《西游记》《三国演义》《水浒传》和《红楼梦》是中国古典文学瑰宝，并称为中国古典小说四大名著。某中学为了解本校学生阅读四大名著的情况，随机调查了 100 学生，其中阅读过《西游记》或《红楼梦》的学生共有 90 位，阅读过《红楼梦》的学生共有 80 位，阅读过《西游记》且阅读过《红楼梦》的学生共有 60 位，则该校阅读过《西游记》的学生人数与该校学生总数比值的估计值为（　　）。

A. 0.5　　　　B. 0.6　　　　C. 0.7　　　　D. 0.8

【试题分析及教学建议】

新课标指出：会计算古典概型中简单随机事件的概率，加深对随机现象的认识和理解；结合古典概型，利用独立性计算概率；结合古典概型，了解条件概率，能计算简单随机事件的条件概率；结合古典概型，会利用乘法公式计算概率；结合古典概型，会利用全概率公式计算概率。可见，新教材对于古典概型的倚重。而对于几何概型,则挥之即去。所以,新高考考查的概率必定为古典概型之下的,而且由于文理均需要学习计数原理,故习惯教文科的老师要特别注意加强此处。

对于分布列的要求则是"感悟离散型随机变量及其分布列的含义,知道可以通过随机变量更好地刻画随机现象;理解伯努利试验,掌握二项分布,了解超几何分布;感悟服从正态分布的随机变量,知道连续型随机变量;基于随机变量及其分布解决简单的实际问题"。所以,分布列的求解要加强在实际背景下,通过具体实例展开教学,提高学生的抽象能力的建模能力。

2019 年全国卷小题均是以古典概型为知识考查点的概率题目。其中卷Ⅰ理第 6 题以《周易》中的重卦为载体进行考查,体现数学文化的渗透;卷Ⅰ理第 15 题则是以群众喜闻乐见的篮球比赛为具体背景,考查独立事件概率的求解;卷Ⅱ文则是以生物实验为现实背景,考查古典概型概率求解。卷Ⅲ文第 4 题理Ⅲ考查频率与概率的关系以及概率的性质与运算(交事件、并事件)。

全国卷大题也是与现实生活密切相关。卷Ⅰ理Ⅱ第 1 题是以药物实验为背景,考查独立事件下的随机变量分布列,并将事件之间的相互影响抽象为数列递推式,巧妙地与数列方法相结合,综合考查学生的数学运算能力与建模能力;最后以统计的思路,运用统计结果解释实际问题,充分地体现了数学的工具性,完整地展现了利用数学解决生活问题的全过程。概率与数列相结合的命题方式在 2000 年左右曾经"热闹"过一段时间,我印象中比较深的是某省的高考题中出现了利用错位相减求解分布列的期望;另外就是楼梯问题中概率涉及递推,可借助于数列的工具进行求解(与 2019 年平度市高二期末考试试题背景与形式基本一致)。卷Ⅱ理第 18 题则是以乒乓球比赛为背景,考查独立事件概率的求解,题目较为常规。

教学过程中要关注到新课标在学业要求方面的说辞:"能够运用两个计数原理推导排列、组合、二项式定理的相关公式,并能够运用它们解决简单的实际问题,特别是概率中的某些问题。"另外,在概率的学习过程中,要加强概率模型的辨析与建立过程,锻炼学生的数学抽象及数学建模能力,培养学生在陌生情境中独立解决问题的能力。再次强调的是,概率的求解以事件的分析与事件关系的分析为关键,而不是运算求解的过程。值得注意的是,概率与函数、不等式、数列等章节内容都可以有一定程度的融合与交叉,在教学过程中,教师要有针对性地引导学生步入情境,拓展学生的视野,打破章节间的樊篱,体现数学的整体性。

另外,本次课标修订中,出现了一些新的名词,如全概率公式、贝叶斯公式等,这些内容必定在新教材中占据一席之地。教师要加强知识储备。

【高考试题重现——统计】

(2019 文 I 6)某学校为了解 1 000 名新生的身体素质,将这些学生编号为 1,2,…,1 000,从这些新生中用系统抽样方法等距抽取 100 名学生进行体质测验。若 46 号学生被抽到,则下面 4 名学生中被抽到的是(　　)。

A. 8 号学生　　　B. 200 号学生　　　C. 616 号学生　　　D. 815 号学生

(2019 文 I 17)某商场为提高服务质量,随机调查了 50 名男顾客和 50 名女顾客,每位顾客对该商场的服务给出满意或不满意的评价,得到表 1-1。

表 1-1

	满意	不满意
男顾客	40	10
女顾客	30	20

(1)分别估计男、女顾客对该商场服务满意的概率;

(2)能否有 95% 的把握认为男、女顾客对该商场服务的评价有差异?

附:$K^2 = \dfrac{n(ad-bc)^2}{(a+b)(c+d)(a+c)(b+d)}$。

$P(K^2 \geqslant k)$	0.050	0.010	0.001
k	3.841	6.635	10.828

(2019 理 II 5)演讲比赛共有 9 位评委分别给出某选手的原始评分,评定该选手的成绩时,从 9 个原始评分中去掉 1 个最高分、1 个最低分,得到 7 个有效评分。7 个有效评分与 9 个原始评分相比,不变的数字特征是(　　)。

A. 中位数　　　B. 平均数　　　C. 方差　　　D. 极差

(2019 II 文 14 理 13)我国高铁发展迅速,技术先进。经统计,在经停某站的高铁列车中,有 10 个车次的正点率为 0.97,有 20 个车次的正点率为 0.98,有 10 个车次的正点率为 0.99,则经停该站高铁列车所有车次的平均正点率的估计值为_____。

(2019 文 II 19)某行业主管部门为了解本行业中小企业的生产情况,随机调查了 100 个企业,得到这些企业第一季度相对于前一年第一季度产值增长率 y 的频数分布表 1-2。

表 1-2

y 的分组	$[-0.20,0)$	$[0,0.20)$	$[0.20,0.40)$	$[0.40,0.60)$	$[0.60,0.80)$
企业数	2	24	53	14	7

(1)分别估计这类企业中产值增长率不低于 40% 的企业比例、产值负增长的企业比例；

(2)求这类企业产值增长率的平均数与标准差的估计值(同一组中的数据用该组区间的中点值为代表,精确到 0.01。

附：$\sqrt{74} \approx 8.602$。

(2019 文理Ⅲ)为了解甲、乙两种离子在小鼠体内的残留程度,进行如下试验：将 200 只小鼠随机分成 A,B 两组,每组 100 只,其中 A 组小鼠给服甲离子溶液,B 组小鼠给服乙离子溶液,每组小鼠给服的溶液体积相同、摩尔浓度相同。经过一段时间后用某种科学方法测算出残留在小鼠体内离子的百分比。根据试验数据分别得到直方图 1-14。

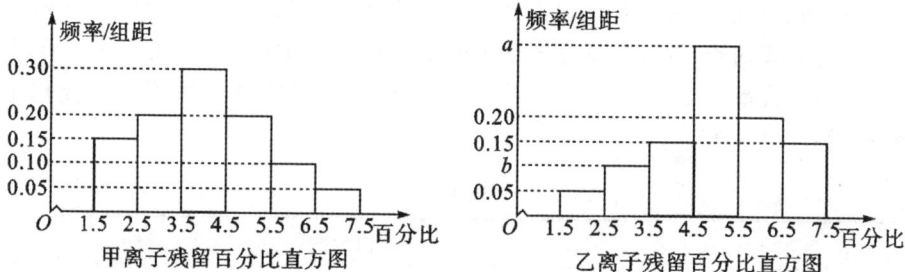

图 1-14

甲离子残留百分比直方图　　乙离子残留百分比直方图

记 C 为事件："乙离子残留在体内的百分比不低于 5.5",根据直方图得到 $P(C)$ 的估计值为 0.70。

(1)求乙离子残留百分比直方图中 a,b 的值；

(2)分别估计甲、乙离子残留百分比的平均值(同一组中的数据用该组区间的中点值为代表)。

(2019 北京卷文 17)改革开放以来,人们的支付方式发生了巨大转变。近年来,移动支付已成为主要支付方式之一。为了解某校学生上个月 A,B 两种移动支付方式的使用情况,从全校所有的 1 000 名学生中随机抽取了 100 人,发现样本中 A,B 两种支付方式都不使用的有 5 人,样本中仅使用 A 和仅使用 B 的学生的支付金额分布情况见表 1-3。

表 1-3

支付方式	支付金额	
	不大于 2 000 元	大于 2 000 元
仅使用 A	27 人	3 人
仅使用 B	24 人	1 人

(1)估计该校学生中上个月 A，B 两种支付方式都使用的人数；

(2)从样本仅使用 B 的学生中随机抽取 1 人，求该学生上个月支付金额大于 2 000 元的概率；

(3)已知上个月样本学生的支付方式在本月没有变化。现从样本仅使用 B 的学生中，随机抽查 1 人，发现他本月的支付金额大于 2 000 元，结合(2)的结果，能否认为样本仅使用 B 的学生中本月支付金额大于 2 000 元的人数有变化？说明理由。

(2019 北京卷理 17)改革开放以来，人们的支付方式发生了巨大转变。近年来，移动支付已成为主要支付方式之一。为了解某校学生上个月 A，B 两种移动支付方式的使用情况，从全校学生中随机抽取了 100 人，发现样本中 A，B 两种支付方式都不使用的有 5 人，样本仅使用 A 和仅使用 B 的学生的支付金额分布情况见表 1-4。

表 1-4

支付方式	支付金额(元)		
	$(0,1\,000]$	$(1\,000,2\,000]$	大于 2 000
仅使用 A	18 人	9 人	3 人
仅使用 B	10 人	14 人	1 人

(1)从全校学生中随机抽取 1 人，估计该学生上个月 A，B 两个支付方式都使用的概率；

(2)从样本仅使用 A 和仅使用 B 的学生中各随机抽取 1 人，以 X 表示这 2 人中上个月支付金额大于 1 000 元的人数，求 X 的分布列和数学期望；

(3)已知上个月样本学生的支付方式在本月没有变化，现从样本仅使用 A 的学生中，随机抽查 3 人，发现他们本月的支付金额大于 2 000 元。根据抽查结果，能否认为样本仅使用 A 的学生中本月支付金额大于 2 000 元的人数有变化？说明理由。

【试题分析及教学建议】

新课标指出：帮助学生进一步学习数据收集和整理的方法、数据直观图表的表示方法、数据统计特征的刻画方法，通过具体实例，感悟在实际生活中进行科学决策的必要性和可能性；体会统计思维与确定性思维的差异、归纳推断与演绎证明的差异；通过实际操作、计算机模拟等活动，积累数据分析的经验。帮助学生了解样本相关系数的统计含义，了解一元线性回归模型和 2×2 列联表，运用这些方法解决简单的实际问题。会利用统计软件进行数据分析。

概率统计抛开了数学中的"确定性"，以"不确定"的视角做出量化的、不确定性的推测，这是不同于其他数学知识的重要特征。高考以更加贴近学生日常生活的背景加强对概率统计知识的考查，也说明了高考改革的方向将更加生活化和理性化，更加贴合学生的日常。概率统计的答题的关键是能够阅读并深刻理解陈述材料，并会用数学的符号语言将所给文字进行转化，能结合所学知识和生活经历或经验解决相关问题。主要过四关：一是阅读理解能力关；二是语言转化能力关；三是模型构建、理性分析能力关；四是计算能力关。

文Ⅰ第6题直接考查简单随机抽样——系统抽样；理Ⅱ第5题考查学生对数字特征的把握；卷Ⅱ文第14题理第13题考查加权平均。题目主要考查必修内容，而且难度偏小。

解答题中文Ⅰ考查频率与概率的关系以及独立性检验；文Ⅱ则是根据频数分布表求解频率及数字特征（平均数、标准差）；卷Ⅲ则是给出直方图，对图形进行补全，求解数字特征（平均数）。主要考查通过简单的实际情境，根据实际问题，借助可视化的图表描述（频数表、直方图、列联表等），进行频率求解或概率估计，求解样本的数字特征进而估计总体。充分体现了新课标中关于"会计算样本均值和样本方差，了解样本与总体的关系""能用样本估计总体的集中趋势参数（平均数、中位数、众数）""能用样本估计总体的离散程度参数（标准差、方差、极差）"的说法。

2019年高考并未考查到"成对数据的统计相关性""一元线性回归模型"。这节内容在前几年是作为热点进行考查的。近几年的备考要特别注意。

教师在教学过程中要深入贯彻新课标中关于此部分的学业要求：能够根据实际问题的需求，选择恰当的抽样方法获取样本数据，并从中提取需要的数字特征推断总体，能够正确运用数据分析的方法解决简单的实际问题，明晰知识主线，将随机抽样、数据分析、图表应用等知识系统地整合，按照问题解决的脉络有条不紊地讲授，并在讲授中明确该部分内容在整个链条中的具体作用，让学生能够有效地串联知识,整体地认识统计的具体路径。有条件的学校可组织年级的调查问卷,让学生全过程地接触并应用统计方法分析和解决现实生活中的具体问题。

新课标中还提出了"分层随机抽样的样本均值和样本方差""百分位数"等概念。教师要加强知识储备。另外,统计中其他的图表形式,如雷达图、饼状图等都可以适时地展示给学生,一些常用的统计软件也可以介绍给学生,并进行示范性应用。

主题五　数学建模活动与数学探究活动

一、必修课程

【内容要求】

数学建模活动是对现实问题进行数学抽象,用数学语言表达问题、用数学方法构建模型解决问题的过程。主要包括在实际情境中从数学的视角发现问题、提出问题,分析问题、构建模型,确定参数、计算求解,检验结果、改进模型,最终解决实际问题。数学建模活动是基本数学思维运用模型解决实际问题的一类综合实践活动,是高中阶段数学课程的重要内容。

数学建模活动的基本过程如下。数学探究活动是围绕某个具体的数学问题,开展自主探究、合作研究并最终解决问题的过程。具体表现为发现和提出有意义的数学问题,猜测合理的数学结论,提出解决问题的思路和方案,通过自主探索、合作研究论证数学结论。数学探究活动是运用数学知识解决数学问题的一类综合实践活动,也是高中阶段数学课程的重要内容。

数学建模活动与数学探究活动以课题研究的形式开展,在必修课程中,要求学生完成其中的一个课题研究。

【学业要求】

经历数学建模活动与数学探究活动的全过程,整理资料,撰写研究报告或小论文,并进行报告、交流。对于研究报告或小论文的评价,教师应组织评价小组,可以邀请校外专家、社会人士、家长等参与评价,也可以组织学生互评。教师要引导学生遵循学术规范,坚守诚信底线。研究报告或小论文及其评价应存入学生个人学习档案,为大学招生提供参考和依据。学生可以采取独立完成或者小组合作(2~3人为宜)的方式,完成课题研究。

重点提升数学建模、数学抽象、数据分析、数学运算、逻辑推理和直观形象素养。

二、选择性必修课程

【内容要求】

数学建模活动与数学探究活动以课题研究的形式开展。在选择性必修课程中，要求学生完成一个课题研究，可以是数学建模的课题研究，也可以是数学探究的课题研究。课题可以是学生在学习必修课程时已完成课题的延续，或者是新的课题。

【学业要求】

参考必修课程的主题五。

主题六　数学文化

新课标对数学文化给出的解释是：数学文化是指数学的思想、精神、语言、方法、观点，以及他们的形成和发展；还包括数学在人类生活、科学技术、社会发展中的贡献和意义，以及与数学相关的人文活动。2019 年高考继续了 2018 年考纲对数学文化的要求——展现数学的科学价值和人文价值。这些试题凝结了命题者的心血和智慧，展现了数学的文化内涵，着力考查了数学文化素养和核心素养。

【高考试题重现——数学文化】

（2019 文理 Ⅰ 4）古希腊时期，人们认为最美人体的头顶至肚脐的长度与肚脐至足底的长度之比是 $\frac{\sqrt{5}-1}{2}$（$\frac{\sqrt{5}-1}{2}\approx0.618$，称为黄金分割比例），著名的"断臂维纳斯"便是如此。此外，最美人体的头顶至咽喉的长度与咽喉至肚脐的长度之比也是 $\frac{\sqrt{5}-1}{2}$。若某人满足上述两个黄金分割比例，且腿长为 105 cm，头顶至脖子下端的长度为 26 cm，则其身高可能是（　　）。

　　A. 165 cm　　　　B. 175 cm　　　　C. 185 cm　　　　D. 190 cm

（2019 理 Ⅱ 4）2019 年 1 月 3 日嫦娥四号探测器成功实现人类历史上首次月球背面软着陆，我国航天事业取得又一重大成就，实现月球背面软着陆需要解决的一个关键技术问题是地面与探测器的通讯联系。为解决这个问题，发射了嫦娥四号中继星"鹊桥"，鹊桥沿着围绕地月拉格朗日 L_2 点的轨道运行。L_2

点是平衡点,位于地月连线的延长线上。设地球质量为 M_1,月球质量为 M_2,地月距离为 R,L_2 点到月球的距离为 r,根据牛顿运动定律和万有引力定律,r 满足方程:$\dfrac{M_1}{(R+r)^2}+\dfrac{M_2}{r^2}=(R+r)\dfrac{M_1}{R^2}$。设 $\alpha=\dfrac{r}{R}$,由于 α 的值很小,因此在近似计算中 $\dfrac{3\alpha^3+3\alpha^4+\alpha^5}{(1+\alpha)^2}\approx3\alpha^3$,则 r 的近似值为(   )。

A. $\sqrt{\dfrac{M_2}{M_1}}R$ B. $\sqrt{\dfrac{M_2}{2M_1}}R$ C. $\sqrt[3]{\dfrac{3M_2}{M_1}}R$ D. $\sqrt[3]{\dfrac{M_2}{3M_1}}R$

(2019 北京理8)数学中有许多形状优美、寓意美好的曲线,曲线 $C:x^2+y^2=1+|x|y$ 就是其中之一(图1-15)。给出下列三个结论:

①曲线 C 恰好经过 6 个整点(横、纵坐标均为整数的点);

②曲线 C 上任意一点到原点的距离都不超过 $\sqrt{2}$;

③曲线 C 所围成的"心形"区域的面积小于 3。

其中,所有正确结论的序号是(   )。

A. ①   B. ②   C. ①②   D. ①②③

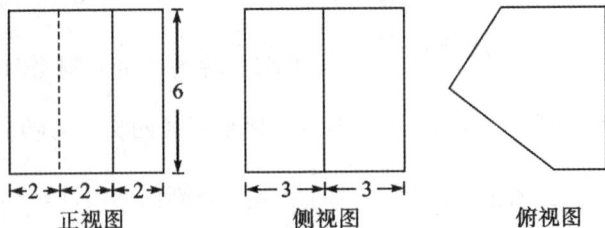

图 1-15

(2019 浙江4)祖暅是我国南北朝时期的伟大科学家,他提出的"幂势既同,则积不容异"称为祖暅原理,利用该原理可以得到柱体的体积公式 $V=Sh$,其中 S 是柱体的底面积,h 是柱体的高。若某柱体的三视图如图 1-16 所示(单位:cm),则该柱体的体积(单位:cm²)是(   )。

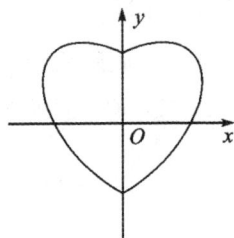

正视图   侧视图   俯视图

图 1-16

A. 158   B. 162   C. 182   D. 324

【试题分析及教学建议】

2019 年高考数学文化试题涉及数学与雕塑(Ⅰ4)、数学史料(Ⅰ6、Ⅱ16)、数学精神(Ⅱ理4,文5)、数学名题(Ⅲ21)等。全国卷Ⅰ第 4 题以雕塑"维纳斯"为载体,探讨人体黄金分割之美,以神奇的黄金分割比为背景,体现了数学的美学价值,也关注了学生的文化意识,主要考查了数学建模、数据分析、数学运算和逻辑推理的素养。卷Ⅰ理6以古代典籍《周易》中描述事物变化的"卦"为背景,考查了古典概型、乘法计数原理等,将中国古代的哲学思想融入数学教育之中,旨在考查数学运算和逻辑推理的核心素养。全国卷Ⅱ4以嫦娥四号为素材,以物理学中的牛顿运动定律和万有引力为背景,考查了考生的近似估算能力,贴合物理知识,关注了学科间的联系,旨在考查学生的数学运算和逻辑推理的核心素养。全国卷Ⅱ16以我国悠久的印信文化为背景,考查了直观想象和数学运算的核心素养,体现了中国古代数学智慧的传承与发展。全国卷Ⅱ文5以"一带一路"为背景,将时政融入高考试题,考查了逻辑推理的核心素养。全国卷Ⅲ理3文4以学生阅读"四大名著"的调查数据为背景,考查了数据分析、数学建模和数学运算的核心素养。

从近几年高考卷看,全国卷,尤其是全国卷Ⅰ和卷Ⅱ的数学文化题目总数量最多,理科多于文科,每年都设置有显性文化试题,数学文化试题都再现在小题当中,从考查的知识点上来看,主要考查概率与统计和立体几何的知识,体现了数学文化的理性精神、人文价值、科学价值、应用价值、美学价值。

第二章 新教材解读

导读

　　新教材①是课程标准的具体体现,是数学知识与思维的主要载体,是教师课堂教学的重要参考和资源,是学生学习的重要凭借。新教材解读是教师教研和教学工作的一项基本且重要内容,它关系到课程的整体组织与实施,关系到单元及课时教学设计,直接关系到教学目标的制订与达成。新教材的解读过程,其实更像是酝酿教学设计的过程,是课标进课堂的关键环节。

　　那么,解读新教材有哪些价值与内容,解读新教材有哪些具体可行的方式呢?

第一节 新教材解读的价值与内容

　　新教材是课程标准的具体体现,是数学知识与思维的主要载体,是教师课堂教学的重要参考和资源,是学生学习的重要凭借。新教材中凝结了新课标的精神和理念,凝聚了学科特点和知识发展规律。深刻地理解新教材,科学地使用新教材,是课堂教学的重要保障。

　　新教材解读的目的是在解读过程中更深刻地理解课程标准,更精准地确定教学目标,更全面细致地梳理教学内容,进而在学情把握的基础上选择更好的适合本校、本年级甚至本班学生的教学资源与教学方式,设计更合理的教学过程,更好地完成教学目标。

　　新教材解读是教师教研和教学工作中最基本和最重要的内容之一,它关系到课程的整体组织与实施,关系到单元及课时教学设计,直接关系到教学目标的

----

① 本书中所称"新教材"指的是《普通高中教科书数学(人教 A 版)》。

制定与达成。在 2019 年秋季,新教材面世之后,新教材解读有着更要的意义。

新教材中凝练了课标的要求。例如,新课标中对"常用逻辑用语"部分的内容要求中指出:"常用逻辑用语是数学语言的重要组成部分,是数学表达和交流的工具,是逻辑思维的基本语言。本单元的学习,可以帮助学生使用常用逻辑用语表达数学对象、进行数学推理,体会常用逻辑用语在表述数学内容和论证数学结论中的作用,提高交流的严谨性与准确性……通过对典型数学命题的梳理,理解必要条件的意义,理解性质定理与必要条件的关系。通过对典型数学命题的梳理,理解充分条件的意义,理解判定定理与充分条件的关系。通过对典型数学命题的梳理,理解充要条件的意义,理解数学定义与充要条件的关系。"在人教 A 版必修第一册"1.4 充分条件与必要条件"这一节中,新教材首先列举了几个数学命题,判定哪些是真命题,哪些是假命题,既而给出充分条件和必要条件的定义。然后通过例 1,给出平面几何中的两个判定定理和一个性质定理,判断哪些命题中的 p 是 q 的充分条件。在"思考"栏目中,新教材编写者提出了一个问题,"例 1 中命题(1)给出了'四边形是平行四边形'的一个充分条件,即'四边形的两组对角分别相等'。这样的充分条件唯一吗? 如果不唯一,那么你能再给出几个不同的充分条件吗?"新教材中紧接着给出了三个真命题,从而得到"四边形是平行四边形"的多个充分条件。新教材给出论述"事实上,例 1 中命题(1)及上述命题①②③均是平行四边形的判定定理。所以,平行四边形的每一条判定定理都给出了'四边形是平行四边形'的一个充分条件,即这个条件能充分保证四边形是平行四边形。类似地,平行线的每一条判定定理都给出了'两直线平行'的一个充分条件,如'内错角相等'这个条件就充分保证了'两条直线平行'。一般地,数学中的每一条判定定理都给出了相应数学结论成立的一个充分条件。"同样,必要条件也有类似的论述。从中我们可以看出,新教材与新课标内容要求方面的高度吻合。

新教材的编排凝聚了学科特点和知识发展规律,暗含着教学目标、教学重难点以及目标达成的原则性路径。例如,新课标在"相等关系与不等关系"部分的教学提示中指出:"在从函数观点看一元二次方程和一元二次不等式的教学中,可以先讨论具体的一元二次函数变化情况为情境,引导学生发现一元二次函数与一元二次方程的关系,引出一元二次不等式的概念;然后进一步引导学生探索一般的一元二次函数与一元二次方程、一元二次不等式的关系,归纳总结出用一元二次函数解一元二次不等式的程序。"在人教 A 版必修第一册"2.3 二次函数与一元二次方程、不等式"这一节中,新教材在引入环节提出问题,"在初中,我们从一次函数的角度看一元一次方程、一元一次不等式,发现了三者之间的内在联系,利用这种联系可以很好地解决相关问题。对于二次函数、一元二次方程和一元二次不等式,是否也有这样的联系呢?"开门见山,指明教学的内容与目标。然后以现实生活中园艺师用栅栏围绿地的情境,引出一元二次不等式的定义。然后给出思考问题:"在初中,我们学习了从一次函数的观点看一元一次方程、一元一次不等式的思想方法。类似地,能否从二次函数的观点看一元二次不等式,进而得到一元二次不等式的求解方法呢?"然后以具体的一元二次不等式与二次函数之间的关系研究,借助函数图象中函数数值的变化情况直观演示,引导学生发现其中一元二次函数与一元二次方程之间的联系,进而将方法推广到求一般的一元二次方程的解集,并通过表格的形式,加强数形对应,凸显知识本质。在例题中进一步贯彻求解一元二次不等式的思路,加深理解,提升应用。最后以程序框图的形式对一元二次不等式的求解进行程序化操作展示,提升数学运算素养。从中,我们可以清晰地看到新教材很好地贯彻了课标中的教学提示,以学生的知识基础和能力基础为基准点,通过情境引入体现数学源于生产生活,又服务于生产生活的应用价值;通过从特殊到一般,从直观到抽象的研究过程,逐步揭示一元二次方程、二次函数、一元二次不等式之间的内在联系,体现了数学学科知识之间的普遍联系和知识产生与发展的脉络;以问题引领学生经历归纳推理,形成求解一般一元二次不等式的程序,以例题引导学生进行演绎运算,实现知识的理解和应用;以表格、程序框图等直观的形式将规律和思路可视化,加深体验。所以,新教材的解读过程更像是酝酿教学设计的过程。

新教材包括本册导引、目录、正文几部分。其中本册导引主要对该册教材的主要内容,每一章节的教学内容、学习方法、学习目标等进行论述。

如选择性必修第一册的"本册导引"第一段就指出,本书根据《普通高中数学课程标准(2017 年版)》编写,包括"空间向量与立体几何""直线和圆的方程""圆锥曲线的方程"三章内容。然后在第二段和第三段则对"空间向量与立体几何""直线和圆的方程""圆锥曲线的方程"三章节的教学内容、教学目标进行界定。如在第二段第一句中,编者指出,在必修(第二册)学习"平面向量及其应用"和"立体几何初步"的基础上,我们学习"空间向量与立体几何"。编者明确指出该单元知识的"源",体现了课标中几何与代数这一主线的脉络。第二句中,在本章,我们将类比平面向量,学习空间向量的概念、线性运算和数量积运算、空间向量基本定理及空间向量的坐标运算,从中体会平面向量与空间向量的共性和差异;运用向量方法研究空间基本图形的平行、垂直等位置关系和距离、角度等度量问题,从中体会向量方法与综合几何方法的共性和差异;通过运用向量方法解决简单的数学问题和实际问题,感悟向量是研究几何问题的有效工具。编者明确指出其学习的具体过程:从概念到运算,再到应用;明确指出学习的策略:类比的思想(从平面向量到空间向量),定性分析与定量分析相结合的思路,等等。最后则指出研究对象是几何图形,所用的研究方法主要是代数方法。通过学习,同学们将逐步体会代数方法解决几何问题的“三步曲”。第一步:用向量、坐标或方程表示几何问题中的几何要素,如点、直线、平面、圆、圆锥曲线等,把几何问题转化为代数问题;第二步:通过代数运算,解决代数问题;第三步:把代数运算的结果“翻译”成几何结论。该段落将本册“几何与代数”这一主线解决具体问题的步骤和流程直观地叙述出来,是对“解析法”的整体概括,是数与形转化与融合的具体诠释。

每一章均包括章引言、正文、小结、复习参考题几部分。其中正文中会根据需要,安排“阅读与思考”“探究与发现”“信息技术应用”“文献阅读与数学写作”等内容。

老师们在解读新教材的时候,要注意对章引言的研究。章引言是对该章知识的起源、教学内容、教学方法、具体应用等全面的概括和分析。当然,涉及具体的章节,章引言会有所侧重。如选择性必修教材第一册第一章“空间向量与立体几何”的章引言侧重介绍数学知识间的内在关联,着重叙述了该章与必修教材中“平面向量及其应用”及“立体几何初步”的内容关联,引出了“能否把平面向量推广到空间向量,从而利用空间向量表示空间中点、直线、平面等基本要素,通过空间向量运算解决立体几何问题”的思路,既激发了学生的兴趣,又点明了研究的对象和研究方法。第二段中概括介绍了本章的学习内容。而第二章“直线和圆的方程”的章引言则侧重于坐标法的介绍,它首先指出了研究方法是坐标法,是一种区别于综合法的新的解题方法,是解析几何中最基本的研究方法。然后指出解析几何的创立及基本内涵和方法,指出解析几何的创立的历史意义。第二段中同样概括介绍了学习内容。第三章“圆锥曲线的方程”侧重圆锥曲线的背景、应用,叙述了圆锥曲线的定义,圆锥曲线与科研、生产以及人类生活的紧密关系,体现了圆锥曲线的应用价值。最后指出该章将继续采用坐标法,在探究圆锥曲线几何特征的基础上,建立它们的方程,通过方程研究它们的性质,并解决与圆锥曲线有关的几何问题和实际问题,进一步感受数形结合的思想方法,体会坐标法的魅力与威力,概括性地论述了研究的方法,研究的内容(定义、方程、性质、应用等),指明了数学思想方法的螺旋上升和数学经验的逐步积累。

值得说明的是,教师在解读章引言时,可与章末的小结结合阅读,加深对于章节教学内容及教材地位的理解。

正文中多以节引言的形式抛出问题,引起探究,然后生成新知,体现了新教材注重发现问题和提出问题能力培养的编写思路。在正文中则通过"观察""探究""思考"、旁注等形式,启迪学生跨阶思维,引导学生探究求知。所以,我们可以认为,新教材编写者其实是将每一节的内容编排成一个个的项目,通过一个个具体而明确的问题,引领学生以研究者的角色充分地参与思考,形成沉浸式学习,从而培养思维,提升能力,生成智慧。

我们以选择性必修教材第一册第三章第一节《3.1.1 椭圆及其标准方程》为例。首先,编者在节引言中抛出问题,椭圆是圆锥曲线的一种,具有丰富的几何性质,在科研、生产和人类生活中具有广泛的应用。那么,椭圆到底有怎样的几何特征? 我们该如何利用这些特征建立椭圆的方程,从而为研究椭圆的几何性质奠定基础? 编者抛出问题的同时,显然把后续的教学内容展示了出来。然后安排了一个"探究":取定长的细绳,两端固定,移动笔尖,观察并思考移动的笔尖满足的几何条件是什么? 进而得出椭圆的定义。然后提出"思考":观察椭圆的形状,你认为怎样建立坐标系可能使所得的椭圆方程形式简单? 然后建系推导椭圆的标准方程。继而再一次提出"思考":观察图形,从中找出表示 a,c,$\sqrt{a^2-c^2}$ 的线段,引导学生分析椭圆的基本量及图形中对应的几何要素,加强数与形的融合。方程建立后,编者又提出了一个"思考",如果将焦点放在坐标轴 y 轴上,那么椭圆的方程是什么? 引导学生类比得到焦点在 y 轴上的椭圆的方程,形成对椭圆的完整的认知。例 1 是已知椭圆的两个焦点坐标及椭圆上一点求标准方程。旁注则提醒学生寻找其他方法,并比较不同方法的特点,培养质疑和创新的思维,同时,也是对椭圆分别从定义和方程两个角度进行认识和思考,进一步加深数与形的相互辅助的内在联系的认识。例 2 则是将圆通过压缩得到椭圆,旁注中对于"相关点法"进行了解释,并指出,这是解析几何中求点的轨迹方程常用的方法。第一,是对一种新的方法的介绍,加深学生的理解;第二,与例 1 结合看,是对求曲线方程的进一步补充,体现了知识的系统和连续。同时,旁注中指出利用信息技术可以更方便地探究点的轨迹。例 2 后安排"思考",由例 2 发现,可以由圆通过压缩得到椭圆,你能由圆通过拉伸得到椭圆吗? 如何拉伸? 由此能发现椭圆与圆之间的关系吗? 该问题将学生前面所学的圆与现在所学的椭圆放到一起进行思考,体会两者图形及方程之间的内在联系,凸显了椭圆是圆的自然变形,甚至可以把圆看作一类特殊的椭圆,与本节正文中最初的"探究":把它的两端都固定在图板的同一点,移动笔尖得到一个圆;如果把细绳的两端拉开一段距离,移动笔尖得到椭圆相互呼应。例 3 则是以直接法的方法求解动点的轨迹（斜率之积为定值）。可以说，新教材通过三道例题，系统地介绍了曲线方程求解的四种方法：定义法、待定系数法、相关点法、直接法等。例3再一次通过旁注的形式提醒：运用信息技术，可以探究点的轨迹方程。两次旁注中对于运用信息技术的建议，充分体现了新教材对于技术融入课堂的重视。

从中，我们可以看出编写者对于知识和方法的处理方式。将知识的学习转化为项目的研究，将方法的习得内隐于例题的解答，然后通过"观察""探究""思考"、旁注等不同的形式驱动学生在问题解决的过程中积极思考、不断反思，最终让知识逐步生成，让方法逐渐外化，学生在此过程中不断地内化知识，建构起知识和方法的体系。

另外，每一章的复习参考题都划分为"复习巩固""综合运用""拓广探索"三部分，习题梯次明显，体现了对全体学生数学学习的关注，体现了满足不同水平学生学习需要的目标定位。教师可以借鉴进行教学难度的定位，甚至作业的分层设计。另外，第三部分"拓广探索"类问题需要引起教师和学生的重视。此类问题大多是以探究式的形式编写，有一定的开放性和探究价值，教师可根据学生的现实水平开展数学探究活动，激发学生潜能，开发学生智慧。

以上对新教材的编写体例进行了简要的分析。下面，我们以案例的形式讲述针对一个课时内容的教材分析。

一般来说，解读新教材应从教材内容的地位和作用入手，深入剖析教材的内容和结构，在学生学情把握的基础上明确教学目标、重点和难点，挖掘教材中蕴含的价值与素养，设计适合学生学习水平和学习规律的教学方案或提出合理的教学策略。

以下是我对"独立重复实验与二项分布"的教材分析，以供参考。

"独立重复实验与二项分布"的教材分析

一、教学内容分析

独立重复实验是研究随机现象的重要途径之一，很多概率模型的建立都以独立重复实验为背景，二项分布就是来自独立重复试验的一个概率模型，是认识和解决现实生活问题的一个重要模型和重要工具。

从教材位置上看，在此之前，教材安排了条件概率、事件的相互独立性等概率模型，以及两点分布和超几何分布。第三节是离散型随机变量的均值与方差。本节内容是之前学习内容的必要补充，同时又为第三节的学习铺平道路，起承上启下的作用。

教材遵循了从实际中归结模型、应用模型、解决问题的过程，让学生能够进一步体会概率模型在解决实际问题中的重要作用。

【教学内容分析主要是对教学内容进行整体概述的基础上，分析其在教材或主题（单元）中的地位及作用，为教学目标的提出奠基；分析教材中编写的主要特点，为教学过程设计和教学方法选择指明方向。】

二、学习者特征分析

本节课之前，学生已学习了概率与统计的基础知识，研究了离散型随机变量及其分布列以及条件概率与事件独立性的概念，为二项分布的学习做好了知识铺垫。教师通过平时的观察、交流、了解，学生已经初步掌握概率求解的一般规律和方法，能够借助离散型随机变量的分布解决简单的实际问题。但是学生的建模意识和能力较差，对于知识的学习以被动接受为主，探究意识不足，质疑和辨析意识欠缺。

【学习者特征分析主要是分析学生在本课时学习之前所具备的相关知识、技能、经验等，确定教学的基准点；结合教学内容分析，分析学生学习本课时所欠缺的技能和经验，为教学实施中采取的教学方法和教学路径提供参考。】

三、学习目标

通过操作、观察、对比分析，能够从具体事例中归纳出独立重复实验的特征，猜想并论证概率公式，会准确判断一个具体问题是否服从二项分布，并能正确的借助二项分布的模型解决相应的实际问题。学生能够充分地经历直观体验——理性分析、归纳——演绎的数学探究过程，感悟由特殊到一般、由具体到抽象的数学推理过程，建立起对立统一与普遍联系的哲学观点，树立对新知识的科学态度以及勇于探索、敢于创新的精神。

【学习目标指的是以学习者为主体，呈现学习者发现、探究、解决问题的全过程，明确学习者学习后所应掌握的基础知识、基本技能、基本思想方法、基本活动经验，体现学习者学习前后的变化。】

四、教学策略选择与设计

根据以上分析，教师选择"问题导学，自主探究"的教学模式，依次推进"情境引入—新知探究—典例精讲—应用深化—当堂检测—自主小结"六个环节。

本节课以独立重复实验的概念与二项分布为知识中心,以问题的探究和解决为主线,以问题为诱因,引起学生认知冲突和思维碰撞,通过观察、探究、猜想、证明等多样化的活动,搭建深度学习的平台,提升学生思维品质,让学生体验、感受创造数学新知识的过程,积累基本活动经验。另外,教学过程中适时以信息技术辅助教学,以图表的形式直观呈现,对二项分布的内涵和外延进行深度探索,可以加深理解,帮助学生建立较为系统的知识体系。

【教学策略选择与设计指的是在教学内容和学习者特征分析的基础上,以教学目标为导向,所开展的一系列教学活动及教学方法设计。同时,分析时要关注信息技术融合与学科之间的联系。】

五、教学重点及难点

(1)重点

①n 次独立重复实验的特征;

②准确判断二项分布模型,并能解决一些简单的实际问题。

(2)难点

①利用二项分布模型解决实际问题;

②辨析二项分布与两点分布、超几何分布的区别与联系,建立起对立统一与普遍联系的哲学观点。

【教学重点及难点分析是对课时教学的重点内容(概念知识、关键能力等)进行界定,对教学过程中学生理解接受有困难的地方进行预估,以便形成有效的突破方式,保障教学目标的达成。有的课时设计中,教学重点和难点是重合的。】

当然,教材的解读并不意味着教师在教学过程中就完全按照教材教学。说到底,教材只是教学中的一个载体和辅助,当然这个载体和辅助是其他材料无法替代的。因此,关于教材的使用,有一句话说得特别到位,"用教材教,而不是教教材"。尤其是对于教材中的一些例题与练习,教师要在深入解读的前提下,进行适当的改编或调整,以更好地为教学服务。

人教 A 版新教材选择性必修第一册第二章"直线和圆的方程"第二课时出示了两道例题。例 3 是拱桥中支柱高度的求解,例 4 是轮船返港航线是否触礁的问题。两道例题是直线与圆的方程在实际生活中的应用,说明利用方程研究直线与圆的位置关系有一定的实际意义,体现研究直线与圆位置关系的必要性。两个问题的解决首先需要学生自己建立适当的坐标系,然后在平面直角坐标系中将现实问题所涉及的几何元素,如点、直线、圆等用坐标或方程表示,将几何问题转化为代数问题,然后运用代数运算解决代数问题,最终将代数结论翻译为几何结论。两道例题完整地体现了用坐标法研究问题的基本思想与过程,展现了用坐标法解决平面几何问题的"三步曲"。第一步:建立适当的平面直角坐标系,用坐标和方程表示问题中的几何要素,把平面几何问题转化为代数问题;第二步:通过代数运算,解决代数问题;第三步:把代数运算结果翻译成几何结论,解决问题。

[新教材例3] 图 2-1 是某圆拱形桥一孔圆拱的示意图。圆拱跨度 $AB=$ 20 m,拱高 $OP=4$ m,建造时每间隔 4 m 需要用一根支柱支撑,求支柱 A_2P_2 的高度(精确到 0.01 m)。

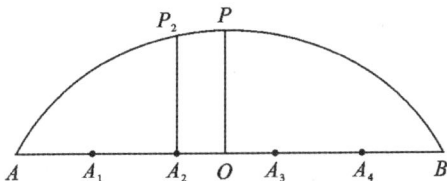

图 2-1

该例题考查了圆的方程的应用和点与圆的位置关系。它首先需要学生建立合适的平面直角坐标系,求出圆拱桥所在圆的方程,如图 2-2 所示。

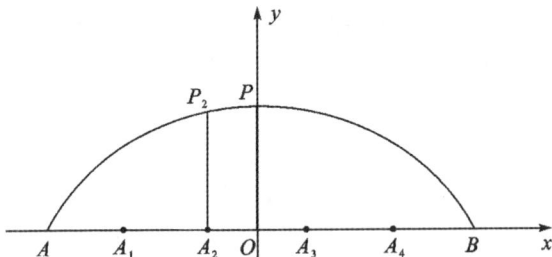

图 2-2

然后,在此基础上利用圆的方程求解点 P_2 的纵坐标,得到线段 A_2P_2 的长度;最后对线段 A_2P_2 的长度进行解释,求出圆拱桥上支柱 A_2P_2 的高度。

本例题背景贴合生活实际,贴近学生生活认知,解题过程自然,凸显了坐标法解决问题的普适性。课后的练习题第 1 题则更是将赵州桥作为题目背景,求解真实情境下的几何问题。

当然,本题还可以使用纯几何的方法。例题后设置了"思考"栏目:"如果不建立平面直角坐标系,你能解决这个问题吗? 由此比较综合法和坐标法的特点。"教师可让学生尝试利用平面几何法进行求解,进而加深体验,形成对坐标法"以数解形"简捷、普适的认识。

教师在讲解过程中,可以进一步挖掘本题的价值,使学生更深刻地体会数学独特的抽象性和普适的应用性。

在拱桥中,支柱的高度可以在一定程度上作为每个车道的限制高度。因此,我们可以将原题改编为以下情景:如果该路段为单(双)向车道,有一辆货柜卡车,车宽约 2.5 米,高 3.8 米,能否顺利通过?

从平面几何的角度来讲,该情景为弓形与矩形的位置关系。当然,我们在解决问题的过程中也可以将该问题转化为点坐标值的求解,或点与圆的位置关系。在这个过程中,学生就可以充分地经历数学抽象的过程,在"三步曲"的应用中更加深刻地体验用坐标法解决实际问题的思想。

在教学过程中,我还给学生出具了这样一道题目:如果有一块长、宽、高分别是 5 米、4 米、3 米的巨大集装箱需要穿过拱桥(或拱门),假定集装箱下装有万向轮。如果你是技术工人,会提出怎样的建议?请探究,并结合生活经验谈一下自己的看法。

该情境将学生推到复杂的现实问题面前,需要学生综合自己的生活经验,利用所学数学知识进行分析考量。问题具有一定的开放性,学生可以根据自身知识和能力水平选择 6 种类型中的几个或全部进行理性分析,进而提出合理化建议,体现了数学的应用价值和现实意义。

[新教材例 4] 一个小岛的周围有环岛暗礁,暗礁分布在以小岛中心为圆心,半径为 20 km 的圆形区域内。已知小岛中心位于轮船正西 40 km 处,港口位于小岛中心正北 30 km 处,如图 2-3。如果轮船沿直线返港,那么它是否会有触礁危险?

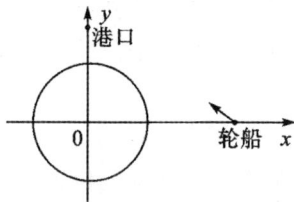

图 2-3

该例题是直线与圆的位置关系在现实中的具体应用。同样,它需要学生建立合适的坐标系,将航线抽象为直线(或线段),将暗礁区域边缘抽象为圆,将是否触礁抽象为直线和圆的位置关系。学生在解决问题的过程中,再次经历"三步曲",体会坐标法解决实际问题的思想和完整过程。

当然,本题同样可以使用平面几何综合法求解,而且过程也比较简捷。

教学过程中,我将本题的情景进行了一定的改换。

某海域在冬春、春夏交替之季极易发生平流雾,厚度大,不易消散,能见度受到限制,极易发生海上交通事故。已知该片海域以某小岛中心为圆心,半径为 20 km 的圆形区域内为雾区。已知小岛中心位于轮船正西 45 km 处,港口位于小岛中心正北偏西 30°,距离小岛中心 30 km 处。

(1)如果轮船沿直线返港,那么它是否会经过雾区?

(2)如果轮船正常情况下大约以 30 km/h 的速度航行,在雾区要降至 10 km/h,轮船返港大约需要多长时间?

(3)如果雾区半径以每小时 5 km 的速度缩小,轮船是否会受到海雾的影响呢?

其中,问题(1)依然是常规的研究直线与圆的位置关系,只不过位置关系结果为相交;问题(2)则是在问题(1)下的进一步研究,可将问题抽象为弦长问题;问题(3)则是直线与动圆的位置关系的研究,因为在时间的变量下,轮船所处的位置及圆的半径同时发生改变,故而,问题可抽象为两个点之间的距离,呈现了问题的"返祖"现象,凸显了问题的本质,而且题目呈现了一定的陌生化,有利于激发学生的思维,培养学生发散思维能力和水平。

通过这个例子,我们可以看到,教材中的例题确实是经典的,但是具体到一所学校、一个班级毕竟还有一定的局限性。这时候就需要教师根据新课标要求,结合学生情况对题目进行必要的改编,以更好地发挥题目的价值,更好地为教学服务。

人教 A 版新教材选择性必修第一册 2.5.2"圆与圆的位置关系"中,首先基于学生的认知基础,将圆与圆的位置关系进行了分类:两圆相交,有两个公共点;两圆相切,包括外切与内切,只有一个公共点;两圆相离,包括外离与内含,没有公共点。

紧接着,提出"思考":类比运用直线和圆的方程,研究直线与圆的位置关系的方法,如何利用圆的方程,判断它们之间的位置关系?

该"思考"栏目明确了本节课的教学内容与目标:利用圆的方程定量计算圆与圆的位置关系。

学生很容易通过类比,形成判断圆与圆的位置关系的基本思路:一种是根据两个圆公共点的个数判断两圆相交、相切、相离;另一种是根据连心线的长与半径之和或差的大小关系,进而判断两圆外离、外切、相交、内切、内含等位置关系。

　　[新教材例 5]　　已知圆 $C_1:x^2+y^2+2x+8y-8=0$,圆 $C_2:x^2+y^2-4x-4y-2=0$,试判断圆 C_1 与圆 C_2 的位置关系。

　　学生可以将两圆方程联立,通过方程组有几组实数解来判断两个圆的公共点的个数,进而判断两个圆的位置关系;也可以利用连心线的长度进行判断。具体求解过程如下。

　　解法 1:

　　将圆 C_1 与圆 C_2 的方程联立,得到方程组

$$\begin{cases} x^2+y^2+2x+8y-8=0 \\ x^2+y^2-4x-4y-2=0 \end{cases}$$

　　两式相减,得

$$x+2y-1=0$$

$$y=\frac{1-x}{2},$$

　　把上式代入圆 C_1,并整理,得

$$x^2-2x-3=0。$$

　　该方程的根的判别式:

$$\Delta=(-2)^2-4\times1\times(-3)=16>0,$$

　　所以,方程有两个不相等的实数根 x_1,x_2,把 x_1,x_2 分别代入方程 $x+2y-1=0$,得到 y_1,y_2。

　　因此圆 C_1 与圆 C_2 有两个公共点 $A(x_1,y_1),B(x_2,y_2)$,这两个圆相交。

　　解法 2:

　　把圆 C_1 的方程化成标准方程,得

$$(x+1)^2+(y+4)^2=25,$$

　　圆 C_1 的圆心是 $(-1,-4)$,半径

$$r_1=5。$$

　　把圆 C_2 的方程化成标准方程,得

$$(x-2)^2+(y-2)^2=10$$

　　圆 C_2 的圆心是 $(2,2)$,半径

$$r_2=\sqrt{10}。$$

　　圆 C_1 与圆 C_2 的连心线的长为

$$\sqrt{(-1-2)^2+(-4-2)^2}=3\sqrt{5},$$

圆 C_1 与圆 C_2 的两半径之和

$$r_1+r_2=5+\sqrt{10},$$

两半径长之差

$$r_1-r_2=5-\sqrt{10}。$$

因为 $5-\sqrt{10}<3\sqrt{5}<5+\sqrt{10}$，即 $r_1-r_2<3\sqrt{5}<r_1+r_2$，所以圆 C_1 与圆 C_2 相交，它们有两个公共点 A,B。

教材以一个具体案例，呈现了研究圆与圆的位置关系的两种不同的解法，并以并列的形式进行比较呈现。学生可以在求解中根据自身的理解和水平选择合适的方式，并在方法的比较中体会方法的不同及各自的优势。

在问题的思考与解决中，教师可引领学生做好以下几个方面。

①教师可以先让学生在坐标系下，画出两个圆，直观感受两个圆的位置关系，然后再利用数学工具进行论证；

②在方程联立方法中，引导学生思考联立后如何简化运算完成消元；

③在几何法后，教师要引导学生比较并思考两种方法的异同，体会运算的自然达成，明确运算方向，体会几何图形关系对于解题的辅助，体现数学的"多想少算"。

在例 5 后的"思考"栏目中，教材编写者提出了一个问题："在解法 1 中，如果两圆方程联立消元后得到的方程的 $\Delta=0$，它说明了什么？你能据此确定两圆是内切还是外切吗？如何判断两圆是内切还是外切呢？当 $\Delta<0$ 时，两圆是什么位置关系？"该思考题其实就通过追问，引导学生进一步思考两种方法的优劣，并形成相应的解题经验。

所以，从这个意义上来讲，在教学中，教师也可以将例 5 更换为相切的位置关系。当得到 $\Delta=0$ 时，学生自然会产生思维的困惑，教师可进一步引导学生分析，如何通过几何特征做出内切或外切的判断。在此过程中，学生也能充分地感受数并不一定能够完全解决与形有关的问题，以数解形的过程中，以形助数不可或缺。同样，以几何法的求解中，如果教师能够追问公共点的坐标，学生也会自然而然地形成感知，几何法可以简化位置关系的定性判定的过程，但具体到公共点等定量问题，仍然离不开坐标法。

另外，解法 1 中并不要求解出公共点的坐标，因此不必求解方程的解。事实上，如果我们继续深究，就会得到两圆有两个公共点 $A(3,-1),B(-1,1)$。如果我们将这两个公共点代入方程（＊），就可以很清楚地看到方程（＊）其实即是两圆公共点所在的直线方程。

教材在"边空"提问形式提示:"画出圆 C_1 与圆 C_2 以及方程表示的直线,你发现了什么? 你能说明为什么吗?"

这也是为什么在教材中并没有出现两圆公共弦所在的直线方程的知识,而在课后的练习题中却多有涉及。如课后练习 2:已知圆 $C_1:x^2+y^2+2x+3y+1=0$,圆 $C_2:x^2+y^2+4x+3y+2=0$,证明圆 C_1 与圆 C_2 相交,并求圆 C_1 与圆 C_2 的公共弦所在的直线的方程。再如习题 2.5 第 9 题:求圆 $x^2+y^2-4=0$ 与圆 $x^2+y^2-4x+4y-12=0$ 的公共弦的长。

因此,在教学过程中,教师其实可以引领学生从具体问题中发现"偶然现象",激发学生好奇心和探究欲望,然后以问题的形式驱动学生思考和探究,进而发现和掌握"必然规律"。

所以,我个人认为,在教学过程中,教师一定要通过教材,充分地挖掘例题的教育和教学价值,深刻地领会教材编写者的意图,根据课标要求确定教学任务和教学目标,充分整合资源,巧妙设计活动,培养学生素养,提高教学效益。

第二节 新教材的解读方式

教师在解读新教材时,要注意新版本的教材是在新课标的指导下进行编制的。因此,我们要立足新课标来理解和解读教材。

新课标注重知识的逻辑连贯性,注重思想方法的渗透,注重学科核心素养的培育。我们在解读教材的过程中要尤其关注这几方面。

我们不妨以知识的逻辑连续性为例。

著名的数学家希尔伯特说过:数学科学是一个不可分割的有机整体,它的生命力就在于各个部分之间的联系。

本次课程修订突出了一个基本理念"优化课程结构,突出主线,精选内容"。该课程结构取消了原先的模块化设计,按照数学的逻辑体系进行内容的系统安排,同时兼顾其他学科的学习进度表安排;根据教学内容的需要和学生的数学认知发展水平,调整教学内容的顺序,强调知识之间的整体性和统一性;充分体现了数学的学科特点,更加关注数学逻辑体系、内容主线、知识之间的关联。

高中数学课程内容突出函数、几何与代数、概率与统计、数学活动与数学探究活动四条主线。各条主线贯穿必修课程、选择性必修课程、选修课程始终。

基于数学核心素养的数学教学,要求教师能从一节一节的教学中跳出来,以"主题(单元)"作为教学的基本思考对象。这样就可以很好地保证教学内容和教学安排的整体关联性,保障知识生成与学生核心素养的动态发展性。

因此,作为教师,要以学习者的角度去理解数学与数学教学,包括教材中的知识内容、章节间的逻辑关系、思想方法的渗透、学科教学要求、情境设置的方式、问题系统的构建、活动的组织与开设等;也要站在研究者的角度去分析比对新旧版本,反思并改进日常教学,让新课标理念在课堂中落地。

教材解读一般可分为整体解读、单元解读、课时解读三个层次。建议从总到分,整体有序地推进解读工作。

一、整体解读

整体解读是指教师通读所教学科所有教材,在此基础上了解相应学段教材的全部内容以及各部分知识之间的内在逻辑关系。教师还可在阅读中结合课程标准的精神和理念,进一步分析教材的编写体例及结构特点、编写意图、内容及材料选取、整体风格特点等。只有全面熟悉教材,吃透教材,才能掌握教材的技能体系,在教学设计时就可以做到有序推进、前后呼应、反复渗透、螺旋上升。整体解读过程中,教师可按教材顺序,从必修第一册、第二册、选择性必修第一、二、三册等顺序阅读;也可打破必修课程、选择性必修课程、选修课程的界限,按教材主线依次阅读。

二、单元解读

单元解读是在整体解读的基础上,对教材中的某一单元(或主题)进行深入研究,从整体和细节上分别对该部分教材进行解读,包括该单元(或主题)知识的体系和内在逻辑关系、新旧教材之间的变化、单元教学目标及重点和难点、情境和问题的设置、学习水平要求、价值和素养导向等。

单元解读要突出主线,赋予单元解读以脉络和灵魂。我们可以以重要的概念和核心数学知识为主线,也可以以其中蕴含的数学思想方法为主线,也可以以某项学科核心素养为主线。解读时也可以多条主线并进,如以数学知识为明线,体现教材或单元的结构体系及逻辑关系;以思想方法为暗线,体现能力学习的不同进阶;以能力素养为主线,体现课程目标的达成过程。

《普通高中教科书教师教学用书》是单元解读的重要参考。教师用书对于章节的内在逻辑进行了详细的解读,并对每一课时的内容编排进行解释,对例题教学给予合理的建议。这些都有助于通过教材的载体,渗透课标精神,推进课堂教学改革。教师还可以借助章引言、章末知识结构图,深入把握知识之间的逻辑关系、先后顺序,分析素养培育的路径及不同水平等,使整个单元的教学既聚焦主题,又各司其职,做到整体协调,分步推进。这样,我们就得以形成高观点下的课节理解,从而在整个单元的每一个课时中有意识地体现价值指向,有针对性地渗透数学思想方法,分层次分步骤培育学科核心素养。

三、课时解读

课时解读即在单元解读的基础上对课时进行剖析,即与"文本对话"。教师要透过文本,体会课标要求在教材中的体现,给教学合理科学地"定位";透过文本,思考学生学习的状态和效果达成,给教学合理科学地"定策";透过文本,梳理知识的生成、发展脉络,给教学合理科学地"定向"。教师对文本理解的深度和独特性,将深刻地影响学生对教学内容的理解。

课时解读首先要求透彻理解该课时的课标要求及全部教学内容,揣摩教材所引情境及背景材料的意图,体会教材编排的目的、例题和习题蕴含的知识背景、能力要求、价值导向,实现以课标指引教学;还要求在单元解读的基础上理解课时内容在整个单元(或主题)中的地位和作用,实现教学系统的协调统一;稚化思维,了解学生学情,站在初学者的角度分析课时教学内容中的难点、成因及突破方式,确定合适的教学策略,实现以学定教;根据课标要求及教材例题和习题,设置强化练习及作业,实现教学一体,思练并重。

我一直倡导利用好教科书背后的光盘,光盘中有电子书、专家解读、模拟练习。其中,电子书中对课时中的每一处知识点都进行了细致地解读和分析,以帮助教师更好地理解教材的内容以及编写者的意图。教师可在通读教材的基础上,充分使用以上资源,加深对教材的理解,以更好地体会教材中知识的内在逻辑关系,体会知识背后的价值和素养指向。

第三节 新教材解读成果

以下是我对《普通高中教科书数学(人教 A 版)》必修二统计部分的单元解读、《随机变量及其分布》的核心概念解读、"独立重复实验与二项分布"的课时分析,供各位读者参考。

单元解读:高中数学(人教 A 版必修二)
统计部分教材分析及教学建议

高中数学课程分为必修课程、选择性必修课程和选修课程。高中数学课程内容突出函数、几何与代数、概率与统计、数学建模活动与数学探究活动四条主线，它们贯穿必修、选择性必修和选修课程。

其中，在人教 A 版必修第二册中，概率与统计位于第九章和第十章。新课标指出："概率的研究对象是随机现象，为人们从不确定性的角度认识客观世界提供重要的思维模式和解决问题的方法。统计的研究对象是数据，核心是数据分析。概率为统计的发展提供理论基础。"学科核心素养指向为数据分析、数学建模、逻辑推理和数学运算素养。相比较旧教材而言，新教材无论是在编写体例，还是在具体内容安排和评价要求上都有了明显的变化。

一、研究内容

从统计研究内容看，必修课程主要学习收集数据的方法和单变量的统计问题，选择性必修课程主要学习两个变量的统计问题。

表 2-1 必修课程与选择性必修课程

必修课程	概率的研究对象是随机现象，为人们从不确定性的角度认识客观世界提供重要的思维模式和解决问题的方法。统计的研究对象是数据，核心是数据分析。概率为统计的发展提供理论基础
选择性必修课程	本主题是必修课程中概率与统计内容的延续，将学习计数原理、概率、统计的相关知识。计数原理的内容包括两个基本计数原理、排列与组合、二项式定理。概率的内容包括随机事件的条件概率、离散型随机变量及其分布列、正态分布。统计的内容包括成对数据的统计相关性、一元线性回归模型、2×2 列联表

从表 2-1 中我们可以看出新教材将旧教材的统计、概率、统计案例等内容进行了进一步地整合，内容安排更有梯次性，更符合学生的认知规律和知识的生成规律。

二、课标要求及课时分配

根据课标要求，结合新教材课节安排，我们对统计部分的教学内容及课标内容要求、评价要求汇总，得到表 2-2。

表2-2 统计部分教学内容及要求

单元要求	课节	课题	课节要求	课时数	学业要求
本单元的学习,可以帮助学生进一步学习数据收集和整理的方法、数据直观图表的表示方法、数据统计特征的刻画方法,通过具体实例,感悟在实际生活中进行科学决策的必要性和可能性;体会统计思维与确定性思维的差异、归纳推断与演绎证明的差异;通过实际操作、计算机模拟等活动,积累数据分析的经验	9.1 随机抽样	9.1.1 简单随机抽样	①了解总体、样本、样本量的概念,了解数据的随机性 ②通过实例,了解简单随机抽样的含义及其解决问题的过程,掌握两种简单随机抽样方法:抽签法和随机数法。会计算样本均值和样本方差,了解样本与总体的关系	2课时	①能够根据实际问题的需求,选择恰当的抽样方法获取数据,并从中提取需要的数字特征。②能够运用数据推断总体。③能够区别统计思维的差异,归纳推断与演绎证明的差异。④能够结合具体问题,理解统计推断结果的或然性,正确运用统计结果解释实际问题。重点提升数据分析、逻辑推理、数学建模、数学运算素养
		9.1.2 分层随机抽样	①通过实例,了解分层随机抽样的特点和适用范围,了解分层随机抽样的必要性,掌握各层样本量比例分配的方法。结合具体实例,掌握分层随机抽样的样本均值和样本方差 ②在简单的实际情境中,能根据实际问题的特点,设计恰当的抽样方法解决问题	1课时	
		9.1.3 获取数据的途径	知道获取数据的基本途径,包括统计报表和年鉴、社会调查、试验设计、普查和抽样、互联网等	1课时	
	9.2 用样本估计总体	9.2.1 总体取值规律的估计	①结合实例,能用样本估计总体的取值规律 ②根据实际问题的特点,选择恰当的统计图表对数据进行可视化描述,体会合理使用统计图表的重要性	1课时	
		9.2.2 总体百分位数的估计	结合实例,能用样本估计总体百分位数,理解百分位数的统计含义	1课时	
		9.2.3 总体集中趋势的估计	结合实例,能用样本估计总体的集中趋势参数(平均数、中位数、众数),理解集中趋势参数的统计含义	1课时	
		9.2.4 总体离散程度的估计	结合实例,能用样本估计总体的离散程度参数(标准差、方差、极差),理解离散程度参数的统计含义	1课时	
	9.3 统计案例	公司员工的肥胖情况调查分析		2课时	

从表 2-2 中,我们可以清楚地看到统计内容的增删:增加了获取数据的途径和总体百分位数的估计等内容,删除了系统抽样、茎叶图、总体密度曲线等内容。在总体取值规律的估计中,将图表的类型进行了扩充,多了扇形图和复合条形图。另外增加了两课时的统计案例,体现了统计的实际应用。从内容要求和评价要求中,我们可以看到新课标对于统计部分有了更高的要求。这一点从近年的全国卷高考统计题中也可以得到印证。

三、教材编写特点及教学建议

1. 注重整体性:立足核心素养,聚焦核心概念,突出数据分析的基本过程

新课标与时俱进地将"数据分析"作为高中数学课程目标中培养学生所必备的六个数学学科核心素养之一,这既是对高中数学课程中概率与统计的学科价值深度挖掘的体现,也是对它育人价值的进一步提升,更是对高中数学教学提出的新要求。从纷繁芜杂的现实问题中建立统计问题,并以科学合理的统计方法获取数据、以丰富多样的统计工具整理数据、提取信息,并以之推断和估计总体,形成科学决策,解决具体问题,是统计所承载的具体内容,也是数据分析素养培养的着陆点。可以说,统计的每一个过程都蕴含着数据分析素养的内涵与价值,而数据分析素养也渗透和流淌在统计学习的每一个阶段和过程中。

贯穿概率与统计主线始终的核心概念是总体与样本。教材编写者始终聚焦总体与样本这两个核心概念,一直借助具体案例,在二者间进行往复:基于更好地估计总体的目的进行随机抽样,其次对样本进行数据分析,进而用样本估计总体,再次评判估计总体的效果,最后形成对总体的认知或继而改进抽样方式,返回第一步操作。这样聚焦核心概念的编写形式,使得学习者在学习统计的过程中,始终面对问题和情境,用数学的眼光去观察现象、发现问题,使用恰当的数学工具和数学模型描述问题,用统计思想、方法解决问题,进而理解统计概念和方法的本质,形成数据分析素养。在这一交互过程中,学习就在学习者和情境的有效互动中自然而然、无声地发生并持续进行着。

数学家希尔伯特说过:数学科学是一个不可分割的有机整体,它的生命力就在于各个部分之间的联系。一个统计问题的解决必然会涉及数据分析的部分甚至全部过程,这也是为了使学生经历较为系统的数据处理全过程的需要。而且,基于数据的统计眼光、分析意识、洞察能力、活动经验、交流能力、思维品质是在数据分析的实践和相关课程的学习过程中相互交织、逐渐养成的。因而,教材始终突出数据分析的基本过程,并以之为主线组织各节内容,让学生能够拾级而上,逐步形成统计思维,培育数据分析核心素养。

（1）教材分析

在旧版教材中，编写者采用了列车"车厢式"编写形式，将统计的各个过程分割，从抽样到统计图表，再到提取数字特征，用样本估计总体逐段介绍，课节中只呈现该阶段知识。

新教材则做了非常大胆的改编，将统计的全过程呈现在每一节的内容当中。在章引言中，编者写道："统计学是通过收集数据和分析数据来认识未知现象的一门科学，面对一个统计问题，首先要根据实际需求，通过适当的方法获取数据，并选择适当的统计图表对数据进行整理和描述，在此基础上用各种统计方法对数据进行分析，从样本数据中提取需要的信息，推断总体的情况，进而解决相应的实际问题"。这一段文字详细地介绍了统计所研究的内容及研究的具体过程。本章内容整体上也是按上述过程进行组织的，最后是所学知识的综合应用——统计案例。然而，因为各种统计方法都是结合具体的案例进行介绍，而一个统计问题的解决必然会涉及数据分析的部分甚至全部过程，况且在统计学习过程中，学生需要经历较为系统的数据处理全过程，才能更深刻地理解统计的思想，体会统计的特点和合理性，建立对统计的整体认识。而学生的学习是循序渐进的，是螺旋上升。新教材对这一矛盾做了很好的处理。表面上看，新教材虽然也是按数据分析过程的先后划分，但在内容上并不截然分开，而是在整体性的基础上各个课节有不同的侧重点。在每一节内容中，教材都在侧重相应环节的基础上，力图还原所设置案例的统计全过程，避免学生"只见树木，不见森林"。

如"9.1 随机抽样"，本节的重点是抽样方法的学习，介绍简单随机抽样和分层随机抽样两种基本方法。教材基于更好地估计总体的目的，研究如何有效地抽取样本，以终为始，开始统计的学习。立足于真实情境的问题 1"一家家具厂要为树人中学高一年级制作课桌椅，他们事先想了解全体高一年级学生的平均身高，以便设定可调节课桌椅的标准高度。已知树人中学高一年级有 712 名学生，如果要通过简单随机抽样的方法调查高一年级学生的平均身高，应该怎么抽取样本？"介绍抽签法和随机数法（用随机试验生成随机数、用信息技术生成随机数），此后并未急于介绍分层随机抽样，而是在简单随机样本中计算样本的平均数，以此估计树人中学高一年级学生的平均身高，并以"探究"形式考察简单随机抽样的估计效果，探究简单随机抽样的随机性和规律性。在随后的分层随机抽样中，也是如此。利用问题 3"在树人中学高一年级的 712 名学生中，男生有 326 名，女生有 386 名。能否利用这个辅助信息改进简单随机抽样方法，减少"极端"样本的出现，从而提高对整个年级平均身高的估计效果呢"，探究分层的必要性和合理性,然后介绍分层随机抽样的步骤。编写者并未急于对抽样的方法进行比较,而是在分层随机抽样获得数据后,继续求解样本平均数,以此估计总体平均数。最后,以"探究"形式考察改进后的分层随机抽样的估计效果,并与简单随机抽样相比较。比较的方式是以散点图的形式,比较样本平均数的波动幅度以及偏离总体平均数的幅度,虽然文中并未点出方差、标准差等概念,但这显然与后续的数据离散程度的估计一脉相承。

学生在这个过程中并不单单学习抽样的方法和具体操作步骤,而是经历了从实际问题情境到统计问题,通过抽样获得数据,科学整理和应用数据,进而以样本估计总体,最后评判估计效果探讨试验合理性的全部过程。

数学的整体性不仅体现在各部分内容之间的纵向联系上,同时也体现在同一部分内容中知识的横向逻辑关系上。

在"9.2.3 总体集中趋势的估计"中,教材聚焦于利用样本在某一方面的特征(平均数、中位数、众数等)估计总体的集中趋势,理解它们的统计含义;"9.2.4 总体离散程度的估计"中,教材聚焦于利用样本的方差、标准差等估计总体离散程度。教材在本节最后又将反映数据的集中趋势的平均数和反映数据离散程度的标准差综合在一起,力图从中探求更多的信息,并借助案例,发现多数数据取值在平均数加减两倍标准差的范围内,体现了统计的规律性。在本节练习题和习题 9.2 中,教材也通过具体案例,设置问题,引导学生思考并体会数字特征并不是孤立地反映某一方面的特征,而是相互为用,互为补充,共同构成了数据特征的全貌。只有这样,我们才能形成对于样本和总体的整体性的认识,才能在强调"数据说话"的同时,防止被数据误导,形成错误认识和错误决策。

(2)教学建议

正因为本章具有非常明显的整体性,所以,在本章的教学中,教师更应具备整体教学观,树立"从整体看局部"的观点,要从一节课扩大到一个单元的教学,在围绕"数据分析素养的培养"这个主题的整体视角下确定教学目标、设计教学情境、把握课程内容、选择教学方法。这样才能整体把握教学内容,确保知识结构的完整性;坚持目标导向,统揽全局,不片面地突出或强调某一点,避免出现"只见树木,不见森林"的情况;做好环节之间的衔接和铺垫,突出数据分析的基本过程,体现环节之间的关联性和整体性。

数学学科核心素养的发展具有连续性和阶段性,数据分析素养也不例外。学习中,教师要充分利用教材章引言,通过学生阅读自学或教师介绍,了解统计的目的以及全过程,并在每一堂课中从统计的流程出发,揭示每一环节的地位和作用,帮助学生从整体上把握课程内容的结构和体系。在课堂教学中,教师要通过真实案例引导学生参与统计活动全过程,亲身经历从实际问题情境到统计问题,再到形成用于决策知识的全过程历练。通过这种"既见树木,又见森林"的形式逐步推进统计过程,逐步渗透统计思想,使学生不断积累数据分析活动经验,感悟数据分析的本质所在,在活动中逐步提升发现、提出、分析、解决问题的能力,提高数据分析核心素养。在抽样过程中,教师要引导学生思考抽样的目的以及抽样过程、抽样方法改进的目标指向,更好地认识总体和样本之间的关系,理解统计的内涵。在集中趋势的估计和离散程度的估计中,教师要整合各类统计图表及统计数字特征,帮助学生科学认识和选择图表工具,深刻体会数字背后的统计意义,多角度地、整体地分析样本数据规律,从而更准确和全面地估计和认识总体。

2. 凸显实践性:创设真实情境,设计递进问题,学习统计的概念和方法

统计学是通过收集数据和分析数据来解决现实问题、认识未知现象的一门科学,是人类认识客观世界的重要方法。数据分析素养的培养需要在具体问题的解决中逐步形成。

新课标教学提示中指出:"统计的教学活动应当通过典型案例进行。教学中应通过对一些典型案例的处理,使学生经历较为系统的数据处理全过程,在此过程中学习数据分析的方法,理解数据分析的思路,运用所学知识和方法解决实际问题。"

(1)教材分析

结合具体案例呈现概念和方法是本单元编写的一个主要原则和显著特点。教材中选择了基于真实情境的生活案例,结合统计的基本过程,设计了大量有价值的问题,充分地体现了统计概念、方法引入的必要性和解决问题的适切性,符合学生的认知特点,能够有效地帮助学生顺利地学习统计概念和统计方法。

树人中学的案例一直贯穿统计这一章始终,汇总见表 2-3。

表 2-3 新教材"统计"中的树人中学案例分布表

课节	课题	页码	情境及问题	作用
9.1.1	简单随机抽样(第一课时)	175	问题1:一家家具厂要为树人高一年级制作课桌椅,他们事先想了解全体高一年级学生的平均身高,以便设定可调节课桌椅的标准高度。已知树人中学高一年级有712名学生,如果要通过简单随机抽样的方法调查高一年级学生的平均身高,应该怎么抽取样本?	引出抽签法与随机数法

（续表）

课节	课题	页码	情境及问题	作用
9.1.1	简单随机抽样（第二课时）	178	下面是用随机数法从树人中学高一年级学生中抽取的一个容量为50的简单随机样本，他们的身高变量值如下。计算样本的平均数，总体平均身高	引出总体均值及样本均值
9.1.1	简单随机抽样（第二课时）	178	探究：小明想考察一下简单随机抽样的估计效果。他从树人中学医务室得到了高一年级学生身高的所有数据，计算出整个年级学生的平均身高为165 cm。然后，小明用简单随机抽样的方法，从这些数据中抽取了样本量为50和100的样本各10个，分别计算出样本平均数。从小明多次抽样所得的结果中，你有什么发现？	体会随机性和规律性，体会样本量的不同对估计效果的影响
9.1.1	简单随机抽样（第二课时）	179	问题2：眼睛是心灵的窗口，保护好视力非常重要。树人中学在"全国爱眼日"前，想通过简单随机抽样的方法，了解一下全校2174名学生中视力不低于5.0的学生所占的比例，你觉得该怎么做？	引出样本中比例的求解，体会样本平均数公式的应用
9.1.2	分层随机抽样	181	问题3：在树人中学高一年级的712名学生中，男生有326名、女生有386名。能否利用这个辅助信息改进简单随机抽样方法，减少"极端"样本的出现，从而提高对整个年级平均身高的估计效果呢？	引出分层随机抽样
9.1.2	分层随机抽样	183	探究：与考察简单随机抽样估计效果类似，小明也想通过多次抽样考察一下分层随机抽样的估计效果。他用比例分配的分层随机抽样方法，从高一年级的学生中抽取了10个样本量为50的样本，计算出样本平均数如表所示。与上一小节"探究"中相同样本量的简单随机抽样的结果比较，小明有了一个重要的发现。你是否也有所发现？	比较简单随机抽样与分层抽样

（续表）

课节	课题	页码	情境及问题	作用
9.2.2	总体百分位数的估计	202	例2:根据9.1.2节问题3中女生的样本数据,树人中学高一年级女生的第25,50,75百分位数	百分位数求解
9.2.3	总体集中趋势的估计	205	例5:某学校要定制高一的校服,学生根据厂家提供的参考身高选择校服规格。据统计,高一年级女生需要不同规格校服的频数如表所示。如果用一个量来代表该校高一年级女生所需校服的规格,那么在中位数、平均数和众数中,哪些个量比较合适? 试讨论用表中的数据估计全国高一年级女生校服规格的合理性	分类数据的处理,选用众数作为代表,比较合适
9.2.4	总体离散程度的估计	212	例6:在对树人中学高一学生身高的调查中,采用样本量比例分配的分层随机抽样,如果不知道样本数据,只知道抽取了男生23人,其平均数和方差分别为170.6和12.59,抽取了女生27人,其平均数和方差分别为160.6和38.62。你能由这些数据计算出总样本的方差,并对高一年级全体学生的身高方差做出估计吗?	整合不同来源的数据信息

　　从表中,我们可以清晰地看到教材编写者的良苦用心。该案例以树人中学学生的身高(问题2研究对象是视力)为研究对象,以问题、探究和例题的形式层层递进,构建起一个围绕统计活动的问题系统。在问题的驱动下,知识和方法的必要性与适切性得以充分的体现,各种辅助信息和调查数据逐步完善,各类统计工具和统计方法逐个亮相,统计活动逐步深入,样本的数据特征逐步完整翔实,总体的规律愈发显明透彻。更重要的是,在这其中,统计紧紧围绕总体和样本,经历了定性判断到定量分析的深入研究过程,各个环节步步为营,有序推进,基本过程次第展开,统计思维逐步渗透,最终形成一个严密的、系统的统计知识框架,学生的数据分析素养也在这其中逐步建立并发展。

　　除此之外,教材中还选用了另一情境,并贯穿于"用样本估计总体"的始终,即"城市阶梯水价"。

　　这些案例和情境相互交织,共同呈现统计的全过程,让学生在不同的案例中看到统计思想在现实问题中的具体应用,从而加深理解和体验。

（2）教学建议

《普通高中教科书教师教学用书》明确指出，统计是一门应用性很强的学科，它的概念和方法产生的动力基本都来自解决实际问题的需要。结合具体案例，由问题来驱动统计概念和方法学习，不仅符合统计学科的特点，而且可以克服概念和方法的抽象带来的理解困难。

在教学中，教师要善于从具体情境中引导学生将现实问题转化为统计问题，并以更好地估计总体的统计目标为导向，以问题和探究的形式驱动学生在已有的经验下经历合理的抽样以获取数据、科学地选用工具来描述和表达数据、提取有效信息来估计总体、最终实现问题解决的全过程，并在此过程中由特殊到一般，梳理形成基于一般统计问题的处理程序和方法。而且，整章统计内容就足以让学生在以树人中学学生身高为案例的统计问题解决全过程中建构起一般统计问题的基本过程，并且在经历数据分析的过程中，理解数据分析的思路，并能积极主动地运用所学概念和方法解决实际问题。

当然，除了教材中提供的问题和情境之外，教师也可从现实生活中寻找合理的情境，帮助学生理解统计。例如，在刚刚结束的"疫情"中，武汉市对于市民进行健康情况统计，显然普查的价值和意义要远远大于抽查，从中我们也可以看出中国的社会制度优势与国家为保障人民生命财产而不计代价的决心。在介绍获取数据的途径中，也可以将我国对"新型冠状肺炎病毒"进行的双盲实验介绍给学生，让学生体会统计在科研生产中的重要作用。这些案例都可以帮助学生理解统计概念和方法，甚至体现数学学科的"立德树人"价值导向。

3. 蕴含逻辑性：重视逻辑，讲究说理，体现统计方法的必要性和合理性

数学思维既是严密的，又是自然的。统计学充溢着随机的或然之变，也有规律的必然之理。在教学过程中，只有体现了统计概念和方法的必要性和合理性，知识的产生才会显得自然，学生才能更好地把握概念和方法的本质，避免进行纯粹的程序性操作。

教材在编写中设置了高效的问题串，辅以"观察""思考""探究"、边注、选学栏目等形式，驱动学生主动思考、深度思考，领会概念的本质，体悟方法的科学性与合理性，感受统计中的随机性和规律性，充分体现了数学的严谨性和科学性。

（1）教材分析

在"9.1 随机抽样"开篇，教材通过全国人口普查与人口变动调查两种统计方式，引导学生体会抽样的必要性和合理性，并以袋装牛奶细菌数等案例，揭示具有毁损性的检测只能用抽样调查，为随机抽样调查铺路。在"9.1.1 简单随机抽样"中，教材并未直接出示问题 1，而是先介绍抽样的目的——为了了解总体

的情况,以终为始,明确统计是要通过一个好样本估计总体。并形象地通过摸球试验,让学生借用已有的频率稳定于概率的初步认识,揭示随机抽样的合理性和科学性,然后再采用随机模拟的方法,让学生切实感受到随机抽样方法的合理性。整节课在案例中揭示概念和方法的来源,体会其适切性与必要性,并理论先行,揭示程序和方法背后的科学支撑,说理自然、生动、透彻。

在"分层随机抽样"中,根据前一节"探究"中在简单随机抽样中出现的"极端"样本的问题,教材抛出了"能否利用总体中的一些额外信息对抽样方法进行改进呢"引出问题3,揭示了分层随机抽样的必要性和合理性。教材引导学生从影响身高的诸多因素中,以显性的性别作为一个主要因素进行分层,体现了统计的可操作性和现实生活中的灵活性。本节还借助"探究",揭示统计的随机性,并通过比较简单随机抽样和分层抽样所得样本平均数波动幅度和数据偏离总体平均数的幅度等揭示出分层次抽样的科学性。为了更严谨地比较这两种抽样方法,教材编写者特意在概率部分安排了例10,分别求出同一事件分别在有放回简单随机抽样、不放回简单随机抽样和等比例分层抽样下的概率,并回扣第九章"统计",分析在不同抽样方法下"极端"样本出现的概率,由定性判断到定量分析,最终提出"改进抽样方法对于提高样本的代表性很重要"。问题的解决实现了闭环处理,学生也借此更深刻地理解概率是统计的理论基石。

再如,在"9.1 随机抽样"中,通过两个"探究",以控制变量的方式进行对比实验,体会变量对于调查统计的影响,体现了调查研究的科学性。并在此过程中,通过相同抽样方法相同样本量下不同试验的结果,让学生体会抽样的随机性和规律性;通过相同抽样方法不同样本量下所得数据,让学生体会样本量大小对估计总体情况的影响;通过相同样本量不同抽样方法下所得的数据分析,体会抽样方法对估计总体情况的影响。说理全面、清晰,理论基础牢固。

"9.2.4 总体离散程度的估计"中,教材编写者紧紧围绕标准差概念的形成过程娓娓而谈,从为什么不用极差,到为什么要减平均数,再到为什么不用绝对值,为什么要取平均数,为什么要开方等以理说人。这个过程让学生经历从统计直观到数学表达的过程,体现了定义的合理性,既符合学生的认知规律,又充分地体现了知识生成的自然。借助这种自然流畅的说理过程,学生既能够了解统计概念的直观含义,又可以理解概念定义的数学原理,从而更深刻地体会统计概念的本质。

(2)教学建议

受考试方式的影响,在以往的教学实践中,统计的教学常常陷入过度的习题操练之中,概念的形成过程被无端忽视,片面地追求僵化式记忆;原本极其鲜活的数据采集、分析过程变成枯燥无趣的"纸上谈兵",学生记忆流程,而不是细究原理;数学表达不求甚解,只讲究机械地套用,不探究数学原理及背后的科学性……这样的状况难以支撑数据分析素养的培养。

统计中蕴含着较多的统计概念和统计方法。概念的教学中,教师要让学生经历从情境入手,抽象、概括形成概念的过程,并引导学生有条理地表述概念定义,体会蕴含在其中的思想;在抽样方法教学中,教师要让学生通过问题去体会方法引入的适切性和必要性,体会操作过程中的每一步骤对于目标达成的支撑,体会步骤之间的逻辑关系,习得寻找真理和发现真理的方法;在用样本估计总体的过程中,教师要通过探究活动的组织,让学生体会统计工具和统计语言的内在含义,体会归纳推理与演绎推理的差异,培养学生的创新精神和理性思维;在问题解决的全过程,教师要要求学生的言语和思维做到"重论据、有条理、合逻辑",体现决策的科学性,体会数学的严谨性。

4. 倡导技术融合:注重信息技术与统计内容的融合

随着信息技术的普及和发展,我国教育信息化程度不断提高。普通高中的信息技术装备不断改善,多媒体、互联网上网终端等逐步成为基本设施。这些都为信息技术的运用创造了有利条件。

信息技术在教学中主要呈现以下优势:快捷的计算功能、丰富的图形呈现与制作功能、大数据的处理等功能。而这些都和统计的内容暗合。因此,信息技术对统计教学的辅助功能主要体现在信息收集和资源获取、计算工具、视觉显示、大数据处理等方面。所以,可以说信息技术既是现代统计的组成部分,也是统计学习的有效辅助手段。

(1)教材分析

教材中大量使用了信息技术,包括计算器、电子表格软件、R 统计软件等。

在"9.1 随机抽样"中,由于学生概率知识的欠缺,教材编写者详细介绍了利用信息技术生成随机数的方法,通过随机模拟的方式,让学生初步体会抽样方法的合理性。并在第一节的最后,以选学栏目的形式介绍了"统计软件的使用"。

在"9.2 用样本估计总体"中,很多案例和问题都有大量的数据需要处理。教材编写者也鼓励教师和学生尽可能运用计算工具来处理数据,包括利用统计软件制作统计图表、计算样本平均数、样本方差等特征值,从而避免烦琐的运算,利于学生积累数据分析的经验,更好地体会统计思想。在第二节的最后,教材还增设"阅读与思考"栏目,介绍大数据对于世界的改变,对于人类思维方式和行为方式的改变,介绍了信息化时代数据的重要性和人工智能的发展,让学生体会大数据对当代社会发展的作用。

在以上过程中，学生运用计算器、计算机等信息技术，不仅可以实现快速、准确地列表、画图、计算等数据处理，而且能使大量人工难以完成的数据处理变成可能，把学生从机械、烦琐的数据处理中解放出来，把更多精力集中于统计概念和方法的理解；通过随机模拟，可以使大量重复实验成为可能，有利于学生直观体会样本的随机性和规律性，体会统计方法的合理性和必要性，弥补学生理论的不足；通过实际操作、计算机模拟等活动，积累数据分析的经验，培养数据分析的素养。

（2）教学建议

在统计过程中，伴随着复杂的动态过程、随机模拟、数据可视化等，非常适宜信息技术的运用。因此，教师应当认真研究电子表格软件在随机数产生、统计图表的绘制、数据的处理中的具体应用，并在课堂中进行充分的展示，有条件的学校，可以让学生亲手操作，充分感受统计的过程和乐趣。

在随机抽样中，我们可以通过软件随机模拟抽样试验，感受有放回抽样与不放回抽样的差异，感受简单随机抽样与分层抽样适用范围的区别；在总体取值规律的估计中，可以利用电子表格软件，绘制不同的统计图表，体会不同图表对数据的刻画效果，体会组距不同对利用直方图刻画数据分布的影响；在总体离散程度的估计中，我们还可以利用软件对大量数据进行处理，快速得到数据的特征值，大大提高教学的效率和质量。

教学过程中，除课本中所出现的条形图、折线图、饼图之外，教师也可以拓展介绍等高图、雷达图等，甚至可以考虑利用两种图形进行信息提取和数据分析。

需要注意的是，当我们鼓励学生运用现代信息技术学习时，应该认识到技术对教与学的辅助，同时，技术也只是一种手段，不能替代艰苦的学习和精密的思考。这一点在近年全国卷的高考题中也有体现。总体离散程度的估计这一节中的例6，是基于大数据时代中整合不同来源数据的实际需要而设置的。例题中详细叙述了公式的推导过程，让学生体会分步式计算的算法思想。所以，在教学中，我们除了关注数学计算的结果外，还要关注蕴含其中的算法思想。而这一点，信息技术是无能为力的。

所以，对于信息技术，我们应当在享受技术的便利的同时合理地应用，重视算理的学习、算法思想的体会和数学运算素养的培养。

新课标要求和新教材内容给高中数学课堂提出了更高的要求。广大教育工作者要深入解读课程标准，深刻领会教材特点，在丰富而生动的教育教学实践中，培育学科核心素养，落实学科育人，推动高中课程改革不断深化，共创教育新辉煌。

核心概念解读：解构核心概念，统领单元教学设计
聚焦概念核心，建构高效生态课堂
——《随机变量及其分布》的教学设计

数学概念是反映数学对象本质属性的一种思维形式，是导出数学定理、法则的基础。概念教学是学生掌握数学知识、体会数学思想方法、形成正确数学观的重要载体，而数学核心概念是其中最重要的一部分。准确领悟核心概念是学生获得系统数学知识的源泉，是学好高中数学的关键。下面我以《随机变量及其分布》为案例谈一谈如何以核心概念为"先行组织者"，系统地设计单元教学以及如何准确地把握概念中的核心内容精致生成自然高效的课堂。

一、解构核心概念，统领单元教学设计

以核心概念为统领设计教学，是把居于学科中心、具有迁移价值的核心概念作为学生需要持久理解的教学目标，通过核心概念统整有关事实和概念，使得学生能够在更高的认知层面上理解某些概念，为他们的终身发展提供支持。

"随机变量及其分布"此章中的核心概念为随机变量，围绕该核心概念产生的子概念与概念群主要有分布列、超几何分布、两点分布、二项分布、正态分布、均值、方差等。思维导图见图 2-4：

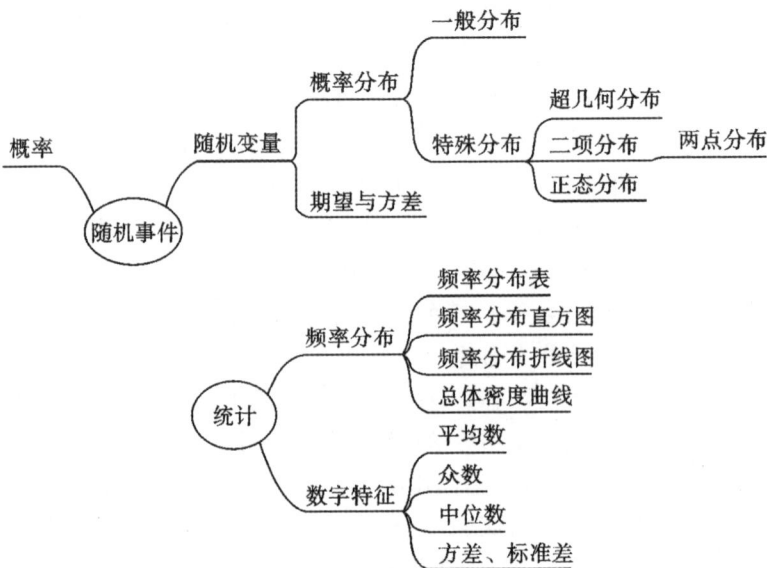

图 2-4 思维导图

首先，我们应该建立起对核心概念的正确认知，并指导日常的教学设计。

在本章章引言中，教材编写者写道：把随机试验的结果数量化，用随机变量表示随机试验的结果，就可以利用数学工具来研究所感兴趣的随机现象。利用离散型随机变量思想描述和分析某些随机现象，解决一些简单的实际问题，进一步体会概率模型的作用及运用概率思想思考和解决问题的特点。

由此可知，随机变量的产生意味着将随机事件代数化，以建立随机事件与概率间的函数关系（随机变量的分布列），更方便在实数空间内以数学工具（函数）研究统计规律。并结合现实生活中的实际背景，建立起几类特殊的分布列模型（函数模型），运用概率思想，结合数字特征（均值、方差或标准差）进行决策，解决现实生活中的实际问题。这是本章知识的产生、发展、应用的脉络。而整个过程中，需要学生持久理解的就是随机变量的含义以及随机变量和概率在具体模型下的特殊的对应关系（具体的概率模型与特殊的分布列）。

同时，我们可以清楚地发现，本章的知识体系与函数体系基本类似。先介绍基本理论，然后再建立几个常见的模型用来解决实际问题。函数是先介绍函数三要素及研究内容：性质与图象，然后利用生活中的背景建立起基本初等函数（指数函数、对数函数、幂函数、三角函数、数列等，顺序是从连续函数到离散函数）。本章则是先介绍随机变量及其分布列，然后从现实生活中抽象出几类特殊的分布列（超几何分布、两点分布、二项分布、正态分布，顺序是从离散型随机变量的分布到连续型随机变量的分布）。需要注意的是条件概率与独立事件的内容均是为二项分布的出现铺垫的，属衍生知识。

另外，从研究的内容上，本章知识与必修第二册统计初步的内容相近。第二册研究频率分布及样本的数字特征（平均数、方差、众数、中位数等）以及利用样本的数字特征估计总体，实施决策，本章研究概率分布与均值（数学期望）、方差，然后参考均值（数学期望）与方差实施决策。

所以，为了更方便学生理解该章知识，同时提升学生对知识的认知与应用的能力，在进行单元设计时，应明确以下几条：①以概念的生成、发展、应用为主线，让学生充分理解随机变量的作用就是随机事件结果实数化，并熟练地借助随机变量表示各类随机事件的各种可能结果；②充分建立起随机变量分布列与函数的联系，让学生明白特殊分布其实就是随机变量与概率间的特殊函数关系，是现实生活中的特殊的概率模型；③以随机变量为中心，以分布列和数字特征（均值与方差）为两翼，构建体系，以概率模型的建立和应用（建模与解模）为重点，分类分层，逐步递进，让学生对随机变量的认识螺旋上升，日臻完整；④将随机变量的理解和概率模型的产生、应用与函数体系(基本理论的学习＋基本初等函数的研究)相联系,同时将本章的概率分布研究与必修第二册中的频率分布研究相对照,打通知识间的联系,明晰知识间的逻辑关系,使得单元设计的思路流畅、自然。

在实际教学过程中,教师应以随机变量为核心,紧抓其概念群与知识链,逐步加深学生对随机变量和概率间的函数关系的理解,提升对于概率模型的认识,取得良好的教学效果。

二、聚焦概念核心,建构高效生态课堂

当我们充分解析核心概念之后,就必须要在学生知识储备和思维规律的基础上考虑在每一节课中如何聚焦核心概念、如何聚焦核心概念的子概念进行精致的概念生成以及自然的模型应用。

认知心理学认为,学生对概念的理解并非单纯的外部作用的结果,每个人对概念的理解都是个性化的,它是学生思维过程的产物。概念教学的"精致"过程,实际上就是追求对概念内涵和外延的深加工,追求对概念的主动习得和整体把握。

1. 概念教学的基本环节

数学教育专家、教材编写负责人章建跃教授曾经将概念教学的基本环节划分如下:①典型丰富的具体例证——属性的分析、比较、综合;②概括共同本质特征得到概念的本质属性;③下定义(准确的数学语言描述);④概念的辨析——以实例(正例、反例)为载体分析关键词的含义;⑤用概念做判断的具体事例——形成用概念做判断的具体步骤;⑥概念的"精致"——建立与相关概念的联系。

2. 概念教学的具体实施

下面,我将展示本章教学中的几个案例,与老师们交流概念教学的具体实施程序。

(1)精致的情境创设

[案例1:独立重复实验与二项分布]

师:现实生活中,随机现象表现各异。但是我们只要了解了随机事件可能出现的结果以及每一个结果发生的概率,也就基本把握了它的统计规律。所以,概率是描述随机事件的重要数字特征。为了更方便地使用数学工具研究统计规律,我们舍弃随机事件的具体背景,将随机试验的结果数字化,这样随机事件与相应的概率就会在实数空间内生成为一定的函数关系,并呈现出一些规律

和共性,甚而生成特殊的分布。

例如,课前练习中,随机变量 X 服从什么?

生:超几何分布。

师:随机事件形形色色,事件之间的关系需要细加甄别。我们上节课学习了一种新的事件关系——相互独立事件。哪位同学可以举一个独立事件的例子?

生 1:某射手每次射击击中目标的概率是 0.9,每次射击结果互不影响。该射手连续射击两次。

生 2:一个口袋内装有大小相同的 3 个白球和 2 个红球,从中有放回地抽取三次,每次抽取一个球。

师:下面,我们从同学们所举的例子当中,继续探究在独立事件中,随机变量与概率之间又会具有怎样的对应关系呢,这其中又蕴含着怎样的规律和共性呢?

[评析]

在课堂引入时教师简明扼要的梳理统计规律的研究内容与路径,为本节课定调子,铺路子;同时从学生的知识基础出发,从贴近学生认知基础的区域寻求数学情境,让学生在不知不觉中进入教师设计的教学情境中,过程自然生动,且具有一定的开放性。

概念教学得以充分展开的根本原动力是学生已有认知结构与新概念之间是否平衡。当学生遇到新概念时,总是先用已有认知结构去同化,如果获得成功,就得到了暂时的平衡。如果同化不成功,就会调节、改造已有认知结构,来顺应新概念以达到新的平衡。因此学生已有的认知结构对新概念的学习起着非常重要的作用。我们在概念教学中要充分利用新概念与学生已有认知结构之间的差异来设置相应的教学情境,以使学生能够意识到这种不平衡,从而引起学生的认知需要,促使学生展开积极主动的学习活动。

另外,我们在教学中更重视生活情境,而忽视数学情境,我们更多的是将现实生活中的情境通过数学建模得到数学模型,其实,有时模型的还原同样重要。当学生能够在两种情境中熟练转化,说明学生不仅能够从具体情境中进行抽象,而且可以基于概念的理解从抽象模型中建立起具体情境。所以,此类情境的置换在一定情形下可以双向进行。如"随机变量 $X \sim B(3, 0.6)$,尝试以此拟定一个现实问题",倒逼学生从数学问题构建问题情境,加深学生对于概念的认识,提升学生的建模能力。

(2)精致的活动组织

[案例 2:独立重复实验与二项分布]

某射手击中目标的概率为 0.9,每次射击的结果相互独立,该射手连续射击

2 次。

师：在这个案例中，显然，我们关心的是射击击中目标的次数。如果我们设事件"击中目标的次数"为随机变量 X。请问，X 的可能取值都有哪些，对应的概率又是多少呢？

教师引导学生分析事件，共同书写概率代数式。

师：若该射手连续射击 3 次，"击中目标的次数"设为随机变量 Y，Y 的可能取值都有哪些，对应的概率又是多少呢？

师：如果射手每次射击击中目标的概率是 p，若该射手连续射击 n 次，"击中目标的次数"设为随机变量 Z，Z 的可能取值都有哪些，对应的概率又是多少呢？

学生寻找函数关系。生成函数关系：$P(X=k)=C_n^k p^k (1-p)^{n-k}$，$k=0$，$1,2,\cdots,n$。

教师板书：$P(X=k)=C_n^k p^k (1-p)^{n-k}$，$k=0,1,2,\cdots,n$。

教师引领学生分析公式中字母的含义，重点分析 C_n^k 的含义，站在科学的立场上进行解释。

师：请结合离散型随机变量分布列的性质，辨析它是否可以作为离散型随机变量的分布列？试叙述理由。

生：每一种事件结果的概率都满足 $p_i \geqslant 0$ 并且 $\sum_{i=1}^{n} p_i = 1$。

师：请解释一下，你是如何证明概率之和为 1 的？

生：因为事件的所有结果都进行了求解，而且满足不重不漏。

师：有一定的道理，从事件结果全覆盖来解释。

生：我发现该公式和二项式定理中展开式的通项公式相似，概率之和就是 $[(1-p)+p]^n=1$。

师：非常好。能够利用所学的知识发散地考虑问题。大家有没有观察到这一细节？如果将该公式看作 $(a+b)^n$ 展开式的通项公式，谁是 a，谁又是 b？它们在问题情境中的具体含义是什么？

生：$1-p$ 是 a，在情境中指的是不成功的概率，p 是 b，指的是成功概率。

师：所以，事物之间是普遍联系的，当然这种隐秘的联系需要我们积极开动脑筋去寻找和发现。大家可以借用二项式定理中展开式的通项公式辅助记忆独立重复实验的概率公式。我们可以利用二项式定理来证明概率之和为 1，而且在每次试验中随机事件只有两种对立的结果。我们不妨把这种分布称之为"二项分布"，也叫 Bernolli 分布。在 n 次独立重复试验中，设事件 A 发生的次

数为 X,在每次试验中事件 A 发生的概率为 p,那么在 n 次独立重复试验中,事件 A 恰好发生 k 次的概率为 $P(X=k)=C_n^k p^k (1-p)^{n-k}$,$k=0,1,2,\cdots,n$,则称随机变量 X 服从二项分布。记作 $X \sim B(n,p)$。

[评析]

在本环节中,教师精心设计了问题串,以问题驱动学生思考和操作,突出核心概念的思维建构和技能操作;并以任务的形式让学生在解决问题的过程中,经历尝试操作、积极反思、自主梳理、归纳猜想、科学论证的知识探究过程,体验由量变到质变、从特殊到一般、从外在形式到内在规律的知识提取升华过程,突出思想方法的领悟过程分析,激活潜在的学习热情。同时,以表格的形式增强随机事件取值与概率的对应性,加深学生对于分布列的理解。

学生理解和掌握概念的过程实际上是掌握同类事物的共同、关键属性的过程,是概括生成的过程。所以,概括是形成和掌握概念的前提。如果相关的概念始终停留在问题的具体情境,未能帮助学生实现必要的抽象概括,那就不能认为学生已经较好地掌握了概念。所以,在教学中除了需要给学生提供适量的、具有代表性的、新颖有趣的实例外,更重要的是引导学生发现它们的共同属性,并将共同的本质属性结合起来,形成概念的定义或用自己的语言来表述概念的本质属性,这样更有利于学生习得概念。

[案例3:正态分布(借助高尔顿板分析正态分布与二项分布的联系)]

问题1:请同学们分组扮演一个即将进入高尔顿钉板的小球,试模拟行进过程以分别落入 0~9 号槽。

问题2:试求解小球落入 $i(i=0,1,2,\cdots,9)$ 号槽的概率。

问题3:如果进行大量的试验,试判断落入号槽中的小球的分布情况,并给出合理的解释。

[评析]

现代教学论认为,亲身体验是学生学习数学的重要方式。引导学生在亲身体验中学习和探索,有利于他们主动建构知识,培养数学意识和实践能力。体验是一种心理感受,是一种情感真正投入的学习活动,需要学习者设身处地去感受客观事物,从感性经验过渡到理性思考,达到自我感悟、自我认识、自我升华的内化效果,从而获得对数学事实与数学经验的理性认知。当然,在此中,教师要设置精致的问题促进学生研究和体验,通过对问题的解决,使得学生感悟数学思考的途径和方法,让他们在主动获取知识的同时,学会用数学的眼光观察世界,用数学的思维和数学的方式分析现实问题,提高应用数学知识的能力。本案例以角色模拟的方式,让学生沉浸式体验,体会二项分布与正态分布的关系,不仅大大激发学生的学习积极性,而且通过问题引导学生主动参与数学活动,丰富学生的感受和体验,让学生在深度思考中逐步接受知识的内核,升华数学体验。

(3)精致的问题设置

[案例 4:超几何分布]

在一个密闭的口袋中装有大小相同的 4 个红球和 4 个白球,现从中不放回地随机摸取 3 次,每次摸取一球,设摸到红球的个数为随机变量 X,试分析 X 的可能取值并求 X 的分布列。

变式:若有 4 个红球和 2 个白球呢?

变式:若有 2 个红球和 2 个白球呢?

变式:若有 2 个红球和 4 个白球呢?

变式:若有 m 个红球和 n 个白球呢?

附:超几何分布的概率公式:

$$P(X=k)=\frac{C_M^k C_{N-M}^{n-k}}{C_N^n}, k=\max\{0, n-(N-M)\}, \cdots, \min\{M, n\}。$$

[评析]

尤纳斯指出:数学教师应当仔细研究他的学生,并努力帮助学生弄清算法背后的不变因素。因此,在大多数情况下就只有通过大量实例的综合分析,而不是单个实例的考察,我们才能顺利地发现其中的共同成分,并由此引出相应的普遍性结论。教学中我们发现,在具体事件分析中,学生对于随机变量的取值往往存在疑惑,追根究底,其实是对利用实数表示随机事件的结果认知不清、操作不熟,甚至存在一定的思维障碍。即使在原教材上,对于超几何分布中 k 的取值的说明也存在问题。于是,在教学中围绕该核心点,我们设置了相近背景下的几个不同问题,让学生在转换和比较中产生思维冲突,调动思维的主动性和积极性,进入到深度的思考和学习中,进而在运动和变化中探究出一般规律。

[案例 5:独立重复实验与二项分布]

甲、乙两人同时进行一次测验。测验中共有 10 道题目,考生需要从 10 道题目中随机不放回地抽取 6 道进行解答。已知这 10 道题目中甲能够正确解答其中 8 道,另外 2 道题不能正确解答;乙每道题答对的概率均为 0.8。若甲、乙二人答对的题目数分别设为随机变量 X, Y,求 X, Y 的分布列。

问题1:随机变量 X, Y 的可能取值分别是多少,所代表的事件结果分别是什么?并思考产生这种差别的原因。

问题 2：X,Y 是否服从特殊的分布，分别服从哪种分布？

问题 3：X 为何服从超几何分布，从哪些信息中可以判断出来？Y 为何服从二项分布，从哪些信息中可以判断出来？

问题 4：如果测验改为"有放回地抽取"，X 为何就会服从二项分布？有、无放回对于事件的影响有哪些？

问题 5：在平时的学习过程中，你希望做甲同学还是乙同学，试叙述理由。

［评析］

概念教学不是教"形式化的定义"，而要追求思维上的真理解。所以，应该利用各种方式对概念的内涵和外延作详细的"深加工"。一般我们可以通过正反例的比较，或者变式训练，不断回到概念去，从基本概念出发思考问题、解决问题，使学生进一步理解哪些是概念的本质属性，哪些是概念的非本质属性，从而更清晰地理解概念。

超几何分布与二项分布是学生容易混淆的两个概念。本案例则是基于此认知冲突，将两种分布集于一处，通过设置有效且递进的几个问题强力辨析，揭示两种变量随机性的产生根源，并贴近学生学习实际，让学生承担角色，加深体验。

再如"甲、乙、丙三人独立完成一道题目，设 X 为完成题目的人数"，X 就一定不服从二项分布吗？很显然，每次试验中事件 A 发生的概率相等才是独立重复实验的核心，做事的主体是否相同则无关紧要。所以，只有教师在充分全面地理解概念后才能设置出精致的问题，引导学生深刻而清晰的理解概念，运用概念。

（4）精致的技术辅助

［案例 6：独立重复实验与二项分布］

通过 Excel 展示超几何分布与二项分布的概率图表及柱状图，体会差异。然后增加超几何分布中 N 的数值，体会变化，并给出科学合理的解释。当总体容量是 20 时，二者差异明显，见表 2-4 和图 2-5。

表 2-4　二项分布与超几何分布（$N=20$）

成功次数	实验次数	样本容量	总体容量	成功概率	二项分布	超几何分布
k	n	M	N	p	P	P
0	8	12	20	0.6	0.000 66	7.938 4E－06
1	8	12	20	0.6	0.007 86	0.000 762 09
2	8	12	20	0.6	0.041 29	0.014 670 16
3	8	12	20	0.6	0.123 86	0.097 801 06

（续表）

成功次数	实验次数	样本容量	总体容量	成功概率	二项分布	超几何分布
4	8	12	20	0.6	0.232 24	0.275 065 49
5	8	12	20	0.6	0.278 69	0.352 083 83
6	8	12	20	0.6	0.209 02	0.205 382 23
7	8	12	20	0.6	0.089 58	0.050 297 69
8	8	12	20	0.6	0.016 8	0.003 929 51

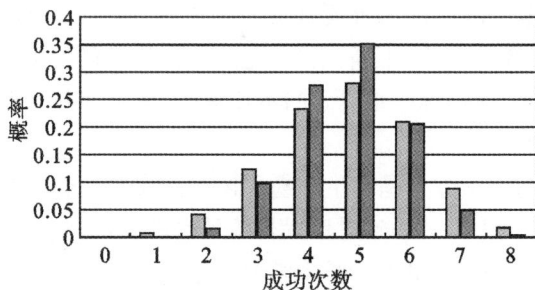

图 2-5　二项分布与超几何分布（$N=20$）

当总体容量是 200 时，二者差异依然明显，但有一定程度地减弱，见表 2-5 和图 2-6。

表 2-5　二项分布与超几何分布（$N=200$）

成功次数	实验次数	样本容量	总体容量	成功概率	二项分布	超几何分布
k	n	M	N	p	P	P
0	8	120	200	0.6	0.000 66	0.000 526 1
1	8	120	200	0.6	0.007 86	0.006 918 56
2	8	120	200	0.6	0.041 29	0.038 940 3
3	8	120	200	0.6	0.123 86	0.122 532 14
4	8	120	200	0.6	0.232 24	0.235 793 76
5	8	120	200	0.6	0.278 69	0.284 177 42
6	8	120	200	0.6	0.209 02	0.209 489 76
7	8	120	200	0.6	0.089 58	0.086 371 91
8	8	120	200	0.6	0.016 8	0.015 250 04

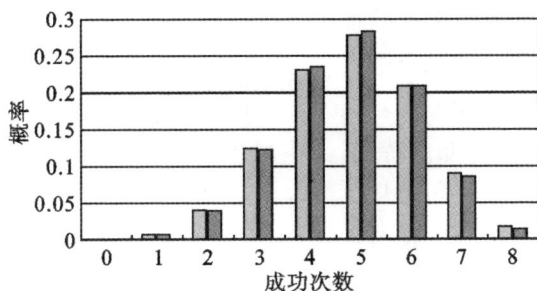

图 2-6　二项分布与超几何分布（$N = 200$）

当总体容量是 20 000 时，二者差异不再明显，基本趋同，见表 2-6 和图 2-7。

表 2-6　二项分布与超几何分布（$N = 2\,000$）

成功次数	实验次数	样本容量	总体容量	成功概率	二项分布	超几何分布
k	n	M	N	p	P	P
0	8	12 000	20 000	0.6	0.000 66	0.000 653 98
1	8	12 000	20 000	0.6	0.007 86	0.007 854 69
2	8	12 000	20 000	0.6	0.041 29	0.041 264 62
3	8	12 000	20 000	0.6	0.123 86	0.123 850 64
4	8	12 000	20 000	0.6	0.232 24	0.232 278 04
5	8	12 000	20 000	0.6	0.278 69	0.278 745 27
6	8	12 000	20 000	0.6	0.209 02	0.209 024 1
7	8	12 000	20 000	0.6	0.089 58	0.089 548 16
8	8	12 000	20 000	0.6	0.016 8	0.016 780 49

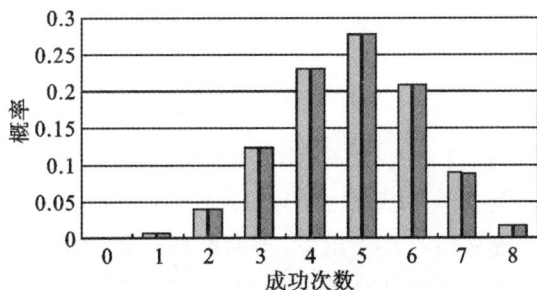

图 2-7　二项分布与超几何分布（$N = 2\,000$）

学生观察后可生成个性的体验与认知,教师可在此基础上进行引导完善,生成以下结论。

两点分布是二项分布的特例,n 个独立的两点分布的和服从二项分布;超几何分布是不放回抽样,二项分布可看作有放回抽样;在抽样中,当总体容量无限大时,

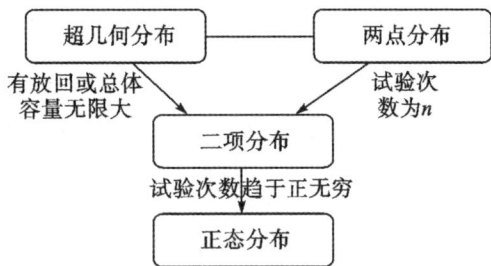

图 2-8 四种分布间的内在联系

超几何分布就可以近似看成二项分布;当实验次数无限大时,二项分布就可以近似看成正态分布。

［评析］

数学概念具有很强的系统性。学生掌握的并非一个个零散的概念,而应该是有着相互联系的一个整体。在概念教学中,要把新概念和与之相关的概念建立起联系,把新概念纳入学生已有的认知结构中,使之成为一个整体,这是概念教学的最终结果。这时学生习得的概念才是活的、有生命力的,才能灵活地加以运用。

新课标确定的“四基”中,既包括基础知识、基本能力,还有基本思想方法和基本活动经验。很多时候,我们的课堂还是以知识和能力的讲授为主,思想方法的渗透与基本活动经验的生成缺失。教师要充分借助多媒体信息技术,增强学生的学习认知体验,强化知识理解与能力迁移,增强思想方法的体验和感悟。

本案例中,教师借助于信息技术直观有效地体现超几何分布与二项分布的差异性与联系性,直观地彰显了知识间的内在联系,加深学生认知印象,提升体验效果。

同时,以图表的形式展示四种特殊分布间的内在联系,直观地体现知识的系统性,同时为后续正态分布的学习伏脉,起到了很好的效果。

三、结语

综上所述,教师在日常的教学中要准确提炼数学核心概念,并充分解析核心概念的子概念及概念群,以知识的产生、发展、应用为主线,统领教学设计,并在其中持续性的实现从核心概念出发,再回归核心概念的大回环教学,给学生完整系统的知识体系。而在每节课的具体实施中,教师要充分聚焦概念中的重要元素与关键特征,精心设计数学情境,组织精致的数学活动,串联精致的递进型问题,辅以精致的技术支撑,充分挖掘概念的内涵与外延,让学生清晰准确辨

析,自然合理的应用。唯有如此,我们才能建立起正确的知识观与教育观,并将数学的学科知识与其中蕴含的教育价值自然、高效的在课堂中呈现、实现。

课时解读:"独立重复实验与二项分布"

一、课标及教材分析

1. 课标分析

本章的课程目标指出,要通过具体实例,帮助学生在条件概率和独立性的基础上理解二项分布的模型并能解决简单的实际问题,使学生认识分布列对于刻画随机现象的重要性。所以本节课的目标应该聚焦于"模型"一词。

2. 编写意图

全章共四节内容,依次介绍了四种特殊分布,组成了随机变量及其分布的完整拼图。

在本节中,教材从真实情境中(n 次重复掷硬币的试验)引出独立重复实验,得到二项分布,经历了建构模型、应用模型、求解模型、最终解决问题的过程,充分体现了概率模型的应用过程与应用价值。

3. 地位分析

独立重复实验广泛存在于现实生活中,是研究随机现象的重要途径之一,是二项分布模型建立的基础。二项分布是继两点分布和超几何分布之后另外一个反映随机现象中特殊函数关系的概率模型,并且为后续的高尔顿模型的理解及正态分布的学习铺平道路,承上启下。

4. 知识点分析

本课题涉及主要知识点为两个概念,一个公式。知识主体前后联系紧密;同时本节知识的生成存在着从特指到泛指的迁移,从常量到变量的迁移以及数学原理的迁移。

二、核心素养萃取与融合

新课标指出,高中数学教学以发展学生的数学学科核心素养为导向。本节课所蕴含的学科核心素养有五个。

例如,数学建模的落地将从以下三个方面实现:深刻认识二项分布的特征;在实际情境中准确地发现和建立二项分布的模型;利用二项分布分析、表示、解决现实问题。

三、学习者特征分析

学生已学习了条件概率、事件间的独立性等,拥有充分的知识储备;掌握了借助概率解决问题的基本能力;初步掌握归纳演绎、分类讨论、转化等基本思想方法;具有积极的情感态度,但提出问题的能力不足,质疑、辨析意识和经验欠缺。

四、教学目的分析

结合核心素养落地方式及"四基"要求,以可观测性、可操作性为原则,从基础知识、基本技能、基本思想方法、基本活动经验四个方面设定教学目的。

根据以上分析,结合学生学习过程中存在的突出的两个问题:推导原理不明,归纳生成有一定难度;是模型认识混乱,概念内涵与外延不明晰。

确定重难点和突破方法如下:重点是概念的特征与模型的识别、应用;难点是模型应用中的转化与模型内涵和外延的理解;突破方法将在教学设计分析中进行重点讲解。

五、教法分析

个人认为,教学是一个由教师的"导"、学生的"学"以及教学过程中的"悟"为三个子系统组成的多要素的和谐整体。"教之道在于度,学之道在于悟"。整节课教学方法将遵循知识的发生、发展、运用的规律和学生的认知规律,以可接受和循序渐进为原则,以问题为核心,通过对知识的发生、发展和运用过程的归纳、演绎、揭示和探究,组织和推动教学。在教学中,教师通过启发、诱导、激励等多种教学手段,借助计算机图表的直观性,激发学生求知欲望,探求事物本质属性,逐步实现知识的同化与内化,建构知识体系。

六、学法分析

新课标也指出:教师可以围绕某个具体的数学问题,引导学生开展自主探究、合作研究。建议学生以知识建构为基础,围绕独立重复实验和二项分布两个概念的问题系统,在思维的最近发展区通过独立思考和动手实践,建立模型;通过自主探索和合作交流进行批判性地分析、联系性地看待新旧知识,重建知识框架与体系,形成对知识概念的深层理解和长期记忆,从而步入深度学习,最终实现学科核心素养的培育。

七、教学过程分析

本节课教学过程共分六个环节,以模型学习为中心,从真实情境出发,经历模型发现、建构及应用的全过程,实现知识学习、技能掌握、思想融汇、经验积累、素养落地。

1. 第一个环节:情境创设

开门见山,以图表简示随机变量的分布列研究的具体内容,引领全局。

以课前自拟情境和基础回顾,形成思维之"源",为本节课学习做好准备,引而欲发。

诗文入课堂,体现数学探究的文化性,提升趣味性。

2. 第二个环节:新知探究

因教材编写以撒落图钉的情境引入,感觉与学生生活实际和学习经验基础有距离,故而由学生结合个人认知自拟情境,通过对试验结果的种类数量、事件内在关系、概率大小等问题的巧妙设问,持续追问,充分地调动学生的热情,增强学生探究内驱,经历知识属性的分化与类化,进而归纳共性,凸显本质,抽象概括出独立重复实验的三性:对立性、独立性、等概率性。然后结合特征,品读概念,加深认知,为模型的建立奠定基础。

3. 第三个环节:模型建构

第三个环节是本节课的重点也是难点之一。首先由学生自拟问题,巩固三性。例如,设定击中目标的次数为随机变量,由学生独立思考求解概率。

在探究中,以表格的形式增强随机变量取值与概率的对应性,搭建思维的脚手架,并且不断深化问题,逐步从特殊推广到一般,从特指到泛指,从常量到变量,逐步逼近知识内核。设置探究问题:"请结合离散型随机变量分布列的性质,辨析它是否可以作为离散型随机变量的分布列",驱动学生深刻反思,并对概率之和为 1 的论证进行重点突破,引导学生发散思维,用联系的观点认知和重组,推动概念的自然生成。

在难点突破的过程中,让学生经历动手操作、积极反思、自主梳理、归纳猜想、科学论证的知识探究过程,体验从特殊到一般、从外在形式到内在规律的知识提取与升华的过程。

4. 第四个环节:模型应用

改编课本上的例题,适当降低运算量,增设变式问题,突出模型判断与应用的过程体验,让学生在"做"中"学",在"做"中"悟",提高公式应用的熟练度、准确度,体验概率公式所表示的实际意义,体会概率求解的不同角度与方法,产生认可和接受"独立重复实验及二项分布"的积极态度,并养成规范使用数学符号的习惯。

5. 第五个环节:模型深化

第五个环节是本节课第二处难点。回到课前超几何分布的模型,设置两个探究问题:随机变量 X 是否服从二项分布;改换条件,让随机变量 X 服从二项分布。第一个问题,引导利用新知对比辨析,提升学生对知识内涵的把握;第二个问题,开放问题通道,激发思维碰撞,推动高阶思维,鼓励数学交流,从而突破难点,加深对于二项分布的外延的理解,自主形成完整的认知结构;可借助于信息技术,以数据和图表直观有效的体现超几何分布与二项分布的差异性与联系性,加深认知印象,提升体验效果,并自然地引申出正态分布,彰显知识间的内在联系。

6. 第六个环节:反馈总结

以知识的习得、技能训练与素养发展相结合为原则,适度改编课后练习,体现难度梯级,达成多元化的关注,让不同的学生实现不同的发展。如第 1 题关注代数表达;第 2 题侧重公式记忆与应用,并创造性地倒推问题情境,加深对模型的认识;第 3 题难度稍有提升,可以令学生认识到 n 次独立重复试验中,事件 A 可以包含多个基本事件甚至无穷个试验结果,从而满足学生的进一步的探究需求。

教师在反馈题解答的基础上引导学生自主小结,梳理知识、提炼思想方法、生成个体化的经验。

八、教学评价分析

在引导学生探究、合作以及交流的过程中,淡化终结性评价和评价的筛选评判功能,关注学生的认知心理过程,关注思维与表达、交流与反思,强调过程评价、自我评价和评价的教育发展功能,尤其是在"模型建构"与"模型深化"中对学生的创新思维给予及时、充分肯定。

第三章 课堂教学设计

导读

　　课堂教学,是教育教学中应用普遍的一种手段,是课程改革和课堂改革的主阵地,是课标落地的重要一环。我们理想的数学课堂是这样的:在合适的教学情境中,教师提出科学的数学问题,启发学生独立思考,鼓励学生协作交流;在文化中浸润,在活动中体悟,掌握知识技能,理解数学本质;感悟数学基本思想,发展数学学科核心素养。

第一节　课堂教学设计的四个方面

　　课堂教学,是教育教学中应用普遍的一种手段。课堂教学具有非常强的目的性和意识性,它是教师引导学生学习知识、锤炼技能、感悟思想、生成体验的全过程。课堂教学的核心是调动全体学生主动参与学习的全过程,以情境和问题引领,组织展示、交流、评价等活动,引导学生自主学习、深度思考、和谐发展。

　　我们主要通过"情境创设—问题引领—文化渗透—建模探究"四个方面来推进素养课堂建设。

一、创设情境,激疑生趣

　　数学学科核心素养通常是在综合化、复杂化的情境中通过个体与情境的有效互动生成的。创设合适情境是基于数学核心素养教学的关注点。数学教学情境包括课程学习情境、探索创新情境、社会实践情境。

　　教育部考试中心任子朝和赵轩的《高考试题创新设计的研究与实践》一文中指出,课程学习情境关注考生已有知识基础和学习准备程度,包括数学概念、数学原理、数学运算、数学推理等问题情境;探索创新情境关注与未来学习的关联和数学学科内部的更深入的探索,包括数学实验、数学探究、数学创新等问题情境;社会实践情境则关注数学与其他学科和社会生活的关联,包括现实生活、生产实际、科学研究等问题情境。

教师要充分利用教材中的情境,并广泛了解数学与生活、数学与其他学科的联系,创造出符合学生认识规律、有助于提升学科核心素养的情境。

1. 情境选择的基本原则

（1）目的性原则

情境的创设为是教学服务的。例如,在讲授"三视图"时,可引用苏东坡的《题西林壁》:横看成岭侧成峰,远近高低各不同。虽然是以诗句引入,却与"三视图"联系紧密:几何体在不同视角下会有不同的外在呈现形式,多个角度观察才能了解事物的全貌。而且诗文的加入让"三视图"增添了哲学的含义。

（2）趣味性原则

情境应该具有一定的新颖性和生动性,能够激发学生的兴趣和好奇心。例如,在等比数列求和的讲授中,可以以"国王的棋盘的故事"为背景,辅以问题:"如果你是国王,你会答应数学家的报酬吗"引起悬念,吊起学生的胃口;再如"函数模型的应用"中,可以以"良渚古城距今年代的测算"为背景,辅以问题:"考古学者是如何推算出良渚古城的建造年代,进而为中华五千年文明提供实证的",激发学生的兴趣,引起好奇心。再如,在学习"数学归纳法"时,可以插入多米诺骨牌的视频,甚至可以让学生扮演多米诺骨牌,进而让学生思考如何形成多米诺骨牌效应,直观且生动地感受其中的推理原理。

（3）障碍性原则

情境中产生的问题要有一定的坡度和难度,能够造成学生的认知冲突,调动学生的思维积极性,激发学生解决问题的欲望。例如,在"两角差的余弦公式"的学习前,可提出问题:如何求解 $\cos 15°$。$15°$ 并不是学生所接触的特殊角,所以会给学生造成一定的阻碍,但是它又与特殊的角度有着紧密的联系,这使得问题的解决又有模糊的方向。这样的情境会激发起学生求知的内驱,利于学生积极主动的参与课堂教学。

（4）开放性原则

情境可以具有一定的开放性,以使得学习水平不同的学生都能积极地参与问题的发现、探究和问题的解决。而且开放的情境可以激发学生发散思维,培养学生的创新能力和求异思维。例如,在直线与圆锥曲线的教学中,教师完全可以给出一个具体的椭圆方程,由学生自拟直线方程,研究二者之间的位置关系,条件开放,方法开放,结果开放。学生可以根据个人学习水平选择适合自己的问题,获得成功的体验,实现全体学生的发展;同时,这种开放性会营造开放、民主、自由的学习氛围，开阔学生思维，促进学生在开放和变化的问题中体会数学中不变的规律和思想，凸显数学的本质。

2. 情境创设的几种方式

(1) 复习旧知，创设课程学习情境

知识的产生、发展是一个动态变化的过程。知识之间蕴含着紧密的内在逻辑关系。如果教师能够准确地把握学生的知识水平和认知结构，在此基础上延伸开拓，就可以创设很好的课程学习情境，并深化学生对知识结构的认知。

在《普通高中教科书数学(人教 A 版)》必修第一册"2.3 二次函数与一元二次方程、不等式"这一节中，教师可利用教材提出问题，"在初中，我们从一次函数的角度看一元一次方程、一元一次不等式，发现了三者之间的内在联系，利用这种联系可以很好地解决相关问题。对于二次函数、一元二次方程和一元二次不等式，是否也有这样的联系呢?"学生就会借助自身已有的经验，将已掌握的知识和思想方法有效迁移，实现教学的顺利过渡，并且使得学生在新知生成后，能够将知识内化，完善知识体系，升华认知。

(2) 动手操作，创设探索创新情境

在几何的学习过程中，直观感知和操作确认是学习过程中非常重要的两个环节，教师可多采取动手操作的方式，创设具有探索性和创新性的情境，让学生动手动脑，生成新知。例如，在"抛物线及其标准方程"这一课时教学中，教师可以创设探索创新情境:动手折纸，依次使得点 $A_i(i=1,2,3,4,5)$ 与点 F 重合，并找出折痕与过点 A_i 的直线 l_i 的公共点。学生在动手操作的过程中，就会不自觉地思考所得公共点所满足的规律，进而自然地得到抛物线的定义。

(3) 关注生活，创设社会实践情境

数学源于生活，又归于生活。现实生活中有大量真实的情境需要数学的参与和解答。如"基本不等式"这一章节中，教师可从园艺师圈地的情境中，引导学生分析如何用数学知识解决生活中的最优化问题;再如，教师可以展示现实世界中的潮汐现象、月相等，直观地呈现周期性，引导学生用数学的眼光观察现实世界，用数学的语言表达现实世界。更重要的是，社会实践情境体现了数学的现实性和应用性，蕴含着数学的应用价值。学生可从思考和探究中感受到数学学习的意义与价值。

(4) 融入文化，创设人文历史情境

新课标强调，"把数学文化融入教学过程中，引导学生感悟数学在社会科学技术中的作用，体会数学家所做出的卓越贡献，特别是中国数学的重要成就和中国数学家所做的贡献"，让学生"受到优秀文化的熏陶，从而提高自身的文化素养、思想素养和创新意识"。例如,"阳马",中国古代建筑的一种构件,亦称"角梁",主要使用于庑殿的屋顶、歇山屋顶转角45°线上,斜伸出角柱以外,以承托翼角飞椽。在立体几何中,它指的是底面为矩形,且一条侧棱垂直于底面的四棱锥。教学中,教师可引述中国古代数学名著《九章算术》或北宋李诚的《营造法式》中关于"阳马"的记述,同时通过图片或模型的方式展示古代建筑的雕梁画栋,呈现由不同几何体构造而成的美轮美奂的古典建筑,让学生在古老典籍中体会古代能工巧匠的智慧,在实物(图片或模型)中感受古典建筑中的几何之美。

二、问题引领,凸显本质

在数学和数学教育中"问题是关键",数学概念、定理、模型和应用都是在解决问题的过程中总结形成的。

在数学课程目标中,特别强调发展学生发现问题、提出问题与分析解决问题的能力,在基于数学核心素养的教学中,这也是关注的重点。

教师要充分利用教材中的思考、问题、探究、拓广探索等栏目,引导学生思考知识背后的思维、智慧、艺术、美,体会数学的科学价值、应用价值、文化价值和审美价值。

在教学设计中,教师要尤其关注问题的设置,必要时将思维稚化,与学生的知识水平相合,与学生的思维水平相适,设置指向清晰、功能明确、层次分明的问题和问题串,驱动学生主动思考、深度探究,跨越知识与能力,上升为学科素养。

1. 以问题为中心构建课堂

(1)教学目标要指向"问题解决"

问题是思维的起始,解决问题的过程也是思维活动的过程。教学目标应定位于问题的发现、提出、分析、求解的全过程。当然,问题的解决未必能够通过一节课完全实现,可能只是其中的一部分。但这并不影响让问题成为教学研究的中心对象,以问题的解决过程串联起全部的教学环节,并最终以问题的解决为最终的目标。所以说,教学的最终目标是在问题解决的全过程中,理解数学内容的本质,促进学科核心素养的发展。

(2)教学内容要问题化

教学中要结合教学任务及素养指向,将学术形态的知识转化为教育形态的问题和情境,设计切合学生实际水平、符合学生认知规律、贴近知识发展规律的问题,构建基于问题解决的"问题或问题串",学生可以借助问题逐步探究,充分交流,进而生成新知,应用转化,深化理解,增强体验。而且,教学内容以问题驱动,可以大大提高针对性和有效性。

(3)教学过程就是问题解决的过程

教学过程是教师和学生在双边活动中,用数学的眼光去观察现象、发现问题,使用恰当的数学语言、模型描述问题,用数学思想、方法解决问题的过程。在问题解决的过程中,教师要充分发挥主导作用,成为问题情境的创设者、问题探究活动的组织者、问题解决路径的指导者、学生学习的鼓励者。学生则要充分发挥主体作用,是现象的发现者、问题的提出者、探究活动的参与者、问题解决过程的评价者。

2. 问题设计的几个原则

有效的问题能充分调动学生的学习兴趣,激发探索欲望,提高学生发现问题、提出问题、分析问题和解决问题的能力,发展理性思维,培养学生的科学精神和创新意识。教师在进行问题设计与编排时,应遵循以下几方面的原则。

(1)目的性

问题的难度要符合课标要求,与教材设计相吻合;问题的指向要明确,服务于教学目标;问题的内容要贴近学生实际,符合数学知识发生发展规律和学生思维发展规律;问题的表述要准确、严谨、简明、扼要。

(2)适切性

学生是问题解决过程中的主体,以学定教是课堂教学设计的最重要的原则。因此,问题的设计要建立在学生已有的知识和能力基础之上,符合学生的学习内驱和心理需求,在"最近发展区"设计问题,既具挑战性,又具基础性,充分调动学生的学习主动性,有效激发学生探究的欲望,促进学生深入思考,催化问题的解决。

(3)层次性

数学知识的发展具有系统性和连续性,学生的思维的发展正处于发展阶段,学习的过程也必然是渐进的,因而问题的设计要具有一定的层次性。问题的设计既可以是逻辑之间的递进,也可以是思维水平的递升。在教学中,对于难度较大的问题,教师可以利用"问题串"形成递进的"思维阶梯",引导学生由易到难,由简到繁,从直观到抽象,从特殊到一般,经历发现、猜想、归纳的思维过程,在这种连续且持续的思维活动中循序渐进,逐步逼近数学的本质,归纳数学的规律,发展数学思维。

(4)探究性

问题是教与学活动聚焦的对象。问题应该具有一定的探究价值。只有具有一定探究价值的问题,能才激发学生探究的欲望,发散学生的思维,进行迁移和转化,尝试利用所学知识解决问题,形成对于新知的认识与技能的掌握,并在其中感受成功,体会思维的乐趣。

(5)开放性

问题的设计在形式和内容上可以多样化、灵活化,甚至具有一定的开放性和选择性。教师可以通过改变条件或结论,出示解法多样的问题,甚至出示结构不良式问题,引导学生深度思考知识内部的逻辑关系,根据个人学习水平选择并补充问题,体会成功,树立自信。学生也可以在探究过程中学会从不同的角度去思考问题、用不同的方法和思路去分析解决问题,提高发散性思维的水平,培养创新性思维。

三、文化渗透,融入素养

中国传统文化凝聚着中华民族普遍认同和广泛接受的道德规范、思想品格和价值取向,是民族的血脉基因、独特标识、精神家园。2016年7月1日,习近平总书记在建党95周年大会上发表重要讲话,提出"四个自信",即"中国特色社会主义道路自信、理论自信、制度自信、文化自信"。文化自信是"四个自信"的基础,坚持文化自信,事关国运兴衰、文化安全、民族精神独立。2017年1月25日中共中央办公厅、国务院办公厅共同颁布的《关于实施中华优秀传统文化传承发展工程的意见》中指出,要以幼儿、小学、中学教材为重点,构建中华文化课程和教材体系。中华优秀传统文化进课程、进教材成为一个具有时代价值的重大命题。

学校是传承与完善中华优秀传统文化教育的主阵地。如何把中华优秀传统文化教育融入教材,融入课堂教学,从而提升学生核心素养,进而促进学科育人,实现"立德树人"的根本任务,是当前课程改革和教育实践面临的重要问题。

很多人认为,崇尚计算与推理的数学学科与传统文化没有太大的关联。这种观点是错误的。数学不仅是一门科学,而且承载着思想和文化,是人类文明的重要组成部分,并且与中国传统文化有着千丝万缕的联系。新课标强调:把数学文化融入教学过程中,引导学生感悟数学在社会科学技术中的作用,体会数学家所做出的卓越贡献,特别是中国数学的重要成就和中国数学家所做的贡献,让学生受到优秀文化的熏陶,从而提高自身的文化素养、思想素养和创新意识。

传统文化进课堂大体有以下方式。

1. 文化情境进课堂,呈现"中国韵味"

文化会显诸物而存在。中华传统文化显性地存在于古典建筑、民间工艺、古玩器皿等具体的实物中。在教学中,教师可根据教学内容选取合适的文化情境以导入课题，使课堂教学与人文历史、自然万物、生产生活等发生紧密联系，既能够让学生拓宽视野见闻，了解其中的数学知识，还能够增强艺术审美，激发学生的兴趣动机，感受独特的东方情韵。

例如，教师在"函数的奇偶性"教学中，可以通过幻灯片展示中国传统的窗花、剪纸、脸谱、砖雕、民族服饰等。学生在直观认识数学中几何图形的对称美的同时，也会感受到华美精致的东方美学；在学习立体几何的旋转体中，教师可播放传统陶艺制作的视频，甚至创设条件，让学生亲手操作，感受陶器造型随旋转而发生的改变，学生既可体会旋转体的形成过程，加深对数学概念的理解，同时又能感受这门古老工艺的艺术特色与美学情韵。

2. 经典问题进课堂，呈现"中国智慧"

数学伴随着人类的起源而起源，伴随着人类的发展而发展，是人类认识和改造世界的一种工具。我国古代数学是以实用性和发展算法为主要特征。《九章算术》《海岛算经》《数书九章》等数学著作都是以解决现实生活中形形色色的问题为主要目的的。这些问题既能反映当时社会文化状态，又反映了中国古代数学家卓越的智慧。

教师可援引这些古老而经典的数学问题，以例题、练习题、检测题等形式呈现给学生，让新时代的学生跟古人一起思考问题、探求方法、求解结论，并在古人提供的"术"（解法）中体会数学原理，深化对于公式和结论的理解，增加学习数学的趣味性和文化气息。

例如，我国古代第一部数学专著《九章算术》以问题、"答曰""术曰"的形式给出 246 个问题及其解答，涉及与农业生产密切相关的土地测量、工程测算、粮食分配、税收等诸多方面，而且很多问题与高中数学知识密切相关。其中，第五章"商功"，列题 28 个，问题源于营造城垣、开凿沟渠、修造仓窖等实际工程，主要讲各种形体如长方体、棱柱、棱锥、棱台、圆柱、圆锥、圆台、楔形体等的体积的求解；第三章"衰分"，列题 20 个，问题源于按比例分配物资或按一定比例摊派税收等实际问题，主要讲等差数列、等比数列问题的求解。而且，值得注意的是，该书是世界上最早系统叙述分数运算的著作，其中"盈不足"的算法更是一项令人惊奇的创造；"方程"章还在世界数学史上首次阐述了负数及其加减运算法则。该书的一些知识还传播至印度和阿拉伯，甚至远至欧洲，在世界数学发展的长河中发出嘹亮的"中国声音"，为世界数学的发展贡献"中国智慧"。在此过程中，学生可以了解我国古代数学所取得的辉煌成就，骄傲和自豪油然而生。

3. 古代哲学进课堂，体味"中国思想"

纵观数学和哲学的发展历史，可以看出数学和哲学存在紧密的关系，很多数学的理论渗透着哲学的思想。中国古代数学的发展也与哲学的发展相互交织,相互推动。可以说,中国传统文化中儒家和道家思想深刻地影响着中国数学家的科学研究,同时,中国古代数学的很多成果也带着深深的"中国思想"的烙印。

例如,儒家思想认为"知而弗为,莫如勿知",讲究理论联系实际。中国数学以经世致用为目的,以问题的解决为目标,着重算法体系,这一特点与传统儒家思想非常吻合。而这种"知行合一"的思想与新课标中提出的培养学生提出和发现问题、分析和解决问题的能力的"四能"要求是一脉相承的。

另外,中国数学是以算术、代数和直观几何为基本内容的演算法体系的数学的典型代表,是形与数结合的数学,讲究数学研究对象的整体性和自然性。我国古代几何证明中的"出入相补"原理,通过分割和拼合的方法推证几何图形的面积或体积,贯穿的是道家的整体性思想。庄子的"一尺之棰,日取其半,万世不竭",是形与数巧妙的结合,是现代数学极限理论的哲学表达,是数学与哲学思想结合的典型例证。

再如,老子讲"大直若曲",用动态的观点认识"直"和"曲",体现了对立和转化的思想,这与现代数学将直线作为半径为无穷大的圆,以及微积分中的"以直代曲"是一致的,充分体现了哲学思想在数学发展中的巨大作用。

中国传统数学中的实用性、整体性、兼容性的哲学思想,在现实中依然有着积极的意义。学生在哲学的滋养下,在体味东方哲学的精华的同时,也会摆脱知识的束缚,开拓思维,走上具有中国特色的数学研究之路。

4. 历史故事进课堂,传承"中国精神"

数学本身也是一种文化,是一种具有高度渗透性的文化,它根植于人类丰富思想的沃土之中,是人类智慧和创造的结晶。数学文化的历史,以其独特的思想体系,保存并记录了人类文化发展的状态,也记录了一代代中国人致知格物的严谨和精益求精的匠心,体现的是"自强不息""坚忍不拔"的中国精神。

教师可以在课堂中讲述数学家的探索过程,甚至可以课题的形式,让学生追随先哲的足迹,经历发现、尝试、探究、问题解决的全过程,感受他们锲而不舍的钻研精神和科学态度,发展思维品质,提升创新能力,传承"中国精神"。

刘徽(225—295)是三国时代的著名数学家。他所创的"割圆术"是中国古代数学中一个重要的成就。所谓"割圆术",就是不断倍增圆内接正多边形的边数以求出圆周长,随着正多边形边数的增加,圆内接正多边形会越来越贴近圆的边,计算也就越接近真实值。秦汉以前,人们以"径一周三"作为圆周率,但刘徽并未蹈行古人,而是大胆质疑,创新研究方法,从圆的内接正六边形出发,一鼓作气,逐次分割一直算到圆内接正 192 边形,计算出圆周率在 3.141 024 与 3.142 704 之间。后来他继续割圆到正 1 536 边形,求出 3 072 边形的面积,最终得到令自己满意的圆周率 3.141 6,使得我国在圆周率的计算方面,一直处于遥遥领先的地位。

刘徽"割圆术"虽然不是世界最早,却是数学史上最严谨简洁的割圆术。他所说"割之弥细,所失弥少,割之又割,以至于不可割,则与圆周合体而无所失矣"包含极具开创性和极为可贵的极限思想,其中隐含的"以直代曲""无限逼近"的方法在今天看来依然让人赞叹。刘徽所创立的中国传统数学理论体系,不仅大大丰富了中国传统思想,为往后中国成为世界数学强国打下了扎实的基础,而且他彰显的"向道而行"的治学精神深深影响着后代学人。南北朝时期著名数学家祖冲之正是在刘徽的基础上继续推算,分割圆为 12 288 边形,得圆周率 3.141 592 6,被尊称为"圆周率之父"。而"祖率"更是成为此后千年世界上最准确的圆周率。

中国古代不乏像刘徽这样富于批判精神和创新精神的数学家。他们的立意造术令后人赞叹不已,他们的治学思想和科学精神更是深深影响、教育了一代又一代国人。作为教师,我们有必要让学生了解那些影响了历史和世界的伟大先哲,甚至让学生走近他们,了解并学习那些光辉人格和灿烂文明背后的文化,让自强不息、坚忍不拔、创新进取的中国精神薪火相传。

"天下大事必作于细,天下难事必作于易。"传统文化融入教育教学,尤其是融入像数学这样注重抽象思维的理科课堂,不是一蹴而就的工作,而是一项长期工程。当然,传统文化进课堂更是一项使命工程、战略工程、系统工程,值得我们深入研究,在实践中不断创新,在反思中不断探索。

四、参与建模,开展探究

数学建模是对现实问题进行数学抽象,用数学语言表达问题,用数学知识与方法构建模型解决问题的过程。数学探究是围绕某个具体数学问题,开展自主探究、合作研究,并最终解决数学问题的过程。它们是高中阶段数学课程的重要内容。

教师可以创新数学作业内容,设置生活化、探究性作业,在班内交流展示;开展数学问题解答展示,培养学生独立思考、合作探究的能力和自主发展的意识;开展数学论文写作,培养学生用科学的思维方式认识事物,用严谨逻辑的方式进行叙述和表达。

总之,我们理想的数学课堂应该是这样的:在合适的教学情境中,教师提出科学的数学问题,启发学生独立思考,鼓励学生协作交流;在文化中浸润,在活动中体悟,掌握知识技能,理解数学本质;感悟数学基本思想,发展数学学科核心素养。

我与学科研究中心的老师们经过研讨,聚焦学生学科核心素养的发展,以学科核心素养的培育为核心,以问题导学为指向,重新梳理课型模式,树立以学生为主体,以问题的解决为主线,以学生的思维发展为目的的课堂观,最终制定了课堂教学规范和各课型教学模式。

新授课:情境创设—新知探究—典例精讲—应用深化—提炼归纳—自主小结;

讲评课:自查自纠—分类示错—互动交流—释疑排难—变拓强化—当堂测评;

复习课:基础回顾—典例引路—交流展示—精讲点拨—巩固强化—评析升华;

建模课:选题(课题选择)—开题—做题(模型准备—模型假设—模型建立—模型求解—模型检验)—结题。

当然,大家对教学模式见仁见智。俗话说,教学有法,教无定法。对于刚入职的青年教师来讲,掌握并形成教学模式是教学规范的开始。所以,我认为,教学模式是有研究必要的。对于成熟的骨干老师来讲,教学模式也是可以突破的。

第二节　新授课的教学设计

新授课,是指讲授新概念,理解新知识,学习新技能的课型。在正常的教学过程中,新授课几乎占到所有课型的 2/3。人类获取知识不外乎两种途径,一是直接获取,二是间接获取。新授课就是学生在教师的引导下获取间接知识的一种重要途径。当然,一切新知识都有相应的产生背景,或来自现实生活,或来自旧知延展。所以新授课除了"新"之外,还要注重与现实生活的联系,与旧知的承接,与其他学科的融合。

一、新授课的教学目的及功能

新授课的教学功能是以课时目标为导向,教师通过创设适合学生认知规律和学习水平的情境,采取科学合理的教学方法,引导学生从情境中抽象出数学问题,经历发现、猜想、论证、归纳、完善等一系列学习活动后生成概念或定理,然后进行模仿应用,逐步理解并掌握,最终获得技能,提升思维。

二、新授课的教学内容设定

新授课的教学大多是关于某一数学概念的生成、某一判定定理或性质定理的确定、某一数学模型(函数模型或概率模型等)的发现等内容。如"函数的单调性"就是围绕单调递增函数、单调递减函数的概念而展开的,经历从现实生活中发现图象变化规律—利用自然语言描述变化规律—利用符号语言抽象刻画变化规律—逐步完善生成概念—概念辨析与应用的教学过程,聚焦于概念的抽象过程,突出知识内涵、外延的挖掘与分析。而"直线与平面垂直"则是围绕直线与平面垂直的判定定理的形成与应用而展开的,经历直观感知—操作确认—逻辑论证—定理生成—定理应用的教学过程,聚焦于定理的抽象过程,突出体验探究的过程及归纳、演绎推理能力的培养。

三、新授课的基本环节

无论是概念教学新授还是技能教学新授,新授课大多经历以下教学环节:情境创设—新知探究—典例精讲—提炼归纳—应用深化—自主小结。

1. 情境创设

情境引入要牢牢抓住"情境性"或"关联性",体现新知产生的背景(现实背景与学科背景)以及新知引入的必要性和自然性,激发学生好奇心和求知欲望,开启学生的积极思考。如"函数的单调性"教学时,可以以最近本地日气温的变化情况为情境引入,体现数学与现实的紧密联系,同时抽象出气温随时间变化的规律,为函数的单调性奠定现实基础和认知基础。如"分层抽样"教学时,可以在上一节简单随机抽样的基础上提出问题:在树人中学关于学生身高的抽样调查中,简单随机抽样所得的样本是否一定具有代表性,如何避免极端样本的出现,既体现了分层抽样的现实必要性,又体现了数学知识之间的前后关联,学生可以轻松进入到情境中思考,并在新知的形成过程中体会与旧知的联系,加深理解。

如"抛物线及其标准方程"的情境创设过程。

师:"天眼"位于贵州省的一处喀斯特洼坑中,于 1994 年形成构想,于 2016 年 9 月 25 日落成启用,历时 22 年。它是由中国科学院国家天文台主导建设,具有我国自主知识产权、世界最大单口径、最灵敏的射电望远镜。而"天眼"的项目总经理、国家天文台台长严俊是咱们江苏南通人。所以呀,江东子弟多才俊,观天巨眼立国威。

【本课是在江苏省梅村高级中学借班上课。教师通过"天眼"的介绍，不仅可以激发学生的民族自豪感，激起学生的好奇心，而且通过"天眼"项目总经理严俊先生与江苏的关系，拉近了和学生的距离，避免情境与学生之间产生隔阂。】

师：非常巧合的是，"天眼"就与今天我们将学习的这种图形大有关系。大家看，在这几张图片上，你能发现哪些平面几何图形？展示"天眼"、赵州桥、无锡泰伯桥等图片。

【问题有一定的开放性，同时又聚焦于"平面几何图形"，不失指向性，能够激发学生的探究欲望。】

生：圆（圆锥曲线之一），椭圆。

师：同样是对于射电望远镜的圈梁进行观察，从不同的角度会观察到圆和椭圆两种不同的图形。"横看成岭侧成峰"嘛。当然，我们深入研究还会发现圆和椭圆这两种迥然不同的图形内在拥有某种特定的联系。所以，事物之间具有普遍的联系。在这张图形中，你能发现哪些平面几何图形呢？

生：双曲线（有的学生会说双曲线的一支）。

师：我们继续看一下专家对于"天眼"的介绍："根据 FAST 的工作原理，当它观测天体时，会随着天体的方位变化，在其主动反射面上实时形成一个瞬时抛物面，并通过这个 300 米的抛物面来汇聚电磁波。"

生：抛物线。

【教师不急于否定学生的判断，而是循循善诱，逐渐补充信息，让学生自主改变观点，在认知冲突出产生深刻理解。】

师：实际上，圆锥曲线与科研、生产以及人类的日常生活有着密切的联系。其实在我们的身边也存在着抛物线的身影，像著名的赵州桥的拱形。当然，江南水乡更少不了桥，像我们梅村的孕吴桥，再像苏州的标志建筑"东方之门"……当观察世界时，记住我们还有第三只眼睛——数学。当我们使用数学的眼光去观察和认识世界时，会发现更多的美。展示梅村的孕吴桥、苏州东方之门图片。

【通过学生身边的建筑图片，拉近学生与抛物线的距离，使之直观感受抛物线的形状，为后续生成严格定义奠定基础。】

师：那么，什么样的曲线才是抛物线呢，它可否同圆、椭圆和双曲线一样实现平面几何图形的代数化，从而拥有自己的方程，实现数与形的统一呢，如果可以，又应该如何表示呢？

出示课题：抛物线及其标准方程。

【通过问题揭示本课时学习的主要内容和学习目标。】

再如,在"平面几何中的向量方法"一节伊始,笔者与学生进行了如下对话。

师:同学们,我们已经学习了平面向量的实际背景、基本概念及其运算。大家可以深刻地体会向量具有两重属性,一方面是代数的属性,另一方面是几何的属性。首先,作为代数属性,向量不仅可以指示方向,还可以进行运算。请回顾一下平面向量的运算律。

生 1:线性运算(平面向量的加法、减法、数乘运算)、数量积运算。

师:平面向量基本定理则充分地体现出线性运算的巨大作用,它也印证了古人的一句话,一生二,二生三,三生万物。阿基米德曾讲过:给我一个支点,我可以撬动整个地球。对于我们来讲,在平面内,给我们一组基底,我们可以解决平面内所有(任意)向量间的运算。所以,我们说,两个向量不共线,可作基底表无限。(学生会意地笑了)

其次,作为几何属性,向量可以表示一些几何元素,也可以使用向量的运算来刻画几何位置关系。那么,在我们所学的向量运算中,它们分别对应着哪些几何图形或几何关系呢?

生 2:向量的加减运算可以刻画平行四边形及三角形,数乘向量可以刻画平行或共线的关系,数量积可以刻画线段的长度,求解夹角,证明垂直等。

师:回答非常全面。所以,我们说:向量是联结数与形的纽带。

在课本章引言中有这样一段话:"向量是近代数学中重要和基本的概念之一,有深刻的几何背景,是解决几何问题的有力工具。向量概念引入后,全等和平行(平移)、相似、垂直、勾股定理就可转化为向量的加(减)法、数乘向量、数量积运算(运算律),从而把图形的基本性质转化为向量的运算体系。向量是沟通代数、几何与三角函数的一种工具,有着极其丰富的实际背景,在数学和物理学科中具有广泛的应用。"(学生翻开课本,进行品读)

今天,我们就来看一下:平面向量在平面几何中的应用。(板书:平面几何中的向量方法)

【在师生的对话互动中,为平面向量在平面几何中的应用奠定了良好的思维基础,既将向量的各种运算形式及其对应的图形关系进行了对应分析,又突出了向量"数与形的纽带"的特征,点明了本课蕴含的数学思想方法,自然地引入了课题。】

2. 新知探究

新知探究是新授课的重点,是学生通过探究形成新知(新概念、新定理、新模型等),进而构建自身认知结构的重要过程。本环节具有显著的"探究性"和"顺序性"。教师在设计过程中要立足于"知识产生的自然性和顺序性",设置主线明晰的教学活动,引导学生从旧知识、旧背景中寻找契机,设置指向明确、梯次明显的问题,驱动学生积极思考,发现规律,抽象刻画,严谨表达,并在新知的形成中逐渐内化,深刻理解新知的内涵与外延,建构知识体系。

如"幂函数"的新知探究过程。

师:著名的数学家华罗庚曾说过:要善于退、足够的退,退到最原始又不失重要的地方,是学好数学的一个诀窍。他告诉我们,研究一些较为复杂的东西可以从最简单的入手。大家必定深有体会。在前期的学习过程中,我们就学习了两类形式简单、特征鲜明的基本初等函数:指数函数、对数函数。

问题1:在我们的课前作业中聚集了几种不同的函数。类比指对函数的形式特征,它们的解析式形式上有何统一性? 如何以一个"最原始又不失重要特征"的形式表示这类新的函数呢?

问题2:幂函数与前面所学函数中哪一类容易混淆,如何区分?

问题3:我们研究一类函数的性质均是研究其共性,请结合以上几个函数模型,独立思考后小组讨论以下问题。

师:所有幂函数对哪些范围内的 x 均有意义?

生:$(0,+\infty)$。

师:什么样的幂函数,底数为 0 时无意义;什么样的幂函数,底数为负数时无意义?

生:指数为非正常数,底数为 0 时无意义;负数的偶次方根无意义。

师:若 $x=0$ 时有意义呢?

生:图象必过原点。

师:所有幂函数均过哪些点,并指明原因。

生:1 的任意次指数幂均为 1。

师:所有幂函数图象的象限分布有何特征? 均过第几象限,均不过第几象限。并给出解释。

生:所有幂函数均过第一象限,均不过第四象限,因为正数的任意指数幂均为正数。

师:那么第二象限或第三象限是否有图象呢?

生:不一定,视定义域而定。

师:若 $x<0$ 时有意义,图象过第二象限还是第三象限,该部分图象与第一象限中的图象有何关系,如何判定?

生:若函数为偶函数,则图象关于 $x=0$ 对称;若为奇函数,则图象关于$(0,0)$对称。象限分布由奇偶性决定。

师：既然所有幂函数均过第一象限，那么它们在第一象限内的图象是否一致？

师：幂函数在第一象限内的图象有几种不同形状，对应指数 α 的取值有什么特点？

师：对于幂函数，其定义域有不同的情况，我们只能就其第一象限内的性质做一下归结。

性质归结：①幂函数的图象都通过点(1,1)。②在第一象限内，$\alpha>0$，在$(0,+\infty)$上为增函数；$\alpha<0$，在$(0,+\infty)$上为减函数，等等。

另外，本环节要加强探究的过程，让学生经历知识的产生和形成过程。数学是一门抽象的学科，教学过程中，教师可利用多媒体等多种资源进行多方位的刺激和引导，由直观到抽象，从特殊到一般，让学生在活动的体验中自主思考，主动建构。

如"基本不等式"的新授课中，教师可利用几何画板，展示动态过程，让学生在图形观察中体会数值动态变化中所蕴含的规律，并可根据变化过程猜测何时取得最大（或最小）值，然后通过数学工具进行演算和论证，最终生成一般事实和规律。多媒体不仅可以直观地呈现知识的产生与发展的过程，增强学生对于知识的感受和记忆，而且可以大大激发学生探究的兴趣，触动学生积极思考、主动表达，从而推动课堂自然高效实施。

3. 典例精讲

本环节主要是例题的讲解、拓展、探究，是强化新知、展示数学思想方法、培养学生能力的重要过程。本环节注重知识回扣，体现知识应用；注重方法发现，体现思维过程。教师设计时要深刻理解例题的教学目的及知识背景，挖掘思想方法，精准把握题目解答过程中的关键点与重点，预设学生思维阻断处，引导学生学会分析问题、利用知识和方法求解问题，感悟其中蕴含的思想方法，领悟分析、思考、解决问题的思维程序和步骤，提高思维品质。

例如，古典概型是概率求解时最普遍和最常用的模型。在古典概率的新授课中，理解并应用古典概型的特点：有限性和等可能性是本节课的重点。在教学中，我们常以"从有限个总体内抽取部分个体"为事例进行讲授，而按照抽取的方式，古典概型又可分为有放回抽取和无放回抽取。在有放回抽样和无放回抽样的条件下，求解概率时是否需要考虑顺序是有一定的差异的。教师们经常会告诉学生：对于有放回地抽取，必须要考虑抽取的顺序；而对于无放回地抽取，是否考试抽取顺序无关紧要。可是，这是为什么呢？

显然，很多教师在教学中只是告知学生解法和经验，而忽视了追溯解法的来源，弱化了学生对于概念理解的促成，忽视了在问题解法探究中思维自然发展的过程。知识与体验成为教师轻易递送的廉价礼物,而非学生付诸努力的成功收获。

其实,教材从一开始就通过一系列浅显的例子,一直在强化概率中的本质属性——"等可能"。

其一,在章节开始时,教材举了"同时抛掷两枚硬币"的例子。通过模拟试验,我们可以清楚地看到事件"一正一反"与事件"两次均为反面"、事件"两次均为正面"频率的关系,从而得到"一正一反"其实是包含了与"两次均为正(反)面"概率相同的两个事件:"甲正乙反"和"甲反乙正"。即 P("甲正乙反")＝P("甲反乙正")＝P("两次均为反面")＝P("两次均为正面")。它告诉我们,在事情发生后的结果表象后面有着隐秘的支撑:顺序。正是通过"顺序"的考量,我们才能够将"一正一反"的表现形式分解为等可能的"甲正乙反"和"甲反乙正",从而使得事件的所有结果呈现为"甲正乙反""甲反乙正""两次均为反面""两次均为正面"四种等概率的事件。

其二,在概率的意义中的"游戏的公平性"这一教材内容时,编订者又通过探究给出了另外一个例子:投掷两枚骰子,观察向上的点数之和。

在该例中,教师即可引导学生分析,向上的点数之和只可能是{2,3,4,…,12}中的元素,共计 11 种;那么向上的点数之和大于 7 的概率是否就是 $\frac{5}{11}$? 在抛掷过程中,出现"一枚是 1 点,另一枚是 2 点"的概率是否与"两枚都是 2 点"的概率相同? 有条件的话,教师可以通过计算机模拟抛掷过程,计算二者概率,以事实佐证理论。而如果是无放回抽取,那么{(1,1),(2,2),(3,3),(4,4),(5,5),(6,6)}需要被剔除,那么剩下的 30 种不同情况中,出现"一枚是 1 点,另一枚是 2 点"的概率是否与"一枚是 1 点,另一枚是 3 点"的概率相同?

这样,我们就可以从学生的思维深处解释困惑所在,并在此基础上加深对于古典概型"等可能性"的认识,体会到"等可能性"不仅是古典概型的其中一个重要特点,而且还是求解过程中必须遵循的一个原则。学生也在此实现了从"知其然",到"知其所以然",再到"知其何以由然"的转变。这种研究问题的态度和方法也必会影响学生改变粗放的学习方式,走向理解和探究。

再如,"等差数列前 n 项和"。教材中有一道例题,笔者是这样处理的。

例:已知数列$\{a_n\}$的前 n 项和为 $S_n = n^2 + \frac{1}{2}n$,求这个数列的通项公式。

这个数列是等差数列吗? 如果是,它的首项与公差分别是什么?

师:同学们,刚才我们探究了等差数列的前 n 项和公式,哪位同学可以迅速地背诵一下公式?

生背诵。

师:回答得非常准确,并且迅速,非常好,请坐。在刚才的练习中,我们对等差数列的前 n 项和公式进行了简单的应用,实现由通项公式求解出前 n 项和的公式。大家试想一下,我们是否也可以逆向思考:由前 n 项和公式求解出该数列的某一具体的项,甚至通项公式呢?

请看例题:已知数列 $\{a_n\}$ 的前 n 项和为 $S_n = n^2 + \dfrac{1}{2}n$,试求 a_1, a_2, a_3, a_n。

生求解。

生: $a_1 = \dfrac{3}{2}, a_2 = \dfrac{7}{2}, a_3 = \dfrac{11}{2}$。

师:古语说:"善学者尽其理"。这里面的道理何在? 请讲述一下你的做法。

生:当 $n = 1$ 时,有 $a_1 = S_1 = \dfrac{3}{2}$;当 $n = 2$ 时,有 $S_2 = a_1 + a_2 = 5$,把 a_1 代入,可求 $a_2 = \dfrac{7}{2}$;当 $n = 3$ 时,有 $S_3 = a_1 + a_2 + a_3 = \dfrac{21}{2}$,把 a_1 和 a_2 代入,可求 $a_3 = \dfrac{11}{2}$。

师:思路清晰,运算准确,非常好。可是如果 $n = 10$,是否也需要像这样依次求解 $a_1, a_2, a_3 \cdots a_9$,才能求解出 a_{10}? 能否进行优化?

生:例如当 $n = 3$ 时,有 $S_3 = a_1 + a_2 + a_3 = S_2 + a_3$,把 $a_1 + a_2$ 看作 S_2,故 $a_3 = S_3 - S_2$,代入前 n 项和 S_n,就可以求解出来;同理: $a_{10} = S_{10} - S_9$,代入可求。

师:非常好,独辟蹊径,联系到当 n 取相邻正整数时,对应前 n 项和 S_n 间的整体差异,非常棒。那么,如果是求该数列通项公式 a_n 呢?

生: $a_n = S_n - S_{n-1}$。

师:该结论是否对于任意的正整数 n 均成立?

生:并不恒成立。当 $n = 1$ 时,不成立。因为 S_0 不存在。

师:当 n 取其他正整数时,是否成立?(生:成立)请你进行一下修正,让该结论对于任意的正整数 n 均成立。

生:可以写成分段形式: $a_n = \begin{cases} S_1, & n = 1 \\ S_n - S_{n-1}, & n > 1 \end{cases}$。

师:大家有没有异议(生:没有),请尝试利用该结论求解上题。善行者究其难,请大家评析一下板演的步骤,并寻找关键处与易错点。

生:步骤体现了分类讨论的思想,但缺少结论;而且当 $n = 1$ 时的结果并没

有代入 $n>1$ 中检验。

师：评价客观，而且能够专注细节。当 $n=1$ 时是特殊情况，最好在解题过程中突出体现，特殊情况，优先考虑；$n=1$ 时的结果要代入 $n>1$ 中检验以便下统一的结论；另外，步骤书写要注意层次性，分类讨论时要标注类别序号，最终要有结论。

师：请判断该数列是否是等差数列，并请说明理由。

生：是，通项公式是关于 n 的一次函数，符合等差数列的特征。

师：首项是（生：$\dfrac{3}{2}$），公差是（生：2）。

师：如果该数列的前 n 项和为 $S_n=n^2+\dfrac{1}{2}n+1$，试求解 a_n，注意步骤和思维的规范、完整。然后判断该数列是否是等差数列，并说明理由。

生求解，叙述。

师：思考，为何出现这种差异，根据你的猜想，试写出一个由数列的前 n 项和来判断该数列是否为等差数列的结论。

生独立思考，然后小组合作，交流展示，谈猜想，教师评价。

生：如果一个数列的前 n 项和为 S_n 是关于 n 的二次函数，且常数项为 0，则该数列为等差数列；如果常数项不为 0，则该数列不是等差数列。

师：结论与常数项有关。如果一个数列的前 n 项和为 S_n 是关于 n 的二次函数 $S_n=An^2+bn+c$，若常数项为 0，则该数列是等差数列，公差是多少？

生：公差是 $2A$。

师：如果常数项不为 0，则该数列不是等差数列。如我们所做的例题与变式。如果两个数列的前 n 项的和只是常数项有所区别，那这两个数列是否就没有任何联系了，它们有没有相同项，是哪些？

生：从第二项往后均相同，不同仅仅是首项。

师：也就是说，如果一个数列的前 n 项和为 S_n 是关于 n 的二次函数，当常数项不为 0 时，虽然该数列不是等差数列，但若从第二项起，是符合等差数列的定义的。

师：大家回头再看一下等差数列的前 n 项和公式，观察公式的结构特点，写成关于 n 的函数的形式，验证刚才的结论。

生观察验证。

再如，在"平面几何中的向量方法"一节课中，笔者与学生围绕例题进行了这样一番互动。

已知平行四边形 $ABCD$，E 为 AD 的中点，BE 与 AC 交于 R 点，请尝试确定点 R 在线段 AC 上的位置。

师：你能否判定出点 R 的位置。

生快速举手发言：因为四边形 $ABCD$ 是平行四边形，故 $\triangle AER$ 与 $\triangle CBR$ 相似，故 $\dfrac{AR}{RC}=\dfrac{AE}{CB}=\dfrac{1}{2}$，故点 R 是线段 AC 的一个三等分点，且靠近点 A。（学生鼓掌，对其敏捷的思路表示赞赏）

师：非常熟练地利用了初中所学的相似进行证明。那么，如何从向量这个角度进行判定和证明呢？（学生尝试求解，但思路不是很清晰）

我们回顾一下利用平面向量来求解平面几何问题的基本思路：几何关系向量化——向量运算化——运算结果几何化。

首先，我们完成第一步：几何关系向量化。

请同学们分析图形中有哪些明确的向量关系？（学生分析，并在纸上写下）

生：平行四边形本身所具有的向量关系，如 $\overrightarrow{AB}=\overrightarrow{DC}$，$\overrightarrow{AD}=\overrightarrow{BC}$，$\overrightarrow{AC}=\overrightarrow{AB}+\overrightarrow{AD}$，还有 E 为 AD 的中点。

师：如何表示这一位置关系？使用哪种运算形式？

生：利用数乘运算，$\overrightarrow{AE}=\dfrac{1}{2}\overrightarrow{AD}$。

师：非常好，利用数乘运算表示共线或平行关系。还有没有其他几何关系需要向量化？

生：点 R 在线段 AC 上。但不知道具体位置，可设 $\overrightarrow{AR}=\lambda\overrightarrow{AC}$。

师：好，万事俱备，只欠东风。请大家组织向量运算，尝试求解。

生板书，余生奋笔疾书，独立求解。

生点评：解答步骤翔实，书写规范，只是有一处需要改进。我认为，以 $\lambda=\dfrac{1}{3}$ 为最终的结论不太合适。最好是写成点 R 是线段 AC 的一个三等分点，且靠近点 A。

师：点评得非常全面，而且客观。利用平面向量解决平面几何问题的第三步是：运算结果几何化。所以在做结论时要回扣几何背景，严谨规范地叙述。

师：（延伸探究）：如果 CD 的中点为 F，连接 BF 与 AC 交于点 T，试确定点 T 的位置。

生多数直接由几何关系得出结论，点 T 为线段 AC 的另一个三等分点。

师：为什么 R 点、T 点均是三等分点？这种巧合是"偶然地巧合"，还是"必然的巧合"?

学生下意识地回答"必然的巧合",而后是沉思。

师：请小组内讨论，寻找"巧合"的依据。

小组讨论，教师巡视。经观察，由于本题难度较大，学生难以形成结论。

教师操作软件，进行提示：

利用几何画板将原图形进行对称、旋转，分析点 R、T 在图形翻转旋转中位置的变化，引导学生分析 R 点与 T 点的深层联系。

生恍然大悟。

生：在图形变换过程中，点 R 对称到 R'，然后再旋转到 R''。R'' 与原图中的点 T 生成方式是相同的，R 点可认为和 T 点是相同的点。因此，这种巧合是"必然的巧合"。

师：这也是一种数学的美，对称的美。所以课本上原题的解答过程中，使用了一个词："同理"。同学们，数学是美的，而且是一种"神秘的美""朦胧的美"，因为这种美，需要我们投入精力和智慧去发现，去探求。（学生鼓掌）

4. 提炼归纳

本环节是典例精讲后的升华。教师要在例题的讲解后进行必要的引申与类化，在引申与变式中体会知识的本质，在类化中生成解决一类问题的程序和步骤，引导学生从例题的求解中总结提炼解题方法，挖掘数学思想方法，归纳解题程序，提升问题解决能力。如在"函数单调性"教学中，可在例题后帮助学生归纳利用定义求解函数单调性的具体步骤和程序，并可适当简化，帮助记忆。教师还可引导学生分析其中的关键步骤，思考解答过程中蕴含的知识理论基础与逻辑关系，增强知识的应用意识，学习应用技巧和策略，提高思维品质。

如"平面几何中的向量方法"一例中的片段。

类比函数在实际生活中应用的过程（建模、解模、还原），师生共同归结出该题的解决过程：合理建系，建立平面几何与向量的联系，几何元素（关系）向量化（坐标化）——向量运算，解决问题——运算结果"翻译"成几何元素（关系）。简写为几何图形（关系）向量化——向量运算化——运算结果几何化。这也是我们常规地应用平面向量解决平面几何问题的一般流程。

学生归结解决过程：合理选择基底，建立平面几何与向量的联系，几何元素（关系）向量化（坐标化）——向量运算，解决问题——运算结果"翻译"成几何元素（关系）。简写为几何图形（关系）向量化——向量运算化——运算结果几何化。与之前结论统一。

师：有人说，其实坐标法与基底法是同一种方法。你如何认识？

生回答。

师：非常好，在坐标法中，其实就是我们在平面中选择了一个特殊的基底，所以坐标法是基底法的一种特例。既然如此，我们为什么又要学习坐标法呢？在坐标法中，我们只需要进行坐标的代数运算就可以了，可以避开几何图或几何关系的研究。所以，坐标法也有自身的优势。这两种方法，在实际应用中，我们应如何进行选择呢？

生回答。

师点评：有直角或有比较明显的垂直关系，可以选择坐标法；否则，应用基底法。

5. 应用深化

本环节是一节新授课的灵魂，决定了学生对于新知的理解水平和站位。本环节的重点是对概念内涵、外延的"挖掘"，思辨地理解概念本质，生成个人认识与体验，并在应用中进一步深化理解，建构起个性化的知识体系。

如"独立重复实验与二项分布"一例中相关片段。

例：一个口袋内装有大小相同的 3 个白球和 2 个红球，从中有放回地抽取三次，每次抽取一个球。设抽取到白球的次数为随机变量 X。

师：随机变量 X 是否服从二项分布？

生解释：符号表示：$X \sim B(3, 0.6)$。概率公式：$P(X = k) = C_3^k \, 0.6^k (1-0.6)^{3-k}$，$k = 0, 1, 2, 3$。

师：试求解以下概率，并指明符号所表示的具体事件：$P(X=1)$，$P(X \leqslant 2)$，$P(X \geqslant 2)$。

师：如何将此情境改换为超几何分布？

生：将有放回改为不放回。

通过 Excel 展示超几何分布与二项分布的概率图表及柱状图，体会差异。然后增加超几何分布中 N 的数值，体会变化，并给出科学合理的解释。

师：试论述二项分布与两点分布、超几何分布的区别和联系。

生独立思考后，小组交流生成意见。

生展示，师总结完善：两点分布是二项分布的特例，n 个独立的两点分布的和服从二项分布；超几何分布是不放回抽样，二项分布可看作有放回抽样；在抽样中，当总体容量无限大时，超几何分布就可以近似看成二项分布；当实验次数无限大时，二项分布就可以近似看成正态分布。

6. 自主小结

本环节是围绕新知识脉络、教学重点、解题体验等来设置问题引导学生反思总结,对包括知识、技能、思想方法、数学经验、情感与感悟等方面进行个体化表达。

如"平面几何中的向量方法"一节课的最后,学生在教师的引导下进行自主小结,教师在此基础上进行完善提升。

师:同学们,请结合以上题目的解答过程,对本节课做一个小结。

(待生思考一分钟左右,教师示意举手发言。)

生:利用平面向量解决平面几何问题有三个步骤:几何图形(关系)向量化——向量运算化——运算结果几何化;解题时要注意选择合适的运算律。

师:选择与几何图形关系对应的运算律:平行或共线选择……

生:数乘运算。

师:何时选择数量积运算?

生:长度、角度、垂直。

师:哪位同学还有补充?

生:实施向量运算前要注意两个问题:一个是坐标法与基底法的选择;一个是使用基底法时要选择合适的基向量,以便简化运算。另外,做结论时要注意准确严谨,如线段的三等分点要指明是哪一个。

师:总结得非常到位,从方法的实施流程到操作细节,都形成了个人的经验或体验。老师根据本节课内容作了一首打油诗,与同学们一起分享。

两条向量不共线,可作基底表无限;图形方正用坐标,代数运算效率高;

平行比例线性算,长度夹角数量积;几何关系向量化,数形结合显神奇。

生鼓掌。

四、新授课案例

概念新授课案例 1 函数的单调性[*]

1. 教材分析

(1)教材的地位和作用

本节选自《普通高中教科书数学(人教 A 版)》必修第一册 3.3.2,本节内容在函数学习中起着承上启下的作用,具有重要的意义与地位。在初中的学习中,学生对于一次函数、二次函数和反比例函数图象的增减性有了初步的认识和理解,而且在本节课之前,学生对于函数的概念与表示有了新的认识;本节课

---

[*] 本案例经山东省平度第一中学李颖教师修改,特此致谢。

后,学生将在函数单调性的基础上,进一步研究函数的奇偶性。因此,本节课既是函数概念的拓展与深化,又是后续研究各类函数的基础。本节课将开启函数基本性质的研究,而且学生在函数概念的学习中已经初步体会到数学抽象思想,有一定的认知基础;本节课是学生第一次探究函数的基本性质,对培养学生从直观到抽象、从图形语言到数学语言的能力起到重要作用,特别是对函数奇偶性定义的生成过程有较强的思维示范和思想引领作用。

(2)教学目标

本节课的学科核心素养指向为:直观想象、数学抽象、逻辑推理。根据课程标准及学生已有的知识和能力水平,将本节的教学目标确定如下:通过直观感知、语言概括、数学抽象的认知过程,借助学生的自主探究,概括出函数单调性的定义,并能准确地使用数学符号表述定义;能够结合具体的函数,准确规范地使用定义进行单调性的证明,解决一些简单函数单调性的判定问题,形成重论据、有条理、合逻辑的思维品质和理性精神;在经历从直观到抽象、从图象语言到数学语言的过程后,体会函数单调性的生成过程,获得函数性质研究的基本方法和初步经验,体会数形结合的思想,培养学生的数学抽象以及从特殊到一般的归纳概括能力,树立细心观察、认真分析、严谨论证的科学态度。

(3)教学重点与难点

本节课的内容由函数单调性定义的生成和应用两大部分组成,其中函数单调性的概念和证明是本节课的重点,单调性概念的生成过程则是本节课的难点。原因在于,学生虽然已经初步掌握了函数图象的变化趋势、函数的概念和常见的逻辑用语,但语言表达、数学抽象以及知识整合能力相对不足。

所以,教师在定义的生成过程中,要充分借用学生比较熟悉的一次函数、二次函数和反比例函数的图象,引导学生经历观察、思考、探究、交流、反思的过程,提取函数的关键属性,抽象概括得出函数单调性的定义,并进行符号化表示,从而突出重点,突破难点。

2. 教法分析

运用多媒体进行启发式教学。利用课件展示,以问题驱动的形式,引导学生从感性认识到理性思考;概念教学中以正例、反例深化认知,提炼单调性的关键属性;在知识应用环节,通过典例示范和方法总结,获取证明函数单调性的思路和经验,提高学生知识应用的能力。

3. 学法分析

以自主学习与小组合作的形式,借助教学课件和动手操作,经历由直观感知到抽象概括,从特殊到一般,归纳形成定义,再由一般到特殊,利用定义对具体函数的单调性进行证明,获得函数单调性证明的一般方法。

4. 教学过程

(1)复习回顾,引入新课

做法:前面学习了函数的定义与表示法,知道函数描述了客观世界中变量之间的一种对应关系。这样,我们就可以通过研究函数的变化规律来把握客观世界中事物的变化规律。课件展示:【变化中的不变性就是性质,变化中的规律性也是性质】。因此,研究函数的性质是我们认识客观世界的重要方法。前面我们学习了函数的三种表示法:解析式、图象、表格。显然研究函数性质最直接的方法是通过函数的图象。课件展示:【课本图 3.2-1】,让学生观察各个函数图象从左向右的变化趋势(上升或者下降),请几位同学进行描述,最后教师指出这种图象在某个区间上上升或下降的趋势,称为函数的单调性。这就是我们本节课的主要内容。

依据:数学知识具有紧密的内在联系。通过高观点下对已学知识的梳理,指明本节内容在本章中的坐标位置,体现数学结构的联系和统一性。开篇通过复习回顾,指出函数性质研究的必要性;同时指明研究函数性质的简便途径,通过实例引导学生从新的角度研究函数,为本节课的学习提供方法指导。

(2)新知探求,形成定义

做法:让学生在练习本上画出 $y=x$ 和 $y=x^2$ 的图象,在学生所画图象的基础上,引导学生观察图象。

抛出问题 1:从左向右观察函数图象,变化趋势是怎样的(上升或者下降)?

预设:函数 $y=x$ 从左向右图象逐渐上升,函数 $y=x^2$ 从左向右图象先下降后上升。

抛出问题 2:从左向右观察函数图象,随着自变量的变化,函数值有什么变化规律?

预设:函数 $y=x$ 随着自变量的增大,函数值也在变大,即 y 随 x 的增大而增大;函数 $y=x^2$ 在 $(-\infty,0)$ 上 y 随 x 的增大而减小,在 $(0,+\infty)$ 上 y 随 x 的增大而增大。

教师此处指出单调递增与单调递减的文字定义,课件展示【若 y 随 x 的增大而增大称函数单调递增,若 y 随 x 的增大而减小称函数单调递减】。

追问:函数 $y=x^2$ 在 R 上单调递增还是单调递减?

预设:学生发现函数 $y=x^2$ 在 $(-\infty,0)$ 上单调递减,在 $(0,+\infty)$ 上单调递增,故函数 $y=x^2$ 在 R 上不具有单调性。此处引导学生注意到函数可能整体不具有单调性,但是局部具有单调性,因此函数的单调性具有局部性质。由此对于函数单调递增与单调递减的文字定义进行完善,课件展示【设定义域为 I,区间 $D\subseteq I$,若在区间 D 上满足:y 随 x 的增大而增大称函数在 D 上单调递增,若 y 随 x 的增大而减小称函数在 D 上单调递减】。

依据:从学生熟悉的函数入手,教师引导学生通过动手操作,辨别共同属性和关键属性,通过观察、探究、引导使学生得出单调递增(减)的语言描述。在这个过程中,培养学生数形结合和类比化归的思想,使学生养成善于观察、总结的好习惯。

做法:引导学生得出函数单调性的符号表示。难点在"任意性"的得出,为突破难点,以函数 $f(x)=x$ 为例抛出以下问题。

问题 1:给定 $x_1,x_2\in\mathbf{R}$,当 $x_1<x_2$ 时,$f(x_1)<f(x_2)$,能否推出 $f(x)=x$ 在 $\mathbf{R}$ 上单调递增?

问题 2:给定 $x_1\in\mathbf{R}$,任取 $x_2\in\mathbf{R}$,当 $x_1<x_2$ 时,$f(x_1)<f(x_2)$,能否推出 $f(x)=x$ 在 $\mathbf{R}$ 上单调递增?

问题 3:任取 $x_1,x_2\in\mathbf{R}$,当 $x_1<x_2$ 时,$f(x_1)<f(x_2)$,能否推出 $f(x)=x$ 在 $\mathbf{R}$ 上单调递增?

通过构造反例,使同学们加深对于"任意性"的理解,得出函数 $f(x)=x$ 在 $\mathbf{R}$ 上单调递增的符号表示,让同学们类比得出函数 $f(x)=x^2$ 单调性的符号表示。引导学生说出函数单调性的关键词:局部性质、任意性、不等关系,最终给出函数单调性的一般定义,课件展示【设函数 $f(x)$ 的定义域为 I,区间 $D\subseteq I$:如果 $\forall x_1,x_2\in D$,当 $x_1<x_2$ 时,都有 $f(x_1)<f(x_2)$,那么则称函数 $f(x)$ 在区间 D 上单调递增;如果 $\forall x_1,x_2\in D$,当 $x_1<x_2$ 时,都有 $f(x_1)>f(x_2)$,那么则称函数 $f(x)$ 在区间 D 上单调递减】。

依据:通过问题串引导学生突破符号表示的难点,使学生在问题的带动下进行更加主动的思维活动,得出函数单调性的一般定义。在这个过程中,引导学生将文字语言描述符号化,确认关键属性,提高学生的抽象概括能力。

(3)定义深化,加深理解

做法:教师以辨析的形式,通过反例,促进学生对知识的内涵理解,凸显知识本质。

辨析:判断下列命题的真假? 说明理由。

①设 $x_1,x_2,\cdots,x_n\cdots\in D$,若函数 $f(x)$ 满足:当 $x_1<x_2<\cdots<x_n<\cdots$,有 $f(x_1)<f(x_1)<\cdots<f(x_n)<\cdots$,则称 $f(x)$ 在区间 D 上单调递增。(　　)

②函数 $f(x)=\dfrac{1}{x}$ 在 $(-\infty,0)\bigcup(0,+\infty)$ 单调递减。(　　)

预设:学生可能认为①和②是正确的,这时教师要引导学生加深对函数的单调性定义中"任意"和局部性质的理解。①引导学生举出反例,②强调尽管函数在两个区间上单调性相同,并不能说明函数在整个定义域上单调,此处需要回扣定义中的"任意性",更加凸显了函数单调性的局部性质。

依据:在定义的学习中,对关键属性的理解能力要求非常高,这也应成为教师教学的着力点。本环节,教师要借助辨析,进一步体会定义中重要属性的作用,把握函数单调性的本质特征,增强对定义的理解。

做法:教师出示例题,学生自主阅读思考,分享思路。教师进行演示讲解,抛出问题:单调区间的区间端点处是开区间还是闭区间? 引导学生理解讨论函数在某点处的单调性无意义,当区间端点在定义域内时,单调区间可开可闭。并追问:单调区间是否可以合并? 以此来巩固单调性定义。

例1 下图(图3-1)是定义在区间$[-5,5]$上的函数$y=f(x)$,根据图象说出函数的单调区间,以及在每个区间上它是增函数还是减函数?

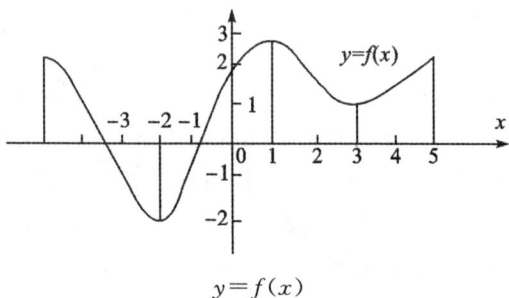

$$y=f(x)$$

图 3-1

解:函数$y=f(x)$的单调区间有

$[-5,-2),[-2,1),[1,3),[3,5]$,

其中,函数$y=f(x)$在$[-5,-2),[1,3)$单调递减,在$[-2,1),[3,5]$上单调递增。

依据:通过典例对重点概念加深理解,这对于学生来说是一项非常重要的工作。在这个过程中,需要学生积极思考,发现概念的本质,从而使学生养成严谨的科学态度。通过追问,锤炼思维,巩固概念,使全体学生都能积极思考,体验成功。

(4)典例精讲,应用深化

做法:教师出示例题,学生自主阅读思考,分享思路。教师随之以板书示范,规范步骤,明晰思路。

例 2　根据定义证明函数 $f(x)=2x+1$ 在 R 上单调递增。

证明：$\forall x_1, x_2 \in R$，且 $x_1 < x_2$，有

$f(x_1)-f(x_2)=(2x_1+1)-(2x_2+1)=2(x_1-x_2)$。

由 $x_1 < x_2$，得 $x_1-x_2<0$，

于是，$2(x_1-x_2)<0$，

即 $f(x_1)<f(x_2)$。

所以，函数 $f(x)=x+\dfrac{1}{x}$ 在 $(1,+\infty)$ 上单调递增。

依据：知识应用是对学生知识掌握能力的直接考察，在初中学生利用函数图象得到了上述函数的单调性，这里要求使用严格的证明给出理论依据，这个过程使学生了解到函数单调性定义的应用，强化了学生对于初中知识的理解，让学生感受到知识之间的融会贯通，一脉相承，有利于增强探索数学知识的兴趣。同时教师带领学生进行规范和完整的板书，引导学生注意证明过程的规范性和严谨性，帮助学生养成良好的学习习惯。

做法：教师在原题的基础上引导学生总结利用定义法证明函数单调性的步骤，强化对概念的理解，锤炼思维，同时给出跟踪训练，对学生的完成情况进行及时评价和有针对地指导，最终给出课件展示。

预设：利用定义法证明函数单调性的步骤：取值—作差—变形—定号—下结论，出问题的地方可能在于作差后的变形方向以及变形过程：一不知如何变形；二变形不彻底、理由不充分的情况下直接下结论。针对这些情况对学生加强指导，带领学生回顾作差法比较大小的变形思想。

跟踪练习：根据定义证明函数 $f(x)=x+\dfrac{1}{x}$ 在 $(1,+\infty)$ 上单调递增。

证明：$\forall x_1, x_2 \in (1,+\infty)$，且 $x_1 < x_2$，有

$f(x_1)-f(x_2)=(x_1+\dfrac{1}{x_1})-(x_2+\dfrac{1}{x_2})=(x_1-x_2)+(\dfrac{1}{x_1}-\dfrac{1}{x_2})$

$=(x_1-x_2)+\dfrac{x_2-x_1}{x_1x_2}=\dfrac{x_1-x_2}{x_1x_2}(x_1x_2-1)$。

由 $x_1, x_2 \in (1,+\infty)$，得 $x_1>1, x_2>1$。

所以 $x_1x_2>1, x_1x_2-1>0$。

又由 $x_1<x_2$，得 $x_1-x_2<0$，

于是，$\dfrac{x_1-x_2}{x_1x_2}(x_1x_2-1)<0$，

即 $f(x_1)<f(x_2)$。

所以,函数 $f(x)=x+\dfrac{1}{x}$ 在 $(1,+\infty)$ 上单调递增。

依据:通过对证明过程的分析,使学生明确每一步的必要性和目的,帮助学生掌握方法,提高学生的推理论证能力,有利于培养学生严谨的学习态度。

(5)自主小结,提升体验

做法:主体内容结束之后,自然而然地抛出问题,引导学生对所学知识、技能、思想方法、解题经验等进行总结。

问题:通过本节课的学习,回顾函数单调性定义的生成过程以及函数单调性证明方法。

单调性的定义:设函数 $f(x)$ 的定义域为 I,区间 $D\subseteq I$,如果 $\forall x_1,x_2\in D$,当 $x_1<x_2$ 时,都有 $f(x_1)<f(x_2)$,那么则称函数 $f(x)$ 在区间 D 上单调递增;如果 $\forall x_1,x_2\in D$,当 $x_1<x_2$ 时,都有 $f(x_1)>f(x_2)$,那么则称函数 $f(x)$ 在区间 D 上单调递减。

定义的关键:局部性质、任意取值、不等关系。

思想方法:数形结合、类比化归。

利用定义法证明函数单调性的步骤:取值—作差—变形—定号—下结论。

方法运用的关键:变形的方向和彻底性。

依据:通过知识回顾,自主总结本节课所学的基础知识、基本技能、基本思想方法,形成完整的知识框架,加深本节课知识的理解。

概念新授课案例2 抛物线及其标准方程*

课前准备:发放 A4 纸,布置操作性作业。观察学生完成情况,搜寻合适的资源。

1. 情境引入,激趣生疑

各位同学,大家好。我来自山东省青岛市,非常荣幸来到咱们江苏省梅村高级中学与大家一起研究,一起学习。江苏自古就是龙盘虎踞、人才辈出的地方。江东子弟多才俊。在现代全国推动科技创新,科技强国的征途中,咱们江苏人依然一马当先,为国奉献。据我所知,在一些大科学装置的建设与研究中,就有很多江苏人的身影。大家看——教师展示"中国天眼"。

"天眼"位于贵州省的一处喀斯特洼坑中,于1994年形成构想,于2016年9月25日落成启用,历时22年。它是由中国科学院国家天文台主导建设,具有我国自主知识产权、世界最大单口径、最灵敏的射电望远镜。而"天眼"的项目

---

* 注:本课为借班上课。授课地点为江苏省梅村高级中学。

总经理、国家天文台台长严俊是咱们江苏南通人。所以呀,江东子弟多才俊,观天巨眼立国威。

非常巧合的是,"天眼"就与今天我们将学习的这种图形大有关系。

大家看,在这几张图片上,你能发现哪些平面几何图形?

生:圆,(圆锥曲线之一)椭圆。

同样是对于射电望远镜的圈梁进行观察,从不同的角度会观察到圆和椭圆两种不同的图形。"横看成岭侧成峰"嘛。当然,我们深入研究还会发现圆和椭圆这两种迥然不同的图形内在拥有某种特定的联系。所以,事物之间具有普遍的联系。

在这张图形中,你能发现哪些平面几何图形呢?

生:双曲线(有的学生会说双曲线的一支)。

我们继续看一下专家对于"天眼"的介绍:"根据 FAST 的工作原理,当它观测天体时,会随着天体的方位变化,在其主动反射面上实时形成一个瞬时抛物面,并通过这个 300 米的抛物面来汇聚电磁波"。

生:抛物线。

实际上,圆锥曲线与科研、生产以及人类的日常生活有着密切的联系。其实在我们的身边也存在着抛物线的身影。像著名的赵州桥的拱形。当然,江南水乡更少不了桥。像我们梅村的孚吴桥,再像苏州的标志建筑"东方之门"……当观察世界时,记住我们还有第三只眼睛——数学。当我们使用数学的眼光去观察和认识世界时,会发现更多的美。

展示梅村的孚吴桥、苏州东方之门图片。

那么,什么样的曲线才是抛物线呢,它可否同圆、椭圆和双曲线一样实现平面几何图形的代数化,从而拥有自己的方程,实现数与形的统一呢,如果可以,又应该如何表示呢?

课题:抛物线及其标准方程。

2. 新知探究,概念生成

(1)动手操作,直观感知

课前,我给大家发了一张 A4 纸,布置了一份操作作业。

请几位同学进行展示。

如果我们将这九个点用平滑的曲线连接起来,就会得到一条抛物线。

有的同学只完成了其中的一部分,请问 P_5 的位置,那么其余的点如何由简便的方式得到?

非常好,我们数学上讲究对称美、简洁美、和谐美。

其中,某同学未进行折叠,而是通过直尺作图得到了一系列的点。请你解释一下做法。

(2)模型抽象,原理揭示

如果我们从直线上任取一点 A,如何得到对应的 P 点呢?

抽象出几何模型,借用几何画板演示。

哪位同学可以解释一下这种做法的原理?

揭示:使得两点对折重合的折痕其实就是两点连线段的中垂线。所求点即为各点与定点连线段的中垂线与已知直线的交点。

点 P 所具备的特征有哪些?

数学是研究数量关系与空间形式的一门科学。

点 P 的位置如何? 与点 P 有关的数量有哪些,关系如何?

(3)概念生成,辨析深化

请综合以上研究过程,类比椭圆、双曲线的定义生成过程,尝试给出抛物线的定义。

平面内与一个定点 F 和一条定直线 l(l 不经过点 F)距离相等的点的轨迹叫作抛物线。

定点 F 叫作抛物线的焦点。定直线 l 叫作抛物线的准线。

大家仔细品读概念,确定其中的关键词,并指明其"不可或缺"的原因。

在平面内,与一个定点 F 和一条定直线 l(l 经过点 F)的距离相等的点的轨迹是什么?

直线另一侧是否存在符合条件的点?

3. 模型探究,归纳升华

现在,我们已经得到了抛物线的定义。在这其中有两个基本的平面几何要素:点、直线,位置关系是点在线外。数量关系:点到线的距离,我们不妨称之为焦准距,用字母 p 表示。那么,下一步如何进一步将抛物线这种图形代数化,得到它的方程呢?

问题:如何将平面几何图形代数化?

类比椭圆、双曲线标准方程的建立过程,你认为应该如何选择坐标系,使所建立的抛物线的方程更简单?

学生提出方案,分组求解。

过点作已知直线的垂线,设为 x 轴。

教师引导学生注意图形的对称性,方便后续操作中的运算和化简。

学生三分钟求解,然后展示不同的坐标系下的方程,交流。

展示标准方程的求解过程:建—设—限—代—化。

我们称之为抛物线的标准方程。p 的含义指的是焦准距,该方程对应的焦点坐标为 $(\frac{p}{2}, 0)$,准线方程为 $x = -\frac{p}{2}$。

在前面的学习中,我们知道选择不同的坐标系,或者说抛物线在坐标平面内的位置不同,同一条曲线的标准方程还会有其他的形式。

展示方案,猜证标准方程。

古希腊数学家毕达哥拉斯有一句至理名言:凡是美的东西都具有共同的特性,这就是部分与部分、部分与整体之间的和谐性。

展示图表,对比记忆。

归纳:一次项变量定轴,正负定向。焦点与准线方程的非零坐标是一次项系数的 $\frac{1}{4}$。

问题:初中学习的二次函数与现在研究的抛物线方程有什么样的关系?

一些二次函数可以写成标准式,表示抛物线,焦点坐标,准线方程;

是否是函数?但是如果只取其中一半,也可以看作函数,在以后的学习过程中我们可以变通使用。

4. 模型应用,典例精讲

例 1 求下列抛物线的焦点坐标和准线方程:

①$y^2 = 20x$;   ②$y = 2x^2$;

③$2y^2 + 5x = 0$;   ④$x^2 + 8y = 0$。

示错辨析。

基本经验:求抛物线的焦点一定要先把抛物线化为标准形式。

例 2 根据下列条件,写出抛物线的标准方程:

①焦点是 $F(3, 0)$;

②准线方程是 $x = 4$;

③焦点到准线的距离是 2。

教师引导学生形成基本解题经验:先定位,后定量。

学生自编练习。

例 3 "中国天眼"的反射面轴截面是抛物线的一部分。卫星波束呈近似平行状态射入轴截面为抛物线的接收曲面,经反射聚集到焦点处。已知反射面的径口(直径)为 300 m,深度为 40 m。建立适当的坐标系,求抛物线的标准方程和焦点坐标。

可简单地介绍光学性质。

思考:"中国天眼"建成后,有人担心它有可能会把阳光汇聚起来,点燃并烧毁天上飞过的飞机。对于这种说法,谈一谈你的观点。

现代社会中充斥着大量的信息,所以我们要学会用所学知识,用数学的、理性的思维去分析、辨别。

5. 自主小结,寸草归垛

在解决这道题的过程中,我们用到了哪些知识和方法,你有何体悟?

6. 结语

中科院国家天文台"中国天眼"工程总工程师姜鹏介绍,射电天文学是天文学的前沿分支,射电天文观测产生了近一半的天文相关的诺贝尔物理学奖。特别是在最热的脉冲星领域,已经诞生了两项诺贝尔奖。中国天眼预期将发现双倍于人类已知数量的脉冲星,尤其是特殊品种的脉冲星,极有可能在广义相对论和引力波探测方面取得重大突破。

截至 2018 年 9 月 12 日,"中国天眼"已发现 59 颗优质的脉冲星候选体,其中有 44 颗已被确认为新发现的脉冲星。

科学无界线,探索无疆域。愿同学们奋发图强,成为中国智造的大国工匠,成为领跑世界的科研工作者。

定理新授课案例 3　直线与平面平行的判定

1. 教材分析

(1)教材的地位和作用

本节教材选自《普通高中教科书数学(人教 A 版)》必修二 2.2.1,本节内容在立体几何学习中起着承上启下的作用,具有重要的意义与地位。在初中的学习中,学生对于直线与直线的平行这一特殊位置关系有了较深刻的认识和理解,而且在本节课之前,学生已经对空间中的点、线、面位置关系有了初步的认识,本节课将开启空间中的平行关系的研究;而且学生在异面直线的学习中已经初步体会到立体几何中的降维思想方法,有一定的操作经验;本节课后,学生将在直线与平面平行的基础上,进一步学习平面与平面的平行以及空间中点、线、面的垂直关系。本节课是学生第一次探究空间中特殊位置关系的判定及定理应用,对培养学生空间感与逻辑推理能力起到重要作用,特别是对平面与平面平行的判定过程有较强的思维示范和思想引领作用。

(2)教学目标

本节课的学科核心素养指向为:空间想象、数学抽象、逻辑推理。根据课程标准及学生已有的知识和能力水平,将本节的教学目标确定如下:通过直观感知—动手实践—探究思考—归纳论证的认知过程,借助学生的空间想象,抽象概括出直线与平面平行的判定定理,并能准确地使用数学语言表述判定定理;能够在具体空间几何体中,准确规范地应用该定理进行推理证明,解决一些简单的判定问题,形成重论据、有条理、合逻辑的思维品质和理性精神;在经历动眼观察、动手发现、动脑探究等合情推理的过程后,再进行演绎推理、逻辑论证,掌握直线与平面平行的判定的基本技能,积累空间位置关系研究的基本活动经验,体会立体几何中的"降维"思想,培养学生的空间想象能力、逻辑思维能力,树立大胆猜想、小心求证的科学态度。

(3)教学重点与难点

本节课的内容直线与平面平行判定定理的生成和定理应用两大部分组成,其中定理的生成是整个教材的重点和难点。原因在于,学生虽然已经初步掌握了空间点、直线、平面之间的位置关系,可以使用符号语言表达不同的空间位置关系,但语言表达、数学抽象、数学建模及空间想象能力相对不足。

所以,教师在定理的生成过程中,要充分借用日常生活中的实物模型和学生最熟悉的长(正)方体,让学生逐步经历直观感知、操作确认、思辨论证的整个过程,逐渐引导学生提取关键属性,抽象概括得出直线与平面平行的判定定理,并进行符号化表示,从而突出重点,突破难点。

2. 教法分析

运用多媒体进行启发式教学。利用课件和实物展示,以问题驱动的形式,引导学生从感性认识到理性思考;概念教学中以正例、反例深化认知,提炼位置关系中的关键属性;在知识应用环节,通过一题多解的形式引导学生发散思维,创造性地解决问题。

3. 学法分析

以自主学习与小组合作的形式,借助教学课件和教学环境中的实物,经历由直观感知到抽象概括,从特殊到一般,归纳形成定理,再由一般到特殊,利用定理对具体模型中的位置关系演绎论证,习得直线与平面平行判断和证明的一般方法。

4. 教学过程

(1)回顾旧知,引入新课

做法:教师以著名数学家华罗庚的名言引入,课件展示【著名数学家华罗庚说过:宇宙之大,粒子之微,火箭之速,化工之巧,地球之变,生物之谜,日用之繁,无处不用数学。】在前面,我们从生活的现实世界中发现了空间点、直线、平面之间具有不同的位置关系,并且学会了使用简单的数学符号表示位置关系。学习数学,不仅要拥有数学的眼光,掌握数学的语言,还要会使用数学的思维去研究和分析现实世界。在上一节,我们对异面直线进行了研究,实现了定性(异面直线的判定)与定量(异面直线所成角的求解)的全面探究,并学习了解决空间几何的一类基本方法:将空间关系转化为平面关系,借助降维来简化问题。这就是转化的力量,也是数学的趣味所在。

今天,我们继续探究新的空间形式:直线与平面的位置关系。

依据:数学知识具有紧密的内在联系。通过高观点下对已学知识的梳理,指明本节内容在本章中的坐标位置,体现数学结构的联系和统一性。开篇语将数学文化自然融入,指出立体几何研究的必要性;同时指明立体几何问题的解决途径:将空间关系转化为平面关系(降维),为本节课的学习提供方法指导。

做法:请在练习本上画出不同类别的直线和平面的位置关系,并在图3-2下方用相应的符号语言表示。

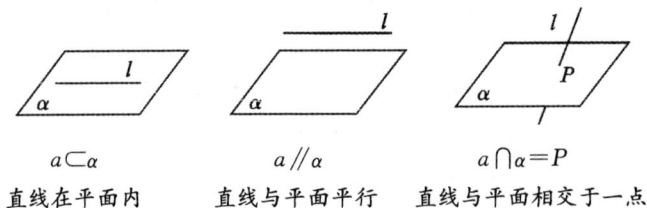

$a \subset \alpha$	$a \mathbin{/\mkern-3mu/} \alpha$	$a \cap \alpha = P$
直线在平面内	直线与平面平行	直线与平面相交于一点

图3-2 直线与平面的位置关系

在这其中,直线与平面平行是一种非常重要的关系。它不仅应用较多,而且是后续学习的基础。

依据:通过复习,让学生归纳空间直线与平面位置关系,引入本节课题,并为探寻直线与平面平行判定定理做好准备。

(2)新知探求,思辨论证

1)直观感知

做法:教师引导学生从直线和平面平行入手,探究这类新型的位置关系,并借此体会空间中位置关系的研究内容与研究方法。教师抛出问题1:请同学们观察身边的物件,指出现实生活中存在的线面平行的模型,并尝试利用手中的道具摆出一组直线和平面平行的模型。

预设:日光灯灯管所在直线与地面所处平面平行;将教室的门打开一定角度,当门扇绕着一边转动时,另一边所在直线与门框所在的平面平行;翻动书的封面,封面边缘所在的直线与桌面所在的平面平行,等等。

依据:数学抽象素养水平的描述中指出,"能够在熟悉的情境中直接抽象出数学概念和规则,能够在特例的基础上归纳并形成简单的数学命题"。教师以日常中的实物模型刺激学生思考,并引导学生发现与直线和平面平行有关的普遍存在,建立新知学习的意义。同时,通过直观感知,培养和发展学生的几何直觉,形成直线与平面平行的初步认识。

2)动手实践

做法:教师抛出问题 2,由学生叙述摆法,并使用定义进行初步解释,说明该模型反映直线与平面平行的合理性。学生可以翻动书的封面,发现封面边缘所在的直线与桌面所在的平面平行。因为直线可以无限延伸,平面可以无限延展,故虽然可以使用定义来判断直线和平面平行,但并不方便。如果能有一种简便的方式来判定直线和平面平行,那就可以替代定义实现直线和平面平行的判定了。

接着抛出问题 3:请将此生活场景,抽象成空间几何模型,画在练习本上,形成数学几何模型,渗透直线和平面平行的判定定理。

依据:教师引导学生通过动手操作,辨别共同属性和关键属性,学会从实际情境中抽象出几何图形和几何问题,逐步引导学生认识到寻找判定定理的需要,使学生学在情境中,思在情理中,提高学生的空间想象能力,培养数学抽象素养。

3)探究思考

做法:教师继续提出问题 4:平面 α 外的直线 l 平行于平面 α 内的直线 m,请确定直线 l 与平面 α 的位置关系,并尝试叙述理由。学生思考,并交流,教师可追问,驱动学生逐步逼近问题实质。

预设 1:利用直线 l 与 m 所生成的平面,借助平面公理进行解释;

预设 2:若直线 l 与面 α 有公共点,通过该点与 m 的位置关系进行分析。

追问:如何想到利用反证法求证?

问题 5:平面 α 外的直线 l 与平面 α 内的直线 m 相交,直线 l 与平面 α 有可能平行吗?

学生分析,教师借助一张直角梯形的纸片进行演示。如下图:

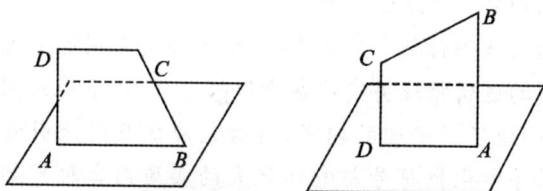

图 3-3　用直角梯形演示直线与平面平行

教师随之抛出问题 6：在以上操作中，要得到直线与平面平行，关键是什么因素起了作用呢？

通过观察感知发现直线与平面平行，关键是三个要素：①平面外一条线；②平面内一条直线；③这两条直线平行。

教师引导学生逐步完善。

依据：教师以问题引导学生的思维活动，使学生在问题的驱动下进行更加主动的思维活动，在给定的情境中检验假设，确认关键属性，为下一步定理的归纳、概括奠基。

4) 归纳论证

做法：教师根据学生探究进度，抛出问题 7：请结合模型，猜想或提炼出一个有价值的数学命题。学生辨析。

预设：如果一条直线与平面内一条直线平行，则这条直线与平面平行。

完善：平面外一条直线与平面内一条直线平行，则这条直线与平面平行。

再次辨析，在更大范围内验证，最终生成结论。

定理：若平面外一条直线与此平面内的一条直线平行，则该直线与此平面平行。

该命题称为线面平行的判定定理。

简单概括：(内外)线线平行⇒线面平行。

依据：所有的知识都需要建立起与已有认知结构的实质性的联系，并促进概念和定理的形成。在这个过程中，教师引导学生抽象关键属性，尝试概括判定定理，利用合情推理的方式获得数学结论，经历数学探究与数学发现，并将此推广，在更大范围内检验和修正定理，确保学生真正地理解定理的本质特征。

做法：教师通过问题布置任务，将定理符号化。教师提出问题 8：请用符号语言来表示该定理。

作用：判定或证明线面平行。

关键：在平面内找(或作)出一条直线与面外的直线平行。

思想：空间问题转化为平面问题。

证明方向：由线线平行判定线面平行；由平面关系判定空间关系。

依据：数学家的逻辑推理关键就在于能够合理、恰当地应用符号。所以，当学生已经比较全面地了解定理的内涵，这时就应该及时地引进数学符号，将判定定理符号化，引导学生把符号与它所代表的实质内容联系起来，提高学生的抽象能力、概括能力。

（3）典例精讲，应用深化

做法：教师以辨析的形式，通过正例、反例，促进学生对知识的内涵理解，凸显知识本质。

辨析：

问题1：判断下列命题的真假？说明理由。

①如果一条直线不在平面内，则这条直线就与平面平行（　　）；

②过直线外一点可以做无数个平面与这条直线平行（　　）；

③一直线上有两个点到平面的距离相等，则这条直线与平面平行（　　）。

问题2：若直线 a 与平面 α 内无数条直线平行，则 a 与 α 的位置关系是（　　）。

A. $a /\!/ \alpha$ 　　　　　　　　B. $a \subset \alpha$

C. $a /\!/ \alpha$ 或 $a \subset \alpha$ 　　　　D. $a \not\subset \alpha$

预设：学生可能认为问题1中的③是正确的，这时教师要引导学生思考，让学生想象的空间更广阔些。此外教师可用道具进行演示或由个别学生进行演示。

依据：在定理的学习中，通过抽象进行分类和辨别的能力是十分重要的，这也应成为教师教学的着力点。本环节，教师要借助辨析，进一步体会定理中的三个条件的作用与不可或缺，把握直线与平面平行中的关键属性与本质特征，增强对定理的理解。

做法：教师出示例题，学生自主阅读思考，分享思路。教师随之以板书示范，规范步骤，明晰思路。问题解决后，可追问：如何想到此辅助线，加深学生理解，促进经验获取和技能习得。

例1　求证：空间四边形相邻两边中点的连线平行于经过另外两边所在的平面。

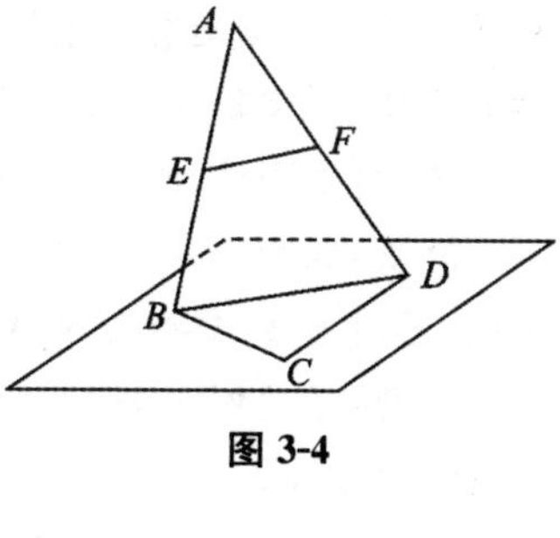

已知：如图3-4，空间四边形 $ABCD$ 中，E，F 分别是 AB，AD 的中点。

求证：$EF /\!/$ 平面 BCD。

图 3-4

证明：连接 BD，

因为 $AE=EB$，$AF=FB$，

所以 $EF /\!/ BD$（三角形中位线定理）。

因为 $EF \not\subset$ 平面 BCD，$BD \subset$ 平面 BCD，

由直线与平面平行的判定定理，得 $EF /\!/$ 平面 BCD。

依据：能够在新的情境中选择和运用数学方法解决问题是数学抽象素养的一项重要指标。本例可以帮助及时巩固定理、运用定理，感悟通性通法的数学

原理和其中的数学思想,培养学生的识图能力与逻辑推理能力。教师的板书有助于学生掌握逻辑推理的基本形式,形成重论据、有条理、合逻辑的思维品质和理性精神。

做法:教师在原题的基础上进行变式,出示开放性问题,锤炼思维。

变式:连接 AC,设 AC 的中点为 G,BC 中点为 H,CD 中点为 I。

连接 EG,EH,FG,FI,HI,HG,IG,试寻找图形中的线面平行关系。

依据:借助变式训练,巩固定理应用,深刻体会由中位线证明线线平行和由线线平行证明线面平行的思路与方法。同时,以开放的情境,为不同学习水平的学生搭建舞台,使全体学生都能积极思考,体验成功。

做法:教师出示例2,学生自主阅读、思考,独立完成题目解答过程,然后小组交流分享。教师鼓励不同解法,并组织学生展示评价。

例2 如图3-5,在正方体 $ABCD$-$A_1B_1C_1D_1$ 中,E,F 分别是棱 BC 与 C_1D_1 中点,求证:EF // 平面 BDD_1B_1。

预设1 取 BD 中点 G 连 D_1G、EG,可证 D_1GEF 为平行四边形。

预设2 取 B_1D_1 中点 H 连 HB,HF,可证 $HFEB$ 为平行四边形。

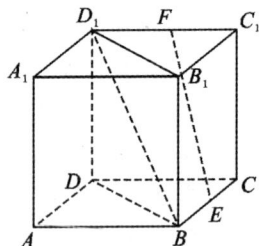

图 3-5

依据:逻辑推理更加注重用分析的方法,从纷繁复杂的情境中,找出基本出发点,用讲道理(逻辑)的方式表示出来。本例通过正方体的模型,以一题多解的形式,展示不同的思维过程及思维背后的理论基础,有助于学生深刻地体会直线与平面平行的实质性特征,有利于培养学生多角度思考问题,创造性地解决问题的习惯。

(4)自主小结,提升体验

做法:教师可在例题解答后,自然而然地抛出问题,引导学生对所学知识、技能、思想方法、解题经验等进行总结。

问题:通过例1与例2的解答,试总结证明直线与平面平行的理论依据、关键与常用方法。

线面平行的判定定理:平面外的一条直线与平面内的一条直线平行,则该直线与这个平面平行。

定理的符号表示:$\left.\begin{array}{l} a \not\subset \alpha \\ b \subset \alpha \\ a // b \end{array}\right\} \Rightarrow a // \alpha$;

简述:(内外)线线平行则线面平行。

基本思想方法:转化的思想。

定理运用的关键:找(作)面内的线与面外的线平行。

基本经验:取中点利用平行四边形或三角形中位线性质等,通过平面几何关系解决空间几何关系。

依据:借助解题反思,自主总结本节课所学的基础知识、基本技能、基本思想方法,生成基本活动经验,突显"四基"。

公式新授课案例 4　两角差的余弦公式

1. 课前练习

请利用三角板画出 $15°$ 的角,并尝试求出该角的余弦值。(注:前一天布置)

2. 新课引入

同学们,在上一节我们学习了三角函数的定义、图象、性质。今天,我们开启新的一节:三角恒等变换。三角变换主要是对三角代数式中的角、函数名称进行化一,从而实现结构的简化,使三角函数性质的研究更加方便快捷。其实,在此之前,我们已经接触了一些简单的三角变换工具,例如,同角关系公式、诱导公式等。

问题1:同角关系式和诱导公式分别是对哪些方面进行的转换?

学生1叙述:同角关系公式体现的是同一个角的正弦、余弦、正切间的数值关系,而诱导公式则是研究当角 α 变为 $\frac{k\pi}{2}\pm\alpha,(k\in Z)$ 时三角函数值与角 α 的三角函数值间的关系。

教师评价并引导:同角关系是对于函数名称的变换,而诱导公式则是对角度变换。无论何种代数式转化,都要遵循"只变其形,不易其质"的原则。

设计意图:回扣知识,引导学生体会三角变换重要的两个方向:变换名称、变换角度。同时将三角恒等变换放在三角函数研究的大背景下,凸显其承上启下的教材地位。

3. 设疑激趣

问题2:在诱导公式的探究中,我们发现:当角 α 变成 $\frac{\pi}{2}+\alpha$ 或者 $\pi+\alpha$ 时,其正弦、余弦的三角函数值都可以使用角 α 的正弦、余弦表示。如 $\cos(\frac{\pi}{2}-\alpha)$ $=\sin\alpha,\cos(\pi-\alpha)=-\cos\alpha$。那大家有没有想过当角 α 变成 $\frac{\pi}{4}+\alpha$、$\alpha-\frac{\pi}{6}$ 或者

$\alpha-\beta$ 时,其正弦、余弦与 α、β 的正弦、余弦又有怎样的关系呢? 今天,我们就从中抽离一个看似简单却有普遍代表性的 $\alpha-\beta$,来探究 $\cos(\alpha-\beta)$ 与角 α、β 的正弦、余弦值的关系。

板书课题:两角差的余弦公式。

设计意图:引导学生从联系与变化的角度自然地提出接近研究水平的问题,培养学生的联系意识,增强学生的问题意识。此处开门见山直奔主题,是为了不让学生在情境的理解上花过多的时间,同时离本节课的主题更近。

4. 问题探究

(1)明确探究的思路与步骤

问题3:我们应该用怎样的思路和方法进行探究?

师:胡适曾经对治学方法有个精辟的概括:大胆地假设,小心地求证。好的假设会带给我们科学的方向,会带领我们走上创新之路。请说出你的假设。

生2:$\cos(\alpha-\beta)=\cos\alpha-\cos\beta$。

师:同学们是否认同?(同学们大多摇头)你能否对这个结论证实或证伪?

生2:经尝试后,发现是不成立的。因为 $\cos\left(\dfrac{\pi}{6}-\dfrac{\pi}{6}\right)=\cos\dfrac{\pi}{6}-\cos\dfrac{\pi}{6}$。

师:非常好,通过一个特例证明该命题为假,方法简洁。这是因为:正弦、余弦函数名与角之间并不是相乘关系,因此类比乘法分配律在思维方法上是错误的。

同学们,猜想要大胆,但一定要有科学基础。而这些科学基础往往由那些不起眼的特例支撑。偶然的外在现象中蕴含着必然的内在规律。所以,面对很多数学问题,我们都是从特例入手,经归纳猜想和严密论证后得到一般规律。

设计意图:让学生体验巧用反例进行反驳,同时查找错因,避免重犯。另外,引导学生学会从宏观到微观、从归纳到演绎,理性地、有条理地思考和探究问题,避免盲目性。

(2)特例求解

问题4:那我们选择哪个特例为归纳规律或提炼方法提供借鉴呢?

学生3板书展示课前练习解答。生评价。

师:巧妙地利用三角板上的已知角度 $45°$ 与 $30°$ 构造出 $15°$,将代数问题转化为图形关系,然后利用熟悉的直角三角形,借助图形关系求解出 $\cos15°$,非常精彩! 这个过程体现了哪种数学思想方法?

生:数形结合。

设计意图:引导学生以退求进,尝试通过一些特例寻找一般情况的求解方法。自然的应用课前练习,通过交流展示,呈现以数解形的具体过程。通过特例的求解,剖析出方法的内核,为下一步方法推广做准备。

(3)方法迁移,形成猜想

问题5:当 α、β、$\alpha-\beta$ 都是锐角时,我们又该怎么办? 怎样用 α、β 的三角函数来表示 $\cos(\alpha-\beta)$?

先独立探究,后小组合作。

学生4展示成果,如图3-6所示。

$$\cos(\alpha-\beta)=OR=ON-RN$$

$$=\frac{\cos\beta}{\cos\alpha}-QN\sin\alpha$$

$$=\frac{\cos\beta}{\cos\alpha}-(\cos\beta\tan\alpha-\sin\beta)\sin\alpha$$

$$=\frac{\cos\beta\cos^2\alpha}{\cos\alpha}+\sin\beta\sin\alpha$$

$$=\cos\alpha\cos\beta+\sin\beta\sin\alpha。$$

教材中使用了类似的方法进行了推导。请同学们阅读课本。

图3-6 利用单位圆推导 $\cos(\pmb{\alpha-\beta})$

设计意图:让学生感受如何化陌生问题为熟悉问题,借由课前练习的求解方法实现迁移,体会数形结合的思想。通过阅读教材,比较方法,把握方法的精髓所在。

(4)结论推广

问题6:该式能否推广到任意角 α、β 呢?

引导学生再用非锐角的特殊角或任意角进行验证,而教师借助多媒体软件演示验证。

特别说明:数学是严谨的,数学结论必须经过严格的逻辑证明。不过很可惜,由于大家目前所掌握的知识限制,无法进行严密的证明。"脚力尽时山更好,莫将有限趁无穷。"我们姑且等待学完平面向量知识再行解决。

问题7:刚才我们经历了完整、曲折的探索过程,回顾来看,大家有什么启发和感悟?

设计意图:引导学生从探究思路、数学思想方法、所用到的数学知识等方面进行回顾与反思,强化学生的探究体验。

问题8:两角差的余弦公式有什么特点,如何快速准确地记忆?

生:左边是两角差的余弦,右边同名三角函数的积的和。

设计意图:引导学生从角、名称的角度总结公式的特点,寻求快速准确记忆

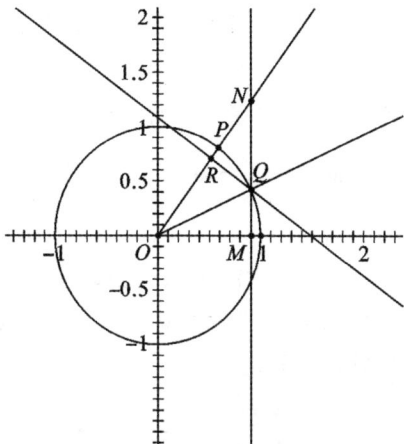

公式的方法。

5. 新知应用

例1 利用差角余弦公式求 $\cos 15°$ 的值。

引导学生用 $15°=45°-30°$ 和 $15°=60°-45°$ 两种方法求解。

变式：利用差角余弦公式尝试求解 $\cos 75°$ 值。

注：解题前将公式擦掉，引导学生快速记忆，准确应用。连续追问 α、β 的值，引导学生深刻理解恒等式的含义，体会"只变其形，不易其质"。

例2 已知 $\sin\alpha=\dfrac{4}{5}$，$\alpha\in(\dfrac{\pi}{2},\pi)$，$\cos\beta=-\dfrac{5}{13}$，$\beta$ 是第三象限角，求 $\cos(\alpha-\beta)$ 的值。

注1：分析 $\cos(\alpha-\beta)$ 的结构构成，规范思维的有序性和表述的条理性。

注2：如果学生基础比较好，例题可以让学生独立完成，但必须要在布置任务时强调规范性。

6. 当堂评测

练习1（课本第127页练习1）注：口答完成。

练习2（课本第127页练习2）注：生板演。

练习3（课本第127页练习4）注：生板演。

练习4 注：口答完成。

课后思考：

已知 $\sin\alpha=\dfrac{4}{5}$，$\alpha\in(\dfrac{\pi}{2},\pi)$，$\cos(\alpha-\beta)=-\dfrac{5}{13}$，$\alpha-\beta\in(-\pi,-\dfrac{3\pi}{2})$，求 $\cos\beta$ 的值。

设计意图：例1是利用新知求解课前导入练习，首尾呼应，体现问题解决的完整性。通过练习1、4提高公式的熟练度，同时体会恒等式中公式的可逆性和应用的灵活性，为下节课引入辅助角做好铺垫；借由例2的求解分析 $\cos(\alpha-\beta)$ 的结构构成，规范思维的有序性和表述的条理性；同时借由练习2、3进行模仿练习，巩固强化；课后思考题的设计目的是利用所学知识进行一题多解，并在方法的比较评析中体会三角变换题目切入点的重要性。

7. 课堂小结

小结1：著名的数学家高斯曾经说过：一个人在无结果地深思一个真理后能够用迂回的方法证明它，并且最终找到了它的最简明而又最自然的证法，那是极其令人高兴的。假如别人和我一样深刻和持续地思考数学真理，他会拥有同样的发现。

同学们,请结合本节课,谈一下"能够用迂回的方法证明"和"最简明而又最自然的证法"。

小结 2:浏览板书,总结:本节课,你学到了什么公式,如何去应用;该公式是如何获得的;你有什么感悟与体会。

设计意图:将数学文化渗透入课堂,结合名人名言,引导学生从学到了什么知识、怎么获得这些知识和有什么感悟与体会三方面进行小结,丰富学习体验。

8. 分层作业

必做:回顾两角差的余弦公式的推导过程,完成课后练习 3;

选做:由 $\cos(\alpha-\beta)=\cos\alpha\cos\beta+\sin\beta\sin\alpha$ 推导 $\cos(\alpha+\beta)$,$\sin(\alpha-\beta)$,$\sin(\alpha+\beta)$。

模型新授课 5 独立重复实验与二项分布 *

1. 教学内容分析

本节是《普通高中教科书数学选修 2-3》第二章"随机变量及其分布"中的第二节。独立重复实验是研究随机现象的重要途径之一,很多概率模型的建立都以独立重复实验为背景,二项分布就是来自独立重复试验的一个概率模型,是认识和解决现实生活问题的一个重要模型和重要工具。

在此之前,教材安排了条件概率、事件的相互独立性等概率模型,以及两点分布和超几何分布。第三节是离散型随机变量的均值与方差。本节内容是之前学习内容的必要补充,同时又为第三节的学习铺平道路,起承上启下的作用。

教材遵循了从实际中归结模型、应用模型、解决问题的过程,让学生能够进一步体会概率模型在解决实际问题中的重要作用。

2. 学习者特征分析

本节课之前,学生已学习了概率与统计的基础知识,研究了离散型随机变量及其分布列,以及条件概率与事件独立性的概念,为二项分布的学习做好了知识铺垫。教师通过平时的观察、交流、了解,学生已经初步掌握事件概率求解的一般规律和方法,能够借助离散型随机变量的分布解决简单的实际问题。但是学生的建模意识和能力较差,对于知识的学习以被动接受为主,探究意识不足,质疑和辨析意识欠缺。

3. 学习目标分析

通过操作、观察、对比分析,能够从具体事例中归纳出独立重复实验的特

---

* 本课为 2017 年津鲁跨区域研讨活动的一节展示课。

征,猜想并论证概率公式,会准确判断一个具体问题是否服从二项分布,并能正确的借助二项分布的模型解决相应的实际问题。学生能够充分地经历直观体验—理性分析、归纳—演绎的数学探究过程,感悟由特殊到一般、由具体到抽象的数学思想方法,建立起对立统一与普遍联系的哲学观点,树立对新知识的科学态度以及勇于探索、敢于创新的精神。

4. 教学策略选择与设计

根据以上分析,教师选择"问题导学,自主探究"的教学模式,依次推进"情境引入—新知探究—典例精讲—应用深化—当堂检测—自主小结"六个环节。本节课以独立重复实验的概念与二项分布为知识中心,以问题的探究和解决为主线,以问题为诱因,引起学生的认知冲突和思维碰撞,通过观察、探究、猜想、证明等多样化的活动,搭建深度学习的平台,提升学生思维品质,让学生亲历体验、感受创造数学新知识的过程,积累基本活动经验。另外,教学过程中适时以信息技术辅助教学,以图表的形式直观呈现,对二项分布的内涵和外延进行深度探索,加深理解,帮助学生建立起较为系统的知识体系。

5. 教学重点及难点分析

重点:

(1) n 次独立重复实验的特征;

(2) 准确判断二项分布模型,并能解决一些简单的实际问题。

难点:

(1) 利用二项分布模型解决实际问题;

(2) 辨析二项分布与两点分布、超几何分布的区别与联系,建立起对立统一与普遍联系的哲学观点。

6. 教学过程设计

(1) 新知引入

现实生活中,随机现象表现各异。但是我们只要了解了随机事件可能出现的结果以及每一个结果发生的概率,也就基本把握了它的统计规律。所以,概率是描述随机事件的重要数字特征。为了更方便地使用数学工具研究统计规律,我们舍弃随机事件的具体背景,将随机试验的结果数字化,这样随机事件与相应的概率就会在实数空间内生成为一定的函数关系,并呈现出一些规律和共性,甚而生成特殊的分布。

例如,课前练习中,随机变量 X 服从什么分布?

生:超几何分布。

概率公式是什么?

生：$P(X=k)=\dfrac{C_M^k C_{N-M}^{n-k}}{C_N^n}, k=\max\{0, n-(N-M)\}, \cdots, \min\{M, n\}$。

（师板书：超几何分布：$P(X=k)=\dfrac{C_M^k C_{N-M}^{n-k}}{C_N^n}, k=\max\{0, n-(N-M)\}, \cdots,$ $\min\{M, n\}$，分上下两行对应书写）

本例中应用的概率模型是哪一类？

生：古典概型。

随机事件形形色色，事件之间的关系需要细加甄别。我们上节课学习了一种新的事件关系——相互独立事件。

诗云："归山深浅去，须尽丘壑美"。学科的学习也是如此。今天，我们将继续探寻相互独立事件的概率求解和其中蕴含的统计规律。

设计意图：简示随机变量的分布列研究的具体内容及学习分布列的自然性与必要性。回顾基础，做好知识储备，为后续的学习做好准备。同时，让学生在学习中体会知识间的联系。诗文入课堂，体现数学探究的文化性，提升趣味性。

（2）新知探究

问题1：哪位同学可以举一个独立事件的例子？

生：某射手每次射击击中目标的概率是0.9，每次射击结果互不影响。该射手连续射击两次。

生：一个口袋内装有大小相同的3个白球和2个红球，从中有放回地抽取三次，每次抽取一个球。

设计意图：从数学实际问题情境出发，提出问题，活跃课堂气氛，学生的热情被充分地调动，从而让学生在不知不觉中进入教师设计的教学情景中。

问题2：每一次实验发生的结果有几种，前一次实验的结果是否影响后一次的结果，每次实验是否相互独立？

生：每次实验共有两种不同的结果，击中目标或未击中目标。击中目标的概率均相等，每次实验结果相互独立。

每次实验结果从事件关系分类上讲，它们属于哪一类？（生：互为对立事件）

每次实验结果的概率分别是多少？（生：0.9，0.1）

师：单看一次实验的话，有没有特殊的分布与之对应？

生：以实验的次数为随机变量，则该事件服从两点分布。

（师板书：两点分布，$P(X)=\begin{cases} 1-p, & X=0, \\ p, & X=1. \end{cases}$

生2：每一次实验共两类结果，互为对立事件。每一次实验都是在2个白球和 3 个红球的口袋中进行,从中摸出白球(红球)的概率是相等的,每次抽取的结果互不影响,相互独立。每次摸出白球和摸出红球的概率分别是 0.6,0.4。单看一次实验的话,以摸出白球(红球)的次数为随机变量,则该事件服从两点分布。

问题 3:以上两个随机事件从事件结果以及事件结果发生的概率上有什么样的共同点? 请尝试归纳。

生:每次试验的结果只有两种,并且各次试验之间相互独立,在任何一次试验中某一事件发生的概率都相等。

师:我们可以简记为:对立性、独立性、等概率性。

设计意图:以问题不断驱动学生回顾、联系、应用、归纳,逐步生成独立重复实验的概念及特征。

生活中我们经常碰到一些随机事件,例如临床试验中研究服用某种药物疾病治愈的人次,投篮稳定的运动员多次投篮命中的次数等等,它们都像刚才的例子一样,在相同的条件下重复做大量试验,在试验中,各次试验的结果都不会受到其他试验结果的影响。我们把在相同条件下重复做的 n 次试验称为 n 次独立重复试验。

师板书:独立重复实验。

请同学们结合"三性"逐字品读一下"独立重复实验"这个名词,注意体会一下定义中的"相同条件"的含义。

生品读,简谈对于定义中的"相同条件"的认识。

教师完善。

设计意图:结合特征,品读"独立重复实验",加深认知印象。

下面,我们不妨以同学所举的事例开始今天的探究。

问题 4:请一位同学在该情境下设置一个基础性的问题。

生:求两次射击都击中目标的概率,或求两次射击都未(恰有一次)击中目标的概率。

请同学们独立解答。稍后,展示学生求解过程和结果。

设计意图:自拟问题,体现学生的主动性,培养学生的问题意识和应用意识。

问题 5:在这个案例中,我们关心的显然是射击击中目标的次数。该射手连续射击两次,如果我们设事件"击中目标的次数"为随机变量 X。请问,X 的可能取值都有哪些,对应的概率又是多少呢?

师引导学生分析事件,共同书写概率代数式。

问题 6：如果射手每次射击击中目标的概率是 0.9，若该射手连续射击 3 次，"击中目标的次数"设为随机变量 Y，Y 的可能取值都有哪些，对应的概率又是多少呢？

表 3-1　随机变量 Y 的分布列

Y	0	1	2	3
事件分析				
概率求解				

问题 7：如果射手每次射击击中目标的概率是 p，若该射手连续射击 n 次，"击中目标的次数"设为随机变量 Z，Z 的可能取值都有哪些，对应的概率又是多少呢？你能在实数空间内发现随机变量与对应概率之间的规律吗？

表 3-2　随机变量 Z 的分布列

Z	0	1	2	$\cdots$	k	$\cdots$	n
事件分析				$\cdots$		$\cdots$	
概率				$\cdots$		$\cdots$	

学生逐步完成导学案中的表格 1、2，观察表格中的数据变化，寻找其中的函数关系。

生成函数关系：$P(X=k)=C_n^k p^k (1-p)^{n-k}$，$k=0,1,2,\cdots,n$。

教师板书：$P(X=k)=C_n^k p^k (1-p)^{n-k}$，$k=0,1,2,\cdots,n$。

师引领学生分析公式中字母的含义，重点分析 C_n^k 的含义，站在科学的立场上进行解释。

设计意图：以表格的形式增强随机事件取值与概率的对应性，并逐步将事件从特殊推广到一般，让学生在解决问题的过程中，经历尝试操作、积极反思、自主梳理、归纳猜想、科学论证的知识探究过程，体验由量变到质变、从一般到特殊、从外在形式到内在规律的知识提取升华过程，激活潜在的学习热情。对猜想进行科学论证，同时为概念的生成伏脉。

问题 8：请结合离散型随机变量分布列的性质，辨析它是否可以作为离散型随机变量的分布列？试叙述理由。

生：每一种事件结果的概率都满足：$p_i \geq 0$，并且 $\sum_{i=1}^{n} p_i = 1$。

追问：请解释一下，你是如何证明概率之和为 1 的？

生:因为事件的所有结果都进行了求解,而且满足不重不漏。

师:有一定的道理,从事件结果全覆盖来解释。

生:我发现该公式和二项式定理展开式的通项公式相似,概率之和就是 $[(1-p)+p]^n=1$。

师:非常好。能够利用所学的知识发散地考虑问题。大家有没有观察到这一细节?如果将该公式看作 $(a+b)^n$ 展开式的通项公式,谁是 a,谁又是 b?它们在问题情境中的具体含义是什么?

生:$1-p$ 是 a,在情境中指的是不成功的概率,p 是 b,指的是成功概率。

师:所以,事物之间是普遍联系的,当然这种隐秘的联系需要我们积极开动脑筋去寻找和发现。大家可以借用二项式定理展开式的通项公式辅助记忆独立重复实验的概率公式。

好的,我们可以利用二项式定理来证明概率之和为1,而且在每次试验中随机事件只有两种对立的结果。我们不妨把这种分布称为"二项分布",也叫 Bernolli 分布。

展示概念:在 n 次独立重复试验中,设事件 A 发生的次数为 X,在每次试验中事件 A 发生的概率为 p,那么在 n 次独立重复试验中,事件 A 恰好发生 k 次的概率为 $P(X=k)=C_n^k p^k (1-p)^{n-k}$,$k=0,1,2,\cdots,n$,则称随机变量 X 服从二项分布。记作 $X\sim B(n,p)$。

师介绍代数符号写法。

设计意图:自然生成概念,并适时指导学生利用二项分布与二项式定理的联系记忆公式。

当然,和其他的离散型随机变量的分布列一样,二项分布也可以看作一种特殊的函数。以上分别是它不同的表示形式:表格、解析式。我们也可以使用柱状图表示。

借助 Excel 程序生成柱状图。

下面,我们趁热打铁,来应用一下新学的知识。

(3)典例精讲

例题:某射手每次射击击中目标的概率是 0.8。求这名射手在 4 次射击中,

①恰有 3 次击中目标的概率;

②恰有 2 次击中目标的概率;

③至少有 3 次击中目标的概率;

④射中目标的次数 X 的分布列;

⑤击中目标的概率。

师引领学生回扣定义,判断是否存在随机变量服从二项分布。

师示范①的解答,并强调步骤的规范性。

学生独立完成②、③、④。

展示学生作答,学生评价。

师总结,并评价③的解法,引领学生分析"至少"问题的求解方法,并灵活地根据条件选择合理的方案。

引导学生分析④与(1)的区别。

学生完成⑤。

教师展示学生作答过程,对解析式、图表等不同格式进行说明。

师:请解释⑤中"击中目标"的含义,并分析具体事件,并说明求解的方法。

生:"击中目标"指的是:4次射击中至少有1次击中目标。可以采用"正难则反"的方法,利用对立事件的概率求解。

师:分布列中已经包含了所有的事件结果及其概率,可以完整的反映随机事件的统计规律。而求解分布列,概率模型是关键;而求解概率,事件分析是重点。

设计意图:以课本上的例题为母本,结合学生实际情况进行适当改编,提高公式应用的熟练度、准确度,增强学生对事件正确分析的能力,有助学生更深刻理解二项分布,并能强化借助于二项分布等随机分布的思想和工具描述和分析随机现象和随机事件。

(4)应用深化

我们再回到生2的例子:一个口袋内装有大小相同的3个白球和2个红球,从中有放回地抽取三次,每次抽取一个球。设抽取到白球的次数为随机变量X,

问题9:随机变量X是否服从二项分布?

生解释。

符号表示:$X \sim B(3, 0.6)$。概率公式:$P(X=k) = C_3^k 0.6^k (1-0.6)^{3-k}$,$k = 0,1,2,3$

试求解以下概率,并指明符号所表示的具体事件:$P(X=1)$,$P(X \leqslant 2)$,$P(X \geqslant 2)$。

设计意图:回到课前模型,利用新知进行解释和分析,提升学生对知识的应用意识和分析问题、解决问题的能力。

问题10:如何将此情境改换为超几何分布?

生:将有放回改为不放回。

通过 Excel 展示超几何分布与二项分布的概率图表及柱状图,体会差异。

然后增加超几何分布中 N 的数值,体会变化,并给出科学合理的解释。

问题 11:试论述二项分布与两点分布、超几何分布的区别和联系。

生独立思考后,小组交流生成意见。

生展示,师总结完善:

两点分布是二项分布的特例,n 个独立的两点分布的和服从二项分布;

超几何分布是不放回抽样,二项分布可看作有放回抽样;

在抽样中,当总体容量无限大时,超几何分布就可以近似看成二项分布;

当实验次数无限大时,二项分布就可以近似看成正态分布;

设计意图:以问题刺激学生思考二项分布的内涵与外延,并借助于信息技术直观有效的体现超几何分布与二项分布的差异性与联系性,彰显知识间的内在联系,加深学生认知印象,提升体验效果。以图表的形式展示四种特殊分布间的内在联系,直观地体现知识的系统性,同时为后续正态分布的学习伏脉。

(5)当堂检测

①将一枚硬币连续抛掷 5 次,则正面向上的次数 X 的分布为(　　　)。

A. $X \sim B(5, 0.5)$ 　　　　　　B. $X \sim B(0.5, 5)$

C. $X \sim B(2, 0.5)$ 　　　　　　D. $X \sim B(5, 1)$

②随机变量 $X \sim B(3, 0.6)$,$P(X=2) = $_____,$P(X \geqslant 1) = $_____。

(列出代数式即可,并尝试以此拟定一个现实问题)

③某人掷一粒骰子 3 次,若有 1 次以上出现的 5 点或 6 点时为试验成功,则这人试验成功的概率为_____。

设计意图:巩固当堂所学,引领学生判断随机变量是否服从二项分布,并利用二项分布解决问题。第②题倒推问题情境,加深对模型的认识;第③题难度稍有提升,可以令学生认识到 n 次独立重复试验中,事件 A 可以包含多个基本事件甚至无穷个试验结果。

(6)自主小结

结合当堂检测,自主总结本节所学的知识、方法,简述探究体验。

(7)作业设置

必做:第 58 页练习 1~4,第 59 页 B 组第 1 题;

选做:阅读第 58 页“探究与发现”,完成思考题。

第三节　讲评课的教学设计

讲评课是一种重要的课型,是教师在学生练习或考试之后,从学生作业或试卷中获取反馈信息,帮助学生分析阶段学习情况,查漏补缺、巩固四基,并引导学生从中寻找错误原因,吸取教训,总结经验和规律,从而对学生的概念理解、方法选择、思维过程,甚至学习过程进行矫正教学的一种课型。在单元、模块或学期教学内容结束之后,讲评课常常会成为一种主要的课型。

一、讲评课的教学目的及功能

讲评课的主要教学目的是在熟知学生对习题或试题初步掌握的前提下,采用订正答案,错例讲解,排疑解惑,总结规律,巩固提高。同时,通过试题(或习题)讲评还可以帮助教师发现自己教学方面的问题和不足,进行自我总结、自我反思,改进教学方法,最终达到提高教学质量的目的。所以,我们可以这样认为,讲评课存在着"评学"和"评教"明暗两条线,显性存在的是"评学",隐性存在的是"评教"。两条线同等重要,万不可只"评学"不"评教",忽视了对于教学方法和教学进度的调整。

教学目标设定应该立足于让学生发生变化:如知识上的变化(模糊点的辨析、理解的深度、联系的广度)、方法上的变化(切入点的把握、预判的标准把握、方法选择的策略、方法的补充与评价)、能力上的变化(如何数学的提出问题、分析问题、解决问题)、经验上的变化(惯性思维、程序化操作、灵活的变通和转化等),甚至情感态度的变化(对某一知识的兴趣、对某类方法的持续钻研等)。教学目标的设定要具体到题型、方法,通过哪种形式达到(学生板演示错分析、教师引导、学生展示评析、自我纠错),如何巩固落实(针对哪个点进行反馈、题目难度设置、改换哪个条件)。

当然,讲评课并不仅仅是讲题,而应将重点放在知识的深层把握、题意和题源的讲评、方法的创新与规律的总结上。这就要求教师跳出题目讲知识联系、讲思路创新、讲方法规律。只有这样,讲评课才能真正起到弥补漏洞、加深认知、提高能力、巩固强化的作用。

二、讲评课的教学内容设定

讲评课的教学内容主要包括知识讲评(知识漏洞、知识应用策略、知识间联系)、方法讲评(情境分析、方法迁移、思路评判)、规范讲评(步骤规范、思维规范)等。

教学内容的确定需要基于教师对于试题(或习题)批改情况精准确定。一般,需要经过以下过程:通过批改确定讲评题目——根据题目,展开联系与分类——确定类别(知识类、方法类、错因类;学生能自主解决的、学生在扶助下可解决的、学生无法解决的)——确定教学目标——确定讲评方式(示范式、示错式、评析式、点拨式等)——确定反馈点,命制反馈题。

教师批改时要及时记录每题的得分情况、学生作答情况(典型错误、独特解法)。批改时要注意观察并总结共性的问题,借助同情演绎、观察草稿、谈话了解等方式了解错因,找清错误根源,确定纠错措施。

题目要分类制定目标,确定措施,类别划分时要考虑好题目间的联系和异处;每一类别内要确定好主题与副题,确定好学生参与的方式,确定反馈点和反馈方式。

讲评的题目大致有以下来源:全班出错率较高,得分率较低的题目及相对应的知识点;具有典型性,针对性和综合性的题目;在以往的教学中已多次接触,多次矫正,但学生仍未掌握的难点;关系到后继学习的重点知识,重点技能;平时教学中疏忽的"教学盲区";学生卷面上独到见解的题,等等。

教学内容设定应该满足以下原则。

1. 靶向清晰

教师要有清晰的教学目标(当然,目标要依照学生在试卷中暴露的问题而设定),并在此目标指导下圈定所讲评的题目。教师在内容选择时应该多问几个问题:"需不需要讲""为什么讲"。所以,有的老师说,讲评课要讲到学生的"痛处",搔到学生的"痒处"。我是非常赞同的。

2. 重点突出

讲评课切忌不分轻重,面面俱到。面面俱到,意味着面面不到位。所以,讲评课必须要在重点、难点、疑点处下功夫,并将备课、上课的主要精力、时间、活动集中在问题最突出、内容最重要的内容上头,使得在讲评课中,突出的问题能够得到有效的改善,并得以巩固强化;难点问题能够取得突破,并形成一定的解答规律和程序化的操作;疑点问题得以纾解,思路得以畅通。

3. 重视联系

讲评课上,教师要注意对试卷中暴露的问题进行分析归类,让学生对同一类问题有一个整体的认知,加深知识的理解和方法的掌握。如可按知识点归类,将同一知识点的考题进行归类分析,以便从不同的角度加深知识的理解;可按方法归类,将涉及同一解题方法的题目进行归类分析,既可以举一反三提高效率,又可以体现方法和题型的类化,方便学生总结和反思;可按错因归类,等等。

三、讲评课的教学环节

讲评课一般通过以下教学环节完成:自查自纠—分类示错—互动交流—释疑排难—变拓强化—当堂测评。

1. 自查自纠

在考试结束相关批阅、统计、采样工作完成后、试卷讲评课前及时将答卷还给学生,要求学生尽自己所能先自主订正试卷,即订正任务前置。自主纠错也要在教师的组织下有针对性地进行。除让学生聚焦于自身暴露的问题之外,教师要指定针对性的内容,难度要求要低,题目要具体;要定明确的任务,如请结合某题,分析所考知识点(方法)有哪些,关键的转化是什么,何处易错等;要有灵活的方式,如请处理以下练习题,分析易错点(点评时可引申至试卷中的题目),或让学生(当时做错的学生)板演,再给他们一次修订的机会;要有有效的反馈,如学生评点、短平快的小练习等。

教师要结合批阅对学生作答情况进行有的放矢的问题分析,切忌假大空,理论名词一大堆,学生不知所云。例如,立体几何部分的讲评,教师在强调步骤问题,那么就应该让学生回到卷面上,去比对相应的步骤,甚至当堂现场改正。学生解题策略不对,就让学生再次深入问题进行反思或与周围的同学讨论交流,对方法进行比较评价。学生计算出问题就应该让学生回到关键步骤中,分析计算错因,挖掘算理。

总之,自查自纠并不是学生似散兵游勇,无目的、无预设地活动,而应是在教师有意识的组织和引导下进行的自我反思和完善的活动,只是因研究对象的难度偏低,故而由学生自主完成,以便加深体验,同时大大提高课堂效率。

2. 分类示错

教师讲评课时不能简单粗暴地按照题号顺序讲评,而应结合学生暴露的主要问题和突出问题进行分类示错,分类讲评。当然,分类的方法多种多样,关键是教师要结合具体情况和教学目标进行梳理。

例如,在"平面向量及其应用"这一章检测中,可以根据概念理解、平面向量的线性运算、平面向量的数量积运算进行分类,进行知识弥补、方法强化;也可以根据平面向量的运算形式,以"向量是连接数与形的纽带"为核心,以"数形结合"中"符号运算""图形关系"两个角度进行思想方法层面的讲评。

美国心理学家 R. Bainbrdge 曾说过:差错人皆有之,作为老师不利用是不能原谅的。没有大量错误作为台阶就不能攀登上正确结果的宝座。思源于疑,疑生于错。讲评课中有效地示错,可以让学生正视问题,激活思维,在合作中集思广研,优化纠错策略。

所谓示错教学指的是,老师通过刻意地或无意地向学生展示错误,引导学生剖析解题思路或过程中的错误之处或不规范之处,进行指认和改正,再用正确的方式答题,让学生在错误中反思、辨析、悟道、求真,从而更大程度地激发认知冲突,增强活动体验。

讲评课中很容易看到此种现象:老师全程托管,学生只是看个热闹。因为没有示错,学生的问题全部绕过去了,疑惑没有解决;只有讲,没有评。一种情况是学生未自我进行错因剖析,讲评的效果无法得到保证。切记,教师讲的是如何解题,而非题目本身。教师要引导出错的学生说出出现错误时的心理,以暴露隐藏在学生思维深处的错因,进行答卷失误分析,帮助学生提高应试能力。因此在纠错环节,要做到析错因,辨概念,明思路,评方法。

因此,教师可以在课堂中展示错题案例,设置合理的问题,引导学生讨论、辨析,找准错因错源,寻找解决对策,探究正确解题思路。让学生明白做一道题,如果把握好了每一个环节,把每一个细节做到完美,那么,最终结果的完美必将水到渠成。同时,在错误中反思,形成关于"陷阱"的深刻认识,做到"能预见,能避免"。

如在"不等关系"的检测题中,有这样一道题目非常容易出错。

已知实数 a,b 满足条件 $\begin{cases} 0 \leqslant a+b \leqslant 2 \\ -2 \leqslant a-b \leqslant 2 \end{cases}$,试求解 $3a+b$ 的范围。

教学中,我们就可以将学生典型的错误解法进行公示:

错解展示:

因为 $\begin{cases} 0 \leqslant a+b \leqslant 2, \\ -2 \leqslant a-b \leqslant 2, \end{cases}$

所以 $\begin{cases} -1 \leqslant a \leqslant 2, \\ -1 \leqslant b \leqslant 2, \end{cases}$

所以 $\begin{cases} -3 \leqslant 3a \leqslant 6, \\ -1 \leqslant b \leqslant 2, \end{cases}$

所以 $-4 \leqslant 3a+b \leqslant 8$。

教师提出问题:以上解法是否正确?

学生即可从端点值的取得上发现等号取不到。

教师可继续追问：从逻辑链上，我们似乎看不出问题，那么问题究竟出在哪儿？真实的结果与集合[-4,8]是什么关系？

学生可以预测出，真实的取值范围应该是集合[-4,8]的一个真子集。

教师可继续追问：$\begin{cases} 0 \leqslant a+b \leqslant 2 \\ -2 \leqslant a-b \leqslant 2 \end{cases}$ 与 $\begin{cases} -1 \leqslant a \leqslant 2 \\ -1 \leqslant b \leqslant 2 \end{cases}$ 之间是否等价？

学生可以从端点值的取得上进行考虑，也可以利用有序实数对进行图形分析。

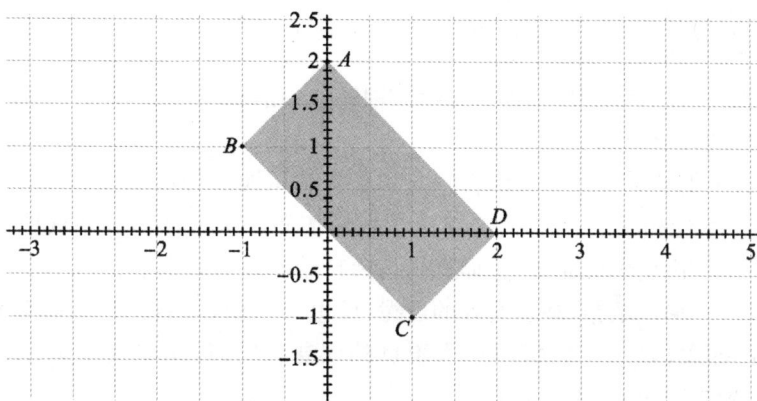

图 3-7　$\begin{cases} 0 \leqslant a+b \leqslant 2 \\ -2 \leqslant a-b \leqslant 2 \end{cases}$ 所表示的图形

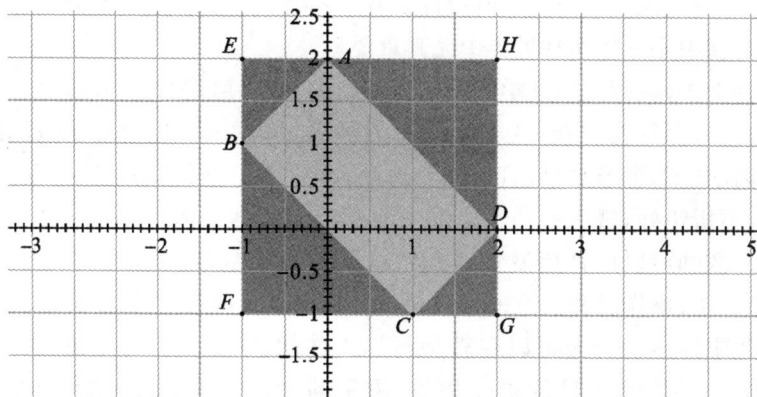

图 3-8　$\begin{cases} -1 \leqslant a \leqslant 2 \\ -1 \leqslant b \leqslant 2 \end{cases}$ 所表示的图形

在此时,教学就可以达到令学生醍醐灌顶的效果了。

最后,教师可公布正确求解过程,帮助学生形成正确的求解步骤。

正解:令 $3a+b=m(a+b)+n(a-b)$,

则 $3a+b=(m+n)a+(m-n)b$,

求得 $\begin{cases} m=2 \\ n=1 \end{cases}$,

故 $3a+b=2(a+b)+(a-b)$。

因为 $\begin{cases} 0\leqslant 2(a+b)\leqslant 4 \\ -2\leqslant a-b\leqslant 2 \end{cases}$,所以 $-2\leqslant 3a+b\leqslant 6$。

教师还可以继续追问:为什么第二种解法中的等号是能够取得到的?以此加深学生的理解。

从以上例子可以看出,在讲评中,如果有意识地进行示错教学,既可以充分暴露学生思维的薄弱环节,又能够让学生痛切而深刻地认识到错误所在,提高诊断的效果,优化思维品质,进而提高自诊自治的能力和水平。

当然,一味地示错,缺乏有效的点拨、反思等活动,可能会产生晕染效应,加深错题的印象,对学生的学习产生不良的误导。所以,示错要谨慎,示错要以"明错""析错""纠错"为目的。

3. 互动交流

讲评课中尤其要注意突出学生的主体地位。苏联教育家苏霍姆林斯基曾讲过:在心灵的深处,总有一种把自己当作发现者、研究者、探索者的固有需要。这种需要在中小学生精神世界中尤其重要。

讲评课中,教师更应从学生的知识基础出发,去启迪智慧;从学生的思维角度切入,为过程保驾护航;从学生的逻辑运算过程反思,优化思维,简化运算。切忌远离学生的思维水平,直接推介思路,不讲明道理;切忌远离学生本体,只讲对的,不析错处,避重就轻。课堂中的互动交流则是体现学生主体地位的重要环节。教师可以设计启发性、探索性、开放性的数学问题,驱动学生直面问题,经历思考、操作、探究、论证,进而明确错因,凝练观点,生成体验。

课堂中的互动交流可以在教师与学生之间、学生之间有序进行。在讲评中,教师可以引导学生阅读题目中的关键字词,挖掘隐含信息,引导学生联想所涉知识点、类似题型、相关方法,引导学生探究题目中已知与未知之间的隐秘联系,并尝试推理论证,确定解题思路和解答策略等。在学生自主订正试卷后,学生可以根据分类示错环节中教师提出的问题,先自主思考,然后在小组内讨论、交换答案、交换解法、交换想法,在生生、师生的互动交流中相互借"智",激活思维,加强体悟,共同发展。

当然,教师要把握好自主与引导的关系,确需引导,则要有度,要适时。而且教师要尤其关注那些解题有困难有障碍的学生。因为,他们应该是讲评课中最大的受关注群体,也应该是讲评课最大的受益者。

我们经常会在讲评课中听到这样的对话:"不会""好,你请坐,下一位同学"。我经常在想,难道老师只是想让一个会做题目的同学展示正确的方法和步骤吗? 如果这样的话,是否一定需要提问才能完成,直接投影展示不是更省时吗? 可是,如果这样讲评的话,那么,那些不会解答问题或解答过程中出现问题的同学将如何得以提升呢? 而且,学生不会做就是全然不会吗,他的思维阻断处在哪,老师能否鼓励他大胆地假设猜测、勇敢地尝试探究呢? 教学中只有会和不会,对和不对吗? 人文关怀是否需要? 如果引导成功了,他心里会有多大的感激,他对数学又会激发起多大的热情呢?

所以,讲评课中,要让学生在师生、生生交流互动中逐渐揭示错因,辨析正误,形成正确的、合理的思路和方法,只有这样,学生才能真正有所获,有所悟。

例如,在一次不等式证明的检测讲评中,学生在答卷过程中采用了多种不同的方法。教师请相关同学依次上台展示解题过程,交流答题时所思所想。

证明:$\sum_{i=1}^{n} \frac{a}{ai+b} > \ln \frac{(n+1)a+b}{a+b} (n \in \mathbf{N}_+)$。

学生交流方法 1(数学归纳法):

证明:当 $n=1$ 时,左边 $=\frac{a}{a+b} > 0 = \ln \frac{2a+b}{a+b} =$ 右边;

假设当 $n=k(k \in \mathbf{N}_+)$ 时成立,即 $\sum_{i=1}^{k} \frac{a}{ai+b} > \ln \frac{(k+1)a+b}{a+b}$,

当 $n=k+1$ 时,左边 $= \sum_{i=1}^{k} \frac{a}{ai+b} + \frac{a}{a(k+1)+b} > \ln \frac{(k+1)a+b}{a+b} + \frac{a}{a(k+1)+b}$,

令 $f(x)=x-\ln(1+x), f(0)=0$,

所以 $f'(x)=\frac{x}{1+x} > 0$,所以 $f(x)$ 在 $(0,+\infty)$ 单调递增,

所以 $x > \ln(1+x)$ 在 $x > 0$ 成立。

所以 $\frac{a}{a(k+1)+b} > \ln \frac{a}{a(k+1)+b} = \ln \frac{(k+2)a+b}{(k+1)a+b} = \ln \frac{(k+2)a+b}{a+b} - \ln \frac{(k+1)a+b}{a+b}$,

所以 $\ln \dfrac{(k+1)a+b}{a+b}+\dfrac{a}{a(k+1)b}>\dfrac{\ln(k+2)a+b}{a+b}$,

即 $\displaystyle\sum_{i=1}^{k+1}\dfrac{a}{ai+b}>\ln\dfrac{(k+2)a+b}{a+b}$,

所以 $\displaystyle\sum_{i=1}^{n}\dfrac{a}{ai+b}>\ln\dfrac{(n+1)a+b}{a+b}(n\in N_+)$ 成立。

学生展示方法 2(数列不等式证明方法):

证明 $\displaystyle\sum_{i=1}^{n}\dfrac{a}{ai+b}>\ln\dfrac{(n+1)a+b}{a+b}(n\in N_+)$

只需证 $\dfrac{a}{a+b}+\dfrac{a}{2a+b}+\cdots+\dfrac{a}{na+b}>\ln\dfrac{(n+1)a+b}{a+b}$。

令 $S_n=\ln\dfrac{(n+1)a+b}{a+b}$,

$a_n=S_n-S_{n-1}=\ln\dfrac{(n+1)a+b}{a+b}-\ln\dfrac{na+b}{a+b}=\ln\dfrac{na+b+a}{na+b}=\ln(1+\dfrac{a}{na+b})$,

所以,只需证 $\dfrac{a}{na+b}>\ln(1+\dfrac{a}{na+b})$。

令 $x=\dfrac{a}{na+b},x\in(0,1)$,

只需证:$x>\ln(1+x)$。

令 $h(x)=x-\ln(1+x)$,则 $h'(x)=1-\dfrac{1}{1+x}=\dfrac{x}{1+x}>0$,

所以 $h(x)$ 在 $(0,+\infty)$ 递增,

所以 $h(x)>h(0)=0$,

即 $x>\ln(1+x)$。

所以 $\displaystyle\sum_{i=1}^{n}\dfrac{a}{ai+b}>\ln\dfrac{(n+1)a+b}{a+b}(n\in N_+)$ 成立。

学生展示方法 3(定积分法):

$\displaystyle\sum_{i=1}^{n}\dfrac{a}{ai+b}>\int_{1}^{n+1}\dfrac{a}{ai+b}di=\ln(ai+b)\mid_1^{n+1}$

$=\ln[a(n+1)+b]-\ln(a+b)$

$=\ln[a(n+1)+b]\times\dfrac{1}{a+b}$

$=\ln\dfrac{a(n+1)+b}{a+b}$

　　讲解活动后,学生感觉收获颇丰。由于讲解时是学生本人讲解,这就要求学生对于自己的答题过程进行充分的回顾和反思,并进行一定的梳理总结,提炼个性的主张和经验,这对他们本人也是一种历练和提升。而且,由于讲解者是学生,听课的学生更加专注和好奇,他们也会在聆听中进行自我的反思和调整,把讲解者树为榜样和标杆,悄悄地进行学习方式的改变。

　　再如,在一次讲评中,学生普遍反映一道求解平面几何中的最值问题难以下手,我在题目分析时也感觉此题颇有研究价值,于是,在讲评课中,我与学生围绕该题开展了"融通数与形"的系列交流展示活动。

　　(2020 届湖北荆州质量检测一理科第 11 题)$\triangle ABC$ 是边长为 2 的正三角形,D,E,F 分别为 AB,AC,BC 上三点,且 $AD=DF,\angle ADE=\angle FDE$,则当线段 AD 的长最小时,$\angle ADE=($　　$)$。

A. $\dfrac{\pi}{3}$　　　　B. $\dfrac{5\pi}{12}$　　　　C. $\dfrac{3\pi}{4}$　　　　D. $\dfrac{5\pi}{6}$

　　【本试题以平面几何图形为载体考查解三角形知识,研究运动变化过程中的最值问题,考查了正弦定理、余弦定理、函数的观点等,考查的核心素养是数学运算、逻辑推理等。图形中长度、角度关系交织,综合性强,但因题目以正三角形为载体,图形特殊,故而解答方法灵活多样,既能够很好地考查学生应用数学知识解决问题的能力,又能够给部分优秀学生搭建平台,培养勇于探究的精神和求异创新的意识。】

　　学生交流思路 1:题干中所给 AD、DE、$\angle ADE$、$\angle FDE$ 等信息集中于 $\triangle ADF$ 中,再与正 $\triangle ABC$ 的背景相结合,故可将目光聚焦于 $\triangle ABF$ 或 $\triangle BDF$ 其中一个上。显然,$\triangle BDF$ 更具优势:内角角度关系充分,能够串联起多个角,各边长度关系明朗,能够充分建立起与题干信息的关联;$AD=DF,DB+AD=2$,故而 DF 与 AD、DB 均可转化,且对角 $B=\dfrac{\pi}{3}$。根据此特征,可以从正弦定理切入,尝试解决。

　　出示解法 1　如图 3-9,在 $\triangle BDF$ 中,由正弦定理可得,

$\dfrac{DF}{\sin B}=\dfrac{BD}{\sin\angle DFB}$,

又 $AD=DF,\angle ADE=\angle FDE$,

可得 $\angle DFB=2\angle ADE-\dfrac{\pi}{3}$,

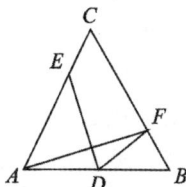

图 3-9　解法 1,2

故而 $\dfrac{AD}{\sin B}=\dfrac{2-AD}{\sin(2\angle ADE-\dfrac{\pi}{3})}$，

解得 $AD=\dfrac{2\sqrt{3}}{\sqrt{3}+2\sin(2\angle ADE-\dfrac{\pi}{3})}$。

因此，当 $\angle ADE=\dfrac{5\pi}{12}$ 时，线段 AD 的长最小。

【反思：题目中角的关系相对较多，较为复杂，多数学生未必具备这种信息综合处理的能力。因此，学生很难确定研究对象，无法轻易地通过几个关键的因素串联题干信息，难度不低。】

学生交流思路2：在思路1的基础上，确定研究对象为 ΔBDF。如果调整一下角度，也可以看出该三角形三边关系明确，且角 $B=\dfrac{\pi}{3}$。所以，可利用余弦定理由边的角度切入。而且，这样可以避免烦琐的角的运算。

出示解法2　如图3-9所示，设 $BD=x$，$BF=t$，则 $AD=2-x=DF$。

在 ΔBDF 中，由余弦定理可知，

$\cos B=\dfrac{BD^2+BF^2-DF^2}{2BD\cdot BF}=\dfrac{x^2+t^2-(2-x)^2}{2tx}=\dfrac{1}{2}$，

解得 $x=\dfrac{4-t^2}{4-t}=-[(4-t)+\dfrac{12}{4-t}]+8\leqslant 8-4\sqrt{3}$。

则 $AD\geqslant 4\sqrt{3}-6$（当且仅当 $t=4-2\sqrt{3}$ 时取等号）。

因此，当 $\angle ADE=\dfrac{5\pi}{12}$ 时，线段 AD 的长最小。

【反思：大家也可设 $AD=x$，将解答过程进行比较，可以发现运算量之间存在较大差异。因此，在设变量时，教师要引导学生准确预估其对后续解题的影响并适当控制运算量。这就需要学生深入分析几何要素中的内在联系，确定主要因素，选择合适的变量，并控制或通过运算逐步减少变量的个数，保证代数运算的顺利进行。另外，本题在最后求解中采用了将 BD 看作 BF 的函数，以函数的观点实现最值求解的方法。这是在研究运动变化过程中常用的思想方法。教师要引导学生着重体会。】

学生思路3：由题意可知，直线 ED 为线段 AF 的中垂线，设垂足为 P。解直角三角形显然比一般三角形更为简单。因此，可设想由点 A 向边 BC 作垂线，即 BC 边上的中线。这样，就可将问题集中于 $Rt\Delta AFH$ 和 $Rt\Delta APD$ 中。

出示解法 3 设 BC 的中点为 H,可知 $BC \perp AH$,且 $AH = \sqrt{3}$,如图 3-10。
设 $AD = x$,$\angle FAD = \theta$,可求 $AF = 2x\cos\theta$,

由题意知 $\sin\angle AFH = \sin(\theta + \dfrac{\pi}{3}) = \dfrac{\sqrt{3}}{2x\cos\theta}$,可得

$$x = \frac{\sqrt{3}}{2\cos\theta\sin(\theta + \dfrac{\pi}{3})} = \frac{2\sqrt{3}}{\sqrt{3} + 2\sin(2\theta + \dfrac{\pi}{3})}。$$

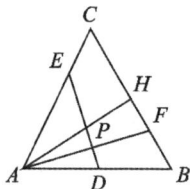
图 3-10 解法 3

可知,当 $\theta = \dfrac{\pi}{12}$ 时,即当 $\angle ADE = \dfrac{5\pi}{12}$ 时,线段 AD 的长最小。

【反思:此解法通过作辅助线,将问题聚焦于直角三角形的研究。但即使如此,如果我们选择通过直角三角形三边的平方关系构建等式依然面临较大的计算量,所以,还必须通过设定合适的角,用来简化边角关系的表达。只有这样,才能有效地控制运算量。这时,我们就构造了关于该角的一个三角函数,与思路 2 类似,可以利用函数的观点实现解答。】

学生交流思路 4:以上解法都是以几何法为主体进行求解的。而解析法是使用代数方法解决几何问题的一种方法,应用广泛。如果我们深入分析本题,就可以发现,在三个动点 D,E,F 中起关键作用的点为点 F,点 D,E 可看作其派生点。由题意可知,直线 DE 为线段 AF 的中垂线,位置关系特殊,问题可以看作:点 F 是线段 BC 上一动点,联结 AF,线段 AF 的中垂线分别交 AB,AC 于 D,E。况且整个题目是以正三角形为载体的,这样,我们就可以将图形放到平面直角坐标系中,通过解析法寻找各点坐标之间的内在联系,尤其是点 D,F 之间的联系。

出示解法 4 如图 3-11 建系,可得 $B(2,0)$,$C(1,\sqrt{3})$,
直线 BC 的方程为 $y = -\sqrt{3}(x - 2)$。
设直线 AF 的方程为 $y = kx$,与直线 BC 联立,

可得 $F(\dfrac{2\sqrt{3}}{\sqrt{3} + k}, \dfrac{2\sqrt{3}k}{\sqrt{3} + k})$,

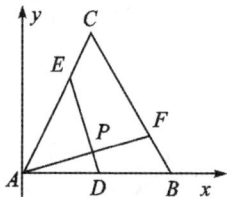
图 3-11 解法 4,5

于是线段 AF 的中点 $P(\dfrac{\sqrt{3}}{\sqrt{3} + k}, \dfrac{\sqrt{3}k}{\sqrt{3} + k})$,

且直线 PD 方程可求得 $y = -\dfrac{1}{k}(x - \dfrac{\sqrt{3}}{\sqrt{3} + k}) + \dfrac{\sqrt{3}k}{\sqrt{3} + k}$。

令 $y=0$，可得 $x_D=\dfrac{\sqrt{3}(1+k^2)}{\sqrt{3}+k}$。

又 $x_D=\sqrt{3}\left[\dfrac{4}{\sqrt{3}+k}+(\sqrt{3}+k)-2\sqrt{3}\right]\geqslant 4\sqrt{3}-6$（当且仅当 $k=2-\sqrt{3}$ 时取得等号），

所以，当 $\angle FAB=\dfrac{\pi}{12}$ 时，即当 $\angle ADE=\dfrac{5\pi}{12}$ 时，线段 AD 的长最小。

【反思：该解法通过设直线 AF 的斜率，构建直线方程，分别求解 F,D 的坐标，从而将线段 AD 的长用直线 AF 的斜率来表示，依然使用了函数的观点。当然，我们可以看出，解析法使用过程中，在联立方程求解点 F 的坐标，以及求解直线 PD 的方程时运算量较大。】

学生交流思路 5：在思路 4 的基础上，可以稍做调整。以建立 F,D 坐标的内在联系为导向，直设点 F 坐标，并以之表示直线方程，求解点 D 坐标，尝试求解。

出示解法 5　如图 3-11 所示，设点 $F(x_0,y_0)$，则线段 AF 的中点 $P\left(\dfrac{x_0}{2},\dfrac{y_0}{2}\right)$，

则直线 PD 方程为 $y=-\dfrac{x_0}{y_0}\left(x-\dfrac{x_0}{2}\right)+\dfrac{y_0}{2}$，

令 $y=0$，可得 $x_D=\dfrac{x_0{}^2+y_0{}^2}{2x_0}$，

又因为 $y_0=-\sqrt{3}(x_0-2)$，代入可得

$x_D=2x_0+\dfrac{6}{x_0}-6\geqslant 4\sqrt{3}-6$（当且仅当 $x_0=\sqrt{3}$ 时取等号）。

可得，当 $\angle ADE=\dfrac{5\pi}{12}$ 时，线段 AD 的长最小。

【反思：该解法紧紧抓住事物间的主要矛盾，独辟蹊径，以坐标切入。很明显，与解法 4 比较，该解法运算过程简洁，函数模型简单，运算量大大降低。】

学生交流思路 6：如果我们继续研究图形中的内在关联，可以将问题转化为：D 是线段 AB 上一动点，以 D 为圆心，以 DA 为半径作圆，该圆与 BC 交于点 F。虽然仍然是一道解析几何的题目，但因为与圆有关，所以从几何的角度切入更加科学合理。我们大可以通过比较圆心到直线的距离与该圆的半径的大小实现问题的解答。

出示解法 6　如图 3-12 所示,可求圆心 D 到 BC 的距离为 $BD\sin\dfrac{\pi}{3}$,

而 $DF=AD=2-BD$。

因为直线与圆有公共点,

所以 $AD \geqslant (2-AD)\sin\dfrac{\pi}{3}$,

求得 $AD \geqslant 4\sqrt{3}-6$。

当且仅当 $DF \perp BC$ 时,线段 AD 的长最小,

此时 $\angle ADE=\dfrac{5\pi}{12}$。

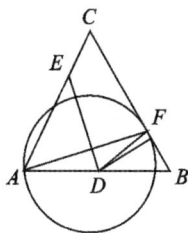

图 3-12　解法 6

【反思:该解法则是基于深刻理解几何图形中各要素之间的内在联系,将问题巧妙地转化为直线与圆的位置关系上,利用几何法巧妙破解。计算简洁,方法自然。】

交流展示完成后,笔者顺势与学生一起梳理解题思路及方法。

(1)梳理平面几何中的边角关系,把握研究对象及关键属性

解三角形类型的问题主要研究几何图形中的性质和规律。因此,教师要充分引导学生分析几何图形中的边角关系(边及对角、两边及夹角等),并剖析关系聚焦地,确定研究对象,把握其中的关键属性,如解法 1、2 将研究对象确定为 ΔBDF;再如解法 4、5 中,将题干中的"$AD=DF$,$\angle ADE=\angle FDE$"转化为"直线 DE 为线段 AF 的中垂线";再如解法 6,将问题转化为直线与圆的位置关系上。这样,解题的思路更加明晰,运算转化的目标和推理的走向更加明确。

(2)注重运算能力的培养,熟练应用函数、基本不等式等工具

解三角形大多会使用边、角两种途径探究。这都离不开数学定理(正弦定理、余弦定理等)、数学结论(三角形面积、内角和定理等),离不开数学运算。当从角突破时,往往会经历三角变换等过程;当从边突破时,需要经历因式分解、消元化简等计算过程。因此,学生应该熟悉各种定理、结论、公式。另外,函数是研究运动变化过程的一种模型和工具。因此,在动点问题的研究过程中,往往会利用函数来刻画这一过程。所以,选取合适的变量,构造函数,研究范围和最值是常用的途径。解法 1~5 均使用了此种方式。而基本不等式作为求解最值最常见的工具在此类问题中被普遍使用也就再正常不过了。因此,在平常的学习中,要培养函数的观点和意识,锤炼求解值域(最值)的各种变换方法和求解技能,适度地进行数学运算方面的训练,提高运算能力,并能科学的评估运算的过程,通过调整变量、减少变量等方式有效地控制或简化运算,逐步形成必备

的数学运算素养。

（3）融通几何图形与代数运算，感悟数学思想方法

解析几何的本质是用代数的方法研究几何问题。本例中的解法 4、5 就很好地体现了"以数解形"的思想方法。当然，"以数解形"也就意味着代数运算必不可少。像建立曲线方程、联立方程式等，教师需要引导学生分析其中的几何关系，设置合适的变量，以恰当的代数形式表达几何关系，将点、线串联，做好"中介"的桥梁作用，更好地突出主线，简化运算，进而实现通过代数运算探究运动变化过程中的几何特征的目的。但"以数解形"，并不意味着"形"一无是处，而是要充分把握形的内在关联，且对关联进一步梳理，在文字信息、图形特征、符号表示之间的多重转换中提取关键属性，实现"以形助数"，进而确定合理的路径和合适的策略，为代数运算的参与和进行打开方便之门。所以，在平时的教学和练习中，教师要通过典型例题的讲解，引导学生深入分析问题，从不同的角度思考问题，融通几何图形与代数运算，积累解题经验，感悟数形结合、转化与化归的思想方法，提升学生的数学学科核心素养。

4. 释疑排难

讲评课中，教师需要针对错处和疑惑处进行辨析和解释，并不是简单地进行"当然式"的步骤呈现，更主要的是"所以然"的分析：如何去切入，如何去联系知识经验，如何去选择方法，如何去转化问题，如何面对困境；如何借助讲评，生成智慧和经验。

讲评课需要通过对学生疑难问题的剖析与讲解，达到总结、提炼通性通法的目的，以此提高学生对学科知识的整体把握。对典型题目的讲解要做到：一是讲思路，即解法的发现过程，如何读题、如何寻找解题的切入点、解法探索，讲清"为什么这样想"的问题；二是讲方法，即通过典型问题，讲基本解题方法和技巧，引导学生突破定势思维，创新解答方法，通过一题多解、一题多变、多题一解等手段，深入挖掘典型试题的潜在功能，讲清"可以如何做"的问题；三是讲规律，即通过对某一道目的解法，提炼并归纳出一类问题的解题方法，形成相对固定的解题策略和程序化的操作方案，达到讲一题、会一类，纠一道、会一种的效果，讲清"以后怎么做"的问题；四是讲变化，即借发挥，对原题进行合理的变形，引导学生多角度、多层次地分析问题，辩证地认识知识与方法的联系，在变化中思考、顿悟，以巩固强化学习效果，讲清"灵活解题"的问题；五是讲规范，即如何规范表述解题过程，如何对试题中的条件进行等价转化等，提升学生的思维的严谨性和科学性，讲清"规范解题"的问题。

例如，在"几何概型"中，学生常常对所选测度（长度、角度、面积、体积等）有

疑问。教师要通过条件的比对，帮助学生分析其中的差异，同时，也要注意引导学生体会其中的辩证关系。

以下是析疑的具体过程："一字之差"背后的差异性与统一性。

例1 已知实数 x,y 满足 $x\geqslant20,y\geqslant20$，且 $x+y=50$，若随机选择条件中的 x,y，试求解事件" $x-y>5$ "的概率。

解析：由题意知，总体为 $\{(x,y)|\begin{cases}x\geqslant20\\y\geqslant20\\x+y=50\end{cases}\}$，解之，

即 $\{(x,y)|\begin{cases}x\geqslant20\\50-x\geqslant20\end{cases}\}$，亦即 $\{(x,y)|20\leqslant x\leqslant30\}$。

设事件 A 为" $x-y>5$ "，则 $A=\{(x,y)|\begin{cases}x\geqslant20\\y\geqslant20\\x+y=50\\x-y>5\end{cases}\}$，

即 $\{(x,y)|27.5\leqslant x\leqslant30\}$，

本题与"从区间 $[20,30]$ 中任取一实数 x，试求事件 $x>27.5$ 的概率"等价。

故以长度为测度，可得概率 $p=\dfrac{30-27.5}{30-20}=\dfrac{1}{4}$。

例2 已知实数 x,y 满足 $x\geqslant20,y\geqslant20$，且 $x+y\leqslant50$，若随机选择条件中的 x,y，试求解事件" $x-y>5$ "的概率。

解析：由题意知，总体为

$\{(x,y)|\begin{cases}x\geqslant20\\y\geqslant20\\x+y\leqslant50\end{cases}\}$，

如图 3-13，即 $\triangle ABC$ 及其内部的点。

设事件 A 为 $x-y>5$，

则 $A=\{(x,y)|\begin{cases}x\geqslant20\\y\geqslant20\\x+y\leqslant50\\x-y>5\end{cases}\}$，即 $\triangle DEC$ 及

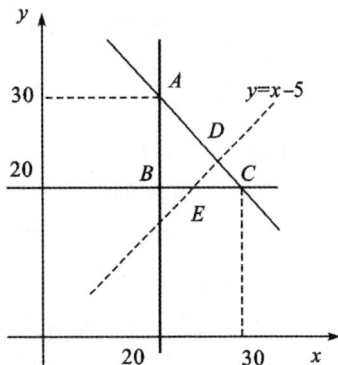

图 3-13 几何概要中的测度选择

其内部的点（除去边 DE）。

故以区域面积为测度，可得概率 $p=\dfrac{1}{8}$。

问题 1：仅仅一字之差，为何方法迥异？

例 1 与例 2 的不同之处在于：看似 x,y 的数值均是随机取的，而实际上二者的函数关系明确，x 的值确定，y 的值随之确定，故情境中其实有且只有一个随机变量。结合题目条件，故以长度之比求解概率。

而例 2 中的 x,y 的数值均是在条件下随机选取，可以以点的坐标（有序实数对）的形式来表示 x,y 的取值。结合题目条件，故以面积之比求解概率。

问题 2：仅仅一字之差，方法真的没有统一性吗？

实际上，虽然例 1 中，x 的值确定后，y 的值随之确定，但我们也可认定为在条件 $x+y=50$ 下任取的，只是符合条件的点并不处于某个平面区域，而是在平面直角坐标系中一条确定直线的某一段上。

解析二如下：

由题意知，总体为 $\{(x,y) \mid \begin{cases} x \geqslant 20 \\ y \geqslant 20 \\ x+y=50 \end{cases}\}$，即如图 3-13 线段 AC 上的所有的点。

设事件 A 为 $x-y>5$，

则 $A=\{(x,y) \mid \begin{cases} x \geqslant 20 \\ y \geqslant 20 \\ x+y=50 \\ x-y>5 \end{cases}\}$，

即如图线段 CD 上点 D 之外的所有的点，

故以长度为测度，可得概率 $P=\dfrac{1}{4}$。

由此可以看出，例 1 的解析中，很好地把握了题目中变量的随机性这一特征，但是却让方法的承继与统一性变得模糊起来，让思路的产生成为一种看似玄之又玄的东西。而解析二，通过学生对几何概型原始的认知，稍做调整即可轻松处理，方法的普遍适用性得以体现，方法的迁移能力也得以培养。

那么，我们面对学生，又该如何讲解这两个例题呢？

要回答这个问题，教师需要考虑好下面三个小问题。

①我们想让学生学会什么？

②我们如何帮助学生深入理解？

③对于变式问题，我们侧重于变化中的统一，还是统一中的变化？

5. 变拓强化

在正确解答思路揭示后,教师应该趁热打铁,乘胜追击。教师针对所讲评的问题设计相应的变式练习,进一步巩固教学成果,达到以练习促巩固,以变化促反思,以拓展促提升的效果。

题目可以有一定的变化和递进性,让学生通过训练,发展深度;通过拓展,体现广度。同时,借助讲评,要对问题的解答思路及方法进行归纳和升华,以达到举一隅而三隅反的效果。

例如,在三角函数这一章的练习题中,有这样一道题目(本案例改编自笔者发表于中学数学教学参考 2018 年第 4 期的文章《知难而退,知难善退》):

角 α 的终边经过点 $P(\sin2,\cos2)$,且 $\alpha \in (0,2\pi)$,试求 α。

学生提出了以下几种不同的解法。

解法 1:由题意知:$\cos\alpha = \sin2$,且 $\sin\alpha = \cos2$。利用诱导公式,可得:

$\cos\alpha = \cos(\dfrac{5\pi}{2}-2)$,且 $\sin\alpha = \sin(\dfrac{5\pi}{2}-2)$。因为 $\alpha \in (0,2\pi)$,故 $\alpha = \dfrac{5\pi}{2}-2$。

或 $\cos\alpha = \cos(\dfrac{\pi}{2}-2)$,且 $\sin\alpha = \sin(\dfrac{\pi}{2}-2)$。故 $\alpha = \dfrac{\pi}{2}-2+2k\pi,k \in z$。又因为 $\alpha \in (0,2\pi)$,所以 $\alpha = \dfrac{5\pi}{2}-2$。

解法 2:由题意知 α 为第四象限角,$\tan\alpha = \dfrac{\cos2}{\sin2} = \dfrac{1}{\tan2} = \tan(\dfrac{\pi}{2}-2)$,故

$\alpha = \dfrac{\pi}{2}-2+k\pi,k \in z$。又因为 $\alpha \in (\dfrac{3\pi}{2},2\pi)$,所以 $\alpha = \dfrac{5\pi}{2}-2$。

解法 3:如图 3-14,将点 P 关于直线 $y=x$ 对称,得到点 $Q(\cos2,\sin2)$。

设角 β 的终边经过点 Q,则 $\beta = 2+2k\pi,k \in \mathbf{z}$。而角 α 与 β 终边 OP、OQ 关于直线 $y=x$ 对称,$\alpha = \dfrac{\pi}{2}-\beta+2k\pi,k \in \mathbf{z}$,故 $\alpha = \dfrac{\pi}{2}-2+2k\pi,k \in \mathbf{z}$。因为 $\alpha \in (0,2\pi)$,故 $\alpha = \dfrac{5\pi}{2}-2$。

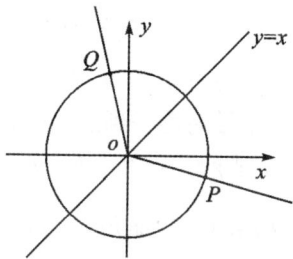

图 3-14 回归单位圆定义求解

教师根据学生的展示,引导学生对方法进行点评。

解法 1 首先利用任意角三角函数值的单位圆定义直接得到角 α 与 2 的三角函数值的关系,然后利用诱导公式转换以使函数名称相同,得到结果。解法具有一定的普遍性,公式选择技巧性颇高,学生掌握的难度较大。

解法 2 选用了终边过点 P 的角 α 的正切值进行求解,前提是对角的终边所处象限进行正确的预判。

解法 3 则是借用点的对称变换,将条件逐渐"退"到最原始的模型:角 α 的终边与单位圆的公共点坐标为 $(\cos\alpha, \sin\alpha)$,再逐层倒逼,便得到结果。

教师借用华罗庚先生的话:要善于退,足够退,退到最原始而又不失重要性的地方,是学好数学的一个重要的诀窍。他教导我们,面对一些复杂的题目,可以在不改变题目性质的前提之下,退后一步,使问题还原回最原始、最简单的状态,将复杂问题简化,利用隐含的规律推证求解。

教师出示变式题:角 α 的终边经过点 $P(\sin 2, -\cos 2)$,且 $\alpha \in (0, 2\pi)$,试求 α。

题目只是对原题中的坐标进行了些许的调整,题目解答的方法没有太大的改变,故而学生可以根据自身的情况,合理地选择方法进行求解,这就起到了很好的巩固效果。同时,坐标的调整还会带来更大的困难,这又促使学生在原题解答方法的基础上进行调整和转化,提高其应用能力和策略意识。

学生展示不同的解法。

解法 1:由题意知:$\cos\alpha = \sin 2$,且 $\sin\alpha = -\cos 2$。利用诱导公式,可得

$$\cos\alpha = \cos\left(2 - \frac{\pi}{2}\right), \text{且 } \sin\alpha = \sin\left(2 - \frac{\pi}{2}\right)。因为 \alpha \in (0, 2\pi),故 \alpha = 2 - \frac{\pi}{2}。$$

解法 2:由题意知 α 为第一象限角,

$$\tan\alpha = \frac{-\cos 2}{\sin 2} = -\frac{1}{\tan 2} = -\tan\left(\frac{\pi}{2} - 2\right) = \tan\left(2 - \frac{\pi}{2}\right),故 \alpha = 2 - \frac{\pi}{2} + k\pi,$$

$k \in \mathbf{z}$。

又因为 $\alpha \in (0, 2\pi)$,α 为第一象限角,所以 $\alpha = 2 - \frac{\pi}{2}$。

解法 3:将点 P 关于直线 $y = x$ 对称,得到点 $Q(-\cos 2, \sin 2)$,再将点 Q 关于 y 轴对称得到点 $R(\cos 2, \sin 2)$。设角 β 的终边经过点 Q,角 γ 的终边经过点 R,则 $\gamma = 2 + 2k\pi, k \in \mathbf{z}$。而角 β 与 γ 终边 OQ、OR 关于 y 轴对称,故 $\beta = \pi - \gamma + 2k\pi, k \in \mathbf{z}$。而角 α 与 β 终边 OP、OQ 关于直线 $y = x$ 对称,$\alpha = \frac{\pi}{2} - \beta + 2k\pi$,$k \in \mathbf{z}$,故 $\alpha = 2 - \frac{\pi}{2} + 2k\pi, k \in \mathbf{z}$。因为 $\alpha \in (0, 2\pi)$,故 $\alpha = 2 - \frac{\pi}{2}$。

教师再引导学生反思。正所谓:万变不离其宗,以不变应万变。变式题考查的知识点同样是任意角的三角函数定义,只要将条件"退"至最原始的模型:角 α 的终边与单位圆的公共点坐标为 $(\cos\alpha, \sin\alpha)$,便可轻松求出结果。解法 3 中问题解决还需依靠角的终边的关系解决角的值的关系。其实,所谓的诱导公

式不也是在角的终边关系的基础上所得到的进一步的结论吗？

植于本，方可盛于末。最原始未必不重要，最原始可能蕴藏着更为丰厚的力量。所以，退，是一种艺术，更是一种智慧。教学中，不仅要学生意识到知难而退，还要教会学生知难善退。

6. 当堂测评

试题讲评后，必须要根据课中反馈的情况进行测评，这是检验课堂学习的重要环节，也是保证讲评课教学效果的必要环节。所以，当堂测评是落实知识的有效载体，是提升学生能力的重要环节，是教师进行课堂教学反馈的重要标尺。当然，讲评课后的矫正补偿同样重要。教师可以要求学生将解答有问题的题目订正在试卷上，或将典型的错误收集在错题本中，做好标注和说明。教师也可在条件允许的情况下精心设计反馈题，让讲评课的效果落到实处。

因讲评课往往需要根据检测题以及学生作答情况进行设计，而且在此前叙述中援引多处实例，在此不再附录讲评课案例。

第四节　复习课的教学设计

在学期临近结束时以及高三复习过程中，复习课是一种主要的课型。复习课，涉及一个单元或主题的知识，知识覆盖面广、教学内容多、思维容量大。复习课可分为单元复习课、期中(末)复习课、学业水平考试复习课、高三复习课（一轮复习、二轮复习等）。

学生可以通过复习课系统地回顾单元或主题知识，发展数学思维能力。同时教师可以通过复习课弥补教学过程中的缺憾，提高教学质量。但是，复习课的教学也有很多的误区，如把复习课上成习题课，甚至新授课，复习课成为机械的训练的场所。故而，有的教育专家指出，好的复习课一要防止考点化，加强专题化；二要防止材料化，加强课程化；三要防止训练化，加强学习化。我深以为然。

一、复习课的教学目的及功能

复习课，最重要的是达到"温故知新"的目的，让学生对已学过的内容进行归类、整合、转化，体会知识的内在联系，进而融会贯通，建立起知识间的内在体系，形成对知识完整、系统的认知；让学生通过典型例题的分析和解答，在方法与技能的训练中进行信息提取与加工，知识回忆与联想，技能锤炼与思想感悟;让学生在陌生情境或开放问题中深度探究,感受知识的选择与应用和方法的顿悟,形成个性化的策略行为,提升提出和发现问题、分析和解决问题的能力。

二、复习课的教学内容设定

复习课的教学过程主要是围绕单元或主题教学目标,对全单元或主题的知识进行梳理,建构知识体系;通过典型例题,复习基本方法和基本技能,查漏补缺,突破疑难,并能站在更高的纬度进行分析和解答,形成更深层次的知识认知,进而在归纳反思中形成个性化的解题经验。因而,复习课的教学内容包括知识的梳理与知识体系的建构、典型问题或例题的分析与解答、方法的总结归纳与规律的提炼升华。

一般地,复习课的教学内容设定应满足以下几个重要原则。

1. 系统性原则

复习课是对一单元或某主题进行的复习,因此复习课首先要体现统领性。复习课不是新授课的重复,而是要把平时所学的零碎的、局部的知识纵横联系,甚至与其他单元或主题的知识相关联,使之系统化、结构化,揭示各部分内容之间、数学与其他学科之间的内在逻辑联系,使学生进一步明确各部分知识在教材中的地位与作用。复习课也不是习题课的压缩,而是将相关题型放到整个单元或主题内容的高度上去审视、分析、提炼。教师要引导学生在题目的解答中有意识地淡化一招一式的练习,着重感受知识的应用、突破的角度、方法的优劣,并在此基础上生成丰富的个体化体验,形成基本活动经验,提升分析和解决问题的能力。

2. 针对性原则

复习课中题目的设计、重难点的确定等都要有相当强的针对性,否则,无法在一到两节课内对单元或主题的内容进行有效的复习。复习课在内容上不能面面俱到,要突出重点,否则就会出现胡子眉毛一把抓,不分主次的梳理,课堂上产生大量无效或低效时间,复习课成为新授课的"压缩饼干";复习课要瞄准学生需求,并以"大"视角解析,要选择在知识的交汇处、在思想方法的凝结处、能"牵一发而动全身"的题目进行练习和讲解,使学生通过复习有新的收获、新的体会,否则就会形成"原地转圈"式效果;复习课要瞄准"形而上"的"道",而不是一招一式的"技",教师要引导并帮助学生提炼解题规律与方法,生成个性化感悟,否则就会出现聚焦过甚,在细枝末节上下功夫,导致只见树木不见森林,复习课成为点对点的"针灸"。因此,复习课要兼顾"大"与"小"。"大"指的是大局观、整体观。教师要针对课标的要求,针对教材的重难点,结合学生学情,设置全面、准确、有度的教学目标,既要凸显出知识的系统性,又要突出重点知识和重点题型,还要瞄准学生的薄弱处与提升处。所以,在复习课时,教师可以适时地出示课时的学习目标以便引导学生在课堂上带着目标学习,明确学习任务和学习要求,提高学生的学习专注度,提升课堂达标度和课堂教学的总体效益。

3. 整合性

复习课的系统性要求和高观点视角就要求教师要对单元或主题的内容进行合理有效的整合与开发,先破后立,深刻挖掘单元或专题中的核心知识及目标,并以之为中心组织课堂设计。教师可以将教材或教辅中的问题进行整合和改编,将教学情境和内容进行适当的"陌生化",使学生在陌生的情境中,进入探究状态,让学生在分析和解决问题的过程中提升思维的品质。教学过程中可以适当地打破章节顺序,对内容进行重组,甚至基于单元的视角提供结构不良问题,使得课堂呈现一定的开放性,挑动学生站在单元或主题的高观点下积极思考,大胆联系,勇于创新,乐于表达。

三、复习课的教学环节

复习课一般通过以下教学环节完成:基础回顾—典例引路—交流展示—精讲点拨—巩固强化—评析升华。

1. 基础回顾

教师要充分地发挥学生的主体地位,通过问题导引方式,引导学生主动进行知识回顾,能够熟练地掌握单元或主题中的概念、定义、定理、公式及其应用(推导、正用、逆用、变形转化等),并能准确自然地使用自然语言、图形语言、符号语言等进行表达和运用,在此基础上将已学过的知识点按一定的标准分类,将知识条理化、系统化、结构化,构建知识网络,并达成理解记忆的目的。教师可在学生构建完知识网络后,进行必要的总结完善。

如"统计"章节复习课。该单元要求学生"能够根据实际问题的需求,选择恰当的抽样方法获取样本数据,并从中提取需要的数字特征推断总体,能够正确运用数据分析的方法解决简单的实际问题"。为此,笔者在课堂伊始与学生一起梳理了统计的操作流程,得到了图 3-15。

学生不仅对统计的整体流程有了直观系统的认识,而且透过流程图,可以更清楚地认识到每一环节在统计中的具体地位和作用,加深知识的理解。

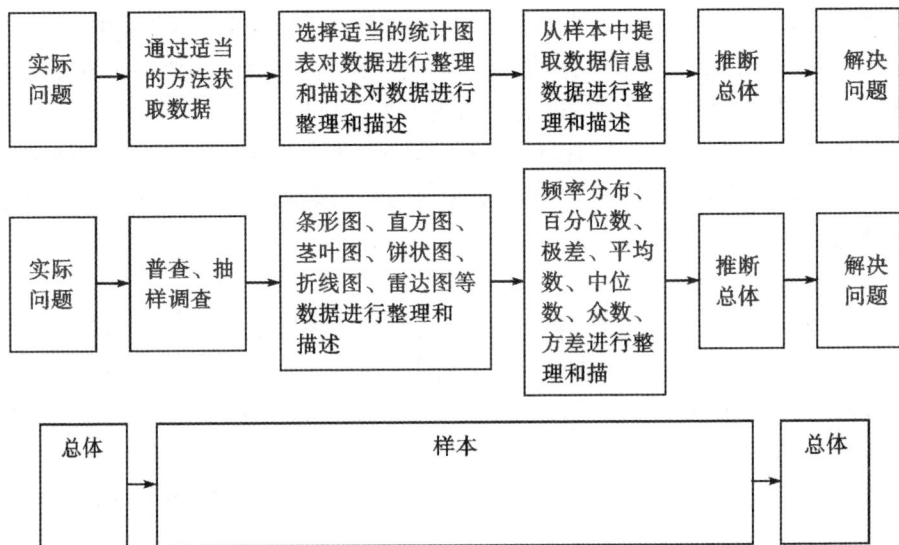

图 3-15 统计流程

再比如,在"直线的方程"复习课中,教师可以根据所学内容,轻启引入:坐标法是以坐标系为桥梁,把几何问题转化成代数问题,通过代数运算研究几何图形性质的方法,是解析几何中最基本的研究方法。例如,几何中的点可使用坐标表示,几何中的倾斜程度可用倾斜角或斜率刻画,几何中的直线可用方程表示。当然,代数式也可以在一定的条件下具有几何的属性。

在基础的回顾中,教师通过问题或叙述帮助学生将知识串联成线,为复习奠定知识基础,同时在知识的整合过程中,学生能够清晰地感受到知识的结构脉络与发展过程,为知识的序列化、结构化奠定基础。

2. 典例引路

复习课重在通过例题的练习和讲解,整合知识的应用和能力的提升。因此,精心地选择适量的典型例题,分析并解决这些问题是一堂复习课的课堂明线。当然,例题的目的并不单纯是训练方法,而是通过题目的解答过程,为学生分析问题和解决问题提供一个原型和可借鉴的思维路径,为方法的迁移应用提供范本。因此,复习课课堂的另一条暗线为思想方法的提炼与归纳。基于此,例题的选择除了要覆盖复习的内容之外,还必须有一定的典型性、示范性、综合性、拓展性。甚至有时可以考虑根据学生学习水平,设置开放性的问题。教学过程中,要充分挖掘例题本身所蕴含的价值,掌握其中的共性通法,理解背后的思想方法。教师要注意引导学生通过纵深探索、横向关联,逐步优化认知,开阔视野、增强体验。

如"解三角形"复习课。本课是在于"解三角形中的最值问题"的专题复习课——"利用轨迹求解三角形中的最值问题"，以"数形结合"的思想方法为主线，串联起"不定三角形"中的各类最值问题，并分别以数、形两种途径求解，体现数形殊途同归，相伴相生的特点（本案例选自笔者 2017 年 8 月发表于《中学生理科应试》的文章《利用轨迹求解三角形中的最值问题》）。

三角形中有三个内角和三条边。解三角形主要是应用三角形中的已知边角信息求解其他边或角，常规是"知三求三"的模式。也就是说，在三角形中，只要知道了其中的三个边或角的信息（三条边、两边及一角、两角及一边）均可求出其余的边或角。如果条件中仅给出两项信息，那么对应的三角形就可能会有无数个，在这个形状及数量关系不定的三角形中，就会产生最值。

（1）已知其中一边与其对角

例 1　在 $\triangle ABC$ 中，角 A、B、C 的对边分别为 a、b、c，若 $C=\dfrac{\pi}{3}$，$c=4$，试求解该三角形的面积 $S_{\triangle ABC}$ 的最大值。

解法 1　由题意知 $\cos C=\dfrac{a^2+b^2-c^2}{2ab}=\dfrac{1}{2}$，则 $a^2+b^2-16=ab$，可求得 $ab\leqslant 16$（由基本不等式可得），故 $S_{\triangle ABC}=\dfrac{1}{2}ab\sin C\leqslant 4\sqrt{3}$。

解法 2　由正弦定理知，该三角形的外接圆半径 r 确定，$r=\dfrac{1}{2}\cdot\dfrac{AB}{\sin C}=\dfrac{4\sqrt{3}}{3}$。如图 3-16，若 AB 为半径等于 $\dfrac{4\sqrt{3}}{3}$ 的圆上的定弦，则动点 A 的轨迹为优弧 AB，可知当点 C 位于 C_2 时，$S_{\triangle ABC}$ 取得最大值 $4\sqrt{3}$。

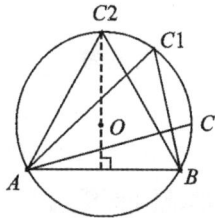

图 3-16

探究　在例 1 的条件下，若该三角形为锐角三角形，试求解 b 的取值范围。

解法 1　若该三角形为锐角三角形，则 $\begin{cases} 0<B<\dfrac{\pi}{2} \\ 0<A=\dfrac{2\pi}{3}-B<\dfrac{\pi}{2} \end{cases}$，求得 $\dfrac{\pi}{6}<B<\dfrac{\pi}{2}$。由正弦定理得：$b=\dfrac{c}{\sin C\sin B}\in\left(\dfrac{4\sqrt{3}}{3},\dfrac{8\sqrt{3}}{3}\right)$。

解法 2 同(1),如图 3-17,若 AB 为半径为 $\frac{4\sqrt{3}}{3}$ 的圆上的定弦。在 $\triangle ABC$ 中,当 $A=\frac{\pi}{2}$ 时,C 位于 C_3;当 $B=\frac{\pi}{2}$ 时,C 位于 C_4。若该三角形为锐角三角形,则动点 C 的轨迹为弧 C_3C_4。可知 b 的取值范围为$(\frac{4\sqrt{3}}{3},\frac{8\sqrt{3}}{3})$。

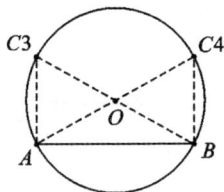

图 3-17

例 2 在 $\triangle ABC$ 中,角 A、B、C 的对边分别为 a、b、c,若 $C=\frac{\pi}{3}$,$c=4$,试求 b^2-a^2 的最大值。

解析:由例 1 可知,动点 C 的轨迹为图 3-16 中优弧 AB,设弦 AB 的中点为 D。则可知 $b^2-a^2=\overrightarrow{CA}^2-\overrightarrow{CB}^2=(\overrightarrow{CA}+\overrightarrow{CB})\cdot(\overrightarrow{CA}-\overrightarrow{CB})=2\overrightarrow{CD}\cdot\overrightarrow{BA}$,由圆的性质可知,$\overrightarrow{CD}$在$\overrightarrow{BA}$上的投影最大值为圆的半径 r。

由数量积的几何意义可知,$2\overrightarrow{CD}\cdot\overrightarrow{BA}\leqslant 2r\cdot c=\frac{c^2}{\sin C}$。故可求解 b^2-a^2 的最大值为$\frac{32\sqrt{3}}{3}$。

(2)已知其中两边

例 3 在 $\triangle ABC$ 中,角 A、B、C 的对边分别为 a、b、c,若 $c=4$,$b=2$,求 B 的范围及 $S_{\triangle ABC}$ 的最大值。

解法 1 由正弦定理得:$\frac{\sin B}{\sin C}=\frac{b}{c}=\frac{1}{2}$,则 $\sin B\in(0,\frac{1}{2}]$。又 $b<c$,则 B 必为锐角,故 $0<B\leqslant\frac{\pi}{6}$。

(或由余弦定理可知,$\cos B=\frac{a^2+c^2-b^2}{2ac}=\frac{a^2+12}{8a}=\frac{1}{8}(a+\frac{12}{a})\geqslant\frac{\sqrt{3}}{2}$,故 $0<B\leqslant\frac{\pi}{6}$。)

同时,可知 $A\in(0,\pi)$,故 $S_{\triangle ABC}=\frac{1}{2}bc\sin A\leqslant 4$。

解法 2 若边 AB 固定,长为 4,则动点 C 的轨迹为以 A 为圆心,以 2 为半径的圆(除去直线 AB 上的点)。如图 3-18,当点 C 位于 C_1 或 C_2 时,B 最大,为

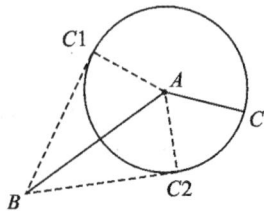

图 3-18

$\dfrac{\pi}{6}$。故 $0<B\leqslant\dfrac{\pi}{6}$。

同时,当 $CA\perp BA$ 时,点 C 到 AB 的距离最大,此时 $S_{\triangle ABC}$ 取得最大值 4。

探究 在例 2 的条件下,若该三角形为锐角三角形,求 a 的取值范围。

(3)已知其中一边与其邻角

例 4 在 $\triangle ABC$ 中,角 A、B、C 的对边分别为 a、b、c,$A=\dfrac{\pi}{3}$,$c=4$,求 a 的最小值;并探究:若该三角形为锐角三角形,b 的取值范围。

解法 1 由正弦定理得 $\dfrac{a}{\sin A}=\dfrac{c}{\sin C}$,故

$$a=\dfrac{c\sin A}{\sin C}=\dfrac{2\sqrt{3}}{\sin C}\geqslant 2\sqrt{3}。$$

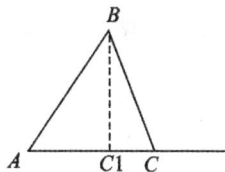

图 3-19

如图 3-19 若该三角形为锐角三角形,可求知 $\dfrac{\pi}{6}<C$ $<\dfrac{\pi}{2}$,故 $2\sqrt{3}<a<4$。

由余弦定理得 $\cos A=\dfrac{b^2+c^2-a^2}{2bc}=\dfrac{b^2+16-a^2}{8b}=\dfrac{1}{2}$,即 $b^2-4b+16=a^2$。

若该三角形为锐角三角形,则 $\begin{cases}b^2+a^2>c^2=16\\a^2+c^2=a^2+16>b^2\end{cases}$,求得 b 的取值范围为 $(2,8)$。

解法 2 如图 3-20 作角 $\angle PAB=\dfrac{\pi}{3}$,$AB=4$,则动点 C 的轨迹为射线 AP。可知 a 的值即为 BC 的长度,最小值为点 B 到射线 AP 的距离,此时点 C 位于 $C1$ 处。故 $a\geqslant c\sin A=2\sqrt{3}$。作 $C_2B\perp AB$ 交射线 AP 于点 C_2。可知当点 C 处于 C_1C_2 之间时,该三角形为锐角三角形,b 的取值范围为 $(2,8)$。

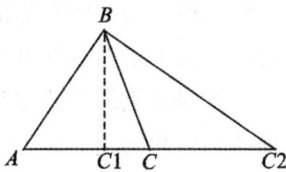

图 3-20

探究 在例 3 的条件下,探究当 a 取不同的值时,三角形解的个数。

提示 如图 3-21,可以 B 为圆心,以 a 为半径作圆,该圆与射线 AP 的公共点(除点 A)即为顶点 C。可由公共点 C 的个数确定三角形解的个数。

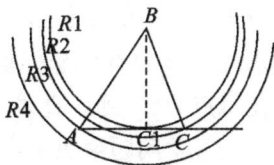

图 3-21

(4)其他

例5 （2008江苏卷）在 $\triangle ABC$ 中,角 A、B、C 的对边分别为 a、b、c,若 $AB=2$,$AC=\sqrt{2}BC$,则 $S_{\triangle ABC}$ 的最大值是_____。

解法1 设 $BC=x$,$AC=\sqrt{2}\,x$,可求得 $2\sqrt{2}-2<x<2\sqrt{2}+2$,

又 $S_{\triangle ABC}=\dfrac{1}{2}AB\cdot BC\sin B=x\sin B$,

根据余弦定理,得 $\cos B=\dfrac{a^2+c^2-b^2}{2ac}=$

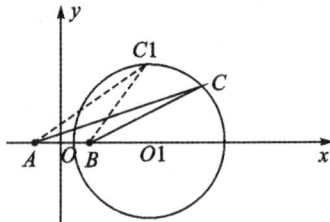

图 3-22

$\dfrac{4-x^2}{4x}$,代入上式,得

$$S_{\triangle ABC}=x\sqrt{1-\left(\dfrac{4-x^2}{4x}\right)^2}=\sqrt{\dfrac{128-(x^2-12)^2}{16}},\text{可知当 } x=2\sqrt{3}\text{ 时},S_{\triangle ABC}$$

取得最大值 $2\sqrt{2}$。

解法2 以 AB 所在的直线为 x 轴,AB 的中点为原点,建立直角坐标系,则可求得动点 C 的轨迹方程为 $(x-3)^2+y^2=8(y\neq0)$,故点 C 在以 $(3,0)$ 为圆心,半径 $r=2\sqrt{2}$ 的圆上,如图 3-22。可知当点 C 位于 C_1 处,点 C 到 x 轴的距离最大,此时 $S_{\triangle ABC}$ 取得最大值 $2\sqrt{2}$。

在"直线的方程"复习课中,如何根据实际情况选择合适的方程形式,同时理解每种方程式所突显的几何属性以及各种方程的内在逻辑统一性是复习的重点。为了增强认知冲突和体验,加深学生对于知识的理解,同时避免知识和问题以碎片化的形式出现,教师可以将不同的问题集中在同一背景下,通过数据的调整和问题的设计,建立基于同一背景的问题串或问题系统,让学生从不同角度、在不同层次上探究,逐渐逼近知识内核,形成丰富的体验。

如教师可利用几何画板,构造分别以 $A(-1,1)$,$B(1,3)$,$C(3,2)$ 为顶点的三角形,然后设计了以下 5 个问题:①求 AC 边的中线所在的直线方程;②求平行于 AC 边的中位线所在的直线方程;③求 AC 边的高线所在的直线方程;④求过点 B 且在两坐标轴上所得截距相等的直线方程;⑤求过点 A 的直线方程,使得点 B、C 到该直线的距离分别相等。

五个问题聚焦于直线的方程的求解,涉及直线方程形式的选择以及参数的求解;同时,直线本身内在的几何属性也为直线方程的求解提供了相应的指导和暗示,体现了解析法中"以数解形"和"以形助数"的要求和特征。

3. 交流展示

教师设置好典型例题后，要给予学生充分时间独立思考，有一定难度的问题可以在独立思考的基础上再进行小组合作。教师要最大限度地发挥学生的主观能动性，给学生提供自由发表意见的舞台，在学生之间倡导自由、平等、民主的学术氛围，鼓励学生展示、评价、辩论，让学生通过观察、表达、比较、评析的过程，以培养学生正确运用知识、多角度分析问题、灵活选择方法、客观科学评价的能力。教师也会在学生的交流和展示中，观察学生学情，预估学习效果，并根据学生交流展示中暴露的问题和呈现的资源开展下一环节的"精讲点拨"，实现以学定教，以生定教，进一步提高课堂的针对性和有效性。

如"平面向量"内容的一节复习课。在教学中，以一道方法灵活的填空题为载体，给学生充分展示交流的时间和空间。复习时，又设计了以方法展示和比较评价为主线的教学活动，让学生通过充分的表达、交流，细致比较评析方法的优劣，体会方法背后的知识和思维，将平面向量的运算（包括符号运算、坐标运算、图形运算）进行了系统的复习，并以问题驱动学生思考运算方式的选择切入口，让学生体会知识应用的方向与可能性，总结问题求解的策略和经验，实现从一道题的解析达成一类题的解析的效果，大大提高了思维的灵活性，提升了思维品质。

已知向量 $\vec{a}, \vec{b}$ 满足 $\vec{a} \cdot \vec{b} = 0$，$|\vec{a} + \vec{b}| = m|\vec{a}|$，若 $\vec{a} + \vec{b}$ 与 $\vec{a} - \vec{b}$ 的夹角为 $\dfrac{2\pi}{3}$，则实数 m 的值等于 _____。

学生甲展示方法 1：因为 $\vec{a} \cdot \vec{b} = 0$，所以 $|\vec{a} + \vec{b}|^2 = |\vec{a} - \vec{b}|^2 = \vec{a}^2 + \vec{b}^2$。

又 $\cos\langle \vec{a} + \vec{b}, \vec{a} - \vec{b} \rangle = \dfrac{(\vec{a} + \vec{b}) \cdot (\vec{a} - \vec{b})}{|\vec{a} + \vec{b}||\vec{a} - \vec{b}|} = -\dfrac{1}{2}$，

所以 $\vec{b}^2 = 3\vec{a}^2$，

所以 $|\vec{a} + \vec{b}|^2 = 4\vec{a}^2$，故 $m = 2$。

师：学生甲基本功非常扎实，利用向量的符号运算逐步求解，步骤逻辑缜密，思路明确，值得表扬。

学生乙：老师，题目里面告诉我们 $\vec{a} \cdot \vec{b} = 0$，所以 $\vec{a} \perp \vec{b}$。我认为可以利用坐标运算求解。展示方法 2：设 $\vec{a} = (x, 0)$，$\vec{b} = (0, y)$，因此 $\vec{a} + \vec{b} = (x, y)$，$\vec{a} - \vec{b} = (x, -y)$。

又 $\cos\langle \vec{a} + \vec{b}, \vec{a} - \vec{b} \rangle = \dfrac{(\vec{a} + \vec{b}) \cdot (\vec{a} - \vec{b})}{|\vec{a} + \vec{b}||\vec{a} - \vec{b}|} = \dfrac{x^2 - y^2}{x^2 + y^2} = -\dfrac{1}{2}$，

所以 $y^2 = 3x^2$，

所以 $|\overrightarrow{a}+\overrightarrow{b}|^2=4\overrightarrow{a}^2$，故 $m=2$。

师：请同学们对甲乙两位同学的求解进行比较评价。

学生丙：甲同学使用了平面向量的符号运算，乙同学使用了平面向量的坐标运算。我个人认为，乙同学的求解方式更好。一般地，平面向量的坐标运算都会比符号运算更简单一些。而且，这道题目中有明显的暗示。

师：你所说的暗示指的是什么？

学生丙：$\overrightarrow{a}\cdot\overrightarrow{b}=0$。这两个基向量是相互垂直的，因此更适合建立直角坐标系。

师：其实，平面向量的符号运算和坐标运算都是基向量的运算，只不过坐标运算所使用的基向量更为特殊，是两个相互垂直的基向量。因此，坐标运算呈现出来的更多的是代数运算的特征。这告诉我们，如果条件中有明显的暗示，如垂直，我们可以选择建立平面直角坐标系，利用坐标运算实现代数处理。

学生丁：老师，我认为甲和乙两位同学的求解过程本质上没有太大的区别，而且都比较麻烦。如果我们从图形的角度入手，会更加简单。

师：这个角度非常好。我们经常说，向量是联结代数和几何的桥梁。向量兼具"数"和"形"两重属性。因此，在处理向量问题时，既可以从代数的角度进行运算，也可以通过图形突破。

学生丁展示方法 3：在矩形 $OBCA$ 中，两对角线交于点 M。设 $\overrightarrow{OA}=\overrightarrow{a}$，$\overrightarrow{OB}=\overrightarrow{b}$，则 $\overrightarrow{OC}=\overrightarrow{a}+\overrightarrow{b}$，$\overrightarrow{BA}=\overrightarrow{a}-\overrightarrow{b}$。

由条件知 $\overrightarrow{a}+\overrightarrow{b}$ 与 $\overrightarrow{a}-\overrightarrow{b}$ 的夹角为 $\dfrac{2\pi}{3}$，即 $\angle AMC=\dfrac{2\pi}{3}$，所以 $\angle COB=\dfrac{\pi}{6}$。

$|\overrightarrow{OC}|=2|\overrightarrow{BC}|=2|\overrightarrow{a}|$，所以 $|\overrightarrow{a}+\overrightarrow{b}|^2=4\overrightarrow{a}^2$，故 $m=2$。

师：你是如何想到这种方法的？

学生丁：我观察到题目中有 $\overrightarrow{a}+\overrightarrow{b}$ 与 $\overrightarrow{a}-\overrightarrow{b}$ 两个向量，它们可以使用平行四边形的两条对角线对应的有向线段表示。同时，满足 $\overrightarrow{a}\cdot\overrightarrow{b}=0$，$\overrightarrow{a}+\overrightarrow{b}$ 与 $\overrightarrow{a}-\overrightarrow{b}$ 的夹角为 $\dfrac{2\pi}{3}$，两个条件中的夹角均为特殊角度。所以，我猜想，几何法应该可以奏效。

师：非常棒！题目中呈现的都是数量关系，丁同学却从中挖掘出了图形关系，并以之轻松突破，实现求解。让我们向具有敏锐观察力和卓越创新力的丙同学鼓掌。

学生戊：老师，我有一种想法，我感觉有道理，但是无法继续进行下去。刚才甲和乙都是使用基向量去求解的。我感觉，题目中说，$\overrightarrow{a}+\overrightarrow{b}$ 与 $\overrightarrow{a}-\overrightarrow{b}$ 的夹角

为 $\frac{2\pi}{3}$ ，而且，我们可以得到 $|\overrightarrow{a}+\overrightarrow{b}|=|\overrightarrow{a}-\overrightarrow{b}|$ 。我们是不是也可以以 $\overrightarrow{a}+\overrightarrow{b}$ 与 $\overrightarrow{a}-\overrightarrow{b}$ 作为一组基向量呢？

师：你这个想法非常有创意。根据平面向量基本定理可知，只要基向量的长度、夹角关系明确，我们就可以以之求解任意向量间的运算。现在，只有一个问题了，如何使用 $\overrightarrow{a}+\overrightarrow{b}$ 与 $\overrightarrow{a}-\overrightarrow{b}$ 表示 $\overrightarrow{a}$ 了。

学生戊：我明白了，老师。 $\overrightarrow{a}=\dfrac{(\overrightarrow{a}+\overrightarrow{b})+(\overrightarrow{a}-\overrightarrow{b})}{2}$ 。

师：请同学们嫁接戊同学的方法，尝试完成。

很快，学生们求解出了结果，有的利用符号运算，有的利用图形求解。

师：请大家回顾该题的求解思路和过程，谈一下，你有什么收获？

学生已：平面向量的运算是多样的，我们可以根据条件选择符号运算、坐标运算、图形运算等不同的方式。

师：可是，在真正运算求解之前，我们如何选择运算形式呢？从何处着眼？

学生已补充：一般情况下，符号运算都是可行的，只是相对比较麻烦。如果图形中有明确的垂直关系，或图形相对简单，可以建系使用坐标运算求解；如果条件中提供的图形信息比较明显，并且长度关系、角度关系比较特殊，可以考虑使用图形运算。

4. 精讲点拨

教师可根据学生在交流展示中暴露的问题（知识错误、步骤规范情况、思维转化、方法选择等）进行精讲，正本清源；同时对学生交流中呈现的有价值的教学资源（独特的思维和方法等）进行合理利用，真正体现以学定教。教师的讲解和点拨除了对题目解答的思路进行梳理、步骤进行规范之外，重在对题目解答内在规律的总结与提炼。另外，需要特别指出的是，解题的目的绝不仅仅是解决一个题目，而是要通过该典型问题的解答归纳提炼出通性通法，揭示解决问题的一般方法及问题背后的内在规律，体会其中蕴含的丰富的数学思想方法，提高分析问题、解决问题的能力。所以，"讲"和"点"要突破一招一式的训练，指向思维和思想层面。当然，精讲点拨往往会和上一环节穿插进行，实现师生、生生之间充分、有效地互动。上例即是如此。例如，"数列的通项公式与前 n 项和"复习课。

教师出示典型例题。

是否存在实数 a,b,c ，使得 $1\times2+2\times2^2+3\times2^3+\cdots+n2^n=2^n(na-b)+c,n\in\mathbf{N}^*$ 恒成立？若存在，请求出 a 、 b 、 c 的值，否则，说明理由。

学生自行解答。绝大多数学生可能会选择将等式左侧进行求和,依据多项式相等的条件分别求出参数 a、b、c 的值。

解答过程如下:令 $T_n = 1 \times 2 + 2 \times 2^2 + 3 \times 2^3 + \cdots + n2^n$,

则 $2T_n = 1 \times 2^2 + 2 \times 2^3 + 3 \times 2^4 + \cdots + n2^{n+1}$,两式相减得

$T_n = -(2 + 2^2 + 2^3 + \cdots + 2^n - n2^{n+1}) = (n-1)2^{n+1} + 2$,

故 $a = b = c = 2$。

教师可适时追问,让学生充分暴露思维过程,体会通过数列的通项公式完成求和的过程。同时,可通过改换条件引导学生深度反思数列中的通项与前 n 项和的内在联系。

如,"数列 $\{a_n\}$ 满足:$a_1 + 2a_2 + 3a_3 + \cdots + na_n = (n-1)2^{n+1} + 2$,求数列 $\{a_n\}$ 的通项公式"。学生自然而然地就会想到将右侧整式看作数列 $\{na_n\}$ 的前 n 项和,解答过程如下。

令 $T_n = 2^n(na - b) + c$,若 T_n 为数列 $\{na_n\}$ 的前 n 项和。则 $n=1$ 时,$a_1 = 2$,

$n>1$ 时,$na_n = T_n - T_{n-1} = n2^n$,

由题意知 $n=1$ 时,$a_1 = 2$;且 $n>1$ 时,$a_n = n \cdot 2^n$。

故 $a_n = n \cdot 2^n$。

此时,教师可引导学生再次回到原题,学生自然就会想到第二种求解的角度。解答如下。

令 $T_n = 2^n(na - b) + c$,若 T_n 为数列 $\{a_n\}$ 的前 n 项和。则

$n=1$ 时,$a_1 = T_1 = 2(a-b) + c$,

$n>1$ 时,$a_n = T_n - T_{n-1} = 2^{n-1}[(n+1)a - b]$,

由题意知 $n=1$ 时,$a_1 = 2$;且 $n>1$ 时,$a_n = n \times 2^n$。

故 $a = b = c = 2$。

然后,教师可引导学生对两种方法进行了梳理评析,并在学生表达的基础上进行点拨和完善。

此题条件中提供的是一个 $a_1 + a_2 + a_3 + \cdots + a_n = f(n)$ 形式的代数式。等式左侧是一和式,而右侧为一整式。中间的等号为和式与整式间的转化提供了一条桥梁:"由分到合"与"由合到分"。

从等式左侧到右侧,是对数列求和的过程,是"由分到合"的转化。而从右侧到左侧则是利用和求通项的过程,是将整式分解,"由合到分"的转化。

方法 1 则是由合的角度,借助式子的结构特征,将等式左侧的和式 $a_1 + a_2 + a_3 + \cdots + a_n$ 利用错位相减法求和,零存整取,"由分到合",将等式左侧进行求解化简,然后依据多项式相等的条件求出 a、b、c 的值。

而方法 2 则是由分的角度,将等式右侧的整式也看成数列的前 n 项和,化整为零,利用 $a_n = \begin{cases} S_1, n=1, \\ S_n - S_{n-1}, n>1 \end{cases}$ 求出通项,然后利用两个数列同一性分别求出 a、b、c 的值,凸显了"由合到分"的过程。

两种方法特点鲜明:方法 1 凸显基本方法的应用,而方法 2 独辟蹊径,凸显思维的角度独特性与灵活性。

学生在题目的解答与教师的精讲点拨中不仅仅是复习到数列通项公式及前 n 项和的求解方法,而且深刻地感悟到数列中的"分合之道",体会数列的通项与前 n 项和的内在逻辑关系,并以之指导解答同类问题。

5. 巩固强化

经过前面的典例解析和教师的点拨后,学生需要进一步巩固强化,使之内化形成技能。教师应设置一些基础性和挑战性的问题,设计不同层次的习题,引领学生通过反馈巩固所学,强化认知,教师也借此判断学生是否达标。教师可以在典型问题的基础上,精心挑选反馈练习题进行检测达标。题目可以是类似问题,直接检测知识是否熟练准确、方法是否娴熟;也可以将条件与结论互换、加强或削弱命题的条件、删除其中某个条件,使之结构不良化等方式,引导学生举一反三、融会贯通,提高知识应用意识和创新能力。

如"计数原理"部分复习中,我在例题的基础上进行了以下改编以巩固强化。

例题:如图 3-23(1)所示的阴影部分由方格纸上 3 个小方格组成,我们称这样的图案 L 形(每次旋转 90°仍为 L 形图案),那么在由 4×5 个小方格组成的方格纸上可以画出不同位置的 L 形图案的个数是_____。

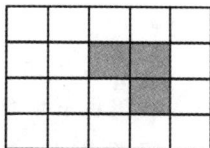

图 3-23(1)

改编 1:如图 3-23(2)所示的阴影部分由方格纸上 5 个小方格组成,我们称这样的图案 L 形(每次旋转 90°仍为 L 形图案),那么在由 4×5 个小方格组成的方格纸上可以画出不同位置的 L 形图案的个数是_____。

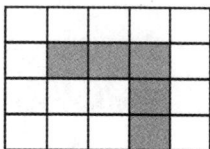

图 3-23(2)

改编 2:如图 3-23(3)所示的阴影部分由方格纸上 4 个小方格组成,我们称这样的图案 L 形(每次旋转 90°仍为 L 形图案),那么在由 4×5 个小方格组成的方格纸上可以画出不同位置的 L 形图案的个数是_____。

改编 3:在由 4×5 个小方格组成的方格纸上可以找到

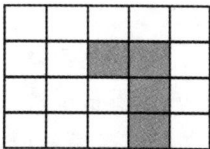

图 3-23(3)

_____个不同的正方形（1×1,2×2,3×3,4×4）。

改编4：某城区街道如图 3-23(4)所示,①从 A 地经最短路程到达 B 地,有_____种不同的走法;②从 A 地经最短路程到达 B 地,若不经过 C 地,有_____种不同的走法;③其中从 C 到 D 因特殊原因交通管制,不能通行,若从 A 地经最短路程到达 B 地,有_____种不同的走法;④从 A 地经最短路程到达 B 地的过程中,已知经过 D 地,则经过 C 地的概率为_____。

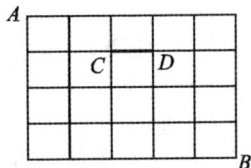

图 3-23(4)

6. 评析升华

本环节是复习课课堂教学过程中不可缺少的、最重要的环节,是整节课"灵魂"的揭示、"思想"的提炼。恰到好处的评析总结能够有力地引导学生对所学知识进行归纳梳理,使知识系统化和网络化,使重、难点得到强化和升华,发展学生的思维能力;同时,教师的评析升华还会形成有效的示范,引导学生形成主动归纳、提炼、建构的意识,提高归纳的能力,培养良好的学习习惯,有效转变学习方式。

四、复习课的教学设计案例

复习课案例 1　函数最值的求解方案*

1. 复习热身

投影出示热身题。

思考:使用前面学习的方法求解以下函数的最值,并指出所需注意的事项及其他解法。

①$y=x^3-3x,x\in[-2,2]$;②$y=2x+\sqrt{1-2x}$;③$y=\dfrac{\sin x+1}{\cos x-4}$。

生总结导数法、换元法、数形结合法。

师:从这几个题目来看,函数最值的求法是多种多样的,对式子理解角度的不同,就会相应引起解答方式的不同。今天我们看一看"函数最值求解方案的形成"。

2. 典例引路

投影出示诱导题。

师:请同学们尝试处理下面这道实际应用问题。

---

* 本案例改编自笔者 2010 年 8 月发表于《中学数学》的文章《一道最优化问题的解法赏析》。

　　如图 3-24 所示已知铁路上 A、B 两站的距离是 100，某地 C 到铁路的垂直距离为 20，AC,BC 之间为公路，且铁路货运与公路货运的费用之比为 1:2。能在铁路上修建一个货站 M，C、M 之间为公路，使从 B 站经 M 站再到 C 站的运价最低吗？

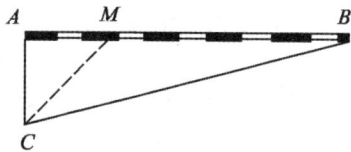

图 3-24

　　（师在教室内巡视，大多学生利用刚学的导数进行处理，将具有代表性的解答过程投影展示）

　　3. 交流展示、精讲点拨

　　师：大部分同学采用了导数法进行处理，简单而有效。如这种处理的过程。

　　生：导数法。（展示过程）

　　生：老师，我是借助直角三角形设角求解的。设 $\angle AMC = \theta$，$\theta \in [\angle CBA，\frac{\pi}{2}]$，则 $|CM| = \dfrac{10}{\sin\theta}$，$|AM| = \dfrac{10}{\tan\theta}$，$|BM| = 50 - \dfrac{10}{\tan\theta}$，

　　总运费即为 $y = 50 - \dfrac{10}{\tan\theta} + \dfrac{20}{\sin\theta}$，不过最值我不会求。

　　师：思路独辟蹊径，通过角度来确定位置。很好，现在我们一起帮助他把这个思路进行下去。想一想相应的方法，有哪些是适用的？

　　生：可以用导数。（展示过程）

　　生：也可以先整理，再使用几何意义。（展示过程）

$$y = 50 - \frac{10}{\tan\theta} + \frac{20}{\sin\theta} = 50 + 10 \times \frac{2 - \cos\theta}{\sin\theta}$$，然后对 $\dfrac{2 - \cos\theta}{\sin\theta}$ 使用数形结合，利用几何意义求解最值。

　　生：也可以在三角变换的基础上，利用均值不等式求解。

$$\frac{2 - \cos\theta}{\sin\theta} = \frac{3\sin^2\frac{\theta}{2} + \cos^2\frac{\theta}{2}}{2\sin\frac{\theta}{2}\cos\frac{\theta}{2}} = \frac{3}{2}\tan\frac{\theta}{2} + \frac{1}{2\tan\frac{\theta}{2}}。$$

　　师：同学们，通过接触这些各有特色的处理方式，对此，你有什么收获？

　　生总结。

　　师：很好。现在我可以告诉大家，当 $\angle AMC = \dfrac{\pi}{3}$ 时，取得最小值。大家根据前面的解法，验证一下。

　　生解答，检验。但是并没有理解其中奥秘。

师：我们先不忙于作答这个条件是怎么样得到的，首先来看这样一道题目。

已知 $A(2,1)$，$F(\sqrt{2},0)$，P 是曲线 $x^2-y^2=1(x>0)$ 上一点，当 $|PA|+\dfrac{\sqrt{2}}{2}|PF|$ 取最小值时，P 的坐标是什么？$|PA|+\dfrac{\sqrt{2}}{2}|PF|$ 最小值是多少？

生：利用定义对距离进行转化，把 $\dfrac{\sqrt{2}}{2}|PF|$ 转化为点 P 到相应准线的距离。

师：如果题目改为 $\sqrt{2}|PA|+|PF|$ 呢？

生：先提取 $\sqrt{2}$。

师：我们例题中所得的式子为 $P(x)=2|BM|+4|CM|$，可以转化为 $P(x)=4\left(\dfrac{|BM|}{2}+|CM|\right)$。我们也可以对 $\dfrac{|BM|}{2}+|CM|$ 进行转化。那么怎么转化呢？

（几分钟后）

生：老师，我找到了一种方法。（展示）

如图 3-25 过点 B 做一条直线 l 与 AB 所成角度为 $\dfrac{\pi}{6}$，则 $|BM|$ 距离的一半即可转化为 M 到直线 l 的距离 d。则 $\dfrac{|BM|}{2}+|CM|$ 即 $d+|CM|$ 的大小。所以最小值为 C 到直线 l 的距离。此时 $\angle AMC=\dfrac{\pi}{3}$，垂线与 AB 的交点即为 M。

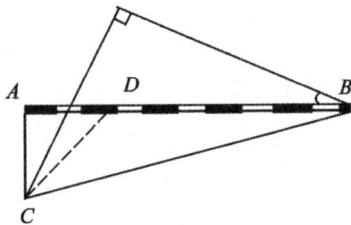

图 3-25

生鼓掌叫好。

师：非常好！请同学们自主完成完整的步骤。

4. 评析升华

师：现在请同学们把今天的收获总结一下：对最值的求法有了什么新的理解？对数学有了什么新的感悟？

生总结。

师：很好。我想，大家通过这节课的学习不仅能够学会一些基本技能和方法，还能够体会出学习数学在态度上一定要严谨，在方法上一定要灵活。其实，这也是我们在任何领域的学习中都需要做到的。

复习课案例2 直线与平面垂直

1. 复习引入

在前面的学习中,我们学习了平行与垂直的特殊位置关系的判定与证明,并且学习了异面直线所成角、线面角、二面角的求解。我们可以发现:利用平行关系可以来转化角度(利用等角定理)、实现线的转移(求异面直线所成角、线面角、二面角)、实现点的转移(点到面的距离)等,将复杂的问题简单化,实现等价求解。

在本节课学习后,我们期望:你能够更深刻地认识垂直关系——尤其是线面垂直关系在立体几何模型求解中的作用。

设计意图:回顾解题方法,为本节课预热;同时提出学习目标,使学生聚焦于直线与平面的垂直关系。

2. 典例引路

如图 3-26,$\triangle ABC$ 为以 C 为直角顶点的等腰直角三角形,P 为面 ABC 外一点,且 $PA \perp$ 面 ABC,$PA = AC$。

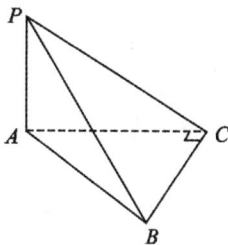

(1)请找出该几何体各个面的垂线,并证明之;

(2)请分析该几何体中的线线垂直关系与面面垂直关系,并体会线⊥线→线⊥面→线⊥线,线⊥线→线⊥面→面⊥面;

(3)请试在该几何体结构中构造几个线面角、二面角,并择一二求解。

学生交流展示

图 3-26

设计意图:通过几个简单的条件,由学生利用已知的知识与体验充分利用条件,推导出多种不同的二级结论,增强知识的应用意识,提高能力。在此过程中,进一步熟悉平面的垂线的寻找、垂直关系判定与证明的主线、空间角的平面角的构造方式,做好知识与方法的铺垫。

3. 交流展示,精讲点拨

探究1:在如图 3-27,正方体 AC_1 中,试证明 $B_1D \perp EF$。

(注:E,F,G,H,I,J,K,L 均为所在边的中点)

追问:除点 F 外,G,H,I,J,K,L 中还有哪些点分别与 E 点连线后与 B_1D 垂直?请试说明。

若点 M 为线段 EG 上任意一点,试证明 $B_1D \perp$

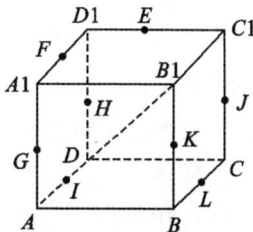

图 3-27

FM。

类比:在平行关系的证明中,有无类似的说法? 解决问题的依据又是什么?

请借助本模型,将下题补充为一道完整、正确的题目:

在如图 3-27,正方体 AC_1 中,E,F,G,H,I,J,K,L 均为所在边的中点,若点 M 为线段 EG 上任意一点,试证明 FM 与_____平行。

设计意图:利用一个学生最熟悉的简单的模型(正方体)设置梯次性问题使学生再度认识线线垂直与线面垂直间的转换。通过"任意一点"的表述,将线线垂直转化为线面垂直,揭示位置关系的联系,达成教学目的。

探究 2:如图 3-28 所示,已知四边形 $ABCD$ 为平行四边形,$BC=2AB=2$,且 $B=\dfrac{\pi}{3}$,且 PA $\perp$ 面 ABC,$PA=1$,试求(证):

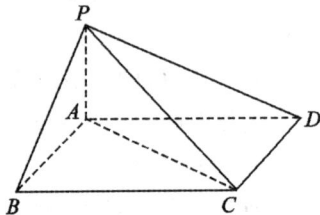

①_____(证明一线线垂直或面面垂直);

②_____(试求解某一线面角,平面可为面 PAC 或面 PBC);

③_____(试求解一二面角,可选择其一平面为面 PBC)。

思考:命题的依据是什么? 考查什么知识或方法?

学生展示,教师点评。

图 3-28

设计意图:以开放题的形式引导学生借助同一模型充分利用条件,自编自解,借此熟悉题目设计思路,把握题目解答思路。同时,避免因改变模型而使学生重新收集模型信息而浪费时间,且聚焦于一个具体的模型,更有利于培养其探究精神与能力。此处的教学资源的生成是在课堂上,教师课前需要做大量的准备。教师巡视中要注意引导学生、观察学生,对学生解答进行问题归类、错因分析,收集学生生成的资源,为下一步教学活动做准备。

4. 延伸升华

抽象:已知平面 α 与平面 β,直线 a,b 分别与平面 α,β 垂直,直线 l 与平面 α 交于点 P。设 α 与 β 所成角为 α_1,a 与 b 所成角为 α_2,l 与 α 所成角为 α_3,l 与 a 所成角为 α_4。

请写出这四个角间所存在的关系。

延伸:

已知平面 α 与平面 β 所成锐二面角为 $70°$,过空间一点 P 可以作_____条直线与平面 α、平面 β 所成的角均为 $35°$。

（联想：已知直线 a,b 所成角为 $70°$，过空间一点 P 可以作_____条直线与直线 a,b 所成的角均为 $55°$。）

设计意图：将问题解答的关键点归结于线面垂直位置关系的寻找。教师要引导学生将模型抽象，生成知识，延伸应用。

5. 巩固强化

如图 3-29 所示，已知四边形 $ABCD$ 为菱形，且 $A=\dfrac{\pi}{3}$，$PA\perp$ 面 ABC，$PA=AB$，试求（证）：

①面 $PBD\perp$ 面 PAC；

②PA 与面 PBD 所成角的正弦值；

③二面角 $B-PC-A$ 的余弦值。

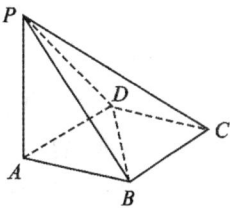

图 3-29

设计意图：以封闭型问题检测，设定条件的指向，通过当堂反馈检查学情；回扣知识，巩固落实。

6. 自主小结

本节课，你学到了哪些方法？印象最深刻的是什么？

复习课案例 3　"直线与圆锥曲线"（二轮复习）

1. 复习引入

在前面直线与圆章节中，我们已经充分掌握了利用坐标法研究其几何性质及位置关系的过程，形成了解析法的基本应用程序。而直线与圆锥曲线是高中解析几何章节的核心内容，坐标法将在其中发挥更大的作用。解析几何研究中，如何把动点表现的"变"与定点、定长、定角、最值、相等等"不变"联系是一个关键问题。而今天，我们将以"不变应万变"，探索一下解析几何问题的出题模式及解答思路，继续深入体验"以数解形"与"以形助数"。

2. 典例剖析

根据以往解题经验，请将以下两道题目设置合理的条件与结论（每一题请至少设置两组），并进行解答。解答后，请分析类型题解答思路及易错环节、突破点。

已知椭圆 $C：\dfrac{x^2}{4}+y^2=1$，过点 $P(1,0)$ 作直线交曲线于点 A,B，若_____，求_____。

（可设置求弦长、面积、中点轨迹、三点共线等问题）

学生根据自己的经验和体会，自行命制了各种各类的题目，如

①设 AB 的中点为 N，求 ON 的长度范围；

②若以 AB 为直径的圆过原点，求直线的方程；

③若 $Q(1,1)$，且 $|QA|=|QB|$，求直线的方程；

④设 $\overrightarrow{PA}=\lambda\overrightarrow{PB}$，求实数 λ 的取值范围；

⑤若椭圆上一点 P 满足：$\overrightarrow{OP}=\overrightarrow{OA}+\overrightarrow{OB}$，求直线的方程。

抛物线 C：$y^2=4x$，点 P,Q 是曲线上的两个动点，若 P,Q 满足_____，求（证）：_____。（可设置定角、对称、直线过定点等问题）

学生根据自己的经验和体会，自行命制了各种各类的题目，如

①若 $AP\perp AQ$，求证：直线 PQ 过定点；

②直线 AP 与 AQ 关于直线 $x=1$ 对称，求证直线 PQ 的斜率为定值；

③直线 AP 与 AQ 斜率之积为 2，求证直线 PQ 过定点；

④点 P,Q 关于过点 A 的某条直线对称，求直线 PQ 的斜率（或纵截距）的取值范围。

3. 交流展示，精讲点拨

学生展示解答过程，并针对每一问题解决的难点进行交流，感受坐标运算的巨大作用；学生分享相近问题的设置方式及求解过程，提出问题并逻辑论证，进而形成一般性的结论；学生类比椭圆中的结论与抛物线中的结论，大胆提出猜想，体会圆锥曲线的内在统一性。

4. 巩固强化

已知椭圆 C 的中心在坐标原点，焦点在 x 轴上，椭圆 C 上的点到焦点的距离的最大值为 3，最小值为 1。

①求椭圆 C 的标准方程；

②若直线 l：$y=kx+m$ 与椭圆 C 相交于 A,B 两点（A,B 不是左右顶点），且以 AB 为直径的圆过椭圆 C 的右顶点。求证：直线 l 过定点，并求出该定点的坐标。

设椭圆 E：$\dfrac{x^2}{a^2}+\dfrac{y^2}{b^2}=1(a,b>0)$ 过 $M(2,\sqrt{2})$，$N(\sqrt{6},1)$ 两点，O 为坐标原点。

①求椭圆 E 的方程；

②是否存在圆心在原点的圆，使得该圆的任意一条切线与椭圆 E 恒有两个交点 A,B，且 $\overrightarrow{OA}\perp\overrightarrow{OB}$？若存在，写出该圆的方程；若不存在，说明理由。

5. 评析升华

解析法是借助于坐标运算求解平面几何问题的一种有效方法。解决过程中，需要结合具体问题合理建立坐标系，用代数语言描述特定的几何特征与问题，将几何问题转化为代数问题；然后借助于几何图形的特点，形成解决问题的

思路；运用代数方法得到结论，并给出几何解释，从而解决问题。那么，在几何问题代数化以及运用代数运算求解结论的过程中，都体现了"以数解形"的特点；在借助几何图形特点形成解决问题的思路环节，体现了"以形助数"的特点。因此，解析法并不是一味地"以数解形"，而是要在几何图形特点深度挖掘的基础上，以坐标为工具实施代数计算，所以，挖掘几何图形关系，并用合适的代数形式（一般来讲，是向量的运算形式）进行描述和刻画，是解析法的关键，它不仅决定着代数运算的繁简程度，更是思维品质的炼金石。因此，我们要着重加强"以形助数"此方面的锤炼与总结，形成解题的经验，避免陷入计算的泥淖。同时，要加强题源的研究，把握圆锥曲线内在的规律性，对定点、定值问题有更深的理解和把握，提高解答过程中的预见能力，训练解题机智，提高解题的能力和思维的深度。

第五节　建模课的教学设计

数学模型，是指对于现实世界的某一特定对象，为了某个特定目的而做出的必要的简化和假设，运用适当的数学工具得到的某个数学结构，它或者能解释特定现象的现实性态，或者能预测特定对象的未来，或者能提供处理对象的最优决策或控制。新课标指出，数学模型搭建了数学与外部世界联系的桥梁，是数学应用的重要形式。它是数学应用的重要形式，被称为"现实世界的理性视角"。

在高中阶段，数学建模即是在实际问题中建立一些基本的数学模型，如线性模型、二次曲线模型、指数函数模型、对数函数模型、三角函数模型等，解决实际问题的过程。同时，数学建模是一种基本学科核心素养。新课标指出，数学建模是对现实问题进行数学抽象，用数学语言表达问题，用数学方法构建模型解决问题的素养。

一、建模课的教学目的及功能

数学建模课主要培养学生用数学语言表达现实世界，发现和提出问题的能力；培养学生应用数学知识，建立数学模型，解决实际问题的能力；认识和体会数学模型在科学、社会、工程技术等诸多领域的巨大作用，感受数学的应用价值；积累数学实践经验，提升实践能力，增强创新意识和科学精神。

学生可以通过数学建模课了解熟悉的数学模型的实际背景，了解数学模型中的参数、结论的实际含义,学会用数学的眼光观察世界;知道数学建模的基本过程,并能够在现实情境中,选择合适的数学模型表示所要解决的数学问题,甚至创造性地建立数学模型,解决问题,学会用数学思维分析世界;能够理解数学建模的意义和作用,清晰、准确地表述建模过程中的问题及解决问题的过程和结果,有条件的可以形成研究报告,学会用数学语言表达世界,并在此过程中逐渐树立科学的探索精神和严谨的治学态度。

二、建模课的教学内容设定

数学建模是运用数学知识解决现实问题的一类综合实践活动,它有一个显著的特点是,问题导向明确,需要有一个具体的问题引导活动的全过程。因此,数学建模课的课题选择至为重要。

数学建模的选题可以是由学生自己确定课题,也可以由指导教师帮助学生确定。建模课的教学内容可以是一些基于数学表达的经济模型和社会模型,如存款贷款模型、C^{14}衰减模型、牛顿冷却模型、人口增长模型、生产函数模型、凯恩斯模型等等,也可以是来自现实生活当中的具体问题,如邮费或打车费用问题、不可及距离的测量问题、礼品盒包装问题、体重与脉搏的关系,等等。

教学内容的设定要满足以下原则。

1. 关联性

课题选择要与学生阶段所学内容有一定的关联,这样数学应用的意识才能够更好地渗透到教学过程。例如,在指数函数教学中,可以引入人口增长模型、种群增长模型;在对数函数教学中,可以引入 C^{14} 衰减模型;在数列的教学中,可以引入存款与贷款模型;在平面向量的应用教学中,可以引入不可及距离测量问题,等等。只有所建立的数学模型与当前所学高度关联,建模过程中需要的知识、方法与当前所学高度吻合,学生才能够在建模的过程中体会数学模型的现实意义,体会各种参数的实际背景和具体含义,增强数学应用价值的体验。

2. 可操作性

数学建模素养的养成是一个渐进的过程。学生对于数学建模活动的认识也是递进的。新课标对数学建模素养水平划分为三级水平,教师可以参考数学建模素养水平的描述,根据学生不同的等级水平设定教学内容和教学活动,选择适合的课题内容,选择将课题做到何种程度,慢慢地实现从被动感受到主动参与,从模仿操作到自主探究,从局部参与到全程参与的转变,让学生在建模的学习中逐渐积累发现和提出问题、分析和解决问题的经验,积累独立思考和合作交流的经验,逐步提升能力和素养。

3. 探究性

数学建模并不是简单的应用数学知识求解数学问题,而是在综合的情境中,以数学的"眼睛"来观察和分析现实世界,寻找并揭示事物内部的规律,探索并完善模型。这个过程中包含了搜索、调查、猜想、试探、证明、修改等一系列指向开放的动作,是基于学生自身经验,与学生生活、学习密切相关,涉及数学学科内部甚至跨学科的知识、工具、方法、资源,是一门综合性实践课程。因此课题的选择要具备一定的探究性,教师以指导者和助手的角色参与,以此强调学生的自主性和实践性,让学生在"做数学""用数学"的过程中体验建模和探究的全过程,感受数学的"源"与"流",感受数学强大的学科价值和应用价值。

三、建模课的基本环节

新课标对数学建模活动提出了具体操作要求:数学建模活动应该以课题研究的形式开展,包括选题、开题、做题、结题四个环节。开题环节需要交流选题的意义、解决问题的思路、计划与预期结果等,让学生有意识地用数学语言表达现实世界,感悟数学与现实的关联;做题环节需要经历问题描述、数学表达、建立模型、求解模型、得到结论、反思完善等过程,学会用数学解决实际问题,积累数学实践经验;结题环节则需要撰写研究报告,要求学生主动学习和分享、交流和反思,培养创新意识和科学精神。

数学建模过程主要包括在实际情境中从数学的视角发现问题、提出问题,分析问题、建立模型,确定参数、计算求解,检验结果、改进模型,最终解决实际问题。

根据以上内容,我们可以把数学建模课的实施划分为以下几个基本环节:选题(课题选择)—开题—做题(模型准备—模型假设—模型建立—模型求解—模型检验)—结题。

选题(课题选择):问题是数学建模活动的载体。数学建模的课题可以利用教材、教学参考、课标所附案例等,也可由教师推荐或提供,也可由学生自主提出。当然,一般情况下,我们建议以教材和教参中所提供的数学建模课题为教学内容。这些课题与学生学习水平相称,与教学内容紧密相连,可操作性强,更有利于学生更轻松地走进数学建模。

开题:教师要引导学生进行充分的调查了解,进一步明确问题,并提出比较合理、可行的解决思路,明确研究目标、预期结果及成果呈现形式,为做题做好准备。

做题：①模型准备主要是深入分析问题背景及数据条件，梳理所学相关数学知识和模型，讨论模型的科学性与适切性；②模型假设主要是辨别问题主次，抓住主要矛盾，提出研究假设，简化模型，使课题研究具有操作性和可行性；③模型建立指的是利用数据及变量，初步建立关系，画出图形，初步确定模型结构，求解参数，最终建立模型；④模型求解利用所建模型对现实问题进行预测、决策、控制，对现实世界中的规律进行揭示，对未来的状况进行预测和预报，对现实行为进行合理决策；⑤模型检验，所有的数学建模都有一定的"仿真"性，也必会因"仿真"而导致一定程度的"失真"。本环节主要是将代数结果与现实结论进行比对，对模型进行检验。

结题：本环节主要是对建模的过程、结果进行充分的展示和回顾，让学生分享成果和收获，尤其要突出数学在问题解决过程中的巨大作用，突出学生在解决问题过程中的认识、转变、成长等。教师可对建模活动的过程及成果进行必要的评价，也可以开展自评、互评等评价活动。

值得注意的是，数学建模是一项综合实践活动。一个课题从开题到结题往往是需要多个课时来完成的，甚至很多工作需要延伸至课外实施。所以，教师在策划和组织数学建模活动时，需要关注活动的整体设计，以便推动数学建模有序进行。以下所举的案例也只是数学建模活动若干环节中的其中一个场景。

四、建模课案例

建模课案例 1　必修一 4.5.3 函数模型的应用教学设计*

1. 情境引入，激发爱国情怀

师生活动：观看良渚古城申遗视频。

师：2019 年 7 月 6 日，中国的良渚古城遗址成功申报世界文化遗产，为建国 70 周年献礼。中国那些年代久远的王朝，如夏朝、唐虞三代，仅存在于后世文献中，迄今并没有一件文物、一处遗迹作为实证。而今，良渚遗址填补了这项空白，这标志着"中华五千年文明史"具备了实证，在国际上被广泛承认。

学生热烈鼓掌。

师：我手上有三块良渚博物馆的纪念币（展示）。我将会把这三枚纪念币赠送给课堂上表现优异的同学。

学生鼓掌，跃跃欲试。

---

* 注：学生初次接触数学建模，需在教师的指导与协助下体验并梳理数学建模的全过程，感受数学建模的现实意义。

设计意图：从真实情境出发，了解中华文化源远流长的文化历史，激发爱国情怀。同时，为后续发现问题和提出问题创设情境载体。

2. 激趣生疑，探索研究

(1)发现问题、提出问题

问题1：考古学家们是如何推断良渚古城所建年代的，这和数学又有什么关系呢？

生：在指数函数的学习中，我们了解到 C^{14} 的衰减规律，可以利用它进行年代推断。

师：非常好，能够发散思维，主动联系已有知识。

设计意图：基于真实事例提高学生本节课学习的兴趣，同时引导学生思考，提高数学应用意识。

(2)分析问题，建立模型

知识链接

考古学家是利用遗址中遗存物 C^{14} 的残留量进行数学运算，进而测定遗存物所处的年代从而推断遗址所处的年代。

原来，科学家们发现，宇宙射线在大气中能够产生放射性 C^{14}，并能与氧结合成二氧化碳，先为植物吸收，后为动物纳入。只要植物或动物生存着，它们就会持续不断地吸收 C^{14}，在机体内保持一定的水平。当生物死亡后，它机体内原有的 C^{14} 含量会随时间的流逝而按一定的规律衰减（称为衰减率），大约每经过 5730 年衰减为原来的一半，这个时间称为"半衰期"。

对于任何含碳物质，只要测定剩下的 C^{14} 的含量，就可推断其年代。

问题2：你从该情境中读到了哪些信息，能提出哪些数学问题？

师：数学是研究数量关系和空间形式的一门科学。毕达哥拉斯学派有"万物皆数"的理论。该情境中涉及哪些数量(常量与变量)？

生：C^{14} 含量、时间、初始量、衰减率。

师：变量之间的关系怎样？死亡生物体内的 C^{14} 含量是否仅受时间这一唯一因素的影响？

生：C^{14} 含量会随时间推移而逐渐衰减。

师：这是一个非常单纯、理想的数学问题。是否构成函数关系，与哪种函数关系相吻合？

生：构成函数关系，对于任何一个时间点，都有唯一确定的 C^{14} 含量与之对应。C^{14} 含量会随时间的流逝而按一定的规律衰减，衰减率不变，与指数函数图象相近。

师：非常好。函数是刻画事物运动变化规律的一种重要数学工具。该同学把握住了两个变量间独特的对应关系，并选择了指数函数这一模型。所以，函数的观点就是一种数学的眼光。

师：能否将数量符号化，并表明含义；根据情境，变量有无取值或变化的范围？尝试建立函数关系。

生：设时间为自变量 $x(x>0)$，设 C^{14} 含量为变量 $y(0<y<1)$，底数未知，可用参数 a 表示，构造函数：$y=a^x(0<a<1,x>0)y=a^x$。

设计意图：引导学生用数学的眼光观察世界，提出数学问题，并选择合适的数学工具，体会函数这一数学模型的应用。

(3)确定参数，计算求解

师：刚刚我们对模型进行了定性分析，确立了指数函数的模型。下面进行定量的分析。

设定函数模型中的参数应该如何确定？

生：由情境中所知，当 $x=5\,730$ 时，$y=\dfrac{1}{2}$，代入得 $\dfrac{1}{2}=a^{5\,730}$。

学生求解，得 $a=(\dfrac{1}{2})^{\frac{1}{5\,730}}$，故 $y=\left[(\dfrac{1}{2})^{\frac{1}{5\,730}}\right]^x,(x>0)$。

现在，我们基于具体情境，提炼抽象出一种特殊的函数关系，并能利用简洁的数学符号来描述，也就建立了该情境下的数学模型。这也就是我们常说的数学建模。

设计意图：教师通过问题引导学生用数学的眼光观察现实世界。同时，注意到不同层次的学生在学习上的差异，分层次、有针对性地铺垫不同的台阶，利用追问逐步深入，完成从定性判断到定量分析的转变；指导学生将实际问题转化为数学问题，根据情境中的信息选择合适的函数模型，并进一步将数量关系抽象化，得到函数解析式。

问题3：你能说一下对数学模型的理解吗？什么是数学模型？数学模型的作用？

生：数学模型就是用数学语言符号来描述客观事物的特征及其内在联系的数学结构表达式。例如，各种函数、方程、不等式、不等式组等等都是比较常见的数学模型。数学模型的作用是：将生活问题转化为数学(函数)问题。

教师可根据学生的回答，完善数学模型的概念。

师：在此，我们建立的是函数模型。函数模型是数学模型的其中一类，是数学与外部世界联系的桥梁，是数学应用的重要手段。而数学建模就是搭建这座桥梁。

师：利用这个具体的函数模型，我们可以用来做什么？

生：如果知道生物死亡之后的时间，可以求解生物体内 C^{14} 的含量。

教师与学生一起演示操作，得到图表 3-3。

表 3-3(1)　C^{14} 残留率

所历年代	C^{14} 残留率
500	0.941 3
1 000	0.886 1
1 500	0.834 1
2 000	0.785 1
2 500	0.739 0
3 000	0.695 7
3 500	0.654 8
4 000	0.616 4
4 500	0.580 2
5 000	0.546 2
5 500	0.514 1
6 000	0.483 9

表 3-3(2)　C^{14} 残留率

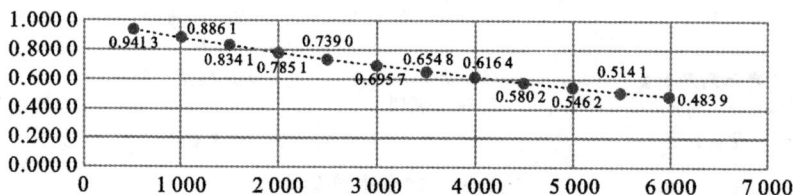

生：反过来看，如果知道生物体内 C^{14} 的含量，可以倒推生物死亡的时间。

设计意图：教师引导学生体会数学模型的含义及数学模型的作用，使学生初步体会数学模型是数学与外部世界联系的桥梁，体会数学与现实的紧密联系，体会数学的应用价值。

在良渚的考古现场，专家们就遇到了这个问题。

例4 2010年,考古学家对良渚古城水利系统中一条水坝的建筑材料(草裹泥)上提取的草茎遗存进行C^{14}年代学检测,检测出C^{14}的残留量约为初始量的55.2%,能否以此推断此水坝大概是什么年代建成的?

问题4:请结合图表和模型,利用参考数值,给出分析的结果。

生:由图表可推断出距今4 500~5 000年,但不准确。

生:转换函数模型,设C^{14}含量为变量$x(0<x<1)$,设时间为变量$y(y>0)$,则$y=\log_{(\frac{1}{2})^{\frac{1}{5\ 730}}}x,(0<x<1)$,代入$x=0.552$,可得$y=4\ 912$。

方案一:通过查阅常用对数表,$\lg69\approx1.84$,$\lg2\approx0.3$,学生通过适度的运算解得$y\approx4\ 967$。

方案二:使用计算器,得$y=4\ 912$。

(4)解释说明,回归实际

师:请你以考古队队长的名义,对外发布考古结论。

设计意图:引导学生对所建数学模型进行应用,求解实际问题。但是,由于我们所求得的仅是数学问题的解答,是数学运算的结果,并不等同于现实结果,因此,需要对数学结果进行解释与说明。此处,教师以角色扮演的形式,让学生体会数学结果与现实结论的关系,通过对数学结果的解释说明,让实际问题得到最终的解决,这也体现了数学模型与现实世界的可逆关系。

师:结合这一实际问题的解决过程,概括出数学建模的基本过程,如图3-30。

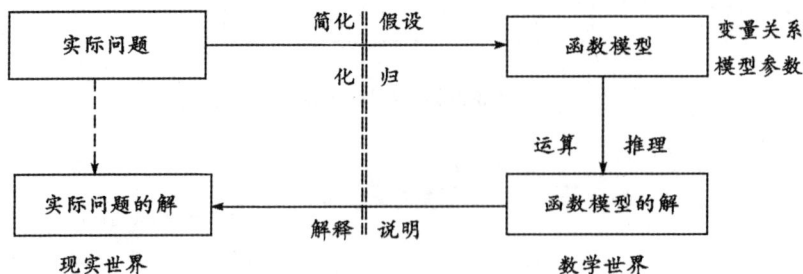

图3-30 数学建模流程

师:我们是从实际问题出发,以数学的眼光观察并抽象现实世界,建立函数模型;然后用数学的思维分析思考,用数学的工具计算求解,完成数学世界的求解;用数学的语言解释和说明现实世界,最终实现实际问题的求解。简而言之,从现实世界出发,经历数学世界解答,回归现实世界。

能否帮考古学家们设计一个程序,输入遗存物的C^{14}的残留量,输出它所处年代。

学生设计程序,输入碳残留量,求解出距今年数,推算出其所处年代。

师:很多程序就是研究数学模型,所以数学建模团队当中必须要有一个高水平的程序员。

师生展示运算公式,操作演示 2～3 次。

师:让我们向未来的程序设计师致谢致敬,希望同学们不仅设计出伟大的程序,还能设计富强的中国和美丽的世界!

学生鼓掌。

师:由于数学模型具有高度的抽象性、概括性和结构的确定性,所以数学模型才能以不变应万变。这也正是数学的结构之美:"数学的魅力在于,她能以稳定的模式驾驭流动的世界!"

所以,虽然历经数千年,数学模型依然能够带领我们穿越历史的迷雾,重新发现中华文明的璀璨之光。

设计意图:让技术融入课堂,让学生初步感受程序与数学建模的关系,为后续学习打下认知基础。对学生进行鼓励性评价,激发学生内驱,提升精神体验。

3. 推广反思,深化认知

师:数学不仅可以推证历史,还可以推演未来。

70 年前,新中国还在为庞大的人口与羸弱的经济基础而忧心。曾几何时,让所有的中国人吃饱饭是一个奢求,而今天,中国不仅富起来,而且强起来。这几十年来,中国人口总数的变化一直引发普遍的关注。

例 3 人口问题是当今世界各国普遍关注的问题。认识人口数量的变化规律,可以为制定一系列相关政策提供依据。早在 1798 年,英国经济学家马尔萨斯(T. R. Malthus,1766-1834)就提出了自然状态下的人口增长模型 $y=y_0 e^{rt}$,其中,t 表示经过的时间,y_0 表示 $t=0$ 时的人口数,r 表示人口的年增长率。

①根据国家统计局网站公布的数据,我国 1950 年末、1959 年末的人口总数分别为 55 196 万和 67 207 万。根据这些数据,用马尔萨斯人口增长模型建立我国在 1950～1959 年期间的具体人口增长模型。

②利用①中的模型计算 1951～1958 年各年末的人口总数。查阅国家统计局网站公布的我国在 1951～1958 年间各年末的实际人口总数,检验所得模型与实际人口数据是否相符。

③如果你是生活在 50 年代的中国人口专家,请预测 1990 年、2018 年我国人口总数,并为国家领导人献策。

学生按数学建模流程解答问题:

解:①由题意知 $y_0 = 55\,196$,设 1951~1959 年我国人口的年平均增长率为 r,根据马尔萨斯人口增长模型,有 $67\,207 = 55\,196e^{9r}$,

由计算工具得 $r \approx 0.021\,876$,

因此,我国在 1951~1959 年期间的人口增长模型为 $y = 55\,196e^{0.021\,876t}$,$t \in [0,9]$。

②分别取 $t = 1,2,3,\cdots,8$,由 $y = 55\,196e^{0.021\,876t}$,$t \in [0,9]$ 可得我国在 1951~1958 年间各年末人口总数;查阅国家统计局网站,得到我国 1951~1958 各年末的实际人口总数,如表 3-4 所示。

表 3-4　马尔萨斯模型下的我国人口总数情况(万)

年份	1950	1951	1952	1953	1954	1955	1956	1957	1958	1959	1990	2018
t		1	2	3	4	5	6	7	8	9	40	68
计算人口总数		56 417	57 665	58 940	60 243	61 576	62 938	64 330	65 753		132 414	244 315
实际人口总数	55 196	56 300	57 482	58 796	60 266	61 465	62 828	64 563	65 994	67 207	114 333	139 540

③按照模型,我国 1990 年的人口数为 132 414 万,2018 年为 244 315 万。

表 3-5　中国 1979~2018 年出生人口、死亡人口和净增人口数(万)

年份	出生率(%)	死亡率(%)	自增率(%)	总人口	出生人口	死亡人口	净增人口
1979	18.25	6.25	12.00	96 259	1 757	602	1 155
1980	17.82	6.21	11.61	97 542	1 738	606	1 132
1981	18.21	6.34	11.87	98 705	1 797	626	1 172
1982	20.91	6.36	14.55	100 072	2 093	636	1 456
1983	22.28	6.60	15.68	101 654	2 265	671	1 594
1983	20.19	6.90	13.29	103 008	2 080	711	1 369
1984	19.90	6.82	13.08	104 357	2 077	712	1 365
1985	21.04	6.78	14.26	105 851	2 227	718	1 509
1986	22.43	6.86	15.57	107 507	2 411	737	1 674
1987	23.33	6.72	16.61	109 300	2 550	734	1 815
1988	22.37	6.64	15.73	111 026	2 484	737	1 746
1989	21.58	6.54	15.04	112 704	2 432	737	1 695
1990	21.06	6.67	14.39	114 333	2 408	763	1 645

（续表）

年份	出生率(‰)	死亡率(‰)	自增率(‰)	总人口	出生人口	死亡人口	净增人口
1991	19.68	6.70	12.98	115 823	2 279	776	1 503
1992	18.24	6.64	11.60	117 171	2 137	778	1 359
1993	18.09	6.64	11.45	118 517	2 144	787	1 357
1994	17.70	6.49	11.21	119 850	2 121	778	1 344
1995	17.12	6.57	10.55	121 121	2 074	796	1 278
1996	16.98	6.56	10.42	122 389	2 078	803	1 275
1997	16.57	6.51	10.06	123 626	2 048	805	1 244
1998	15.64	6.50	9.14	124 761	1 951	811	1 140
1999	14.64	6.46	8.18	125 786	1 842	813	1 029
2000	14.03	6.45	7.58	126 743	1 778	817	961
2001	13.38	6.43	6.95	127 627	1 708	821	887
2002	12.86	6.41	6.45	128 453	1 652	823	829
2003	12.41	6.40	6.01	129 227	1 604	827	777
2004	12.29	6.42	5.87	129 988	1 598	835	763
2005	12.40	6.51	5.89	130 756	1 621	851	770
2006	12.09	6.81	5.28	131 448	1 589	895	694
2007	12.10	6.93	5.17	132 129	1 599	916	683
2008	12.14	7.06	5.08	132 802	1 612	938	675
2009	11.95	7.08	4.87	133 450	1 595	945	650
2010	11.90	7.11	4.79	134 091	1 596	953	642
2011	11.93	7.14	4.79	134 735	1 607	962	645
2012	12.10	7.15	4.95	135 404	1 638	968	670
2013	12.08	7.16	4.92	136 072	1 644	974	669
2014	12.37	7.16	5.21	136 782	1 692	979	713
2015	12.07	7.11	4.96	137 462	1 659	977	682
2016	12.95	7.09	5.86	138 271	1 791	980	810
2017	12.43	7.11	5.32	139 000	1 728	988	739
2018	10.94	7.13	3.81	139 540	1 527	995	532

　　数据来源：1978～2015 年数据来自 2016 年《中国人口与劳动统计年鉴》，2016～2018 年数据来自历年《中华人民共和国国民经济与社会发展统计公报》，历年出生人口、死亡人口和净增人口数据根据总人口与相应的出生率、死亡率和自增率计算得出。因为国家统计局公布的数据由四舍五入得出，故这里计算得到的数据与统计局公布的确切数据稍有出入，但差距很小。

问题 5：①里面涉及哪些数量（常量与变量）？是否构成函数关系？

②人口总数是否仅受时间的影响？

③我们已经尽可能做到精确计算了，为什么还会出现差别？

预设：人口增长率不是一成不变的。

我们可以理想地认为年增长率不变，人口数视为连续变化，将模型简单化、理想化。

所以，此时模型具有仿真性，所以所得模型需要接受现实检验。

由表 3-4 和 3-5 可以看出，所得模型与 1950～1959 年的实际人口数据基本吻合。

因为人口基数较大，人口增长过快，与我国经济发展水平产生了较大矛盾，所以，我国从 20 世纪 70 年代逐步实施了计划生育政策。因此这一阶段的人口增长条件并不符合马尔萨斯人口增长模型的条件，自然就出现了依模型得到的结果与实际不符的情况。

因此，模型其实是理想化问题的产物，而且函数模型中的参量及变量都需要加以限制，如本题中的年份的取值范围是 $[1,8]$ 中的整数。

另外，建立模型时会在一定条件下舍弃现实问题中的某些因素，或将问题理想化，以便让数学工具介入解决问题。但这种"仿真"就会以一定程度的"失真"为代价。

工欲善其事，必先利其器。寻找一个合适的函数模型描述实际问题是数学建模的关键。所以，需要我们再次回到问题本身，对函数模型进行定性分析，然后定量求解。

当然，再精细的模型也只是一步步逼近现实，但不会等同于现实。

问题 6：如果你是生活在当下的人口学专家，请参考改革开放 40 年来我国人口总数的数据，试预测我国 2070 年的人口总数并为国家领导献策。

既然上述模型在应用上有了如此大的局限性，那么我们在实施预测时就应该调整模型中的参数，甚至更改模型，使模型更加贴合实际，更好地拟合现实。

①改革开放 40 年来我国人口总数的变化趋势如何？

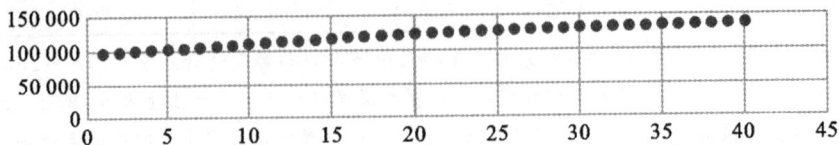

②这种变化与哪种函数模型相近呢？

③请选择合适的函数模型，并预测。

预设 1：线性函数模型

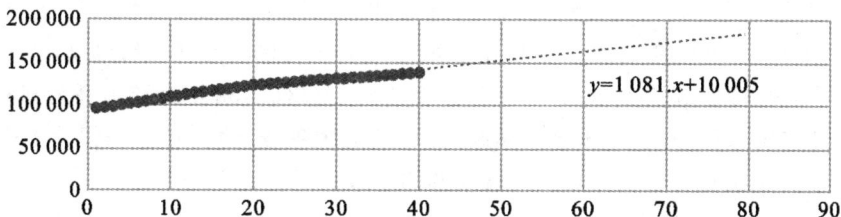

$$y=1\,081.x+10\,005$$

预测值 186 592 万。

预设 2：指数函数模型

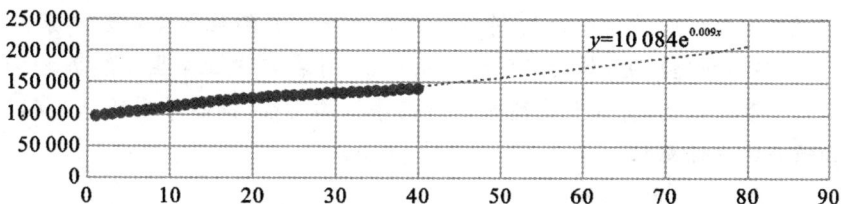

$$y=10\,084e^{0.009x}$$

预测值 209 048 万。

预设 3：对数函数模型

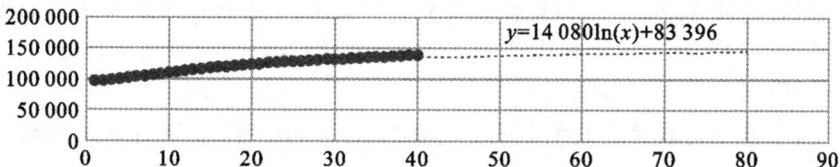

$$y=14\,080\ln(x)+83\,396$$

预测值 145 095 万。

预设 4：二次函数模型

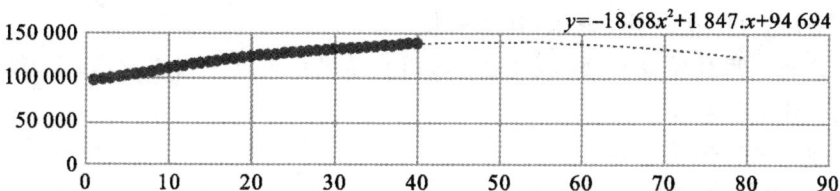

$$y=-18.68x^2+1\,847.x+94\,694$$

预测值 122 943。

④哪种函数模型更接近于现实呢？你认为国家应该采取什么样的人口政策？

学生查阅资料，分组讨论，总结展示。

展示材料：中国社会科学院人口与劳动经济研究所 1 月 3 日在京发布的

《中国人口与劳动问题报告》预测，中国人口将在 2029 年达到峰值 14.42 亿，从 2030 年开始进入持续的负增长，2050 年减少到 13.64 亿，2065 年减少到 12.48 亿，即缩减到 1996 年的规模。如果总和生育率一直保持在 1.6 的水平，人口负增长将提前到 2027 年出现，2065 年人口减少到 11.72 亿，相当于 1990 年的规模。

目前国家调整政策，出台二胎政策，延迟退休年龄，均是在这一背景下进行的决策。这也充分体现了数据的巨大作用和数学的应用价值。

设计意图：从过去回到当代，利用所得经验解决一个新的现实问题。该情境以新中国人口总数变化为研究对象，探究人口变化规律，体会数学模型的应用价值。然后，以开放性的问题引领学生发散思维，选用不同的函数模型刻画数量关系，体会不同函数模型得到不同运算结果。教师让学生以数学家、决策者的身份参与问题探究，体会数学的应用价值，并在其中让学生了解历史，关心时政，热心参政议政，并能利用所学知识指导科学决策，提高学生的社会参与意识，加强公民责任意识。

4. 归纳总结，加深体验

问题 7：通过解答以上两道例题的实际问题，你能归纳出建立函数模型解决实际问题的基本过程吗？

追问：请你品味韩启德院士为数学建模竞赛的题词："万物皆数，入画可模"，谈一下你对数学模型的认识（是什么，功能是什么，使用程序如何等）。

生简述。

师：当我们用数学的眼光去观察现实世界，万物皆可数字化；当我们把数据图表化，就可以通过观察函数的增长变化情况，准确地选择合适的函数模型，建立数学模型从而解决现实问题。

从今天的学习中，我们可以看出，数学建模可以帮助我们推断历史，预测未来；也可以帮助我们制定政策，创造未来。

让我们用数学模型预测中国未来，用数学思维创造中国未来，让古老的中国走进伟大的复兴。

学生热烈鼓掌。

师：谢谢，下课！

设计意图：以问题引领学生回顾建模过程，梳理建模程序，感悟从现实中来，到现实中去的建模过程，体会现实世界与数学世界的可逆关系。教师综合两个案例，提炼出数学建模在推断历史、预测未来方面的巨大作用，体现数学的学科应用价值，并鼓励学生以数学为工具，投身于中华民族伟大复兴的滚滚浪潮中，建设和谐社会，创造美丽中国。

建模课案例 2　建立函数模型解决实际问题*

1. 提出与发现问题

师：今天，我们学校高朋满座，现场有教科书的编写者，还有来自全省各地的数学老师。让我们对他们的到来表示热烈的欢迎。（学生鼓掌）子曰："有朋自远方来，不亦乐乎?"何以乐之? 诗云："寒夜客来茶当酒，竹炉汤沸火初红。"贵客驾到，自当奉好茶相敬。中国茶文化源远流长，博大精深。在我们青岛，有著名的——

生齐声回答：崂山绿茶。

师：对，崂山绿茶，久享盛名，被誉为"江北第一名茶"。可是，泡茶饮茶是有讲究的，崂山绿茶的冲泡和饮用需要注意什么问题呢?

关于这个问题，我们课题组前期分工做了细致的工作。"入山问樵，入水问渔"。调研组的同学们到茶叶店虚心请教，上网查询资料，收获颇丰。我们请调研组的组长展示一下她们的成果。

调研组的组长：我们组首先上网查找了一些关于崂山绿茶的资料，然后又走访了四家茶叶店。我们得知，泡茶讲究三要素：水质、水温、容器。水质最好是用纯净水，它呈弱酸性，已经除去杂质，矿物质仍然存在于水中；绿茶比较鲜嫩，所以冲泡时水温不能太高，一般 85℃ 即可，大约冷却至 60℃ 时饮用口感最佳。绿茶的叶片比较细嫩，外形好看，最好用玻璃茶具。这是我们的调研成果。感谢调研组所有同学无私的付出。

生鼓掌。

师：从调查中我们可以得出，绿茶的冲泡和饮用受温度的制约，最佳冲泡时间为 85℃，最佳饮用温度为 60℃。可是我们喝茶时不能带着温度表随时查看呀。在现实中如何来解决这个问题。

生：有的煮茶器可以显示温度。如果没有这个功能，可以用时间去估计。

师：众所周知，时间的推移会导致温度降低。我们可以通过时间来估计温度。器物组的同学们提出了一个非常有价值的问题：时间会是影响茶水温度变化的唯一因素吗?

生：不是。

师：我们请器物组的同学介绍一下他们对影响水温变化因素的讨论和实验结论。

---

　* 注：本课为省级公开课实录，略有改动。学生已经掌握数学建模的基本流程，能够初步使用简单的计算机工具进行数据分析和模型求解。

器物组组长:经讨论后,我们认为时间、室温、容器的形状(尤其是容器口大小不一)、容器的材质、风速等都会影响茶水温度的变化。由此,我们决定使用控制变量的方法进行对照实验进而确定主要影响因素。我们取了几种不同形状和材质的容器,利用温度传感器分组做了试验。这是所得的数据和散点图。我们初步认为,这些因素对水温变化或多或少地有影响,但它们均有相似的变化规律,水温随时间推移而逐渐降低,时间仍是主要因素。

师:非常棒。控制变量是解决复杂问题时最常用的方法。我们在做课题时,就应该向器物组的同学一样,认真详细地分析影响研究对象的各种因素,并进行地位评估。这样才能抓住事物间的主要矛盾进行探究,才可能洞察事物的本质。而且,当我们面对复杂的现实问题时,可以对实际生活情境进行必要的、合理的假设,让情境简单化、理想化。在这个情境中,我们可以假定水量、水质相同,器具材质、大小、形状相同,室温不变,以突出时间对水温的影响。

基于以上情境和诸多考虑,我们提出课题"茶水温度随时间变化规律的探究"。

2. 研究过程

师:如何解决这个问题呢? 能不能明确一下思路?

提示:数学是研究数量关系和空间形式的一门科学。毕达哥拉斯学派说过:万物皆数。

追问:这个情境中存在着哪几个数量?

生:时间、水温。

生:还有室温,这是常量。

师:水温和时间两个变量间有什么关系,我们可以利用什么工具来刻画这种关系呢?

生:水温会随时间的变化而变化。可以使用函数的模型。

师:函数可以刻画运动变化过程中数量之间的内在联系。这样,我们就从现实世界步入数学世界,借助于函数模型解决实际问题。

(1)收集数据(此环节在课前完成)

学生分组:每组8人,其中有一名文献组成员,一名器物组成员,一名技术员。

形式:分组合作,统一计时,随时记录。

分工:2人操作;1人读取数据;1人记录数据;1位技术人员将数据输入电脑,待实验完成后插入图表,形成散点图。

老师安排一名学生统一计时,每一分钟提醒一次,直至五分钟后实验结束。

（2）分析数据

展示数据，从中抽取一组进行分析。

师：估计水何时降至 60℃？如何估计？这种规律能否以更直观的方式呈现出来？这用到了哪种思想方法？这其实也是函数的两种不同的表示方法。其一为表格法，其二为图象法（局部）。你能否说出它的解析式？

我们可以使用计算机得到最优的一次函数模型，比较分析。

函数模型唯一吗？还有哪些函数模型符合这种升降的趋势？

我们可以使用计算机得到最优的一次函数模型、二次函数模型、指数函数模型、对数函数模型、反比例函数模型，等等。

（3）建立模型

每一组认领一种模型，通过计算机完成模拟，判断计算所得温度与实际温度是否吻合，利用模型预测温度降至何时 60℃，并估计 40 分钟之后的水温。

各小组展示建立的函数模型，分析选择该模型的理由、函数表达式、验证过程及结论。

模型不同，结果不同。所以，选择一个合适的模型至关重要。

所以，我们需要对模型进行必要的修正，以更贴合实际生活。

从水温逐渐降低，并趋向于室温讲，指数函数与反比例函数更接近，但均需做出修正。

下面以指数函数为例进行讲解。

（4）确定参数

如何修正指数函数使其函数值趋近于室温？

如何满足这个初始值？

构建函数，分析参数的意义。

如何求 a 的值？取其中一个，取哪一个？还是充分考虑影响，选一个特征值（平均值）代替？

英国物理学家和数学家牛顿曾提出了物体在常温下温度变化的冷却模型，如果物体的初始温度是 y_1，环境温度是 y_0，则经过时间 t 后物体的温度 y 将满足：$y = y_0 + (y_1 - y_0)\mathrm{e}^{-kt}$。

（5）计算求解

具体的模型已经构建，我们再由数学世界回归到现实世界，解决我们的现实问题？

利用所求模型，将 $y = 60$，可得 $t = 7$。

所以，在室温 25℃ 的条件下，以 85℃ 冲泡的绿茶，经 7 分钟达到最佳饮用温度。

3. 收获与体会

通过茶水温度变化研究,数学模型可以融入现实,帮助我们乐享当下,回归自然;通过良渚古城年代推断研究,数学模型可以走进历史,为五千年中华文明提供实证;通过中国人口总数增长研究,数学可以预测未来,为中华民族伟大复兴谋划蓝图。

第四章　解题研究案例

导读

美国数学家哈尔莫斯指出:问题是数学的心脏,数学家存在的理由就是解问题。因此,数学的真正的组成部分是问题和解。著名的数学家,同时也是解题理论的奠基者波利亚曾说过:掌握数学就意味着善于解题。在此,我冒昧地改编一下,"数学教师存在的理由就是教会学生如何解题"。

解题研究,是数学教学和研究中一项探究数学解题一般规律、方法,以解题和寻找解题方法路径为内容的教学研究工作。对于一名优秀的数学教师来讲,扎实的解题基本功和良好的解题研究能力是必备的数学专业素养。只有一名教师具有高超的解题能力,并且善于将解题过程中的思维进行梳理总结,才能更好地引导学生掌握解题规律,形成一定的解题经验,提高解题能力和思维品质。

解题研究是多样性的,既可以是对解题基本方法的总结,可以是对数学思想方法的研究,也可以是从具体的解题方法和技巧中提炼理论价值,探索"如何想到这种解法"的规律,总结问题解决的思维模式。但是无论如何,解题研究并不是简单地求解问题的答案,而是要跳出就题论题的狭隘,将解题与思维的培养相结合,试图探索和总结解题规律,形成解题经验,以便实施方法迁移,解决相类问题,甚至形成一定的思维模式和科学探索的理性精神。

陕西师范大学罗增儒教授指出,学会解题有四个步骤:简单模仿、变式练习、自发领悟、自觉分析。波利亚在"怎样解题表"中将解题过程划分为四个步骤:弄清题意、拟订计划、实施计划、回顾解题。有兴趣的读者可以查找相关文献学习。

本章节收录了笔者在解题教学研究中的部分成果。其中有几篇是与学生合作完成的。令人非常欣慰的是,几乎每一届学生中都有一些热衷于解题研究的"小小数学爱好者"。在教学中,我们相互唱和,相互切磋。这也是教学相长的一种表现吧。我不敢说,他们是受我的影响而热爱研究,但可以肯定的是,是数学将我们连接在一起。所以,数学也是一种语言和媒介,数学问题则是其中一个个有趣的包袱和段子,让师生之间的交流更有趣味,充满欢乐。

案例 1 "集合之间基本关系"的基本性

"集合"一章包括集合的含义与表示、集合间的基本关系、集合的基本运算。而其中集合间的基本关系引起了我的关注:为什么包含关系被称为集合间的基本关系,其基本性如何体现?

引例:已知集合 $A=\{x|1<x<2\}$,$B=\{x|x^2-4ax+3a^2>0\}$,若 $A\cap B=\Phi$,试求参数 a 的范围。

解法一:由题意知,$B=\{x|x^2-4ax+3a^2>0\}=\{x|(x-a)(x-3a)>0\}$,

因为 $A\cap B=\Phi$,所以 $B\subseteq C_R A=\{x|x\leq1$ 或 $x\geq2\}$。

当 $a=3a$,即 $a=0$ 时,$B=\{x|x\neq0\}$,不满足条件;

当 $a>3a$,即 $a<0$ 时,$B=\{x|x<3a$ 或 $x>a\}$,则 $3a\leq1$ 且 $a\geq2$,无解;

当 $a=3a$,即 $a>0$ 时,$B=\{x|x<a$ 或 $x>3a\}$,则 $a\leq1$ 且 $3a\geq2$,所以 $\dfrac{2}{3}\leq a\leq1$。

综上,$\dfrac{2}{3}\leq a\leq1$。

【本方法中,将 $A\cap B=\Phi$ 转化为 $B\subseteq C_U A$,利用包含关系求解。】

解法二:由题意知 $A\cap B=\Phi$,故对于 $\forall x\in\{x|1<x<2\}$,$x^2-4ax+3a^2\leq0$ 恒成立。

令 $f(x)=x^2-4ax+3a^2$,$x\in(1,2)$。

当 $2a\leq\dfrac{3}{2}$,即 $a\leq\dfrac{3}{4}$ 时,$f(x)<f(2)=4-8a+3a^2\leq0$,解之得 $\dfrac{2}{3}\leq a\leq\dfrac{3}{4}$;

当 $2a>\dfrac{3}{2}$,即 $a>\dfrac{3}{4}$ 时,$f(x)<f(1)=1-4a+3a^2\leq0$,解之得 $\dfrac{3}{4}<a\leq1$。

综上，$\dfrac{2}{3}\leqslant a\leqslant 1$。

【本方法中，将 $A\bigcap B=\varPhi$ 转化为对于 $\forall x\in\{x\,|\,1<x<2\},x^2-4ax+3a^2$ $\leqslant 0$ 恒成立，本质上，依然是对 $B\subseteq C_UA$ 的另一种表达。】

解法三：由题意知 $A\bigcap B=\varPhi$，故对于 $\forall x\in\{x\,|\,1<x<2\},x^2-4ax+3a^2$ $\leqslant 0$ 恒成立。

令 $f(x)=x^2-4ax+3a^2,x\in(1,2)$，则 $\begin{cases} f(2)=4-8a+3a^2\leqslant 0 \\ f(1)=1-4a+3a^2\leqslant 0 \end{cases}$，解之得

$\dfrac{2}{3}\leqslant a\leqslant 1$。

【在方法二的基础上，根据二次函数与二次不等式的关系优化求解过程。】

其实，在集合这一章中，我们经常将 $A\bigcap B=\varPhi$ 转化为或 $A\subseteq C_UB$。除此之外，$A\bigcap B=B$ 与 $A\bigcup B=A$ 均与 $B\subseteq A$ 是等价的；$A\bigcup B=U$ 与 $A\supseteq C_UB$ 和 $B\supseteq C_UA$ 是等价的。可是，如何理解 $A\bigcap B=B$ 与 $A\bigcup B=A$ 均与 $B\subseteq A$ 是等价呢？很多教师是根据韦恩图直观得出。这其中又蕴含着哪些知识呢？

我们知道，$A\bigcap B=\{x\,|\,x\in A$ 且 $x\in B\}$，因此 $A\bigcap B\subseteq B$ 且 $A\bigcap B\subseteq A$，若 $A\bigcap B=B$，则必有 $B\subseteq A$。同理，$A\bigcup B=\{x\,|\,x\in A$ 或 $x\in B\}$，因此 $A\subseteq A\bigcup B$ 且 $B\subseteq A\bigcup B$，如果 $A\bigcup B=A$，则必有 $B\subseteq A$。所以，在这些特殊的运算中，我们能够通过集合间的包含关系进行转化求解。这也体现了集合间包含关系的基本性。

同时，解法二与解法三则是将集合语言转化为逻辑语言，将集合问题转化为不等式的恒成立问题。这缘于包含关系 $B\subseteq A$ 本身的定义即是含有全称量词的命题。所以，集合和逻辑相互交融，密不可分，它们同为数学的学科语言和表达工具，并且可以相互转述和翻译。

案例2　数形结合在函数零点个数判断中的应用

"数形结合"思想是通过数与形的相互转化来解决数学问题的一种重要思想。它通过"以形助数，以数解形"使复杂问题简单化，使得解题的思路得以拓展，展示了数学灵活性的一面。方程的根或函数零点的个数判断常常需要借助判断函数图象与 x 轴的公共点个数或函数图象间的公共点个数。在此我们以两道高考题为例，探讨一下数形结合在函数零点个数判断中的应用。

例 1：（2005 年上海，理第 16 题）设定义域为 R 的函数 $f(x)=\begin{cases}|\lg|x-1||,x\neq1\\0,\quad x=1\end{cases}$，则关于 x 的方程 $f^2(x)+bf(x)+c=0$ 有 7 个不同实数解的充要条件是（　　）。

A. $b<0$ 且 $c>0$　　　　　　B. $b>0$ 且 $c<0$

C. $b<0$ 且 $c=0$　　　　　　D. $b>0$ 且 $c=0$

例 2：（2006 年湖北，理第 10 题）关于 x 的方程 $(x^2-1)^2-|x^2-1|+k=0$，给出下列四个命题：

①存在实数 k，使得方程恰有 2 个不同的实根；

②存在实数 k，使得方程恰有 4 个不同的实根；

③存在实数 k，使得方程恰有 5 个不同的实根；

④存在这数 k，使得方程恰有 8 个不同的实根。

其中假命题的个数是（　　）。

A. 0　　　　　　B. 1　　　　　　C. 2　　　　　　D. 3

这两道题目都是当年度选择题的最后一题。应该说，命题人是把它们当作较难的题予以出示的。现在，我们把这两道题目放在一起，探讨一下这两个方程不同实数解的个数以及参数对应的不同条件。

题目 1：不妨先讨论一下方程 $t^2+bt+c=0$ 根的个数，若存在根，则设为 t_1,t_2；然后再分别研究 $f(x)=t_1,f(x)=t_2$ 的根的个数，此即为题目最终结论。为了叙述的方便，我们规定："$f(x)$ 值域为 A，若 $t_1\in A$，则称 t_1 为方程的有效根；若 $t_2\notin A$，则称 t_2 为方程的非有效根"。可以看出，只有有效根才能求解出复合方程的实数解。下面，我们依据有效根的个数来看一下复合方程的实数解情况。

已知 $f(x)=\begin{cases}|\lg|x-1||,x\neq1\\0,\quad x=1\end{cases}$，则其函数的图象如图 4-1：

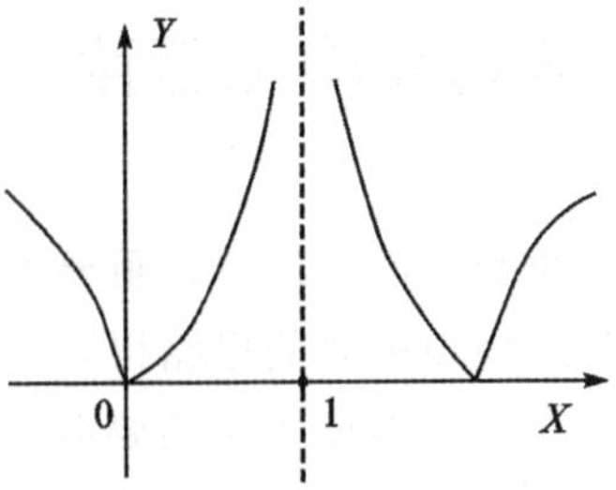

图 4-1　$y=f(x)$（例 1）

若有效根只有一个，不妨设为 t_1，则 $t_1\geqslant0$，$t_2<0$。

①若 $t_1=0$，则方程共有 3 个不同实数解：0,1,2；②若 $t_1>0$，则方程共有 4 个不同实数解，其和为 4。

若有效根有两个，则 $t_1\geqslant0,t_2\geqslant0$。

①若 $t_1=t_2=0$，则方程共有 3 个不同实数

解,分别是 $0,1,2$;②若 $t_1=t_2>0$,则方程共有 4 个不同实数解,其和为 4;③若 $t_1\neq t_2$,且均大于 0,则方程共有 8 个不同实数解,其和为 8;④若 $t_1\neq t_2$,且其中一个为 0,另外一个大于 0,则方程共有 7 个不同实数解,其和为 7。

综上,由 $t^2+bt+c=0$ 的解 t_1,t_2 的范围,即可判断出复合方程根的个数情况。

如本题中研究有 7 个不同实数解的情况,由上可知,则方程 $t^2+bt+c=0$ 的两根 t_1,t_2 必满足 $t_1\neq t_2$,且其中一个为 0,另外一个大于 0,则 $b<0$ 且 $c=0$。故结果为 C。

同样的方式,大家可以把其余的情况所对应参数的取值范围求解出来。

题目 2:首先,我们可以把此题转化为题目 1 的叙述方式。“设函数 $f(x)=|x^2-1|$,则关于 x 的方程 $f^2(x)-f(x)+k=0$,给出以下命题……其中假命题的个数为几个”。

同样,我们可以把函数 $f(x)$ 的图象画出,如 4-2:

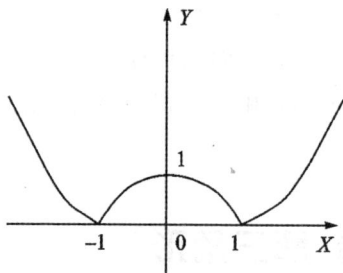

图 4-2　$y=f(x)$（例 2）

同样,我们不妨先讨论一下方程 $t^2-t+k=0$ 根的个数,若存在根,则设为 t_1,t_2;然后再分别研究 $f(x)=t_1,f(x)=t_2$ 的根的个数。但是,我们应该要注意到:方程 $t^2-t+k=0$ 若存在根,则 t_1,t_2 并不如题目 1 是任意的,它们必须要满足 $t_1+t_2=1$。故讨论的方法需要进行改进。

若 $t_1=t_2=\dfrac{1}{2}$,则方程有 4 个根,其和为 0;

若 $t_1\neq t_2$,且均大于 $0,t_1<t_2$ 则可知 $0<t_1<\dfrac{1}{2}<t_2<1$,则方程有 8 个不同实数解,其和为 0;

若 $t_1=0,t_2=1$,则方程有 5 个不同实数解,其和为 0;

若 t_1,t_2 满足其一小于 0,则另一个必大于 1,则方程有 2 个不同实数解,其和为 0。

综上,答案选 A。

同学们也可以如同第 1 题讨论得到各种情况下参数 k 所需要满足的条件。

题目设计赏析:题目背景均是以同学们所熟悉的“函数与方程”章节知识为基础,以常用的数形结合为工具处理方程根的个数问题。题目以基础知识为着眼点,学生较易入手,但是题目在设计上,安排了绝对值函数,从而增加了整体思维量,更能够考查解决过程中学生的动手能力与思维能力。可以说,它们被分别安排在当年高考选择题目最后一题确实具有一定的科学性与合理性。

但是,这两个题目虽然具有如此相同的知识背景与解决工具,它们依然存在着很大的不同。题目 1 对复合方程中的参数 b,c 未做任何限制,所以我们可以随意地讨论方程 $t^2+bt+c=0$ 的根的情况,但是题目 2 中,对方程中的系数做了处理,使得 $t^2-t+k=0$ 若存在根,则两根之和必定为 1。这也就通过条件的限制增加了讨论的难度。但这也成了此题的亮点:细节方能决定成败。

同时,由此我们也可以看出,尽管题目的形式多样,但是只要我们领会了题目所考查的知识点与实用工具,一切问题皆迎刃而解。所以,所谓的学习解决问题的技能,其实也就是学习分析问题的思路,把握问题的实质。

最后,同学们可以来看这样一道题目,体验它与题目 2 的区别,体会一下题目 2 所给选项的风味。

练习:关于 x 的方程 $(x^2-1)^2-b|x^2-1|+c=0$,讨论此方程根的个数。

通过分析可以得出,方程的根的个数可能为 0,2,3,4,5,6,7,8。

而原题中的选项与此题的结果具有一定的包含关系。所以,即使同学们忽视了题目中的两根之和等于 1 这一特殊的限定,也并不影响我们得到最后的结果选项。

案例 3 由"三角形全等"看"解三角形"
——关于"已知三角形两边及其中一边的对角解三角形"解答方案的探究

从基本构成元素上讲,三角形有三条边和三个角共六个元素。而这六个元素中的任意三个相互组合都可以构成我们研究某个或某些三角形的基本条件。

例如,在初中平面几何知识中,判定两个三角形全等的判定定理有如下几条:①两角及夹边对应相等;②两角与其中一角所对边对应相等;③两边及夹角对应相等;④三边对应相等;⑤直角三角形斜边与一直角边对应相等。

初中教材通过图形引导学生认识到两个三角形全等其实就是指两个三角形可以通过旋转与翻折达到完全重合的效果。

那么,我们在这儿多提一个问题:你是如何理解两个三角形重合的?

显而易见,对于两个三角形重合,我们可以理解为它就是两个相同的三角形,或者说是同一个三角形,因为它们的对应元素是完全相等或相同的。甚至,我们可以认为,已知三角形的"两角及夹边",或"两角与其中一角所对边",或"两边及夹角",或"三边",或"直角三角形斜边与一直角边"任意一组中的三个元素,这个三角形的其他三个元素也就确定了,或者说这个三角形也就唯一确定了。而这个结论,我们也可以利用高中的解三角形知识(正弦定理与余弦定理)来进行解答与证明。

例如,求证:已知三角形 ABC 的两内角 A、B 及两角夹边 c,那么三角形唯一确定。

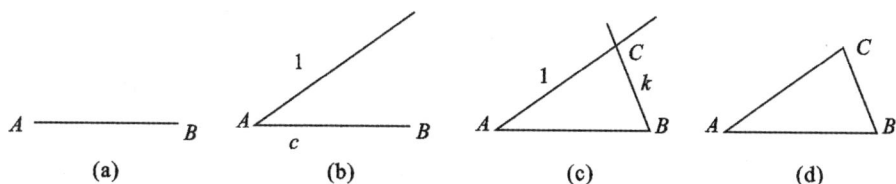

图 4-3　$\triangle ABC$ 的做法

证法一:我们可以按照图 4-3(a)到(d)的方式根据三角形的已知条件把对应的三角形 ABC 作出。而且由长为 c 的线段 AB 的端点分别做出的射线 l 与 k 在形成三角形的情况下有且只有一个交点 C,即是说明这样的三角形是唯一确定的。

证法二:已知角 A 与角 B,则角 C 可知,三个角的正弦值也就得以确定,则由正弦定理,另外两边 b、c 也就唯一确定了。所以,这个三角形也就唯一确定了。命题得证。

以同样的方式,我们可以证明其他的几个结论。

下面,我们利用上面的结论来看一下解三角形中的一个特殊问题:"已知三角形两边及其中一边的对角"。

我们注意到,在三角形判定定理中,"两角一边"组合中,涉及两角及夹边以及两角与其中一角对边这两种组合,这也是在三角形中,两角一边所形成的全部可能位置关系。而在"两边一角"中,却只研究了两边及夹角,而不见"两边及其中一边的对角"这样的组合? 也就是说,它不能确定两个三角形全等。或者利用我们的结论讲,已知一个三角形的两边及其中一边的对角不足以确定唯一的一个三角形。那么我们如何给予解释呢?

请看图 4-4:A、C、D 三点共线,线段 CD 中点为 E,BE 垂直于 CD。

由平面几何知识,我们可以得知,$BC = BD$,那么在三角形 ABC 与三角形 ABD 中,它们满足两边对应相等,而且有一组角对应相等(拥有公共角

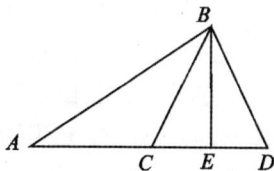

图 4-4

$\angle BAC$),可是这样的两个三角形显然不是全等的,或者说,"两边及其中一边的对角"这样的一组组合不足以确定唯一的三角形。

当然,这也只是作为"两边及其中一边的对角这样的一组组合不足以确定唯一的一个三角形"的一个例证。

案例4 数列中的"分合之道"

——对于 $a_1+a_2+a_3+\cdots+a_n=S_n$ 的思考与拓展应用

《三国演义》卷首道:天下大势,分久必合,合久必分。其实数学中也暗含"分合之道"。笔者借多年对数列知识的研究,以近年高考中的数列不等式证明题为例,谈一下本人对于 $a_1+a_2+a_3+\cdots+a_n=S_n$ 的再思考与拓展应用,试管窥一斑。

例1:是否存在实数 a、b、c,使得 $1\times2+2\times2^2+3\times2^3+\cdots+n2^n=2^n(na-b)+c$,$n\in\mathbf{N}^*$ 恒成立? 若存在,请求出 a、b、c 的值,否则,说明理由。

方法1:令 $T_n=1\times2+2\times2^2+3\times2^3+\cdots+n2^n$,

则 $2T_n=1\times2^2+2\times2^3+3\times2^4+\cdots+n2^{n+1}$,两式相减得

$T_n=-(2+2^2+2^3+\cdots+2^n-n2^{n+1})=(n-1)2^{n+1}+2$,

故 $a=b=c=2$。

方法2:令 $T_n=2^n(na-b)+c$,若 T_n 为数列 $\{a_n\}$ 的前 n 项和,

则 $n=1$ 时,$a_1=T_1=2(a-b)+c$;

$n>1$ 时,$a_n=T_n-T_{n-1}=2^{n-1}[(n+1)a-b]$。

由题意知 $n=1$ 时,$a_1=2$;且 $n>1$ 时,$a_n=n\times2^n$。

故 $a=b=c=2$。

解法评析:此题条件中提供的是一个 $a_1+a_2+a_3+\cdots+a_n=f(n)$ 形式的代数式。等式左侧是一和式,而右侧为一整式。中间的等号为和式与整式间的转化提供了一条桥梁:"由分到合"与"由合到分"。

从等式左侧到右侧,是对数列求和的过程,是"由分到合"的转化。而从右侧到左侧则是利用和求通项的过程,是将整式分解,"由合到分"的转化。

方法1则是由"合"的角度,借助式子的结构特征,将等式左侧的和式 $a_1+a_2+a_3+\cdots+a_n$ 利用错位相减法求和,零存整取,"由分到合",将等式左侧进行求解化简,然后依据多项式相等的条件求出 a、b、c 的值。

而方法2则是由"分"的角度,将等式右侧的整式也看成数列的前 n 项和,

化整为零,利用 $a_n=\begin{cases} S_1,n=1 \\ S_n-S_{n-1},n>1 \end{cases}$,求出通项,然后利用两个数列同一性分别求出 a、b、c 的值,凸显了"由合到分"的过程。

两种方法特点鲜明:方法 1 凸显基本方法的应用,而方法 2 独辟蹊径,凸显思维的角度独特性与灵活性。

此种解法还应用于其他类似题目的解答。

例2:若已知数列 $\{a_n\}$,且 $a_n=2n+1$,是否存在数列 $\{b_n\}$,使得 $a_1b_1+a_2b_2+a_3b_3+\cdots+a_nb_n=3^n-1$ 总成立? 若存在,求出 b_n,若不存在,说明理由。

方法1:当 $n=1$ 时,$a_1b_1=2$,$b_1=\dfrac{2}{3}$;

当 $n=2$ 时,$a_1b_1+a_2b_2=8$,$b_2=\dfrac{6}{5}$;

当 $n=3$ 时,$a_1b_1+a_2b_2+a_3b_3=26$,$b_3=\dfrac{18}{7}$;

猜想 $b_n=\dfrac{2\times3^{n=1}}{2n+1}$。

以下证明(略)。

方法2:令 $c_n=a_nb_n$,可知数列 $\{c_n\}$ 的前 n 项和为 $S_n=3^n-1$,

由 $c_n=\begin{cases} S_1,n=1 \\ S_n-S_{n-1},n>1 \end{cases}$,

可求得 $c_n=2\times3^{n-1}$,则 $b_n=\dfrac{2\times3^{n=1}}{2n+1}$。

将整式作为前 n 项和,解出通项,"分"的角度。

解法评析:方法1:利用特值检验、归纳、猜想、证明的思路进行解答。在证明过程中,将等式左侧和式进行整理、化简、化零为整,从而得证。

方法2:将等式右侧看作数列 $\{c_n\}$ 的前 n 项和为 S_n,化整为零,利用数列的同一性解答。

两种思路,各有千秋。但方法2思路嵌入灵巧,解答过程更为精练。

例3 (2011年浙江理科第19题)已知公差不为0的等差数列 $\{a_n\}$ 的首项 a_1 为 $a(a\in R)$,设数列的前 n 项和为 S_n,且 $\dfrac{1}{a_1},\dfrac{1}{a_2},\dfrac{1}{a_4}$ 成等比数列。

①求数列 $\{a_n\}$ 的通项公式及 S_n;

②记 $An=\dfrac{1}{S_1}+\dfrac{1}{S_2}+\dfrac{1}{S_3}+\cdots+\dfrac{1}{S_n}$,$Bn=\dfrac{1}{a_1}+\dfrac{1}{a_2}+\dfrac{1}{a_3}+\cdots+\dfrac{1}{a_n}$,当 $a\geq2$

时，试比较 A_n 与 B_n 的大小。

解析：① $a_n = na$，$S_n = \dfrac{n^2+n}{2} \cdot a$；

② A_n 为数列 $\left\{\dfrac{1}{S_n}\right\}$ 的前 n 项和，B_n 为数列 $\left\{\dfrac{1}{a_n}\right\}$ 的前 n 项和，两者的大小关系可由比较 $\dfrac{1}{S_n}$ 与 $\dfrac{1}{a_n}$ 的大小而得。

可得 $S_n - a_n = \dfrac{n^2-n}{2} \cdot a$，

故 $n = 1$ 时，$S_1 = a_1$，$\dfrac{1}{S_n} = \dfrac{1}{a_n}$；

故 $n > 1$ 时，$S_1 > a_1 > 0$，$\dfrac{1}{S_n} < \dfrac{1}{a_n}$；

综上可知，$n = 1$ 时，$A_n = B_n$，当 $n > 1$ 时，$A_n < B_n$。

例 4 （2010 年安徽卷第 20 题）设数列 $a_1, a_2, a_3, a_4, \cdots, a_{n+1}$ 中每一项都不为 0。

证明，$\{a_n\}$ 为等差数列的充分必要条件是：对任何 $n \in \mathbf{N}^*$，都有

$$\frac{1}{a_1 a_2} + \frac{1}{a_2 a_3} + \frac{1}{a_3 a_4} + \cdots + \frac{1}{a_n a_{n+1}} = \frac{n}{a_1 a_{n+1}}。$$

证明：先证必要性。

设数列公差为 d。若 $d = 0$，等式显然成立。

若 $d \neq 0$，则

$$\frac{1}{a_1 a_2} + \frac{1}{a_2 a_3} + \frac{1}{a_3 a_4} + \cdots + \frac{1}{a_n a_{n+1}} = \frac{1}{d}\left[\left(\frac{1}{a_1} - \frac{1}{a_2}\right) + \left(\frac{1}{a_2} - \frac{1}{a_3}\right) + \cdots + \left(\frac{1}{a_n} - \frac{1}{a_{n+1}}\right)\right]$$

$$= \frac{1}{d}\left(\frac{1}{a_1} - \frac{1}{a_{n+1}}\right) = \frac{n}{a_1 a_{n+1}}。即证。$$

将和式化简成整式，"合"的角度。

再证充分性。

由题意知：$\left\{\dfrac{1}{a_n a_{n+1}}\right\}$ 的前 n 项和为 $S_n = \dfrac{n}{a_1 a_{n+1}}$。

则当 $n = 1$ 时，$\dfrac{1}{a_1 a_2} = S_1$；

当 $n>1$ 时, $\dfrac{1}{a_n a_{n+1}}=S_n-S_{n-1}=\dfrac{n}{a_1 a_{n+1}}-\dfrac{n-1}{a_1 a_n}=\dfrac{na_n-(n-n)a_{n+1}}{a_1 a_n a_{n+1}}$

将整式作为前 n 项和,解出通项,"分"的角度。

即 $a_1=na_n-(n-1)a_{n+1}$。同理, $a_1=(n-1)a_{n-1}-(n-2)a_n$。

则 $2a_n=a_{n-1}+a_{n+1}$,故 $\{a_n\}$ 为等差数列。

综上, $\{a_n\}$ 为等差数列的充分必要条件是:对任何 $n\in \mathbf{N}^*$,都有

$$\dfrac{1}{a_1 a_2}+\dfrac{1}{a_2 a_3}+\dfrac{1}{a_3 a_4}+\cdots+\dfrac{1}{a_n a_{n+1}}=\dfrac{n}{a_1 a_{n+1}}。$$

由以上例题可以看出,可以借助于"分"或"合"这两种不同角度解析 $a_1+a_2+a_3+\cdots+a_n=f(n)$ 此类题。那么,这种思路是否可以应用到形如 $a_1+a_2+a_3+\cdots+a_n>f(n)$ 类数列不等式的证明中呢?

拓展应用 1: $a_1+a_2+a_3+\cdots+a_n>f(n)$ 类数列不等式的证明

例 5　(2010 年全国二卷第 18 题)已知数列 $\{a_n\}$ 的前 n 项和 $S_n=(n^2+n)\cdot 3^n$。

①求 $\lim\limits_{n\to+\infty}\dfrac{a_n}{S_n}$;②证明: $\dfrac{a_1}{1^2}+\dfrac{a_2}{2^2}+\dfrac{a_3}{3^2}+\cdots+\dfrac{a_n}{n^2}>3^n$。

解法 1:①略

②当 $n=1$ 时, $\dfrac{a_1}{1^2}=a_1=S_1=6>3$;

当 $n>1$ 时, $\dfrac{a_1}{1^2}+\dfrac{a_2}{2^2}+\dfrac{a_3}{3^2}+\cdots+\dfrac{a_n}{n^2}=\dfrac{S_1}{1^2}+\dfrac{S_2-S_1}{2^2}+\dfrac{S_3-S_2}{3^2}+\cdots+$

$\dfrac{S_n-S_{n-1}}{n^2}=(\dfrac{1}{1^2}-\dfrac{1}{2^2})S_1+(\dfrac{1}{2^2}-\dfrac{1}{3^2})S_2+(\dfrac{1}{3^2}-\dfrac{1}{4^2})S_3+\cdots+(\dfrac{1}{(n-1)^2}-\dfrac{1}{n^2})S_{n-1}$

$+\dfrac{S_n}{n^2}>\dfrac{S_n}{n^2}=\dfrac{n^2+n}{n^2}\cdot 3^n>3^n$

放缩,将和式化简成整式,"合"的角度。

所以,当 $n\geqslant 1$ 时, $\dfrac{a_1}{1^2}+\dfrac{a_2}{2^2}+\dfrac{a_3}{3^2}+\cdots+\dfrac{a_n}{n^2}>3^n$。

解法 2:由题意知 $S_n=(n^2+n)\cdot 3^n$。

当 $n=1$ 时, $\dfrac{a_1}{1^2}=a_1=S_1=6>3$,

当 $n>1$ 时, $a_n=S_n-S_{n-1}=(2n^2+4n)3^{n-1}$,

故 $a_n=(2n^2+4n)3^{n-1}$。

设 $T_n=3^n$, T_n 为数列 $\{b_n\}$ 的前 n 项和,

则当 $n=1$ 时, $b_1=3<a_1$;

当 $n>1$ 时，$b_n=2 \cdot 3^{n-1}<\dfrac{a_n}{n^2}=(2+\dfrac{4}{n}) \cdot 3^{n-1}$；

将整式作为前 n 项和，解出通项，"分"的角度。

故 $\dfrac{a_1}{1^2}+\dfrac{a_2}{2^2}+\dfrac{a_3}{3^2}+\cdots+\dfrac{a_n}{n^2}>b_1+b_2+b_3++b_n=3^n$。即证。

例6 （2008年陕西卷第22题）已知数列 $\{a_n\}$ 的首项 $a_1=\dfrac{3}{5}$，$a_{n+1}=\dfrac{3a_n}{2a_n+1}$，$n=1,2,\cdots$

①求 $\{a_n\}$ 的通项公式；

②证明：对任意的 $x>0$，$a_n \geqslant \dfrac{1}{1+x}-\dfrac{1}{(1+x)^2}(\dfrac{2}{3^n}-x)$，$n=1,2,\cdots$

③证明：$a_1+a_2+a_3+\cdots+a_n>\dfrac{n^2}{n+1}$。

解法一：① $a_n=\dfrac{3^n}{3^n+2}$。 ②略。

③由②知，对任意的 $x>0$，有 $a_1+a_2+\cdots+a_n$

$\geqslant[\dfrac{1}{1+x}-\dfrac{1}{(1+x)^2}(\dfrac{2}{3}-x)]+[\dfrac{1}{1+x}-\dfrac{1}{(1+x)^2}(\dfrac{2}{3^2}-x)]+\cdots+[\dfrac{1}{1+x}$

$-\dfrac{1}{(1+x)^2}(\dfrac{2}{3^n}-x)]=\dfrac{n}{1+x}-\dfrac{1}{(1+x)^2}(\dfrac{2}{3}+\dfrac{2}{3^2}+\cdots+\dfrac{2}{3^n}-nx)$

放缩，将和式化简成整式，"合"的角度。

取 $x=\dfrac{1}{n}(\dfrac{2}{3}+\dfrac{2}{3^2}+\cdots+\dfrac{2}{3^n})=\dfrac{1}{n}(1-\dfrac{1}{3^n})$，

则 $a_1+a_2+\cdots+a_n \geqslant \dfrac{n}{1+\dfrac{1}{n}(1-\dfrac{1}{3^n})}=\dfrac{n^2}{n+1-\dfrac{1}{3^n}}>\dfrac{n^2}{n+1}$。原不等式成立。

解法二：令 $T_n=\dfrac{n^2}{n+1}$，若 T_n 为数列 $\{b_n\}$ 的前 n 项和。则 $b_n=1-\dfrac{1}{n(n+1)}$

将整式作为前 n 项和，解出通项，"分"的角度。

又由①知 $a_n=\dfrac{3^n}{3^n+2}=1-\dfrac{2}{3^n+2}$。

当 $n=1$ 时，$a_1=\dfrac{3}{5}$，$b_1=\dfrac{1}{2}$，结论显然成立；

当 $n=2$ 时，$a_1+a_2=\dfrac{3}{5}+\dfrac{9}{11}>b_1+b_2=\dfrac{1}{2}+\dfrac{5}{6}$，结论依然成立；

当 $n=3$ 时,$a_3=\dfrac{27}{29}>b_3=\dfrac{11}{12}$,由 $n=2$ 时知,$n=3$ 时,结论依然成立;

当 $n>3$ 时,$b_n=1-\dfrac{1}{n(n+1)}=1-\dfrac{2}{2n^2+2n}$;

又 $3^n+2=(1+2)^n+2=C_n^0+2C_n^1+2^2C_n^2+\cdots+2^{n-1}C_n^{n-1}+2^nC_n^n$

$\geqslant 1+2n+(2n^2-2n)+2^{n-1}n+2^n+2>2n^2+2n$;

故 $a_n>b_n$,故 $a_1+a_2+\cdots+a_n>b_1+b_2+\cdots+b_n=\dfrac{n^2}{n+1}$。

综上,知 $a_1+a_2+\cdots+a_n>\dfrac{n^2}{n+1}$。

解法评析:两道例题,解法如出一辙。方法一将和式通过高难度的裂项或放缩整理成整式,然后证明不等关系;而方法二将整式转化为数列的和式,巧妙地利用两数列通项的大小比较,借助同向不等式相加法则证明。由这两例来看,两者的运算量多少显而易见,而方法二的灵动性更高,目的性更强。

前面我们知道对于 $a_1+a_2+a_3+\cdots+a_n>(=)f(n)$ 形式的式子可以这样处理:等式左侧是一个和式,而右侧为一个整式,可将右侧的整式也看成数列的前 n 项和,化整为零,利用 $a_n=\begin{cases}S_1,n=1\\S_n-S_{n-1},n>1\end{cases}$,求出通项。可是若等式形式为 $a_1a_2a_3\cdots a_n=T_n$ 呢?

方法类比:$a_n=\begin{cases}T_1,n=1\\\dfrac{T_n}{T_{n-1}},n>1\end{cases}$。

拓展应用2:已知 $a_1a_2a_3\cdots a_n=T_n$,求通项公式

例7　数列 $\{a_n\}$ 满足:$a_1a_2a_3\cdots a_n=\dfrac{1}{n(n+1)}$,试求其通项公式。

解析:令 $T_n=\dfrac{1}{n(n+1)}$,则 $a_n=\begin{cases}T_1=\dfrac{1}{2},n=1\\\dfrac{T_n}{T_{n-1}}=\dfrac{n-1}{n+1},n>1\end{cases}$。

可以借助于"分"或"合"这两种不同角度解析 $a_1+a_2+a_3+\cdots+a_n>(=)$ $f(n)$ 类数列不等式的证明。那么,是否可以类比方法来解析 $a_1a_2a_3\cdots a_n>T_n$ 类数列不等式的证明呢?

拓展应用3:$a_1a_2a_3\cdots a_n>T_n$ 类数列不等式的证明

例8　(2009 山东卷理)等比数列 $\{a_n\}$ 的前 n 项和为 S_n,已知对任意的 $n\in$

$\mathbf{N}^*$，点(n,S_n)，均在函数$y=b^n+r(b>0$，且$b\neq1)$的图象上。

①求r的值；

②当$b=2$时，记$b_n=2(\log_2 a_n+1)$，$(n\in\mathbf{N}^*)$。

证明：对任意的$n\in\mathbf{N}^*$，不等式$\dfrac{b_1+1}{b_1}\cdot\dfrac{b_2+1}{b_2}\cdots\cdots\dfrac{b_n+1}{b_n}>\sqrt{n+1}$成立。

解：①$r=-1$，$a_n=(b-1)b^{n-1}$；

②当$b=2$时，$a_n=2^{n-1}$，$b_n=2n$，

则$\dfrac{b_n+1}{b_n}=\dfrac{2n+1}{2n}$，所以$\dfrac{b_1+1}{b_1}\cdot\dfrac{b_2+1}{b_2}\cdots\cdots\dfrac{b_n+1}{b_n}=\dfrac{3}{2}\cdot\dfrac{5}{4}\cdot\dfrac{7}{6}\cdots\cdots\dfrac{2n+1}{2n}$。

下面证明不等式$\dfrac{b_1+1}{b_1}\cdot\dfrac{b_2+1}{b_2}\cdots\cdots\dfrac{b_n+1}{b_n}=\dfrac{3}{2}\cdot\dfrac{5}{4}\cdot\dfrac{7}{6}\cdots\dfrac{2n+1}{2n}>\sqrt{n+1}$

成立。

方法一：数学归纳法（略）；

方法二：构造对偶式求解（略，可参看案例6）；

方法三：（放缩法）先行证明

$$\dfrac{2n+1}{2n}=\dfrac{\frac{2n+2+2n}{2}}{2n}>\dfrac{\sqrt{(2n+2)2n}}{2n}=\dfrac{\sqrt{n+1}}{\sqrt{n}}$$（可此时却产生一个令人纠结

的问题：放缩到什么程度才是适合的。故此法技巧性要求高），然后累积法证明。

放缩，将和式化简成整式，"合"的角度。

方法四：设数列$\{c_n\}$的前n项积为$T_n=\sqrt{n+1}$，则可求知$c_n=\dfrac{\sqrt{n+1}}{\sqrt{n}}$。此

时，若能证明$b_n>c_n>0$（由此也可解释方法三的做法，而本法简单易行，思维自然、顺理成章），则本题即可轻松证明。

将整式作为前n项积，解出通项，"分"的角度。

例9 （2009广东卷理）已知曲线$C_n:x^2-2nx+y^2=0$。$n=1,2,\cdots$，从点$P(-1,0)$向曲线C_n引斜率为$k_n(k_n>0)$的切线l_n，切点为$P_n(x_n,y_n)$。

①求数列$\{x_n\}$与$\{y_n\}$的通项公式；

②证明：$x_1\cdot x_3\cdot x_5\cdots\cdots x_{2n-1}<\sqrt{\dfrac{1-x_n}{1+x_n}}<\sqrt{2}\sin\dfrac{x_n}{y_n}$。

解：①$x_n=\dfrac{n}{1+n}$，$y_n=\dfrac{n\sqrt{2n+1}}{n+1}$；

②证明：

方法一：$\sqrt{\dfrac{1-x_n}{1+x_n}}=\sqrt{\dfrac{1-\dfrac{n}{1+n}}{1+\dfrac{n}{1+n}}}=\sqrt{\dfrac{1}{2n+1}}$。

$$x_1 \cdot x_3 \cdot x_5 \cdots x_{2n-1}=\dfrac{1}{2} \cdot \dfrac{3}{4} \cdot \dfrac{5}{6} \cdots \dfrac{2n-1}{2n}<\sqrt{\dfrac{1}{3} \cdot \dfrac{3}{5} \cdot \dfrac{5}{7} \cdots \dfrac{2n-1}{2n+1}}$$

$=\sqrt{\dfrac{1}{2n+1}}$

放缩，将和式化简成整式，"合"的角度。

所以 $x_1 \cdot x_3 \cdot x_5 \cdots x_{2n-1}<\sqrt{\dfrac{1-x_n}{1+x_n}}$。

由于 $\dfrac{x_n}{y_n}=\sqrt{\dfrac{1-x_n}{1+x_n}}$，可令函数 $f(x)=x-\sqrt{2}\sin x$，即可证明。

则有 $\sqrt{\dfrac{1}{2n+1}}<\sqrt{2}\sin\sqrt{\dfrac{1}{2n+1}}$，即 $\sqrt{\dfrac{1-x_n}{1+x_n}}<\sqrt{2}\sin\dfrac{x_n}{y_n}$。

方法二：设 $\{a_n\}$ 的前 n 项积为 T_n，$T_n=\sqrt{\dfrac{1-x_n}{1+x_n}}=\sqrt{\dfrac{1}{2n+1}}$，则可求 $a_n=$

$\sqrt{\dfrac{2n-1}{2n+1}}$，下面即可轻松证明 $\dfrac{2n-1}{2n}<a_n$，则不等式左侧得证。

将整式作为前 n 项积，解出通项，"分"的角度。

解法评析：这两道例题均属难度较大的题目。原因在于，学生老想着把不等式左侧的一长串式子求解整理出来，钻入了死胡同。而若是使用放缩，可又放缩到什么程度是适合于该题的呢，学生多次尝试无果。可是如果换一个角度，丢掉左侧的长式不管，而把右侧也看作长式，即可化整为零，由合到分，将问题的难点巧妙化解，转化为两个通项的大小比较问题，达到避重就轻的效果。由上面的解答，也很容易看到效果。

解后反思：$a_1+a_2+a_3+\cdots+a_n=S_n$ 是数列中最基本的一个公式，它将通项与前 n 项和紧密连在了一起，道出了这两者之间的转化关系，也道出了数列中的"分合之道"。

由以上诸例可以看出，"由分到合"是大多考生、命题者看重的解答思路，但往往这种思路运算量大，思维要求较高，学生操作可行性较低；但"由合到分"则可独辟蹊径，避开数列不等式中复杂的放缩技巧，简洁明了，直奔主题，解决问题。

"由分到合"与"由合到分"都是基于同一母体,只是认识的角度不同而已,但在应用方面其繁简程度却大有差别。而如果我们能够做好方法的选择与思路的转化,便可避重就轻,化繁为简,一切问题便迎刃而解。

所以,研究数学,不能仅仅满足于做题,要多多反思,多多感悟。温故而知新,不亦乐乎?

数学的花园奥妙无穷,可我们又如何窥探其中之一二呢?数学教育家波利亚说过:好问题同某种蘑菇有类似的结论,大都成堆生长,找到一个以后,你应当在周围找找,很可能在附近就有几个。

所以,学数学与教数学都要有一个"在周围找找"的习惯和一颗坚持的心。

案例5 max{f(x),g(x)}的几种异形式及应用

在高中学习过程以及近几年的高考题目中,我们经常会碰到这样一种特殊的函数:max{f(x),g(x)}或 min{f(x),g(x)}。在此,我将与之有关的类型题及异形式做了简要的概括,探讨其解答方法,并在此基础上对于其在解答一些复杂的二次函数讨论题中的应用做出相应的探究。

例1 对 $a,b\in R$,记 $\max\{a,b\}=\begin{cases}a,a\geq b\\b,a<b\end{cases}$,函数 $f(x)=\max\{|x+1|,|x-2|\}$ 的最小值是_____。

解析:由题意可知,题干中定义的新函数即为求两个数中较大的值。由此可知,函数 $y=f(x)$ 的图象即由 $y=|x+1|$ 与 $y=|x-2|$ 图象中居于上方的部分所形成的。见图 4-5 和图 4-6。

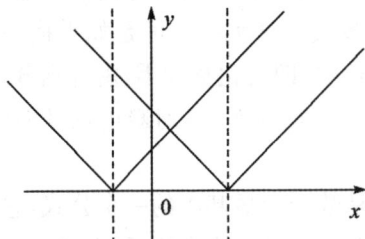

图 4-5 $y=|x+1|$ 与 $y=|x-2|$ 的图象 图 4-6 $y=f(x)$ 的图象(实线部分)

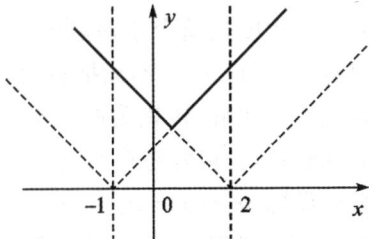

轻而易举地可以得到最小值为 $\frac{3}{2}$。

【变式1】函数 $f(x),g(x)$ 均为 R 上的函数,函数 $h(x)=$

$\dfrac{f(x)+g(x)+|f(x)-g(x)|}{2}$，若 $f(x)=\sin x$，$g(x)=\cos x$，则此时 $h(x)$ 的

值域为＿＿＿＿＿＿。

解析：当 $f(x)\geqslant g(x)$ 时，$h(x)=f(x)$；当 $f(x)<g(x)$ 时，$h(x)=g(x)$。所以虽然题目给出一个陌生的式子，但其实质性含义并未有何改变。

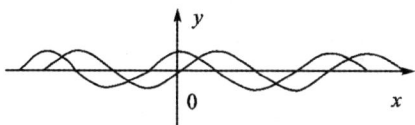

图 4-7　$f(x)=\sin x$，$g(x)=\cos x$ 的图象　　　　**图 4-8　$h(x)$ 的图象（实线部分）**

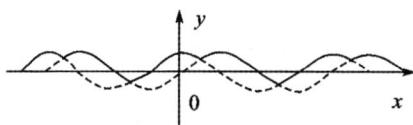

可知 $h(x)$ 的值域为 $\left[-\dfrac{\sqrt{2}}{2},1\right]$。

【变式 2】已知程序，如图 4-9，且 $a=\sin x$，$b=\cos x$，$c=\tan x$，$x\in(-\dfrac{3\pi}{4}$，

$\dfrac{3\pi}{4})$，将 a，b，c 输入运行该程序，若输出 a，则 x 的范围应该是＿＿＿＿＿＿。

解析：这是一道以算法为载体的题目。但是，当我们对于这个算法的功能做出判定之后，可以发现，它不过是为了把三个数中最大的数输出出来。所以我们就能够很容易地判断出该算法的原型即为 $f(x)=\max\{a,b,c\}$。

所以按照我们前面的解法，很容易地可以找到答案。

如图 4-10 所示，显然 x 的范围是 $(\dfrac{\pi}{2},\dfrac{3\pi}{4})$。

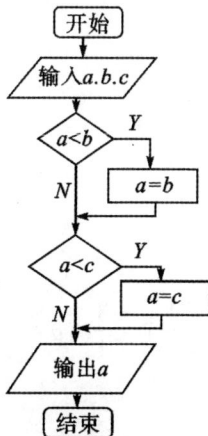

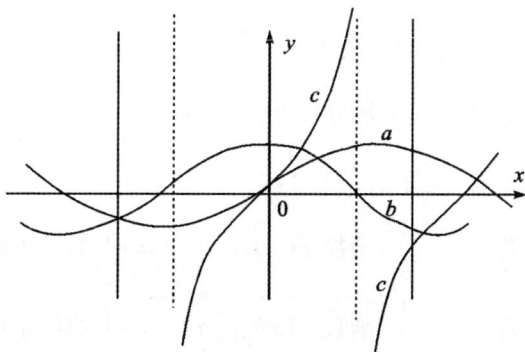

图 4-9　　　　　　　　　　　**图 4-10　a,b,c 的图象**

在以上基础上,我们不妨探讨一下函数 $\max\{f(x),g(x)\}$ 及其解题的精髓思想——"数形结合"的应用。

例2 函数 $f(x)=x^2+|x-2|+1$,求其最小值。

解法1:原函数可转化为 $f(x)=\begin{cases}x^2+x-1,x\geqslant2\\x^2-x+3,x<2\end{cases}$,题目即转化为求解一个分段函数的最小值问题。而分段函数的最小值为各段中的最小值中最小的。可知当 $x\geqslant2$ 时,最小值为 $f(2)=5$;当 $x<2$ 时,最小值为 $f(\frac{1}{2})=\frac{11}{4}<5$,故其最小值为 $\frac{11}{4}$。

解法2:原函数可转化为 $f(x)=\begin{cases}x^2+x-1,x\geqslant2\\x^2-x+3,x<2\end{cases}$,我们可以发现,当 $x\geqslant2$ 时,$x^2+x-1\geqslant x^2-x+3$,当 $x<2$ 时,$x^2+x-1<x^2-x+3$。此时,问题转化为例1中的类型。如下图 4-11,4-12。

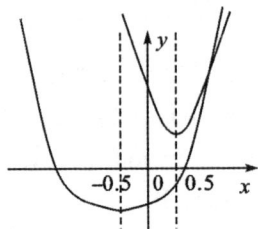

图 4-11 $y=x^2+x-1,y=x^2-x+3$　　　图 4-12 $f(x)$ 的图象

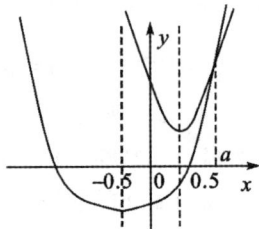

可知其最小值为 $f(\frac{1}{2})=\frac{11}{4}$。

例3 已知函数 $f(x)=x^2+|x-a|+1$,求其最小值。

解法1:原函数可转化为 $f(x)=\begin{cases}x^2+x-a+1,x\geqslant a\\x^2-x+a+1,x<a\end{cases}$,

①当 $x\geqslant a$ 时,$f(x)=x^2+x-a+1$;

若 $a\leqslant-\frac{1}{2}$,函数 $f(x)$ 在 $[a,+\infty)$ 上的最小值为 $f(-\frac{1}{2})=\frac{3}{4}-a$;

若 $a>-\frac{1}{2}$,函数 $f(x)$ 在 $[a,+\infty)$ 上的最小值为 $f(a)=a^2+1$。

②当 $x<a$ 时,$f(x)=x^2-x+a+1$;

若 $a \leqslant \dfrac{1}{2}$，函数 $f(x)$ 在 $(-\infty, a)$ 上的最小值为 $f(a) = a^2 + 1 \geqslant f\left(-\dfrac{1}{2}\right)$；

若 $a > \dfrac{1}{2}$，函数 $f(x)$ 在 $(-\infty, a)$ 上的最小值 $f\left(\dfrac{1}{2}\right) = \dfrac{3}{4} + a \leqslant f(a)$。

综上，当 $a \leqslant -\dfrac{1}{2}$ 时，函数 $f(x)$ 的最小值为 $\dfrac{3}{4} - a$；当 $-\dfrac{1}{2} < a \leqslant \dfrac{1}{2}$ 时，函数

$f(x)$ 的最小值为 $a^2 + 1$；当 $a > \dfrac{1}{2}$ 时，函数 $f(x)$ 的最小值为 $\dfrac{3}{4} + a$。

解法 2：原函数可转化为 $f(x) = \begin{cases} x^2 + x - a + 1, & x \geqslant a \\ x^2 - x + a + 1, & x < a \end{cases}$ 我们可以发现，

当 $x \geqslant a$ 时，$x^2 + x - a + 1 \geqslant x^2 - x + a + 1$，

当 $x < a$ 时，$x^2 + x - a + 1 < x^2 - x + a + 1$。

①当 $a > \dfrac{1}{2}$ 时，函数 $f(x)$ 的最小值为 $f\left(\dfrac{1}{2}\right) = \dfrac{3}{4} + a$。

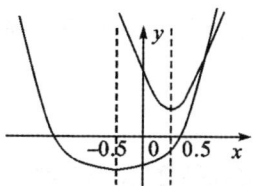

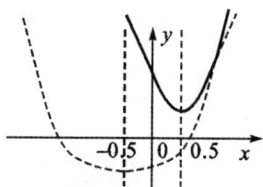

图 4-13(1)　$y = x^2 + x - a + 1, y = x^2 - x + a + 1$ 的图象　　图 4-13(2)　$f(x)$ 的图象

②当 $-\dfrac{1}{2} < a \leqslant \dfrac{1}{2}$ 时，函数 $f(x)$ 的最小值为 $f(a) = a^2 + 1$；

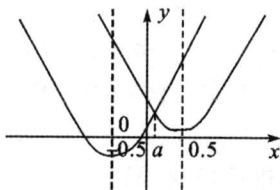

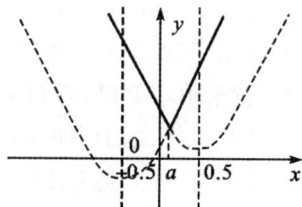

图 4-14(1)　$y = x^2 + x - a + 1, y = x^2 - x + a + 1$ 的图象　　图 4-14(2)　$f(x)$ 的图象

③当 $a \leqslant -\dfrac{1}{2}$ 时，函数 $f(x)$ 的最小值为 $f\left(-\dfrac{1}{2}\right) = \dfrac{3}{4} - a$；

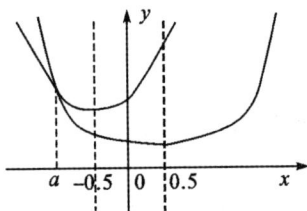

图 4-15(1) $y=x^2+x-a+1, y=x^2-x+a+1$ 的图象　　**图 4-15(2)** $f(x)$ 的图象

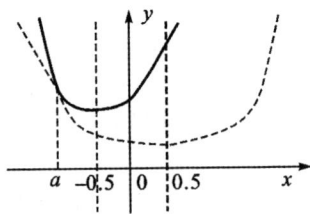

综上,当 $a \leqslant -\dfrac{1}{2}$ 时,函数 $f(x)$ 的最小值为 $\dfrac{3}{4}-a$;当 $-\dfrac{1}{2}<a \leqslant \dfrac{1}{2}$ 时,函数 $f(x)$ 的最小值为 a^2+1;当 $a>\dfrac{1}{2}$ 时,函数 $f(x)$ 的最小值为 $\dfrac{3}{4}+a$。

虽然两种解法都使用到了分类讨论的数学思想,但代数法相对来讲含参讨论有交叉比较,过程较为烦琐;但图形法利用了图表的直观性,有效地避免了交叉比较,轻松地找到最值点从而解决问题。但是不容忽视的是解法中对于函数 $f(x)$ 独特的认识角度与类型题目解答方法的迁移使用是需要一定功力才能把握的。

案例 6　构造对偶式证明不等式

"云对雨,雪对风,晚照对晴空。来鸿对去燕,宿鸟对鸣虫……"同学们一定背过《声律启蒙》吧。在古代,自私塾的幼童起,就开始对声调、音律、格律等进行系统的学习。清朝康熙年间车万育所作的《声律启蒙》就是一本独具一格的关于声韵格律的启蒙读物。它从单字对到双字对、三字对、五字对、七字对、十一字对,读来琅琅上口,诗韵十足。在数学中,其实也有类似的"对子"。

在某些不等式的证明中,可以根据条件中的代数式结构,构造与它有内在联系的对偶式,然后通过和对偶式的运算,进而解决问题。下面,笔者略举几例,与大家一起品味。

例 1 (2009 广东卷理)已知曲线 $C_n: x^2-2nx+y^2=0$。$n=1,2,\cdots$,从点 $P(-1,0)$ 向曲线 C_n 引斜率为 $k_n(k_n>0)$ 的切线 l_n,切点为 $P_n(x_n,y_n)$。

①求数列 $\{x_n\}$ 与 $\{y_n\}$ 的通项公式;

②证明:$x_1 \cdot x_3 \cdot x_5 \cdots \cdots x_{2n-1}<\sqrt{\dfrac{1-x_n}{1+x_n}}$。

解析：由题意知

$$x_1 \cdot x_3 \cdot x_5 \cdots \cdots x_{2n-1} = \frac{1}{2} \cdot \frac{3}{4} \cdot \frac{5}{6} \cdots \cdots \frac{2n-1}{2n}, \sqrt{\frac{1-x_n}{1+x_n}} = \sqrt{\frac{1-\frac{n}{1+n}}{1+\frac{n}{1+n}}} =$$

$$\sqrt{\frac{1}{2n+1}},$$

记 $S_1 = \frac{1}{2} \cdot \frac{3}{4} \cdot \frac{5}{6} \cdots \cdots \frac{2n-1}{2n}$,

观察上述结构，发现无法正常运算，于是，我们可以构造对偶式

$$S_2 = \frac{2}{3} \cdot \frac{4}{5} \cdot \frac{6}{7} \cdots \cdots \frac{2n}{2n+1},$$

显然 $0 < S_1 < S_2$ 且 $S_1 S_2 = \frac{1}{2n+1}$,

故 $S_1 < \sqrt{\frac{1}{2n+1}}$,即证。

例2　(2009 *山东卷理*)等比数列 $\{a_n\}$ 的前 n 项和为 S_n,已知对任意的 $n \in \mathbf{N}^*$,点 (n, S_n),均在函数 $y = b^n + r(b > 0,$ 且 $b \neq 1)$ 的图象上。

①求 r 的值；

②当 $b = 2$ 时，记 $b_n = 2(\log_2 a_n + 1),(n \in \mathbf{N}^*)$。

证明：对任意的 $n \in N^*$,不等式 $\frac{b_1+1}{b_1} \cdot \frac{b_2+1}{b_2} \cdots \cdots \frac{b_n+1}{b_n} > \sqrt{n+1}$ 成立。

解：由题意知 $\frac{b_1+1}{b_1} \cdot \frac{b_2+1}{b_2} \cdots \cdots \frac{b_n+1}{b_n} = \frac{3}{2} \cdot \frac{5}{4} \cdot \frac{7}{6} \cdots \cdots \frac{2n+1}{2n}$,

记 $S_1 = \frac{3}{2} \cdot \frac{5}{4} \cdot \frac{7}{6} \cdots \cdots \frac{2n+1}{2n}$,

同样，该式无法运算，于是我们可以仿照例1构造对偶式 $S_2 = \frac{4}{3} \cdot \frac{6}{5} \cdot \frac{8}{7} \cdots \cdots \frac{2n+2}{2n+1}$,

显然，$0 < S_2 < S_1$ 且 $S_1 S_2 = n+1$,

故 $S_1 > \sqrt{n+1}$,即证。

例3　设数列 $\{a_n\}$ 的前 n 项和为 S_n,已知 $a_1 = a(a > 3), a_{n+1} = S_n + 3^n$, $n \in \mathbf{N}^*$。

①设 $b_n = S_n - 3^n$，求数列 $\{b_n\}$ 的通项公式；

②若 $c_n = 3 \log_2 \dfrac{b_n}{a-3} + 1, (n \in \mathbf{N}^*)$，证明，对任意的 $n \in \mathbf{N}^*$，不等式 $\dfrac{c_1+1}{c_1} \cdot$

$\dfrac{c_2+1}{c_2} \cdots \cdots \dfrac{c_n+1}{c_n} > \sqrt[3]{3n+1}$ 恒成立。

证明：由题意知 $\dfrac{c_n+1}{c_n} = \dfrac{3n-1}{3n-2}$，

记 $S_1 = \dfrac{c_1+1}{c_1} \cdot \dfrac{c_2+1}{c_2} \cdots \cdots \dfrac{c_n+1}{c_n} = \dfrac{2}{1} \cdot \dfrac{5}{4} \cdots \cdots \dfrac{3n-1}{3n-2}$，

构造对偶式 $S_2 = \dfrac{3}{2} \cdot \dfrac{6}{5} \cdots \cdots \dfrac{3n}{3n-1}$，$S_3 = \dfrac{4}{3} \cdot \dfrac{7}{6} \cdots \cdots \dfrac{3n+1}{3n}$，

显然 $0 < S_3 < S_2 < S_1$ 且 $S_1 S_2 S_3 = 3n+1$，

故 $S_1 > \sqrt[3]{3n+1}$，即证。

构造对偶式是证明不等式的一种非常有效的方法。通过构造对偶式，不仅可以与原式进行耦合运算，解决了代数式的运算问题，而且又缘于对偶式与原式之间所存在的不等关系，进而证明不等式成立。

案例 7   课本中一道探究题结论的应用

《普通高中教科书数学选择性必修第三册》（人教 A 版）第 81 页"探究与发现"对"二项分布的性质"进行了探究，并提出了一个问题。如果 $X \sim B(n, p)$，其中 $0 < p < 1$，那么当 k 由 0 增大到 n 时，$P(X=k)$ 是怎样变化的？k 取何值时，$P(X=k)$ 最大？

解：$P(X=k) = C_n^k p^k (1-p)^{n-k}$，

$\dfrac{P(X=k)}{P(X=k-1)} = \dfrac{C_n^k p^k (1-P)^{n-k}}{C_n^{k-1} p^{k-1}(1-P)^{n-k+1}} = 1 + \dfrac{(n+1)p-k}{k(1-p)}$。

若 $(n+1)p$ 为整数，则可知当 $k = (n+1)p$ 时和 $k = (n+1)p-1$ 时概率相等且最大。

若 $(n+1)p$ 为非整数，则可知当 $k = [(n+1)p]$（注：$[a]$ 指小于等于 a 的最大整数）时概率最大。

由此，我们可以知道以下两点。

①$P(X=k) = C_n^k p^k (1-p)^{n-k}$ 为 $[(1-p)+p]^n$ 二项展开式第 $k+1$ 项。

若 $(n+1)p$ 为整数，则可知当 $k = (n+1)p$ 时和 $k = (n+1)p-1$ 时概率相

等且最大。若$(n+1)p$为非整数,则可知当$k=[(n+1)p]$时概率最大。

②$[(1-p)+p]^n$二项展开式第$k+1$项为$C_n^k p^k(1-p)^{n-k}$,可理解为某服从二项分布的随机变量X取k值时的概率。

例1:$(0.6+0.4x)^8$展开式中系数最大的项为_____。

解:$(0.6+0.4x)^8$展开式第$k+1$项的系数为$C_8^k 0.4^k 0.6^{8-k}$。若$X\sim B(8,0.4)$。第$k+1$项的系数可看作$P(X=k)$。又$(n+1)p=3.6$。则可知第4项$(k=3)$系数最大,为$C_8^3 0.4^3 0.6^5$。

例2:$(1+3x)^5$二项展开式中系数最大的项为_____。

解:$(1+3x)^5=4^5\left(\dfrac{1}{4}+\dfrac{3}{4}x\right)^5$。可知$\left(\dfrac{1}{4}+\dfrac{3}{4}x\right)^5$二项展开式中系数最大的项为第5项($k=4$时)。则$(1+3x)^5$二项展开式中系数最大的项为$4^5 C_5^4\cdot\dfrac{1}{4}\cdot\left(\dfrac{3}{4}x\right)^4$。

案例8　以退为进,避实就虚
——例析导数问题中待定根(虚拟设根)的应用

利用导数研究函数$y=f(x)$的性质时,经常会求解方程$f'(x)=0$的根。大多数情况下,我们可顺利地求解出实数根,划分定义域,从而得到单调区间,探究$y=f(x)$的极值与最值的存在性。可有时,命题者会故意绕开方程根的求解,让我们很难直接求解出具体的根,甚至难以直观地判断出根的存在性。

本文将结合近年高考题及平时教学中的几个案例,尝试剖析该类问题的一般解法。

例1　(2017全国卷Ⅱ文科第21题)设函数$f(x)=(1-x^2)e^x$。

①讨论$f(x)$的单调性;②当$x\geq0$时,$f(x)\leq ax+1$,求a的取值范围。

解　①略;

②令$g(x)=(1-x^2)e^x-ax-1,x\geq0$,则$g'(x)=-(x^2+2x-1)e^x-a$,

令$h(x)=-(x^2+2x-1)e^x-a$,$h'(x)=-(x^2+4x+1)e^x<0$,

所以$h(x)\leq h(0)=1-a$。

当$a\geq1$时,$g'(x)<0$,所以$g(x)\leq g(0)=0$。

当$a<1$时,$y=g'(x)$单调递减,且$g'(0)=1-a>0$,

故$y=g'(x)$在$(0,+\infty)$有唯一零点,不妨设为x_0,此时$g'(x_0)=0$。

当 $x\in(0,x_0)$ 时 $g'(x)>0$,当 $x\in(x_0,+\infty)$ 时 $g'(x)<0$。

所以 $g(x_0)>g(0)=0$,不满足条件。

综上,$a\geqslant1$。

评注:在本题中,函数 $y=g(x)$ 的极值点无法直接求出,故而以退为进,先探究极值点的存在性,然后利用函数的单调性来论证完全性,使用待定的 x_0 表示,从而实现了区间的划分,得到函数的单调区间用于判断分析。

例 2 (2016 全国卷 II 理科第 21 题)①讨论函数 $f(x)=\dfrac{x-2}{x+2}e^x$ 的单调性,并证明当 $x>0$ 时,$(x-2)e^x+x+2>0$;

②证明:当 $a\in[0,1)$ 时,函数 $g(x)=\dfrac{e^x-ax-a}{x^2}$,$(x>0)$ 有最小值。设 $g(x)$ 的最小值为 $h(a)$,求函数 $h(a)$ 的值域。

解 ①略;

②$g(x)=\dfrac{(x-2)e^x+a(x+2)}{x^2}=\dfrac{x+2}{x^2}(f(x)+a)$,

由①知,$y=f(x)+a$ 单调递增,对任意 $a\in[0,1)$,

$f(0)+a=a-1<0$,$f(2)+a=a>0$。

因此,存在唯一 $x_0\in(0,2)$ 使得 $f(x_0)+a=0$ 即 $g'(x)=0$,

当 $x\in(0,x_0)$ 时,$f(x)+a<0$,$g'(x)<0$,$y=g(x)$ 单调递减;

当 $x\in(x_0,+\infty)$ 时,$f(x)+a>0$,$g'(x)>0$,$y=g(x)$ 单调递增。

因此 $y=g(x)$ 在 $x=x_0$ 处取得最小值,最小值为

$g(x_0)=\dfrac{e^{x_0}-a(x_0+1)}{x_0^2}=\dfrac{e^{x_0}+f(x_0)(x_0+1)}{x_0^2}=\dfrac{e^{x_0}}{x_0+2}$,

则 $h(a)=\dfrac{e^{x_0}}{x_0+2}$,有 $\left(\dfrac{e^{x_0}}{x_0+2}\right)'=\dfrac{(x+1)e^x}{(x+2)^2}>0$,

故 $y=\dfrac{e^x}{x+2}$ 单调递增;

由前知,$x_0\in(0,2]$,所以,$\dfrac{1}{2}=\dfrac{e^0}{0+2}<\dfrac{e^x}{x+2}\leqslant\dfrac{e^2}{2+2}=\dfrac{e^2}{4}$。

所以,函数 $h(a)$ 的值域为 $\left(\dfrac{1}{2},\dfrac{e^2}{4}\right]$。

评注:如同例 1,函数 $g(x)$ 的极值点无法直接求出,同样以退为进,先探究极值点的存在性,然后利用函数的单调性来论证完全性(此处为唯一性),使用待定的 x_0 表示该极值点。虽不知其具体的数值,似乎无法进行代数运算;但却

以"设而不求"的方法避实就虚,巧妙地利用 x_0 所满足的等量关系实现了运算转换。"设而不求",曲径可通幽。

例 3　函数 $f(x)=e^x-x-2$,当 $x>0$ 时,有 $(x-k)f'(x)+x+1>0$,其中 k 为整数,试求 k 的最大值。

解法 1:令 $g(x)=(x-k)f'(x)+x+1,(x>0)$,

则 $g'(x)=(x-k+1)e^x$,令 $g'(x)=0$,则 $x=k-1$。

当 $k\leqslant 1$ 时,$g'(x)>0$,可知 $g(x)>g(0)=1>0$。故 $k\leqslant 1$。

当 $k>1$ 时,$y=g(x)$ 在 $(0,k-1)$ 递减,在 $(k-1,+\infty)$ 递增,

故 $g(x)_{\min}=g(k-1)=-e^{k-1}+k+1$。

若满足条件,则必有 $g(x)_{\min}=-e^{k-1}+k+1>0$。

令 $h(x)=-e^{x-1}+x+1,(x>1)$,

则 $h'(x)=-e^{x-1}+1<0$,$y=h(x)$ 在 $(1,+\infty)$ 递减。

又 $h(2)>0>h(3)>h(4)>\cdots$,故 $k=2$。

综上,满足条件的整数 k 最大值为 2。

解法 2:由题意知 $k>\dfrac{xe^x+1}{e^x-1}$ 对于任意正实数 x 恒成立。

令 $g(x)=\dfrac{xe^x+1}{e^x-1},(x>0)$,则 $g'(x)=\dfrac{e^x(e^x-x-2)}{(e^x-1)^2}$。

令 $g'(x)=0$,则 $e^x-x-2=0$。

令 $h(x)=e^x-x-2,(x>0)$,因 $h'(x)=e^x-1>0$,故 $y=h(x)$ 递增。

又 $h(2)>0>h(1)$,

故 $e^x-x-2=0$ 在 $(0,+\infty)$ 有且只有一个根 $x=x_0$,且 $x_0\in(1,2)$。

当 $x\in(0,x_0)$,$g'(x)<0$,$y=g(x)$ 单调递减;

当 $x\in(x_0,+\infty)$,$g'(x)>0$,$y=g(x)$ 单调递增。

可知 $g(x)_{\min}=g(x_0)=x_0+1$,故 $k<x_0+1$,

又 $x_0+1\in(2,3)$,所以 $k\leqslant 2$。

评注:本题与上题在解法上有相似之处。解法 1 中在求解不等式 $-e^{k-1}+k+1>0$ 过程中,同样退后一步,利用单调性及根的存在性定理探究得临界数值的大体范围,实现了求解。而在解法 2 中,函数 $y=g(x)$ 的极值点无法直接求出,依旧以退为进,先探究极值点的存在性,然后利用函数的单调性来论证完全性(唯一性),使用待定根 x_0 表示该极值点,并借由根的存在性定理确定其大体范围,最终完成求解。在该题的两种解法中,根的存在性定理为判断根所处的范围提供了坚实的理论基础。

例 4 $f(x)=x\sin x-\dfrac{3}{2}$,试判断 $y=f(x)$ 在 $(0,\pi)$ 内零点的个数。

解 由题意知, $f'(x)=\sin x+x\cos x,x\in(0,\pi)$ 。

当 $x\in(0,\dfrac{\pi}{2}]$ 时, $f'(x)>0,y=f(x)$ 递增。

又 $f(0)=-\dfrac{3}{2}<0,f(\dfrac{\pi}{2})=\dfrac{\pi-3}{2}>0$,故 $y=f(x)$ 在 $(0,\dfrac{\pi}{2}]$ 内有唯一零点。

当 $(\dfrac{\pi}{2},\pi)$ 时, $f''(x)=2\cos x-x\sin x<0$,故 $y=f'(x)$ 递减。

又 $f'(\dfrac{\pi}{2})=1>0,f'(\pi)=-\pi<0$,

故 $f'(x)=0$ 在 $(\dfrac{\pi}{2},\pi)$ 内有唯一一解,设为 x_0 。

解法 1:则 $x\in(\dfrac{\pi}{2},x_0)$ 时, $f'(x)>0,y=f(x)$ 递增;

$x\in(x_0,\pi),f'(x)<0,y=f(x)$ 递减。

由上知 $f(\dfrac{\pi}{2})=\dfrac{\pi-3}{2}>0,f(x_0)>f(\dfrac{\pi}{2})>0,f(\pi)=-\dfrac{3}{2}<0$ 。

故 $y=f(x)$ 在 $(\dfrac{\pi}{2},\pi)$ 内有唯一零点。

综上, $y=f(x)$ 在 $(0,\pi)$ 内零点的个数为 2。

解法 2:因为 $f'(\dfrac{\pi}{2})=1>0,f'(\dfrac{2\pi}{3})<0$,

所以 $x_0\in(\dfrac{\pi}{2},\dfrac{2\pi}{3})$,且 $\cos x_0\in(-\dfrac{1}{2},0)$ 。

又因为 $f'(x_0)=\sin x_0+x_0\cos x_0=0$,

所以 $f(x_0)=x_0\sin x_0-\dfrac{3}{2}=\cos x_0-\dfrac{1}{\cos x_0}-\dfrac{3}{2}>0$ 。

由上知 $f(\dfrac{\pi}{2})=\dfrac{\pi-3}{2}>0,f(x_0)>f(\dfrac{\pi}{2})>0,f(\pi)=-\dfrac{3}{2}<0$ 。

故 $y=f(x)$ 在 $(\dfrac{\pi}{2},\pi)$ 内有唯一零点。

综上, $y=f(x)$ 在 $(0,\pi)$ 内零点的个数为 2。

评注:本题求解时暂时回避了 x_0 的求解,转而研究根的存在性与完全性,解法 1 巧妙地应用了 $x \in (\frac{\pi}{2}, x_0)$ 时，$f(x)$ 递增，$f(x_0) > f(\frac{\pi}{2}) > 0$ 的关系，再借助根的存在性定理实现判定。解法 2 则是巧妙地应用了 x_0 所满足的等量关系及所处的大体区间，实现了判定，达到了避实就虚，以虚求实的目的。

例 5 已知函数 $f(x) = x - a\sin x, (a > 0)$，若 $f(x) > 0$ 在 $(0, +\infty)$ 恒成立，求 a 的取值范围。

解法 1：由题意知 $f'(x) = 1 - a\cos x$。

当 $a \in (0, 1]$ 时，$f'(x) \geqslant 0$，$y = f(x)$ 递增，$f(x) > f(0) = 0$，符合条件；

当 $a \in (1, +\infty)$ 时，令 $f'(x) = 0$，

设解为 $x_1, x_2, x_3, \cdots, x_n, \cdots (x_1 < x_2 < x_3 < \cdots < x_n < \cdots)$，

在 $(0, x_1)$ 内，$f'(x) < 0$，$y = f(x)$ 递减。

故 $f(x_1) < f(0) = 0$，不符合条件。

综上，$a \in (0, 1]$。

解法 2：由题意知 $f(x) > 0$ 在 $(0, +\infty)$ 恒成立，

即 $\dfrac{1}{a} > \dfrac{\sin x}{x}$ 在 $(0, +\infty)$ 恒成立。

令 $g(x) = \dfrac{\sin x}{x}, (x > 0)$，则 $\dfrac{1}{a} > g(x)_{\max}$。

可知当 $\sin x > 0$ 时，$y = g(x)$ 取得最大值。

又 $\sin x \in [-1, 1]$，则可知 $y = g(x)$ 必在 $[0, \pi]$ 取得最大值；

又 $g'(x) = \dfrac{x\cos x - \sin x}{x^2}$，令 $h(x) = x\cos x - \sin x, x \in [0, \pi]$。

则 $h'(x) = -x\sin x \leqslant 0$，又 $h(0) = 0$，所以 $h(x) \leqslant 0$。

故 $g'(x) \leqslant 0$，所以 $\dfrac{1}{a} \geqslant \lim\limits_{x \to 0} \dfrac{\sin x}{x} = 1$（此处使用洛必达法则）。

故 $a \in (0, 1]$。

评注：本题解法 1 与例 3 解法 1 有异曲同工之妙，均避开了具体数值的求解，而以单调性为依托，得到了明确的数值大小关系，以关系判断替代数值运算，实现求解。而解法 2 是在分析后得到 $y = g(x)$ 必在 $[0, \pi]$ 取得最大值的结论，缩小了研究的范围，成功避开了无数个极值点的复杂局面，实现了求解。

综上，我们可以看到，对于导数中方程的根的处理有着多种思路。常规的可直接求出进行应用，否则可退后一步，借助单调性与根的存在性定理判断根的存在性与根的个数。确定有根后，可以字母待定根，利用设而不求的方法避实就虚，或巧妙利用待定根所满足的等量关系进行代数式运算，或巧妙借助于

单调性得到函数值大小关系实现分析判断。当然,具体情境还需具体分析。

一种解法出现一次,也只是一种方法,但多次出现,便可能意味着一种规律。当我们沉下心来,去联系,去对比,就能发现人类思维中的奇思妙想与殊途同归,这也许正是学习数学所带给我们最好的认识与最大的快乐吧!

(本文发表于《高中数学教与学》2018 年 5 月)

案例 9 关于椭圆的一个性质的推广、应用与再思考[*]

在《普通高中教科书数学选择性必修第一册》(人教 A 版)第 108 页有这样一道题目:

设点 A,B 的坐标分别为 $(-5,0),(5,0)$。直线 AM,BM 相交于点 M,且它们的斜率之积是 $-\dfrac{4}{9}$,求点 M 的轨迹方程。

经解答,可知点的轨迹方程是 $\dfrac{x^2}{25}+\dfrac{y^2}{\frac{100}{9}}=1(x\neq\pm5)$。

对照条件可得该轨迹所在椭圆焦点位于 x 轴,条件中的 A,B 两点恰好分别为该椭圆的左右顶点,而直线 AM,BM 的斜率之积是 $-\dfrac{b^2}{a^2}$。

猜想 1 椭圆 C 焦点在 x 轴上,A,B 分别是椭圆 C 的左右顶点,点 P 是椭圆 C 上异于 A,B 两点的任意一点,则点 P 与左右顶点连线斜率之积是 $-\dfrac{b^2}{a^2}$。

探究 设椭圆 $C:\dfrac{x^2}{a^2}+\dfrac{y^2}{b^2}=1(a>b>0)$,点 A,B 的坐标分别为 $(-a,0)$,$(a,0)$,

设点 $P(x_0,y_0)$,则 $\dfrac{x_0^2}{a^2}+\dfrac{y_0^2}{b^2}=1$,

$k_{PA}=\dfrac{y_0}{x_0+a}$,$k_{PB}=\dfrac{y_0}{x_0-a}$,则

＊ 本文系山东省青岛市"十三五"教育科学规划课题"高中数学'问题导学式'教学模式研究"(课题编号:QJK135D392,课题负责人:于振玺)阶段性成果。

$$k_{PA} \cdot k_{PB} = \frac{y_0{}^2}{x_0{}^2 - a^2} = \frac{b^2 - \frac{b^2}{a^2}x_0{}^2}{x_0{}^2 - a^2} = -\frac{b^2}{a^2}.$$

结论 1 椭圆 C 焦点在 x 轴上，A,B 分别是椭圆 C 的左右顶点，点 P 是椭圆 C 上异于 A,B 两点的任意一点，则点 P 与左右顶点连线斜率之积是 $-\dfrac{b^2}{a^2}$。

同理可证：若椭圆 C 焦点在 y 轴上，A,B 分别是椭圆 C 的左右顶点，点 P 是椭圆 C 上异于 A,B 两点的任意一点，则点 P 与左右顶点连线斜率之积是 $-\dfrac{a^2}{b^2}$。

可证：椭圆 C 焦点在 x 轴上，C,D 分别是椭圆 C 的上下顶点，点 P 是椭圆 C 上异于 C,D 两点的任意一点，则点 P 与上下顶点连线斜率之积也是 $-\dfrac{b^2}{a^2}$。

可证：椭圆 C 焦点在 y 轴上，C,D 分别是椭圆 C 的上下顶点，点 P 是椭圆 C 上异于 C,D 两点的任意一点，则点 P 与上下顶点连线斜率之积也是 $-\dfrac{a^2}{b^2}$。

猜想 2 椭圆 C 焦点在 x 轴上，A,B 分别是椭圆 C 上关于原点对称的两点，点 P 是椭圆 C 上任意一点，则点 P 与 A,B 两点连线斜率之积是 $-\dfrac{b^2}{a^2}$。

探究 设椭圆 $C:\dfrac{x^2}{a^2} + \dfrac{y^2}{b^2} = 1(a>b>0)$，点 A,B 的坐标分别为 (x_1,y_1)，(x_2,y_2)，且 $x_1 + x_2 = 0$，$y_1 + y_2 = 0$。

设点 $P(x_0,y_0)$，则 $\dfrac{x_0{}^2}{a^2} + \dfrac{y_0{}^2}{b^2} = 1$，$k_{PA} = \dfrac{y_0 - y_1}{x_0 - x_1}$，$k_{PB} = \dfrac{y_0 - y_2}{x_0 - x_2} = \dfrac{y_0 + y_1}{x_0 + x_1}$，

则 $k_{PA} \cdot k_{PB} = \dfrac{y_0{}^2 - y_1{}^2}{x_0{}^2 - x_1{}^2} = \dfrac{(b^2 - \frac{b^2}{a^2}x_0{}^2) - (b^2 - \frac{b^2}{a^2}x_1{}^2)}{x_0{}^2 - x_1{}^2} = -\dfrac{b^2}{a^2}.$

结论 2 椭圆 C 焦点在 x 轴上，A,B 分别是椭圆 C 上关于原点对称的两点，点 P 是椭圆 C 上任意一点，则点 P 与 A,B 两点连线斜率之积是 $-\dfrac{b^2}{a^2}$。

同理可证：若椭圆 C 焦点在 y 轴上，A,B 分别是椭圆 C 上关于原点对称的两点，点 P 是椭圆 C 上异于 A,B 两点的任意一点，则点 P 与 A,B 两点连线斜率之积是 $-\dfrac{a^2}{b^2}$。

猜想 3 设点 A,B 的坐标分别为 $(-a,0)$，$(a,0)$。直线 AM,BM 相交于点 M，且它们的斜率之积是 λ，则点 M 的轨迹是一个椭圆除去 A,B。

探究 设点 $M(x,y)$，则

$$k_{MA}=\frac{y}{x+a}(x\neq -a),k_{MB}=\frac{y}{x-a}(x\neq a),k_{MA}\cdot k_{MB}=\frac{y^2}{x^2-a^2}=\lambda,$$

整理得 $\frac{x^2}{a^2}-\frac{y^2}{\lambda a^2}=1(x\neq \pm a)$。

结论3 设点 A,B 的坐标分别为 $(-a,0),(a,0)$。直线 AM,BM 相交于点 M，且它们的斜率之积是 λ，

当 $\lambda<-1$ 时，点 M 的轨迹是焦点在 y 轴的椭圆除去左右顶点 A,B；

当 $\lambda=-1$ 时，点 M 的轨迹是以 A,B 为直径的圆除去点 A,B；

当 $-1<\lambda<0$ 时，点 M 的轨迹是焦点在 x 轴的椭圆除去左右顶点 A,B；

当 $\lambda>0$ 时，点 M 的轨迹是焦点在 x 轴的双曲线除去左右顶点 A,B。

应用

例1 已知点 $A(-4,0),B(4,0)$，直线 l 的方程是 $x+y+m=0$，若直线 l 上存在点 P 使得它们的斜率之积是 $-\frac{9}{16}$，求实数 m 的取值范围。

解析：由结论3知点 P 的轨迹是 $C:\frac{x^2}{16}+\frac{y^2}{9}=1(x\neq \pm 4)$。由条件知，直线 l 与曲线 C 有公共点，易求知 $m\in[-5,5]$。

例2 已知椭圆 $C:\frac{x^2}{a^2}+\frac{y^2}{b^2}=1(a>b>0)$ 的离心率为 $\frac{\sqrt{3}}{2}$，点 A、B 分别是椭圆 C 的左、右顶点，点 P 是椭圆 C 上异于 A、B 两点的任意一点，当 ΔPAB 为等腰三角形时，则 ΔPAB 的面积为 2。

①求椭圆的标准方程；

②设直线 AP 与直线 $x=4$ 交于点 M，直线 MB 交椭圆 C 于点 Q，试问直线 PQ 是否过定点？若是，求出定点的坐标，若不是，说明理由。

解：①椭圆 C 的标准方程是 $\frac{x^2}{4}+y^2=1$。

②设 $P(x_1,y_1),Q(x_2,y_2),M(4,y_3)$，

设直线 PQ 的方程为 $x=my+n$，代入 $\frac{x^2}{4}+y^2=1$，

整理得 $(4+m^2)y^2+2mny+n^2-4=0$，则

$$y_1+y_2=\frac{-2mn}{4+m^2},y_1\cdot y_2=\frac{n^2-4}{4+m^2},$$

又 $k_{PA}=k_{AM}=\frac{y_3}{6},k_{BQ}=k_{BM}=\frac{y_3}{2}$，则 $3k_{PA}=k_{QB}$。

由性质可得：$k_{PA} \cdot k_{PB} = -\dfrac{b^2}{a^2} = -\dfrac{1}{4}$，故 $k_{QB} \cdot k_{PB} = -\dfrac{3}{4}$，

即 $\dfrac{y_1}{x_1 - 2} \cdot \dfrac{y_2}{x_2 - 2} = \dfrac{y_1 y_2}{(my_1 + n - 2)(my_2 + n - 2)}$

$= \dfrac{y_1 y_2}{m^2 y_1 y_2 + m(n - 2)(y_1 + y_2) + (n - 2)^2}$

$= \dfrac{n + 2}{4(n - 2)} = -\dfrac{3}{4}$。解得 $n = 1$。

所以，直线 PQ 的方程为 $x = my + 1$，即直线 PQ 过一定点 $(1, 0)$。

猜想 4　已知椭圆 $C : \dfrac{x^2}{a^2} + \dfrac{y^2}{b^2} = 1 (a > b > 0)$，点 A、B 分别是椭圆 C 的左、右顶点，点 P 是椭圆 C 上异于 A、B 两点的任意一点。设直线 AP 与直线 $x = t$ 交于点 M，直线 MB 交椭圆 C 于点 Q，猜想直线 PQ 必过一定点。

探究　设直线 PQ 的方程为 $x = my + n$，代入 $C : \dfrac{x^2}{a^2} + \dfrac{y^2}{b^2} = 1$，

整理得 $(a^2 + b^2 m^2) y^2 + 2mnb^2 y + b^2 n^2 - a^2 b^2 = 0$，则

$y_1 + y_2 = \dfrac{-2mnb^2}{a^2 + b^2 m^2}$，$y_1 \cdot y_2 = \dfrac{b^2 n^2 - a^2 b^2}{a^2 + b^2 m^2}$，

设 $P(x_1, y_1)$，$Q(x_2, y_2) M(t, y_3)$，

则 $k_{PA} = \dfrac{y_1}{x_1 + a} = \dfrac{y_3}{t + a}$，$k_{QB} = \dfrac{y_2}{x_2 - a} = \dfrac{y_3}{t - a}$，则 $k_{QB} = \dfrac{t + a}{t - a} k_{PA}$。

由性质可得：$k_{PA} \cdot k_{PB} = -\dfrac{b^2}{a^2}$，故 $k_{QB} \cdot k_{PB} = -\dfrac{b^2}{a^2} \cdot \dfrac{t + a}{t - a}$，

即 $\dfrac{y_1}{x_1 - a} \cdot \dfrac{y_2}{x_2 - a} = \dfrac{y_1 y_2}{(my_1 + n - a)(my_2 + n - a)}$

$= \dfrac{y_1 y_2}{m^2 y_1 y_2 + m(n - a)(y_1 + y_2) + (n - a)^2}$

$= \dfrac{b^2(n + a)}{a^2(n - a)} = -\dfrac{b^2}{a^2} \cdot \dfrac{t + a}{t - a}$。解得 $n = \dfrac{a^2}{t}$。

所以，直线 PQ 的方程为 $x = my + \dfrac{a^2}{t}$，即直线 PQ 过一定点 $(\dfrac{a^2}{t}, 0)$。

结论 4　已知椭圆 $C : \dfrac{x^2}{a^2} + \dfrac{y^2}{b^2} = 1 (a > b > 0)$，点 A、B 分别是椭圆 C 的左、右顶点，点 P 是椭圆 C 上异于 A、B 两点的任意一点。设直线 AP 与直线 $x = t$ 交于点 M，直线 MB 交椭圆 C 于点 Q，直线 PQ 必过一定点 $(\dfrac{a^2}{t}, 0)$。

例 3   在平面直角坐标系 xOy 中,已知椭圆 $C:\dfrac{x^2}{4}+y^2=1$ 的上、下顶点分别为 A,B,点 P 在椭圆 C 上且异于点 A,B,直线 AP,BP 与直线 $l:y=-2$ 分别交于点 M,N;当点 P 运动时,以 MN 为直径的圆是否与 y 轴交于某定点?请证明你的结论。

解析:由题意知点 A,B 的坐标分别为 $(0,1),(0,-1)$,由性质可知 $k_{PA}\cdot k_{PB}=-\dfrac{b^2}{a^2}$,

设 $M(x_1,-2),N(x_2,-2)$,则 $\dfrac{-3}{x_1}\cdot\dfrac{-1}{x_2}=-\dfrac{1}{4}$,即 $x_1 x_2=-12$。

假设以 MN 为直径的圆与 y 轴交于点 $Q(0,y_0)$,

则 $\overrightarrow{QM}\cdot\overrightarrow{QN}=x_1 x_2+(2+y_0)^2=0$,解得 $y_0=\pm2\sqrt{3}-2$。

故以 MN 为直径的圆与 y 轴交于点 $Q(0,\pm2\sqrt{3}-2)$。

猜想 5   已知椭圆 $C:\dfrac{x^2}{a^2}+\dfrac{y^2}{b^2}=1(a>b>0)$ 的上、下顶点分别为 A,B,点 P 在椭圆 C 上且异于点 A,B,直线 AP,BP 与直线 $l:y=t$ 分别交于点 M,N;当点 P 运动时,以 MN 为直径的圆与 y 轴交于定点。

探究   由题意知点 A,B 的坐标分别为 $(0,b),(0,-b)$,由性质可知 $k_{PA}\cdot k_{PB}=-\dfrac{b^2}{a^2}$,

设 $M(x_1,t),N(x_2,t)$,则 $\dfrac{t-b}{x_1}\cdot\dfrac{t+b}{x_2}=-\dfrac{b^2}{a^2}$,即 $x_1 x_2=-\dfrac{a^2(t^2-b^2)}{b^2}$。

假设以 MN 为直径的圆与 y 轴交于点 $Q(0,y_0)$,则 $\overrightarrow{QM}\cdot\overrightarrow{QN}=x_1 x_2+(t-y_0)^2=0$,解得 $y_0=t\pm\dfrac{a}{b}\sqrt{t^2-b^2}$。故以 MN 为直径的圆与 y 轴交于点 $Q(0,t\pm\dfrac{a}{b}\sqrt{t^2-b^2})$。

结论 5   已知椭圆 $C:\dfrac{x^2}{a^2}+\dfrac{y^2}{b^2}=1(a>b>0)$ 的上、下顶点分别为 A,B,点 P 在椭圆 C 上且异于点 A,B,直线 AP,BP 与直线 $l:y=t$ 分别交于点 M,N;当点 P 运动时,以 MN 为直径的圆与 y 轴交于定点 $(0,t\pm\dfrac{a}{b}\sqrt{t^2-b^2})$。

(本文发表于《高中数学教与学》2019 年第 6 期)

案例 10　例谈导数中零点问题的解决方案 [*]

在 2019 年全国十城市教研协作体高考研讨会上,某中学老师出示了一节高三专题复习课,其中一道导数题引起了笔者的兴趣。

原题呈现

已知函数 $f(x) = ax^2 + (a-2)x - \ln x$ 有两个零点,求 a 的取值范围。

背景分析

本题由 2017 年全国卷 I 第 21 题改编而成。原题为:已知函数 $f(x) = a\mathrm{e}^{2x} + (a-2)\mathrm{e}^x - x$。①讨论 $f(x)$ 的单调性;②若 $f(x)$ 有两个零点,求 a 的取值范围。

很显然,该题是将高考真题中的 x 代换为 $\ln x$ 而成。

解法剖析

解法 1:$f'(x) = 2ax + (a-2) - \dfrac{1}{x} = \dfrac{(2x+1)(ax-1)}{x}$。

当 $a \leqslant 0$ 时,$f'(x) \leqslant 0$,$y = f(x)$ 在定义域中单调递减,不可能有两个零点,故不符合条件;

当 $a > 0$ 时,若 $x \in (0, \dfrac{1}{a})$,$f'(x) \leqslant 0$,$y = f(x)$ 单调递减;

若 $x \in (\dfrac{1}{a}, +\infty)$,$f'(x) \geqslant 0$,$y = f(x)$ 单调递增;

故 $f(x)_{\min} = f(\dfrac{1}{a}) = \dfrac{a-1+a\ln a}{a}$,

由题意知 $a - 1 + a\ln a < 0$。

令 $g(x) = x - 1 + x\ln x$,$(x > 0)$,则 $g'(x) = 2 + \ln x$,

可知 $y = g(x)$ 在区间 $(0, \dfrac{1}{\mathrm{e}^2})$ 上单调递减,$(\dfrac{1}{\mathrm{e}^2}, +\infty)$ 上单调递增,且 $g(1) = 0$,故当 $x > 1$ 时,$g(x) > 0$;而且易知当 $x < 1$ 时,$g(x) < 0$;

故 $a - 1 + a\ln a < 0$ 的解为 $0 < a < 1$。

───────────────

　* 本文系山东省青岛市"十三五"教育科学规划课题"高中数学'问题导学式'教学模式研究"(课题编号:QJK135D392,课题负责人:于振玺)阶段性成果。

此处也可以这样解决：

当 $a=1$ 时，$f(\frac{1}{a})=\frac{a-1+a\ln a}{a}=0$，函数只有一个零点；

当时 $a>1$，$f(\frac{1}{a})=\frac{a-1+a\ln a}{a}>0$，函数没有零点；

当 $0<a<1$ 时，$f(\frac{1}{a})=\frac{a-1+a\ln a}{a}<0$。

易证 $\ln x\leqslant x-1$（当且仅当 $x=1$ 时取"＝"），故

$f(x)=ax^2+(a-2)x-\ln x>ax^2+(a-3)x+1,(x\neq 1)$。

不妨令 x_1,x_2 为方程 $ax^2+(a-3)x+1=0$ 的两个根，

式中，$x_1=\frac{3-a-\sqrt{a^2-10a+9}}{2a}$，$x_2=\frac{3-a+\sqrt{a^2-10a+9}}{2a}$，可知 $x_1<\frac{1}{a}$ 且 $x_2>\frac{1}{a}$，

可知 $f(x_2)>ax_2^2+(a-3)x_2+1=0$，$y=f(x)$ 在 $(\frac{1}{a},+\infty)$ 上有唯一一个零点；

$f(x_1)>ax_1^2+(a-3)x_1+1=0$，$y=f(x)$ 在 $(0,\frac{1}{a})$ 上有唯一一个零点。

故 $0<a<1$。

综上，$0<a<1$。

点评：本题难点在于利用零点存在性定理分别证明在 $(0,\frac{1}{a})$，$(\frac{1}{a},+\infty)$ 两个区间内各有一个零点时特殊值的选择与确定。技巧在于借助于基本不等关系 $\ln x\leqslant x-1$，将"超越式"转化为多项式，实现问题的解决。

当然，放缩的技巧性要求比较高，灵活性较大，且放缩的形式并不唯一。

本题也可以利用以下放缩进行解答：

$f(\frac{1}{e^2})=ae^{-4}+(a-2)e^{-2}+2>2-2e^{-2}>0$，所以，在 $y=f(x)$ 在 $(0,\frac{1}{a})$ 有一个零点；

又 $f(x)=ax^2+(a-2)x-\ln x=ax^2+(a-3)x+x-\ln x\geqslant ax^2+(a-3)x+1$，则 $f(\frac{3-a}{a})\geqslant 1>0$，所以，在 $y=f(x)$ 在 $(\frac{1}{a},\frac{3-a}{a})$ 有一个零点；

综上，$0<a<1$。

解法 2：原题可转化为 $a(x^2+x)=2x+\ln x$ 有两个零点，即 $a=\dfrac{2x+\ln x}{x^2+x}$ 有两个零点。

令 $g(x)=\dfrac{2x+\ln x}{x^2+x}$，则 $g'(x)=\dfrac{(2x+1)(-\ln x-x+1)}{(x^2+x)^2}$。

又因为 $y=-\ln x-x+1$ 在定义域内单调递减，且当 $x=1$ 时，$y=0$，$g(1)=1$，

故当若 $x\in(0,1)$，$g'(x)\geqslant 0$，$y=g(x)$ 单调递增，$g(x)\in(-\infty,1)$；

若 $x\in(1,+\infty)$，$g'(x)\leqslant 0$，$y=g(x)$ 单调递减，且 $g(x)\in(0,+\infty)$；

故 $0<a<1$。

点评：本题利用参数分离的技巧，将研究的对象转变为特定的函数，避免了复杂的讨论。难点在于判断在区间 $(0,1)$，$(1,+\infty)$ 内函数值的走向，即 $\lim\limits_{x\to 0}g(x)$ 与 $\lim\limits_{x\to +\infty}g(x)$。

解法 3：$f(x)=ax^2+(a-2)x-\ln x$ 有两个零点可转化为 $ax+a-2=\dfrac{\ln x}{x}$ 有两个零点，即函数 $g(x)=ax+a-2$ 与 $h(x)=\dfrac{\ln x}{x}$ 的图象有两个不同的公共点。

易知 $g(x)=ax+a-2$ 恒过点 $(-1,-2)$，斜率为 a。

同时，$h'(x)=\dfrac{1-\ln x}{x^2}$，可知 $y=h(x)$ 在 $(0,e)$ 单调递增，在 $(e,+\infty)$ 单调递减，如图 4-16。

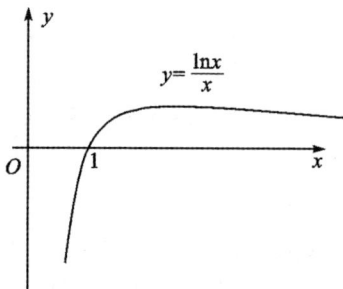

图 4-16　$y=\dfrac{\ln x}{x}$ 的图象

设过点 $(-1,-2)$ 所作 $y=h(x)$ 的切线为直线 l，切点为 $P\left(m,\dfrac{\ln m}{m}\right)$，则切

线的斜率为 $\dfrac{1-\ln m}{m^2}$,

则直线 l 的方程为:$y=\dfrac{1-\ln m}{m^2}(x-m)+\dfrac{\ln m}{m}$)。

将点$(-1,-2)$代入,可得$(2m+1)\ln m=-2m^2+m+1$,即 $(2m+1)\ln m=(2m+1)(1-m)$,故 $\ln m+m-1=0$。

可知 $m=1$,则切线的斜率为$\dfrac{1-\ln m}{m^2}=1$。

故当$a=1$时,直线$g(x)=ax+a-2$ 与 $h(x)=\dfrac{\ln x}{x}$ 相切,$f(x)=ax^2+(a-2)x-\ln x$ 有且只有一个零点;

当$0<a<1$ 时,$g(x)=ax+a-2$ 与 $h(x)=\dfrac{\ln x}{x}$ 的图象有两个公共点,$f(x)=ax^2+(a-2)x-\ln x$ 有两个零点;

当$a>1$ 时,直线$g(x)=ax+a-2$ 与 $h(x)=\dfrac{\ln x}{x}$没有公共点,$f(x)=ax^2+(a-2)x-\ln x$ 没有零点;

综上,$0<a<1$。

点评:本题通过代数式转化,将函数的零点问题巧妙地转化为学生所熟悉的两个函数图象公共点的个数问题,以导数为工具,数与形紧密结合,实现了简捷求解。

解后反思

函数的零点问题是近年高考的热点问题。命题人大多将通过对基本初等函数运算复合,使函数模型趋于复杂化,提高运算量和思维难度。万变不离其宗。函数的零点问题依然是对于核心概念——零点的考查。

从代数的角度讲,函数 $y=f(x)$ 的零点,即是使方程 $f(x)=0$ 成立的实数;从几何的角度讲,即是函数 $y=f(x)$ 图象与 x 轴公共点的横坐标。当然,函数 $y=f(x)$ 的零点的个数,即是使方程 $f(x)=0$ 成立的实数的个数;从几何的角度讲,即是函数 $y=f(x)$ 图象与 x 轴公共点的个数。当然必要时,也可将原函数拆解为两个简单函数,以方便研究和操作。

因为命题人所给的函数对应的方程往往是难以直接求解的,故而解题时多从形的角度进行突破。方法一即是以导数为工具,研究函数的单调性,描摹函数的形态,提取关键属性——极值的正负,以之突破求解。只是在求解不等式 a

—1+alna<0 时思维容易再次受阻。在强硬求解不可得的情况下,只能再次退而求其次,从函数的角度,以单调性和特殊值 1 联合求解。该方法紧紧围绕函数 $y=f(x)$ 的形态特征(主要是单调性),以导数为工具,以关键属性——极值的正负为突破口,最终实现问题的解决。

方法二则是通过分离参数的方法,将一般的方程 $f(x)=0$ 转化为 $g(x)=a$,函数 $y=f(x)$ 的零点的个数即是函数 $y=g(x)$ 图象与直线 $y=a$ 公共点的个数。与转化前大有不同的是,函数 $y=g(x)$ 因不含参数,所以研究过程中可规避分类讨论,节省时间,减少运算。

方法三则是将所研究方程式进行转化,使之呈现 $f(x)=g(x)$ 的外在形态。虽然所研究的函数从数量上增加了,但是经过拆分之后的函数模型相对简单,况且其中一个函数还是一次函数,为题目的顺利求解打下了基础。此时,方程 $f(x)=g(x)$ 根的个数,即可看作函数 $y=f(x)$ 与 $y=g(x)$ 的图象公共点的个数。利用数形结合的思想,不难得出结果。

从以上过程可以看出,函数零点问题的求解聚焦于考查对核心概念——函数的零点的深刻理解,对运算工具——导数的熟练应用,对思想方法——数形结合、转化与化归的领悟,体现了知识、技能、素养的全面考查。当我们认识了这一点,就能够理解问题的思想实质,掌握有效的可模仿和实践的方法,进而积累数学解题经验,提高解题能力。

案例 11 一类"弦中点恒定"问题的探究[*]

在解析几何中,时不时会出现一类"弦中点恒定"问题,即直线与曲线系或直线系与曲线相交所生成的弦的中点重合或某一坐标值恒定。

其中,最常见的莫过于一条直线与一组同心圆相交,所生成弦的中点全部重合。我们可以轻易地从几何的角度进行解释:因为圆的弦中点与圆心连线和弦所在的直线垂直,而过已知圆系的圆心有且只有一条直线与弦所在的直线垂直,所以所有弦的中点均重合为该垂足。如果我们从代数的角度来看,不妨设该组同心圆的方程为 $x^2+y^2=r_i^2(i=1,2,3,4,\cdots,n)$,设直线方程为 $y=kx+b$,两者联立可得 $(1+k^2)x^2+2kbx+b^2-r_i^2=0$,因此所生成弦中点的横坐标

* 本文系山东省青岛市教育科学"十三五"规划 2019 年度课题《融入数学文化的高中数学教学策略研究》(课题批准号:QJK135C1048)阶段性成果。

并不因 r_i 而发生改变。所以,弦的中点全部重合为一点。

其实,此类性质也可以类比到圆锥曲线中。笔者在日常教学中探究出一些与之相关的结论,今试举几例。

结论 1 一条直线与一组"倍似椭圆"(焦点均在 x 轴或均在 y 轴,离心率相同的一组椭圆)均相交,所有弦的中点全部重合。

例 1 (上海市浦东新区高三年级二模)若椭圆 $C_1:\dfrac{x^2}{m^2}+\dfrac{y^2}{n^2}=1(m>n>0)$,椭圆 $C_2:\dfrac{x^2}{m^2}+\dfrac{y^2}{n^2}=\lambda(\lambda>0)$,则称椭圆 C_2 是椭圆 C_1 的 λ 倍相似椭圆。

已知 $C_1:\dfrac{x^2}{4}+\dfrac{y^2}{3}=1$,$C_2$ 是椭圆 C_1 的 3 倍相似椭圆,若直线 $y=kx+b$ 与两椭圆 C_1、C_2 交于四点(依次为 P、Q、R、S),如图 4-17 且 $\overrightarrow{PS}+\overrightarrow{RS}=2\overrightarrow{QS}$,试研究动点 $E(k,b)$ 的轨迹方程。

分析:类比同心圆(可称为"倍似圆"),我们可以将直线 $y=kx+b$ 与椭圆

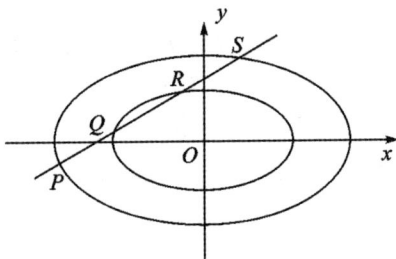

图 4-17

$(n^2+m^2k^2)x^2+2m^2kbx+m^2b^2-\lambda m^2n^2=0$ 联立,可得 $(n^2+m^2k^2)x^2+2m^2kbx+m^2b^2-\lambda m^2n^2=0$,则 $x_1+x_2=\dfrac{-2m^2kb}{n^2+m^2k^2}$,与 λ 无关。可知,定直线与 λ 倍相似椭圆相交所得弦的中点均重合为一点。故此题中,弦 PS、QR 拥有相同的中点,则 $|PQ|=|RS|$。

解:由题意可知,椭圆 $C_2:\dfrac{x^2}{12}+\dfrac{y^2}{9}=1$,

设 Q、R、P、S 各点坐标依次为 (x_1,y_1)、(x_2,y_2)、(x_3,y_3)、(x_4,y_4),

将 $y=kx+b$ 代入椭圆 C_1 方程,得:$(3+4k^2)x^2+8kbx+4b^2-12=0$,

且 $\Delta=48(3+4k^2-b^2)>0$ $\cdots\cdots\cdots\cdots\cdots\cdots\cdots\cdots\cdots\cdots\cdots$($*$)

此时:$x_1+x_2=\dfrac{-8kb}{3+4k^2}$,$x_1x_2=\dfrac{4b^2-12}{3+4k^2}$,

可得 $|x_1-x_2|=\sqrt{(x_1+x_2)^2-4x_1x_2}=\dfrac{4\sqrt{3(3+4k^2-b^2)}}{3+4k^2}$,

同理,可得 $x_3+x_4=\dfrac{-8kb}{3+4k^2}$,$|x_3-x_4|=\dfrac{4\sqrt{3(9+12k^2-b^2)}}{3+4k^2}$,

显然 $x_1+x_2=x_3+x_4$,可得线段 PS、QR 中点相同,所以 $|PQ|=|RS|$。

由 $\overrightarrow{PS}+\overrightarrow{RS}=2\overrightarrow{QS}$ 可得 $\overrightarrow{PQ}=\overrightarrow{QR}$，所以 $|PS|=3|QR|$，可得：$|x_3-x_4|=3|x_1-x_2|$，

即 $9+12k^2=4b^2$（满足(*)式）。

故动点 $E(k,b)$ 的轨迹方程为 $\dfrac{4b^2}{9}-\dfrac{4k^2}{3}=1$。

该结论可以推广到"倍似双曲线""倍似抛物线"中，读者不妨自行证明。

另外，我们都知道，在双曲线 $\dfrac{x^2}{m^2}-\dfrac{y^2}{n^2}=1(m>0,n>0)$ 中，渐近线方程为 $y=\pm\dfrac{b}{a}x$，其实就是 $\dfrac{x^2}{m^2}-\dfrac{y^2}{n^2}=0$。如果一条直线 $y=kx+b$ 与双曲线及其两条渐近线依次交于 P、Q、R、S 四点，我们同样可证弦 PS、QR 中点重合，$|PQ|=|RS|$。

结论 2 如果一条直线 $y=kx+b$ 与双曲线及其两条渐近线依次交于 P、Q、R、S 四点，弦 PS、QR 中点重合。

例 2 （2014·浙江）设直线 $x-3y+m=0(m\neq0)$ 与双曲线 $\dfrac{x^2}{a^2}-\dfrac{y^2}{b^2}=1(a>0,b>0)$ 的两条渐近线分别交于点 A，B。若点 $P(m,0)$ 满足 $|PA|=|PB|$，则该双曲线的离心率是_____。

解析：直线 $x-3y+m=0$ 的斜率 $k_1=\dfrac{1}{3}$，设线段 AB 的中点为 Q，由于 $|PA|=|PB|$，则直线 PQ 与已知直线垂直。可得直线 PQ 的方程为 $y=-3(x-m)$，则 $Q(\dfrac{4}{5}m,\dfrac{3}{5}m)$。若直线与双曲线交于 M、N 两点，线段 MN 的中点也为 Q。由弦中点性质可得 $k_{OQ}\cdot k_1=\dfrac{b^2}{a^2}$，即 $\dfrac{b^2}{a^2}=\dfrac{1}{4}$，所以 $e=\dfrac{\sqrt{5}}{2}$。

而如果曲线是确定的，直线系是一组平行线（可类比看作"倍似直线"），又会出现什么样的结论呢？

结论 3 如果曲线为椭圆，设其方程为 $\dfrac{x^2}{m^2}+\dfrac{y^2}{n^2}=1(m>n>0)$，一组平行线 $y=kx+b_i$ 与椭圆相交，设其公共点为 $A_i(x_1,y_1)$，$B_i(x_2,y_2)$，则 $\dfrac{y_1-y_2}{x_1-x_2}=-\dfrac{n^2}{m^2}\times\dfrac{x_1+x_2}{y_1+y_2}=k$，则弦中点均在直线 $y=-\dfrac{n^2}{km^2}x$ 上。

相似地，如果曲线为双曲线，设其方程为 $\dfrac{x^2}{m^2}-\dfrac{y^2}{n^2}=\lambda(m>0,n>0,\lambda\neq0)$，

一组平行线 $y=kx+b_i$ 与双曲线相交,则弦中点均在直线 $y=\dfrac{n^2}{km^2}x$ 上。

如果曲线为抛物线,设其方程为 $x^2=2py$,一组平行线 $y=kx+b_i$ 与之相交,两者联立可得 $x^2-2pkx-2pb_i=0$,则 $x_1+x_2=2pk$,与 b_i 无关。所以,所有弦的中点落在垂直于 x 轴的一条直线上,它们的横坐标均相同。

例3 如图 4-18 所示,已知抛物线 $C:x^2=2py$ 的焦点为 F,梯形 $AOBD$ 的四个顶点都在抛物线上(O 为坐标原点),且 $OB \parallel AD$,点 F 在线段 AD 上,其中直线 OB 的倾斜角为 $60°$,延长线段 AO 和 DB 交于点 E,若三角形 EOF 的面积为 $\sqrt{3}$,则线段 AD 的长为_____。

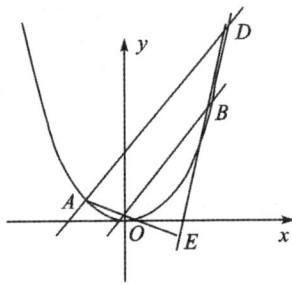

图 4-18

解析:由题意知 $OB \parallel AD$,且直线 OB 的倾斜角为 $60°$,所以直线 OB 和 AD 的斜率均为 $\sqrt{3}$,则 $x_1+x_2=2\sqrt{3}\,p$。

设线段 AD、OB 的中点分别为 M、N,则 M、N、E 三点共线,且 $x_M=x_N=x_E=\sqrt{3}\,p$。

所以,三角形 EOF 的面积为 $\dfrac{1}{2}\times\dfrac{p}{2}\times\sqrt{3}\,p=\sqrt{3}$,得 $p=2$。

那么,抛物线 $C:x^2=4y$,直线 $AD:y=\sqrt{3}\,x+1$,联立得 $y^2-14y+1=0$,所以 $y_1+y_2=14$,$|AD|=y_1+y_2+p=16$。

爱因斯坦认为:提出一个问题往往比解决一个问题更重要,因为解决一个问题也许只是一个数学或实验上的技巧问题。而提出新的问题、新的可能性,从新的角度看旧问题,却需要创造性的想象力。因此,在教学中,教师要善于搭设平台,引导学生在解决问题的过程中直观地发现规律,并尝试用所学知识去解释和说明,用已有经验去同化和顺承,甚至创造性地提出新的问题与见解,这样才能够真正地培育出科学与理性的精神,探究与创造的能力。

案例 12 灵活转化,巧妙赋值
——导数中的赋值问题的求解方案

近几年全国卷高考中,对于函数零点、函数极值点(导函数的零点)的个数和存在性探究考查较为频繁。此类问题一度成为高三备考的热点和重点。但是,求解过程中多数情况下需要利用函数零点的存在性定理来确定单调区间内零点个数,这时就需要对自变量进行赋值。而赋值具有较强的灵活性和技巧性,如何赋值令很多教师和学生头痛。2020 年青岛市一模考试数学第 22 题就是此类问题。

本文以此为例,探究此类问题解答的思维过程和方法途径。

题目呈现

已知函数 $f(x)=e^x-\dfrac{a}{2}x^2$($e=2.718\,28\cdots$为自然对数的底数)有两个极值点 x_1,x_2,①求 a 的取值范围;②求证:$x_1+x_2<2\ln a$。（本文只研究此第 1 问）

解:由题 $f'(x)=e^x-ax$,因为函数 $f(x)$ 有两个极值点 x_1,x_2,

所以方程 $f'(x)=e^x-ax=0$ 有两个不相等的根 x_1,x_2,

设 $g(x)=f'(x)=e^x-ax$,则 $g'(x)=e^x-a$,

当 $a\leqslant 0$ 时,$g'(x)=e^x-a>0$,

所以 $g(x)$ 在 R 上单调递增,至多有一个零点,不符合题意。

当 $a>0$ 时,由 $g'(x)=e^x-a=0$ 得 $x=\ln a$,

当 $x\in(-\infty,\ln a)$ 时,$g'(x)=e^x-a<0$,函数 $g(x)$ 单调递减;

当 $x\in(\ln a,+\infty)$ 时,$g'(x)=e^x-a>0$,函数 $g(x)$ 单调递增;

所以 $g(x)_{\min}=g(\ln a)=a-a\ln a<0$,即 $a>e$。

令 $\varphi(a)=a-2\ln a$,$(a>0)$,则 $\varphi'(a)=1-\dfrac{2}{a}$,

当 $a\in(0,2)$ 时,$\varphi'(a)<0$,$\varphi(a)$ 为减函数;

当 $a\in(2,+\infty)$ 时,$\varphi'(a)>0$,$\varphi(a)$ 为增函数;

$\varphi(a)_{\min}=\varphi(2)=2-2\ln 2>0$,

所以 $\varphi(a)>0$,即 $a>2\ln a$,从而 $e^a>a^2$,

所以 $g(a)=e^a-a^2>0$,又因为 $g(0)=1>0$,

所以 $g(x)$ 在区间 $(0,\ln a)$ 和 $(\ln a,a)$ 上各有一个零点,符合题意。

综上,实数 a 的取值范围为 $(e,+\infty)$。

解法分析

考后,有老师追问,为什么需要构造 $\varphi(a)=a-2\ln a$,$(a>0)$,如何给学生讲授其中的思维,让学生知其所以然。

从理论上讲,当我们求解 $g(x)_{\min}=g(\ln a)=a-a\ln a<0$,得到 $a>e$,并不

能够说明方程 $f'(x)=e^x-ax=0$ 有两个不相等的根 x_1,x_2。因此,需要利用零点存在性定理进一步论证。

既然 $g(\ln a)=a-a\ln a<0$,我们就需要在$(-\infty,\ln a)$和$(\ln a,+\infty)$上分别确定一个实数,使得其函数值大于 0。

在区间$(-\infty,\ln a)$内,显然可得 $g(0)=1>0$;而在区间$(\ln a,+\infty)$上寻找满足条件的实数就有些困难。

命题人应该是根据 $\ln x\leqslant x-1<x$ 的不等关系,将目标锁定在 $x=a$ 处,欲证 $e^a-a^2>0$,即 $e^a>a^2$,两边同时取自然对数,可得 $a>2\ln a$,故而构造 $\varphi(a)=a-2\ln a,(a>0)$,证明 $\varphi(a)>0$。

解后思考

其实,在区间$(\ln a,+\infty)$上寻找满足条件的实数只有一种选择吗?

探究 因为函数 $g(x)$在区间$(\ln a,+\infty)$上单调递增,假设 $x_0(x_0>\ln a)$满足 $g(x_0)=0$,那么在区间$(x_0,+\infty)$内的所有实数都可以作为一种选择。所以因参数的存在方程求解难度大,实数的寻找相对困难,但是理论上,我们还是有很多选择的。

例如,$x=2\ln a$。因为 $g(2\ln a)=a^2-2a\ln a$,同样可构造 $\varphi(a)=a-2\ln a$,$(a>0)$,可证 $\varphi(a)>0$,则 $g(2\ln a)>0$。

如果我们依然将目标锁定在 $x=a$ 处,是否只有这一种证明途径?

探究 即使目标锁定在 $x=a$ 处,也有其他的途径可证明。

例如,可构造 $m(x)=e^x-x^2(x>0)$,二次求导,能够证明 $m(x)>0$,即 $e^x>x^2$。

所以 $e^x-ax>x^2-ax,(x>0)$,故当 $x=a$ 时,$e^a-a^2>a^2-a^2=0)$,即 $g(a)>0$。

根据以上思考和探究,是否可以得出以下问题:在区间$(-\infty,\ln a)$内,应该也不会仅仅只有 0 这一个选择吧?

探究 我们可以轻易地求证 $e^x\geqslant x+1$,则 $e^x-ax\geqslant x+1-ax=1-(a-1)x$,可得 $x=\dfrac{1}{a-1}$时,有 $g(\dfrac{1}{a-1})=e^{\frac{1}{a-1}}-a\cdot\dfrac{1}{a-1}>1-(a-1)\cdot\dfrac{1}{a-1}=0$。

因为 $a>e$,所以 $\dfrac{1}{a-1}<1<\ln a$,因此,$x=\dfrac{1}{a-1}$完全符合条件。

解决此类问题是否只有赋值这一条路径可走?

赋值其实是基于方程难于求解,或因参数的存在导致问题复杂化而有必要引入的一种方法。如果方程易于求解,或方程的根虽不易解但能确定在一定的范围内,此时,多数情况下赋值就显得多此一举了。本题是否可以移参,使得研究对象简单化,方便问题的求解呢?

　　探究　构造函数 $k(x)=\dfrac{e^x}{x}$, $(x\neq 0)$,则 $k'(x)=\dfrac{e^x(x-1)}{x^2}$,

于是,当 $x<0$ 时,$k(x)$ 单调递减,且 $k(x)<0$;

当 $x\in(0,1)$ 时,$k(x)$ 单调递减,且 $k(x)>e$;

当 $x=1$ 时,$k(1)=e$;

当 $x\in(1,+\infty)$ 时,$k(x)$ 单调递增,且 $k(x)>e$;

综上,实数 a 的取值范围为 $(e,+\infty)$。

方法总结

此类问题通常会基于超越式方程的背景而设置,方程难以正常求解,学生处理过程中有思维障碍——明知有根,不会运算,更不会推证。多数题目还会添加参数,增加题目求解的难度,有意识地提高思维能力要求,以增大区分度。

如果从参数的角度来考虑。通常,可建议学生尝试移参,使研究对象简单化,避免参数造成运算干扰,并且可以有效地规避研究对象性质的多样性。移参后,研究对象明朗,目标性质指向明晰,学生很容易根据研究对象的图象特征(单调性、函数值分布等)确定最终的结果。

如果从方程的角度来考虑。题目难点在于难于直接求解方程的根,超越方程的形式让绝大多数学生望而却步。如果我们能够掌握常见的不等式和不等关系,就可以将代数式转化为常见的一次式、二次式等等,如通过 $e^x>x^2$,将 e^x-ax 缩小为二次式 x^2-ax,后者的零点是可求的,由此可以确定所赋值可为 $x=a$。再如通过 $e^x\geq x+1$,将 e^x-ax 缩小为一次式 $1-(a-1)x$,同样后者的零点是可求的,由此可以确定所赋值可为 $x=\dfrac{1}{a-1}$。这样通过化超越式为一般代数式,寻找突破口,确定所赋之值。

所以,只要我们能够根据题目中的函数结构特征,合理地选择切入的角度,灵活地转换代数式,就可以从中有效突破,巧妙地对自变量赋值,最终实现问题的求解。

高考题链接

(2016 全国卷 I 理科第 21 题)已知函数 $f(x)=(x-2)e^x+a(x-1)^2$ $f(x)=(x-2)e^x+a(x-1)^2$ $f(x)=(x-2)e^x+a(x-1)^2$ 有两个零点。

①求 a 的取值范围；

②设 x_1,x_2 是 $f(x)f(x)f(x)$ 的两个零点，证明：$x_1+x_2<2$。

(2017 全国卷Ⅰ理科第 21 题)已知函数 $f(x)=a\mathrm{e}^{2x}+(a-2)\mathrm{e}^x-x$。

①讨论 $f(x)$ 的单调性；

②若 $f(x)$ 有两个零点，求 a 的取值范围。

第五章 试题命制及评价

导读

　　新的教育改革并不仅仅是课程和课堂的改革,还包括评价考试制度的改革。2014年国务院颁布的《关于深化考试招生制度改革的实施意见》提出,到2020年基本建立中国特色现代教育考试招生制度。教育部考试中心以《实施意见》为政策依据,以高校人才选拔要求和国家课程标准为考查依据,历时三年研究,提出"一核四层四翼"的整体架构。在高考评价体系中,确立立德树人、服务选才、引导教学为高考的核心功能,回答了"为什么考"的问题;明确核心价值、学科素养、关键能力、必备知识为考查内容,回答了"考什么"的问题;提出基础性、综合性、应用性、创新性的考查要求,回答了"怎么考"的问题。

　　我们从2019年和2020年的高考题中,可以清楚地看到命题形式的变化。最显著的特征是,新高考通过设计真实的问题情境,结合中学所学的数学知识,考查学生获取新知识、提取数学信息、应用数学知识解决新问题的能力,突出问题情境化,表现出数学与社会、生产、生活的紧密联系和数学在其中的巨大应用价值。其次,结构不良等新题型的引入,提升了思维的层次性和开放性,可以有效地考查学生分析问题和解决问题的能力,有助于数学探究能力的培养,更加精确地发挥了数学学科考试的区分选拔功能。

　　对于试题的命制,我们学科中心的指导思想是:倡导原创,突出情境,整合学科,融合文化。我们提出,基于数学核心素养评价的命题,要关注以下几个方面。

　　命题者要整体把握高中数学课程,围绕内容主线—主题(单元)和关键概念、结论、模型、思想方法、应用展开,体现考查内容的基础性和综合性,突出数学本质。

创设合适情境,注重"以新考熟",情境包括实际情境、科学情境、数学情境、历史情境,体现数学的应用性。

强调问题的开放性、探究性,鼓励深度学习,培养创新精神。

我们对新高考模拟卷以及最新的高考试卷都进行了细致的解析和研究,并以课改理念为指导,开展了系列数学题目的改编以及原创试题的实验。

本章主要包括题目改编、题根研究、题目原创、试题评价四方面内容。

第一节 基于数学理解的题目改编

数学教学的目的是让学生掌握数学知识的同时学会数学地思考,在思考中提升其思维能力,培养学生的认知力。所以,教学的过程并不是把知识传递给学生的过程,而是让知识在学生心中成长的过程。

数学教学要理解数学,理解教学,理解学生。数学教学要立足于理解数学知识、思想方法、技能等内容,理解数学学科知识生成与发展的脉络和知识间的联系;立足于理解教学是师生、生生间的有效交往与持续互动,是师生相伴而行,在发现与解决问题的过程中共生共享;立足于理解学生的学情——知识基础与经验基础,理解学生的思维发展规律,促进学生独立思考,在关键点上予以指导、引申,促进学生对数学的深刻理解,包括理解数学的深度、宽度、完整度,为学生的长久发展谋取效益。

解题理论大师波利亚说:问题是数学的心脏。一个好的问题可以最大化地激发学生的求知欲与探索好奇心;一个好的问题可以调动学生思考、梳理并应用所学的相关知识;一个好的问题可以让学生学会比较、评鉴、选择;一个好的问题可以让学生锤炼思维,培养毅力,培育信念。

新课程所提倡的深度学习要求教师精心设计问题以及训练的方式。问题要有利于考查学生的思维过程、思维深度、思维广度;问题要突出知识的应用、思路的开启与方法的选择。教师要彰显例题的示范性、目的性、规律性、启发性、延伸性,有效地引导学生思考,让学生感受如何去透过现象揭示本质,又如何寻找题眼、确定方法的思维进程,从中领悟发现、分析、论证、解决问题的思想方法和步骤,深度掌握高阶技能并有效迁移应用,提高思维的品质。

波利亚还指出,数学老师的首要职责之一是不能给学生下列印象:数学题之间几乎没有什么联系,与其他事物也根本毫无联系。确实如此。我们经常会发现,很多高考试题与测试题都是由一些基本问题改编组合而成,甚至就是课本中的例题与习题(这也可以成为"用教材教"而不是"教教材"的佐证)。题海无涯,都说纸笔难渡汪洋;题源为本,且看模型无穷变化。这就需要教师能够紧抓题源或母题,深刻了解命题指向(教材学科知识与学生经验知识),剖析命题方式,感悟题目价值,并以此为母本,亲身了解并体会试题的改编与重组,找到不同数学问题之间潜在的联系,发掘问题的本质,探索新的设问走向,更好地指导学生把握数学的本质,提高学生解题的思维能力,提升学生的思维水平。

试题改编,其实就是教师所提出的一类真实的数学问题,是指教师有目的、有计划地对题目进行合理的转化:即教师可不断更换命题中的非本质特征;变换问题中的条件或结论;转换问题的内容和形式;配置实际应用的各种环境,使之在表现形式或考查性质上发生改变而成为新的试题。但改编过程中应尽量保留好对象中的本质因素,从而使学生掌握数学对象的本质属性。

试题改编所强调的其实是通过学生的思辨达成知识的内化与同化,实现知识的内部迁移与外部迁移,提升学生的思维深度与广度,提升思维品质;价值指向于学生质疑意识、批判性思维,提升学生的思辨意识与创新能力。

这也就是,基于数学理解的题目改编。

其实在教学中,无论是新授课的范例教学,还是复习课的习题教学,还是讲评课,都能普遍应用到题目改编。它既能从不同的角度考查同一或相近知识,夯实学生的知识基础,形成完善的数学思维结构;又能从不同的维度推动学生深入思考,深度学习,发现由不同条件可以得出对应相似的结论,找出不同知识之间的联系与规律,培养运用数学思想分析、解决问题的能力,培养学生灵活解决问题的能力,发展学生的数学思维;还能够提升老师对考查热点和考查方式的理解,促进教师自身专业化素养的发展和提高。

所以,教师要探索试题的本质,挖掘试题的价值,研究试题的改编方式,从而优化教学与测试,帮助学生构建知识网络,强化知识联系,提高思维灵活性,生成解题智慧。

一、题目改编的原则

1. 基础性与发展性

母题要兼具基础性与发展性。基础性可保证全部学生能够较容易进入情境,开启思维;发展性可保证题目改编具有一定的开放性和延展性,更大效度的提升学生的思维。

2.针对性原则

题目改编要有较强的针对性,要明确题目改编的目的。新授课中应服务于概念的理解(如单调性定义,如数列或解三角形中的"知三求二"等);习题课中应着眼于知识背景,体现思维的灵活性,适当渗透一些数学思想和数学方法;复习课中要重视背景与模型,渗透数学思想和数学方法,进行纵向和横向的联系。

3.适用性原则

据教学目标和学生的学习现状,在适当的范围进行改编。尤其要注意,题目要有一定的难度,但要控制难度。改编要有一定的挑战性,不能"变"得过于简单,学生思维的质量得不到很好的提高;但也要控制难度,否则挫伤学生的学习积极性,起不到很好的教学效果。题目要有一定的广度,但不能脱离主线和主题。题目也要有一定的深度,但也要适可而止,不要超出学生的理解水平,超越学生的思维认知规律。

4.梯次性原则

题目改编要在一定的主线安排下进行,符合学生的认知规律与思维发展规律,由浅入深,逐步推进,引领学生拾级而上,深化理解。

5.参与性原则

教师要鼓励学生积极思考,充分展示思维过程;要鼓励学生主动参与改编,然后再练习,这样能更好地锻炼学生的思维能力。

二、题目改编的方法

改编方法1:条件结论交换。

探求原命题的逆命题、否命题的真假性,培养学生的质疑意识和辩证的思维。

改编方法2:结论的变形。

探求同一命题的不同表述或相近命题的表述,培养学生转化与化归的思想。

改编方法3:增加追问。

借助原题中的素材与背景,采用拓展追问的方式,探求原条件中题干信息的应用趋势与运算走向,引发学生深层次的思维活动,实现"纵向到底"的功效,培养学生的数学探究能力,发展学生思维的深刻性。

改编方法4:条件变形。

把表面上不同但实质相同的若干个问题有机地衔接在一起,体现"横向到边",发展学生的发散性思维。

改编方法 5：条件隐化。

将条件中的部分信息变换表述方式，在一定程度上隐化，培养学生审题和提取有效信息的能力。

改编方法 6：条件减少。

一道数学题目，如果条件过强，则其结论便相对单一，如果将原题的条件适当弱化，那题目的结论就会呈现多样化和开放性。

改编方法 7：问题的联系。

通过跨章节、跨板块的题目改编或联系，实现数学知识、数学方法与思想的前后贯通，培养学生思维的连续性。

改编方法 8：问题的一般化。

特殊问题一般化可以是由具体数字推广到一般性字母，也可以是由有限项拓展到无限项，也可以是由某一特殊位置推广到一般性位置，有利于培养学生思维的严谨性与发散性，发展学生的抽象思维品质，甚而由归纳推理，把握内在的本质。

改编方法 9：问题的推广。

通过类比推理，将结论推广至相近章节，培养学生方法迁移的能力。

当然，改编某一数学问题时并不会单单使用一种方法，更多的是方法的组合应用。

三、题目改编案例

例 1（概率问题）

甲乙二队进行一场排球赛，单局比赛甲胜的概率为 0.6，若采用五局三胜制，令 X 为比赛的局数：

(1) 求甲队赢得比赛的概率；

(2) 求 X 的分布列和数学期望。

追问：① 求本场比赛乙队 3：2 取胜的概率；

② 若前两局比赛结束后，两队打成 1：1，在这种条件下，求甲获得比赛胜利的概率（条件概率）；

③ 一般地，在每一局比赛中，先得到 21 分的队获胜；如果两队打到 20 平后，先领先对方两分的队获胜。求甲队以 23：21 赢得该局比赛的概率（增加事件分析的复杂度）；

④ 若本赛季共有六场甲乙两队的比赛，其中三场为甲方主场。在这三场比赛中的每一场，若甲队赢球，举办方无偿赠送 1 000 杯可乐，若甲队输球，举办方

会无偿赠送 400 杯可乐。设举办方在本赛季无偿赠送的可乐杯数为 Y,求 Y 的数学期望(变量间的运算关系)。

例 2(三角函数图象及性质)

已知函数 $f(x)=A\sin(\omega x+\varphi)+b,(A>0,\omega>0,-\pi<\varphi<0)$ 的部分图象,

(1)求 $y=f(x)$ 的解析式,并求出其单调递增区间;

探究:求出 $y=\log_{\frac{1}{2}}[f(x)-2]$ 单调递增区间;

(2)求该函数图象的对称轴及对称中心;

探究 1:将 $y=f(x)$ 的图象至少向左平移_____个单位可使得平移后图象关于 y 轴对称;

探究 2:将 $y=f(x)$ 的图象如何平移可使得平移后图象关于原点对称;

(3)若 $x\in(0,\dfrac{3\pi}{8}]$,求 $y=2f(x)+1$ 的值域;

探究 1:若 $x\in(0,\dfrac{3\pi}{8}]$,求 $y=\log_{\frac{1}{2}}f(x)$ 的值域;

探究 2:若 $x\in(0,\dfrac{3\pi}{8}]$,求 $y=[f(x)]^2-3f(x)+1$ 的值域;

探究 3:若 $y=af(x)+b,x\in(0,\dfrac{3\pi}{8}]$ 的值域为 $[3,5]$,求 a,b;

(4)试讨论方程 $f(x)=m,x\in(0,\dfrac{3\pi}{8}]$ 根的个数;

探究 1:若方程 $f(x)=m,x\in(0,\dfrac{3\pi}{8}]$ 有两个不等的根 $x_1,x_2,x_1+x_2=$ _____;

探究 2:若方程 $[f(x)]^2+af(x)+b=0,x\in(0,\dfrac{3\pi}{8}]$ 有四个不等的根,a,b 应满足_____;

(5)若 x_1,x_2 满足对于任意 $x\in\mathbf{R}$ 均有 $f(x_1)\leqslant f(x)\leqslant f(x_2)$,则 $|x_1-x_2|$ 的最小值为_____;

探究 1:若 x_1,x_2 为方程 $f(x)=1$ 的两个不等的根,则 $|x_1-x_2|$ 的最小值为_____;

探究 2:若 x_1,x_2 为方程 $f(x)=2$ 的两个不等的根,则 $|x_1-x_2|$ 的最小值为_____;

探究 3:若 x_1,x_2 满足对于任意 $x\in R$ 均有 $f(x_1)\leqslant f(x)\leqslant f(x_2)$,当 $|x_1-x_2|$ 最小值时,$f(\dfrac{x_1+x_2}{2})=$ _____,$f'(\dfrac{x_1+x_2}{2})=$ _____;

$(6) f(\frac{\pi}{8}) + f(\frac{2\pi}{8}) + f(\frac{3\pi}{8}) + f(\frac{4\pi}{8}) + \cdots + f(\frac{2013\pi}{8}) = \underline{\hspace{2cm}};$

(7) 该图象可如何由 $y = \cos 2x$ 的图象变换得到？请规范表达。

例 3（解三角形）

$\triangle ABC$ 中，A,B,C 所对的边长分别为 a,b,c。$A = \frac{\pi}{3}$，$a = 2$，若 $b+c=3$，求 $\triangle ABC$ 的面积。

改编 1：条件结论互换；

改编 2：$\triangle ABC$ 中，$A = \frac{\pi}{3}$，$a = 2$，求 $\triangle ABC$ 的面积的最大值；（条件的减少）

改编 3：$\triangle ABC$ 中，$A = \frac{\pi}{3}$，$a = 2$，求 $\triangle ABC$ 的周长的最大值；（条件的减少）

改编 4：$\triangle ABC$ 中，$A = \frac{\pi}{3}$，$a = 2$，求 $b + \sqrt{3}c$ 的取值范围；（结论的变化）

改编 5：锐角 $\triangle ABC$ 中，$A = \frac{\pi}{3}$，$a = 2$，求 $b + \sqrt{3}c$ 的取值范围；（条件的增强）

改编 6：$\triangle ABC$ 中，$a = 2$，$b+c=4$ 求 $\triangle ABC$ 的面积的最大值；（条件的改变）

改编 7：平行四边形 $ABCD$ 中，$AB = 2$，$\angle ACB = 60°$，求 BD 的最大值。

例 4（解三角形开放性问题）

在 $\triangle ABC$ 中，A,B,C 所对的边长分别为 a,b,c。从中任选其一作为条件，$a : b^2 + c^2 - bc = a^2$；$b : 2a\cos A = b\cos C + c\cos B$，求解：

$(1) \sin B + \sin C$，$\sin B \sin C$，$\cos B - \cos C$ 的范围；

(2) 若 $a = 2$，试求 $b+c$、bc 的最大值；

(3) 若 $bc = 4$，试求 a 的最小值；

(4) 若①$b+c = \sqrt{3}a$，②$b = 2c$。任选其一，求角 B；

(5) ①$b+c = 2\sqrt{3}$，②$a = 2$，③$S = \frac{2\sqrt{3}}{3}$，④$b^2 + c^2 = \frac{20}{3}$。任选其二，推证其余。

例 5（绝对值不等式和不等式证明）

（绝对值不等式）：已知函数 $f(x) = |x+1| + |2x-1|$，

$(1) f(x) \leqslant 6$；

$(2) f(x) \leqslant x + 4$；

$(3) |f(x)| \geqslant 6$；

$(4) f(x) \geqslant 2m^2 + m$ 恒成立，求实数 m 的范围；

(5)$f(x) \leqslant x^2 + \frac{1}{2}x + m$ 的解集包含$[-1,0]$，求实数 m 的范围；

(6)$f(x) \geqslant ax + a$ 恒成立，求实数 a 的范围。

(不等式的证明)已知正实数 a,b,c 满足 $a+b+c=1$，试求证：

(1)$a^2 + b^2 + c^2 \geqslant \frac{1}{3}$；

(2)$ab + bc + ca \leqslant \frac{1}{3}$；

(3)$\frac{1}{a} + \frac{1}{b} + \frac{1}{c} \geqslant 9$；

(4)$\frac{b^2}{a} + \frac{c^2}{b} + \frac{a^2}{c} \geqslant 1$；

(5)$\frac{9}{2} \leqslant \frac{1}{a+b} + \frac{1}{b+c} + \frac{1}{c+a} \leqslant 5$。

例 6（立体几何：基于"阳马、鳖臑"等基本模型的题目改编）

阳马：底面是矩形，一条侧棱垂直于底面的四棱锥。鳖臑：四面都是直角三角形的三棱锥。在讲授球与组合体时，可选用下题：

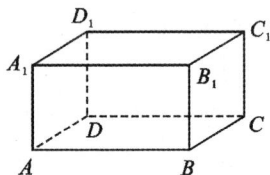

图 5-1　长方体

如图 5-1，试在长方体中任意寻找四个不共面的点，构成四面体，探究"常见的四面体及其外接球"问题的解决策略。

备选几何体：$A_1 - ABD$，$A_1 - ABC$，$A_1 - C_1 BD$，四棱锥 $A_1 - ABCD$。

在讲授空间线面垂直与面面垂直时，可选用以下模型，如图 5-2。

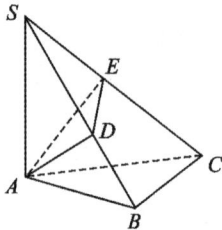

图 5-2　鳖臑 $S - ABC$

在此基础上,对模型进行组合和拆分,如图 5-3。

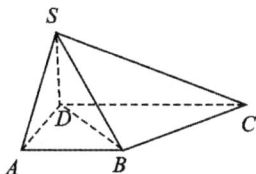

图 5-3 鳖臑组合

例 7(相近知识进行类比,迁移变通,聚焦联系)

(1)函数 $y=\sqrt{kx^2+2kx+1}$ 的定义域为 **R**,k 的取值范围为_____;

(2)函数 $y=\dfrac{1}{kx^2+2kx+1}$ 的定义域为 **R**,k 的取值范围为_____;

(3)函数 $y=\sqrt{kx^2+2kx+1}$ 的值域为 $\mathbf{R}_+$,k 的取值范围为_____;

(4)函数 $y=\lg(kx^2+2kx+1)$ 的定义域为 **R**,k 的取值范围为_____;

(5)函数 $y=\lg(kx^2+2kx+1)$ 的值域为 **R**,k 的取值范围为_____。

例 8(基本不等式)

a,b 是正实数,且 $a+b=1$,求 $\dfrac{1}{a}+\dfrac{2}{b}$ 的最小值。

改编 1:a,b 是正实数,且 $\dfrac{1}{a}+\dfrac{2}{b}=1$,求 $a+b$ 的最小值;(条件与结论的转置)

改编 2:a,b 是正实数,且 $2a+b=ab$,求 $a+b$ 的最小值;(条件的隐化)

改编 3:a,b 是正实数,且 $2a+b+ab=30$,求 $a+b$ 的最小值;(条件的改换)

改编 4:a,b 是正实数,且 $a+b=1$,求 $\dfrac{1}{a+1}+\dfrac{2}{b+1}$ 的最小值;(结论的变形及追问)

改编 5:a,b,c 是正实数,且 $a+b+c=1$,求 $\dfrac{1}{a}+\dfrac{2}{b}+\dfrac{1}{c}$ 的最小值;(问题的推广)

改编 6:$y=\dfrac{1}{x}+\dfrac{2}{1-x}$,$(0<x<1)$ 的最小值。(条件的隐化)

四、结语

变式教学不能只是重复训练的教学,也不是变成另一个毫不相干的问题让学生重新思考,而应该是一个不断深化的过程。通过变式突出知识方法的本质,突出问题解决的思想魂魄。所以,只有贯穿思想方法、揭示本质的变式教学,才是有价值、高效率的教学。因此,教师要加强自身修养,对知识方法以及数学问题的理解要深刻,只有这样,我们才能变出有深度、有思想、有味道、有境界的题目,从而真正提高课堂效率,提升学生的学科素养。

当然,题目的改编也受制于教师的知识视野与专业水平。我们认为,备课组是进行题目改编的中枢,只有备课组全体教师都能够深入地钻研教材,有意识地改编练习题,并不断地进行交流研讨,才能实现智力的交接与智慧的碰撞,实现教学资源的有效共享,推动解题研究活动的深入、持久。

第二节 题根研究示例

"题根"是相对于"题海"而言的。俗话说,"题海无边,回头是岸;伤敌一万,自损八千"。很多人,包括教学专家都在讲,要让学生脱离题海,就必须要让教师跳进题海。我一直有个疑问,既然题海战术无甚益处,为什么还要让教师再跳入其中呢? 直到有一天,我突然意识到,这句话里其实被有意或无意地掩盖了一层意思:要想让学生掌握题根,就必须要让老师掌握题根。只有这样,师生才能共同跳出题海,进入深层次的教与学。

可是,何为题根?

从生物学的角度上讲,题根可以看作题目的"基因"。题根区别于一般的问题,主要在于一般的问题是单一化的,扁平化的,是静态的;而题根则具有基础性和生长性,是动态的,能够在此基础上产生多个考查的角度与考查的方向,从而产生一群与之有关的问题。因此,可以说题根是问题的"母本"和"始祖"。

题根,可以是一条公式、定理、结论,也可以是一个模型、背景。在题根的研究中,我们可以更清楚地看到问题的衍生和发展方向,感悟到若干问题殊途同归,进而分析命题者在问题中考查的侧重,洞悉问题的本质。在这其中,无论是教师还是学生,都会经历完整的思维过程,形成对问题更清晰的认知,对方法更通透的理解,对题根更深刻的把握,从而跳出题海,体会思维的乐趣。

题根可以是一个开放性的背景。例如,已知函数 $f(x)=|\ln x|$,若 $y=f(x)$ 的图象与直线 $y=m$ 有两个不同的交点 $P_1(x_1,y_1)$,$P_2(x_2,y_2)$,$(x_1<x_2)$,设直线 l_1,l_2 分别是 $y=f(x)$ 在点 P_1,P_2 处的切线,l_1 与 l_2 相交于点 P,且 l_1,l_2 分别与 y 轴相交于点 A,B。

本背景中可考查结论主要包括:

(1)$x_1 \cdot x_2 = 1$(难度系数:★);

(2)直线 l_1,l_2 相互垂直(难度系数:★),直线 AP_2,BP_1 相互垂直(难度系数:★★);

(3)点 P_1 是 $\triangle P_2AB$ 的垂心(难度系数:★★);

(4)$x_1 + x_2 > 2$(难度系数:★★);

(5)$x_P = \dfrac{2}{x_1 + x_2}$(难度系数:★★);

(6)$A(0, m+1)$,$B(0, m-1)$,$|AB| = 2$(难度系数:★★);

(7)A,B 关于直线 $y = m$ 对称,$\triangle P_2AB$ 必为等腰三角形(难度系数:★★);

(8)$\overrightarrow{P_1A} \cdot \overrightarrow{P_1B} < 0$(点 P_1 在以 AB 为直径的圆内);$\overrightarrow{P_2A} \cdot \overrightarrow{P_2B} > 0$(点 P_2 在以 AB 为直径的圆外)(难度系数:★★★)。

其中 2016 年四川卷(理工类)第 9 题即是以此背景命制。

设直线 l_1,l_2 分别是函数 $f(x) = \begin{cases} -\ln x, 0 < x < 1 \\ \ln x, x > 1 \end{cases}$ 图象上点 P_1,P_2 处的切线,l_1 与 l_2 垂直相交于点 P,且 l_1,l_2 分别与 y 轴相交于点 A,B,则 $\triangle PAB$ 的面积的取值范围是(　　)。

A. $(0, 1)$　　　　B. $(0, 2)$　　　　C. $(0, +\infty)$　　　　D. $(1, +\infty)$

答案:A。

简析:考查结论中的(1)、(5)、(6)。

我们可以在此基础上命制以下原创题。

已知函数 $f(x) = |\ln x|$,若 $y = f(x)$ 的图象与直线 $y = m$ 有两个不同的交点 $P_1(x_1, y_1)$,$P_2(x_2, y_2)$,$(x_1 < x_2)$,设直线 l_1,l_2 分别是 $y = f(x)$ 在点 P_1,P_2 处的切线,且 l_1,l_2 分别与 y 轴相交于点 A,B,若 $\triangle P_2AB$ 为等边三角形,则实数 m 的值等于(　　)。

A. $\dfrac{\ln 2}{2}$　　　　B. $\dfrac{\ln 3}{2}$　　　　C. $\ln 2$　　　　D. $\dfrac{\ln 5}{2}$

答案:B。

简析:由题意可知 $x_1 \cdot x_2 = 1$,且 $l_1 \perp l_2$,由曲线在点 P_1,P_2 处的切线方程可求得 $A(0, m+1)$,$B(0, m-1)$,$|AB| = 2$,且 A,B 关于直线 $y = m$ 对称。若 $\triangle P_2AB$ 为等边三角形,则 $x_{P_2} = \sqrt{3}$,故 $m = \dfrac{\ln 3}{2}$。

考查结论中的(1)、(2)、(6)、(7)及平面几何知识。

已知函数 $f(x) = |\ln x|$,若 $y = f(x)$ 的图象与直线 $y = m$ 有两个不同的交

点 $P_1(x_1,y_1),P_2(x_2,y_2),(x_1<x_2)$，设直线 l_1,l_2 分别是 $y=f(x)$ 在点 P_1，P_2 处的切线，且 l_1,l_2 分别与 y 轴相交于点 A,B，若以 AB 为直径的圆被 x 轴所截弦长为 $\sqrt{3}$，则实数 m 的值等于（　　）。

A. $\dfrac{1}{2}$　　　　B. 1　　　　C. $\dfrac{3}{2}$　　　　D. $\dfrac{\sqrt{13}}{2}$

答案：A。

简析：由题意可知 $x_1\cdot x_2=1$，且 $l_1\perp l_2$，由曲线在点 P_1，P_2 处的切线方程可求得 $A(0,m+1),B(0,m-1),|AB|=2$。若以 AB 为直径的圆被 x 轴所截弦长为 $\sqrt{3}$，则圆心到 x 轴的距离为 $\dfrac{1}{2}$，即 $m=\dfrac{1}{2}$。

考查结论中的(1)、(2)、(6)、(7)及平面解析几何中直线与圆的知识。

再如设抛物线 $C:y^2=2px(p>0)$ 的焦点为 F，准线为 l，过点 F 且斜率为 k（或倾斜角为 θ）的直线交 C 于 $A(x_1,y_1),B(x_2,y_2)$ 两点。

本背景可可考查结论主要包括：

(1) $x_1x_2=\dfrac{p^2}{4},y_1y_2=-p^2$（难度系数：★）；

(2) $\dfrac{1}{|AF|}+\dfrac{1}{|BF|}=\dfrac{2}{p}$（难度系数：★★）；

(3) $|AB|=x_1+x_2+p=2p(1+\dfrac{1}{k^2})=\dfrac{2p}{\sin^2\theta}$（难度系数：★★）；

(4) $S_{\triangle AOB}=\dfrac{p^2}{2\sin\theta}$（难度系数：★★★）；

(5) $|AF|=\dfrac{p}{1-\cos\theta},|BF|=\dfrac{p}{1+\cos\theta}$（难度系数：★★）；

(6)以 $A(B)$ 为圆心，以 $AF(BF)$ 为半径的圆与准线相切（难度系数：★）；

(7)以 AB 为直径的圆与准线相切（难度系数：★★）；

(8)以 AF 为直径的圆与 y 轴相切（难度系数：★★）。

其中，(2013 全国卷Ⅱ)第 11 题即是以此背景命制。原题为

设抛物线 $C:y^2=2px(p>0)$ 的焦点为 F，点 M 在 C 上，$|MF|=5$，若以 MF 为直径的圆过点 $(0,2)$，则 C 的方程为（　　）。

A. $y^2=4x$ 或 $y^2=8x$　　　　B. $y^2=2x$ 或 $y^2=8x$

C. $y^2=4x$ 或 $y^2=16x$　　　　D. $y^2=2x$ 或 $y^2=16x$

本题考查性质(8)。

(2014 课标全国Ⅱ)理科第 10 题也是以此背景命制的。原题为

设 F 为抛物线 $C:y^2=3x$ 的焦点,过 F 且倾斜角为 $30°$ 的直线交 C 于 A,B 两点,O 为坐标原点,则 ΔOAB 的面积为( )。

A. $\dfrac{3\sqrt{3}}{4}$　　　B. $\dfrac{9\sqrt{3}}{8}$　　　C. $\dfrac{63}{32}$　　　D. $\dfrac{9}{4}$

本题考查性质(4)。

(2017 课标全国Ⅰ)理科第 10 题也是如此。原题为

已知 F 为抛物线 $C:y^2=4x$ 的交点,过 F 作两条互相垂直 l_1,l_2,直线 l_1 与 C 交于 A,B 两点,直线 l_2 与 C 交于 D,E 两点,$|AB|+|DE|$ 的最小值为( )。

A. 16　　　B. 14　　　C. 12　　　D. 10

本题考查性质(3)。

我们可以在此背景下命制如下原创题:

设抛物线 $C:x^2=2py,(p>0)$ 的焦点为 F,准线为 l,过 F 且倾斜角为 $30°$ 的直线交 C 于 A,B 两点。分别以 A,B 为圆心,以 AF,BF 为半径作圆 C_1、C_2,两圆在点 F 处的公切线与准线 l 交于点 P,若 $|PF|=4$,则 $p=$( )。

A. $\sqrt{3}$　　　B. $2\sqrt{3}$　　　C. $4\sqrt{3}$　　　D. $8\sqrt{3}$

答案:B。

简析:由抛物线的定义可知圆 C_1、C_2 均与直线 l 相切,如图 5-4,设切点分别为 D,E,可证 $|PF|=|PE|=|PD|$,故 $|DE|=8$。又直线 AB 倾斜角为 $30°$,可求 $|AB|=16\sqrt{3}$。将直线 AB 方程与抛物线 $C:x^2=2py,(p>0)$ 联立,可求 $p=2\sqrt{3}$。

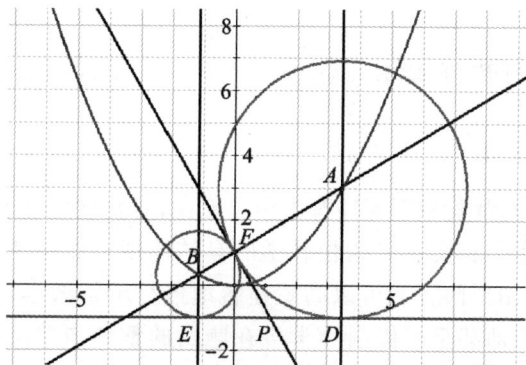

图 5-4

考查性质(3)、(6)及平面几何知识(圆的公切线、直角梯形等)。

题根也可以是一个定理或结论。

例如,在圆锥曲线中存在以下定理。

以椭圆 $C: \dfrac{x^2}{a^2} + \dfrac{y^2}{b^2} = 1(a > b > 0)$ 上定点 $P(x_0, y_0)$ 为直角顶点的椭圆内接直角三角形的斜边必过定点 $G\left(\dfrac{a^2-b^2}{a^2+b^2}x_0, -\dfrac{a^2-b^2}{a^2+b^2}y_0\right)$,且定点在斜边的中点轨迹上;而且当直角顶点在椭圆上运动时,其对应的定点 G 在一个新的椭圆上运动。

类似地,以双曲线 $C: \dfrac{x^2}{a^2} - \dfrac{y^2}{b^2} = 1(a > 0, b > 0)$ 上定点 $P(x_0, y_0)$ 为直角顶点的双曲线内接直角三角形的斜边必过定点 G,且定点在斜边的中点轨迹上;而且当直角顶点在双曲线上运动时,其对应的定点 G 在一个新的双曲线上运动。

同样,以抛物线 $C: y^2 = 2px(p > 0)$ 上定点 $P(x_0, y_0)$ 为直角顶点的抛物线内接直角三角形的斜边必过定点 $G(x_0 + 2p, -y_0)$,且定点在斜边的中点轨迹上;而且当直角顶点在抛物线上运动时,其对应的定点 G 在一个新的抛物线上运动。

2020 年新高考一卷第 22 题即是以此结论为载体命制的。原题为:

已知椭圆 $C: \dfrac{x^2}{a^2} + \dfrac{y^2}{b^2} = 1(a > b > 0)$ 的离心率为 $\dfrac{\sqrt{2}}{2}$,且过点 $A(2,1)$。

(1)求 C 的方程;

(2)点 M, N 在 C 上,且 $AM \perp AN$,$AD \perp MN$,D 为垂足。证明:存在定点 Q,使得 $|DQ|$ 为定值。

其实,由定理可知,直线必定恒过点 $P\left(\dfrac{2}{3}, -\dfrac{1}{3}\right)$,可求得存在点 $Q\left(\dfrac{4}{3}, \dfrac{1}{3}\right)$,使得 $|DQ|$ 为定值。

当然,像这样的背景和定理还有很多。现在,有些地区和老师推崇的"一题一课"和"一课一题",其实正是题根教学的具体体现。如果老师们能够对题根有较为全面和深入的研究,就可以高屋建瓴地进行解题教学,从题根生长出题干、题支、题系。教师甚至可以引导学生在题目的整理与总结中主动参与到题根研究中,从而实现"研一题会一类"的效果,进而利用题根跨越题海。

第三节　原创命题

　　新的高考评价标准体系刚刚面世,课程改革和考试评价改革刚刚起步,虽然 2020 年高考结束后,高考试题的试题结构基本定型,但是具体到某一知识点的考查形式和考查方向仍然有非常大的变数。因此,无论是在平时的教学过程中,还是在备考复习过程中,都需要教师命制一些情景新颖、设计巧妙的原创试题,以提高学生学习的兴趣,培养学生的思维深度和广度,提高备考的有效性和针对性。当然,原创命题也是教师提升专业发展的有力手段,是教师更新教育理念,树立与时俱进的教育观的有效途径。

一、原创命题的几个注意事项

1. 科学性

　　科学性是原创命题的生命。新的教材中所使用的例题基本上都是来源于现实生活当中的真实案例,这给我们树立了标杆。有些教师在编制试题的过程中,只是把数学问题的壳子随便套在了某个情境中,而忽视了科学性和真实性,导致出现一些常识性的错误。这种现象既有悖于求真求是的科学精神,又会引起学生误读、曲解,是教师在命题时需要避免的。因此,题目的背景与数据要力求真实可信,即使为了计算的需要必须做出一定的调整,也不应做大量的修正,而应该保持总体基本贴近真实,经得起考验。

2. 新颖性

　　新颖性是原创命题的一种追求。原创命题提倡将学生熟悉的材料背景或命题方式进行一定的"陌生化"。因此,原创命题时,教师可以从日常生活、实际问题中发掘素材,引入新情景或新材料,故意制造收集和处理信息的障碍,实现对学生能力的有效区分和学习方式的方向引导。教师也可以命制一些开放性的或结构不良的试题,甚至可以将数学学科内部知识或数学与其他学科之间进行适当融合,凸显能力要求,彰显素养立意。

3. 教育性

　　教育性是原创试题的目的。试题要关注学生对于数学、科学研究、生产生活的理解,注重科学思维的培养、思想方法的领悟、价值观的引领与塑造。

4. 针对性

　　针对性是原创试题质量的保障。试题要有一定的针对性,能够突出主干知识,重视学科素养,尤其是备考复习阶段的试题命制,更需要增强针对性,体现高考命题的规律和趋势,以更有利于学情的准确诊断,减轻学习负担,提高备考效果。

5. 规范性

规范性是原创试题的基本要求。试题的表达应科学、严谨,清晰易懂,不存在歧义;学生未接触的概念或名词等需要进行必要的解释;符号规范,字体统一,行距适合,标点规范,图表位置恰当。

6. 协调性

对于一整套试题来讲,还需要注意知识的覆盖面要有一定的广度,试卷整体难度要适当,难中易题目比例科学,题目顺序安排合理,分值设置恰当。细致的老师可能还会考虑选择题答案中 ABCD 选项均匀分布。

二、命制原创试题的情景来源

1. 从教材里的事例、练习题或习题中提取素材

教师可以以教材中的事例、课后的阅读材料作为背景材料,或者将课后的练习题或习题进行适当的延伸和拓展进行命题。

例 1　酒驾是严重危害交通安全的违法行为。为了保障交通安全,根据国家有关规定:100 mL 血液中酒精含量达到 20～79 mg 的驾驶员即为酒后驾车,80 mg 及以上认定为醉酒驾车。经统计分析,对于一般成年男性来讲,血液中酒精含量(g/1 000 mL,即‰)＝饮入酒精量(g)/(饮者体重(kg)×系数 r),其中,系数 r 一般取 0.75。饮入酒精量(g)＝饮酒量(mL)×酒精含量%(V/V)×0.8(g/mL)。一般情况下,饮酒者在停止饮酒后,血液中酒精含量会以大约每小时 30% 的速度减少。假设某男性驾驶员体重为 80 kg,短时间内喝了 6 听啤酒,每听啤酒约 500 mL,酒精度 2.5%(V/V)。那么他在停止饮酒后至少需要经过(　　)小时才能驾驶?($\lg 2 \approx 0.3, \lg 7 \approx 0.85$)

A. 2.5　　　　　B. 3.2　　　　　C. 4.7　　　　　D. 5.8

答案:C。

解析:由题意可知,该男性驾驶员饮入酒精量大约为 60 g,100 mL 血液中酒精含量达到 100 mg,设 x 小时后,血液中酒精含量为 $y=100(1-30\%)^x$,

当 $y=20$ 时,有 $20=100 \times 0.7^x$,

即 $0.20=0.7^x$,两边同时取常用对数,可得 $\lg 2-1=x \cdot (\lg 7-1)$,

求得 $x \approx 4.7$。

【本题为《普通高中教科书数学必修第一册》第四章"指数函数与对数函数"

第 127 页练习题 10 改编。其中血液中酒精含量的公式源于网上。本题考查学生对于数学模型的认识,考查学生综合处理信息,利用函数模型解决问题的能力。】

2. 从新闻报道、科普文章中发掘素材

例 2　2019 年 7 月 25 日 13 时整,"双曲线一号"长安欧尚号运载火箭当天在中国酒泉卫星发射中心成功发射,将多颗卫星及有效载荷精确送入预定 300 公里圆轨道。这标志着中国民营运载火箭实现了零的突破。已知某省已注册的商业航天领域公司有 7 家,其中民营航天企业有 4 家。从中任选两家,至少有一家民营航天企业的概率是(　　)。

A. $\dfrac{1}{7}$　　　　B. $\dfrac{3}{7}$　　　　C. $\dfrac{4}{7}$　　　　D. $\dfrac{6}{7}$

答案:D。

解析:从 7 家企业中任选两家共有 21 种不同情况,其中至少有一家民营航天企业共有 18 种,所以概率为 $\dfrac{6}{7}$。

【本素材来源于新闻报道,体现了国家的科技进步,利于激发民族自豪感。设置求解"任选两家中至少有一家民营航天企业的概率"的问题,意在概率的求解中感受航天事业的迅猛发展和民营航天企业的美好前景。】

3. 从日常生活、实际问题中发掘素材

例 3　小龙虾也称克氏原螯虾、红螯虾和淡水小龙虾,是淡水经济虾类,因肉味鲜美广受人们欢迎。小龙虾虽然味道鲜美,但"小龙虾只能在污水里生存,重金属含量极高"等是常见的热门话题之一。某市海关综合技术服务中心从某水产市场随机抽取了 10 批次小龙虾样品,分别对虾尾肉(小龙虾的主要可食部位)和虾肠(也称为虾线)中的铅含量进行了检测,得到下列以下数据(单位: 10^{-2} mg/kg)。

虾尾肉中的铅含量:9,7,28,16,8,13,24,22,16,25。

虾肠中的铅含量:41,49,73,154,20,38,46,62,44,38。

其中,国家强制标准 GB 2762—2017《食品安全国家标准食品污染物限量》中对重金属污染物铅的限量要求是 50×10^{-2} mg/kg。以下说法正确的是(　　)。

A. 从检测结果来看,该水产市场中所有的小龙虾中虾尾肉中铅的检测结果均低于国家强制标准 GB 2762—2017 的限量要求

B. 这 10 批次小龙虾样品中虾尾肉的铅含量平均数为 16.8×10^{-2} mg/kg

C. 这 10 批次小龙虾样品的虾肠铅含量的中位数为 45×10^{-2} mg/kg

D. 虾肠中的重金属含量明显高于虾尾肉,建议食用时去除虾肠

答案:BCD。

解析:选项 A 错误,我们只能得出所有被检测的小龙虾中虾尾肉中铅的检测结果均低于国家强制标准 GB 2762—2017 的限量要求,并不能够说明该市场中所有的小龙虾产品都满足。

【近年,民间关于小龙虾中重金属超标的传闻甚嚣尘上。本题即是以此热门话题为背景而设计的,其中检测结果来源于国内某市海关综合技术服务中心,数据稍有调整。本题用生活中真实的统计案例考查统计知识,体现了数学在生活中的应用。】

4. 从生活场景中寻求素材

例 4　小明同学发现家中墙壁上灯光的边界近似双曲线的一支,如图 5-5 所示,O 为双曲线的一支的顶点。小明经过测量得知,该双曲线的渐近线相互垂直,且 $AB=80$ cm,$OC=20$ cm,则该双曲线的一个焦点位于直线 OC 上,且在点 O 以下约_____ cm。

答案:$30(\sqrt{2}-1)$。

解析:设该双曲线方程为 $\dfrac{x^2}{a^2}-\dfrac{y^2}{b^2}=1,(a>0,b>0)$,因为渐近线相互垂直,故 $a=b$。由题意知,$\dfrac{(a+20)^2}{a^2}-\dfrac{40^2}{b^2}=1,(a>0,b>0)$,解得 $a=b$

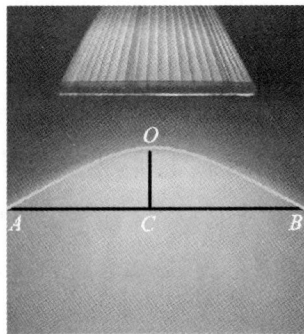

图 5-5　生活中,灯光边界近似双曲线

$=30,c=30\sqrt{2}$,故该双曲线的一个焦点位于点 O 以下 $30(\sqrt{2}-1)$cm。

【生活中充满丰富而有趣的数学问题。本题即是以生活中的场景为载体设计的。灯光边界近似双曲线的一支,体现了圆锥曲线的生活之源。题中的数值设计基本符合日常实际。本题形式新颖,贴近生活,考查了双曲线的几何性质等知识,考查学生提取信息、加工信息的能力。】

5. 以社会热点为背景组织素材

例 5　人间烟火气,最抚凡人心。为了更好地刺激经济复苏,多地政府出台人性化政策,支持"地摊经济",增加就业岗位,满足群众生活需求。某市城管委工作人员对所在城市流动商贩经营点进行调查统计,发现该市流动商贩经营点约 6 000 个,所售商品多为小吃、衣帽、果蔬、玩具、饰品等,各类商贩所占比例如图 5-6 所示。

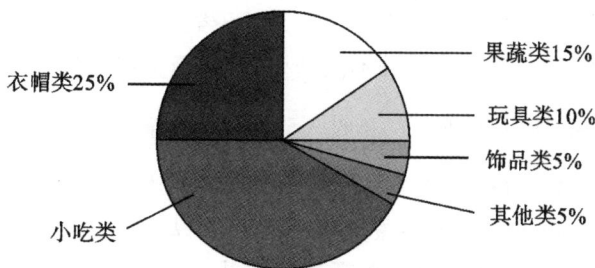

图 5-6 某市各类商贩占比情况

（1）该市城管委欲出台某项政策，规范地摊摆设，做到依法监管，合理监管。为了更好地服务百姓，做到审慎包容与柔性执法，城管委打算从流动商贩经营点中随机抽取 100 个进行政策问询。如果按照分层抽样的方式随机抽取，请问应抽取小吃类、果蔬类商贩各多少家？

（2）为了更好地了解商户的经济状况，工作人员还对某户果蔬经营点最近 40 天的日收入进行了统计（单位：元），所得直方图如图 5-7。

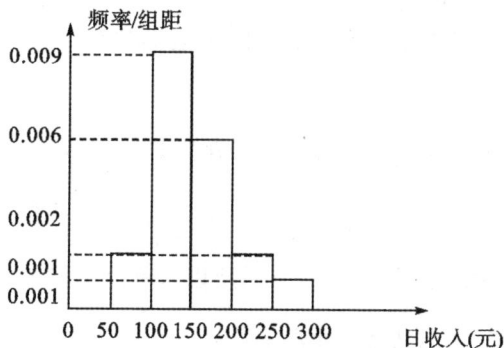

图 5-7 日收入统计直方图

①请根据直方图估计该果蔬经营点的日平均收入；

②若从该果蔬经营点的日收入超过 200 元的日子里随机抽取两天，求这两天的日收入均超过 250 元的概率。

解析：（1）由题意知，小吃类所占比例为 $1-25\%-15\%-10\%-5\%-5\%=40\%$，如果按照分层抽样的方式随机抽取，应抽取小吃类商贩 $100\times40\%=40$（家），果蔬类商贩 $100\times15\%=15$（家）。

（2）①该果蔬经营点的日平均收入为

$(75\times0.002+125\times0.009+175\times0.006+225\times0.002+275\times0.001)\times50=152.5$（元）；

②该果蔬经营点的日收入超过 200 元的天数共计 6 天,其中超过 250 元的有 2 天,随机抽取两天共有 15 种不同结果,其中至少有一天超过 250 元的共计有 9 种不同结果,所以,这两天的日收入至少有一天超过 250 元的概率为 $\frac{9}{15} = \frac{3}{5}$。

【本题以"后疫情阶段"复工复产和"地摊经济"为载体命题,体现了时代性。题目中某市城管委进行抽样调查体现了科学执法与人文关怀,彰显了呵护民生,服务民生的政府形象。学生也可在答题过程中体会到浓厚的时代气息,在统计数据的处理和概率的求解中感受到统计对于决策的影响,感受到数学对于生产生活的巨大作用,感受到数学的应用价值。】

6. 以探究性活动、深度学习情境组织素材

例6 已知双曲线: $\frac{x^2}{a^2} - \frac{y^2}{4} = 1(a > 0)$ 的左右焦点分别为 F_1, F_2,离心率为 $\sqrt{5}$,P 为双曲线上一点。以下说法正确的是(   )。

A. $a = 4$

B. 点 $(-1, 2)$ 在双曲线渐近线上

C. 若 P 恰好是以 $F_1 F_2$ 为直径的圆与双曲线的一个交点,则 $|PF_1| \cdot |PF_2| = 3$

D. 点 P 到两渐近线距离之和的最小值等于 $\frac{4\sqrt{5}}{5}$

答案:BD。

解析:因为离心率 $e = \frac{\sqrt{a^2 + 4}}{a} = \sqrt{5}$,所以 $a = 1$,

则该双曲线渐近方程为 $y = \pm 2x$,

若点 P 恰好是以 F_1, F_2 为直径的圆与双曲线的一个交点,

则 $PF_1 \perp PF_2$, $|PF_1|^2 + |PF_2|^2 = |F_1 F_2|^2 = 20$ 且 $||PF_1| - |PF_2|| = 2$,

所以 $|PF_1| \cdot |PF_2| = 8$。

设 $p(x_0, y_0)$ 则 $x_0^2 - \frac{y_0^2}{4} = 1$,而 $4x_0^2 - y_0^2 = 4$,

$d_1 = \frac{|2x_0 - y_0|}{\sqrt{5}}, d_2 = \frac{|2x_0 + y_0|}{\sqrt{5}}$,

所以 $d_1 d_2 = \frac{4x_0^2 - y_0^2}{5} = \frac{4}{5}$,

所以 $d_1 + d_2 \geq 2\sqrt{d_1 d_2} = \frac{4\sqrt{5}}{5}$。

【本题以探究性学习活动为情境，以双曲线为研究对象，分别考查了双曲线的方程、渐近线、曲线上的点到焦点的距离、曲线上的点到渐近线的距离等问题，选项具有明显的梯次性，能够让不同水平的学生都能用数学、做数学，实现不同的发展，进而实现考试的有效区分和选拔功能。本类情境适合于多选的命制。】

7. 从数学定理、结论中挖掘素材

例7 已知椭圆 $C:\dfrac{x^2}{a^2}+\dfrac{y^2}{b^2}=1,(a>b>0)$，离心率为 $\dfrac{1}{2}$，左右焦点分别是 F_1,F_2，上顶点为 M，右顶点为 N，$\triangle MF_1F_2$ 的面积为 $\sqrt{3}$，点 P 在椭圆上，但不在坐标轴上。

(1)求椭圆的方程；

(2)若 M,N 也在椭圆上，且 $MN\perp x$ 轴，设直线 PM,PN 与 x 轴正半轴交于 $G,H(G$ 在 H 右侧)，证明：G,H 在点 N 的异侧且 $GN>HN$。

解析：(1)由题意得椭圆方程为 $\dfrac{x^2}{4}+\dfrac{y^2}{3}=1$；

(2)设直线 PM 方程为 $x=my+t(t\neq0)$，则 $G(t,0)$，

设 $P(x_1,y_1),M(x_2,y_2)$，则 $N(x_2,-y_2)$，与椭圆联立，

整理得 $(3m^2+4)y^2+6mty+3t^2-12=0$，

所以 $y_1+y_2=-\dfrac{6mt}{3m^2+4}$，$y_1y_2=\dfrac{3t^2-12}{3m^2+4}$，

则直线 PN 的方程为 $y_1+y_2=\dfrac{y_1+y_2}{x_1-x_2}(x_1-x_2)$，令 $y=0$ 得

$$x_H=\dfrac{(x_1-x_2)y_2}{y_1+y_2}+x_2=\dfrac{x_1y_2+x_2y_1}{y_1+y_2}=\dfrac{(my_1+t)y_2+(my_2+t)y_1}{y_1+y_2}$$

$$=2m\dfrac{y_1y_2}{y_1+y_2}+t=\dfrac{4}{t}。$$

因为 G 在 H 右侧，所以 $t>\dfrac{4}{t}>0$ 所以 $t>2$，$\dfrac{4}{t}<2$，

得 G,H 在点 N 的异侧。

又有 $t-2-(2-\dfrac{4}{t})=t+\dfrac{4}{t}-4>4-4=0$，

所以 $GN>HN$。

【本题以椭圆中存在的定点、定值规律为背景，以 $x_G\cdot x_H$ 为定值为核心，结合导数综合题中关于函数的"极值点偏移"问题拟制方式而命制。题目设置了较为新颖的设问方式，考查学生应用数学知识解决新问题的能力。】

8. 从数学与其他学科知识相融合处挖掘素材

例8 中国是典型的季风气候国家,除西部的青藏高原和云贵高原等地区外,全国大部分地区都受季风气候的影响。温带季风气候区主要分布于北纬35°~55°之间(地球上一点 A 的纬度是指 OA 与地球赤道所在平面所成角)。如果将此区域近似看作一个圆台的侧面,那么该区域大约占地球表面积的( )。(参考数值:$\sin35°\approx0.57$,$\sin55°\approx0.82$,$\sqrt{2}\approx1.4$)

A. 7.3%　　　　B. 12.1%　　　　C. 14.6%　　　　D. 24.2%

答案:B。

解析:设地球半径为 R,其表面积为 $4\pi R^2$。该区域所处的圆台上底半径大约为 $0.57R$,下底半径大约为 $0.82R$,圆台母线约为 $0.25\times\sqrt{2}R\approx0.35R$,则该圆台的侧面积大约为 $\pi(0.57+0.82)\times0.35R^2=0.486\,5\pi R^2$,所以该区域大约占地球表面积的 12.1%。

【本题借鉴了 2020 年全国新高考一卷中关于"日晷"的考查方式,将数学与地理学科相融合,考查与球有关的表面积求解。其中关于温带季风气候区的信息来源于地理知识,而且,无巧不成书,隐藏在"北纬 35°~55°"巧合的数值又为解题增添了一抹别种趣味。】

9. 从数学文化中挖掘素材

例9 《九章算术》第六篇《均输》主要讲述摊派与分配问题的计算方法。其中有这样一个数学问题:"今有五人分五钱,令上二人所得与下三人等。问各得几何"。意思是:"现有 5 人分 5 钱,每人所得按大小顺序排列构成等差数列,要使上面的 2 人所得与下面 3 人所得相等,问这 5 人各得多少钱"。试计算,在这个问题中,所得最多的那个人分得的钱数为( )。

A. $\dfrac{3}{2}$　　　　B. $\dfrac{4}{3}$　　　　C. $\dfrac{7}{6}$　　　　D. $\dfrac{2}{3}$

答案:B。

解析:设自上而下的 5 人所得分别为 a_1,a_2,a_3,a_4,a_5,公差为 d,

则有 $\begin{cases}a_1+a_2=a_3+a_4+a_5\\a_1+a_2+a_3+a_4+a_5=5\end{cases}$,即 $\begin{cases}2a_1-d=3a_1-9d\\5a_1-10d=5\end{cases}$,

解得 $a_1=\dfrac{4}{3}$,$d=\dfrac{1}{6}$。

【本题以《九章算术》中的经典问题为载体命制。《九章算术》《海岛算经》《数书九章》等数学著作都以解决现实生活中形形色色的问题为主要目的。这些问题既能反映当时社会文化状态,又能反映中国古代数学家卓越的智慧。

教师可援引这些古老而经典的数学问题,以例题、练习题、检测题等形式呈现给学生,让新时代的学生跟古人一起思考问题,探求方法,求解结论,并在古人提供的"术"(解法)中体会数学原理,深化对于公式和结论的理解,增加学习数学的趣味性和文化气息。】

原创命题毕竟带有一定的实验性,而且有一定的风险性。因此,建议教师在命题的过程中集思广智,反复斟酌,深入打磨,这样才能创制出高质量、高水平、有丰厚文化底蕴和教育价值的原创题目。

第四节　试题评析案例

学科核心素养下的 2020 年高考数学试题分析

2014 年 9 月,国务院颁布《关于深化考试招生制度改革的实施意见》,启动了我国恢复高考以来最系统、最全面、最深刻的高考改革。新高考,要求全面对标新时代党的教育方针,更好地发挥高考立德树人、服务选才、引导教学的核心功能,依据国家课程标准,突出五育并举,助推高中育人方式改革,助力人才全面发展,全面提升学生核心素养。

新高考评价体系提出"一核四层四翼"的整体架构,涵盖了高考考查目的、考查内容和考查要求。其中,"一核"为考查目的,即"立德树人、服务选才、引导教学",回答"为什么考"的问题;"四层"为考查内容,即"核心价值、学科素养、关键能力、必备知识",回答"考什么"的问题;"四翼"为考查要求,即"基础性、综合性、应用性、创新性",回答"怎么考"的问题。基于高考评价体系,提出"价值引领、素养导向、能力为重、知识为基"的高考命题理念。

高考评价体系对学科素养凝练为学习掌握、实践探索、思维方法 3 项内容。在高考评价体系和《数学课程》标准的基础上,将高考数学考查的学科素养提炼为理性思维、数学应用、数学探索和数学文化。三者关系如图 5-8 所示。

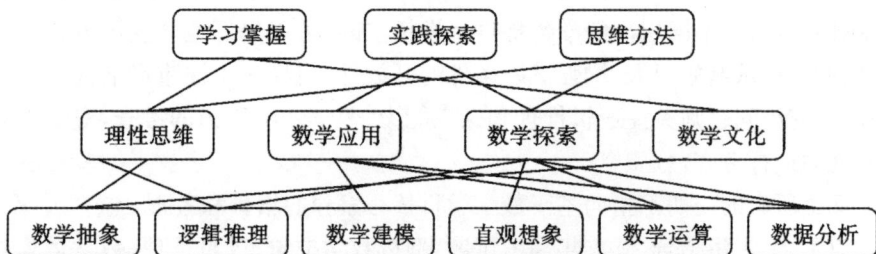

图 5-8　高中数学学科核心素养框架

根据高考评价体系的整体框架,结合《数学课程标准》提出的学科核心素养,高考数学学科提出5项关键能力:逻辑思维能力、运算求解能力、空间想象能力、数学建模能力和创新能力。学科素养是考查理念和总体要求,关键能力是学科素养的细化和具体体现。在命题中,关键能力是具体的考查目标,是实现学科素养考查目标的手段和媒介。

本份试题即在此背景下产生。所以说,2020年高考虽然背负的是"三新一旧"的背景,但却代表着新高考的到来。

一、试题总体分析

本份试题落实立德树人根本任务,贯彻德智体美劳全面发展的教育方针,体现了服务选才和学科育人。试题坚持数学高考的基础性、综合性、应用性和创新性的考查要求,充分发挥高考数学的选拔功能和良好的价值导向。

本份试卷关注基础,注重能力,突出数学探究,渗透数学文化,突显五育并举,紧密联系社会实际,贴近社会生活,具有鲜明的时代特色,难度科学合理。

本份试题令人印象深刻的依然是试题情境的设计。基于核心素养的教学和评价要特别重视情境的创设和问题的提出。新高考评价体系指出,为落实"四翼"考查要求,高考数学科的考试设计要注意学科间的渗透和交叉,适当增加具有自然科学和社会人文学科情境的试题,促进学科间的融合以及对核心素养的有效考查。本份试题则充分体现了试题情境化的特点,有古代数学文化为载体的试题,有体育活动为背景的试题,有防疫抗疫为素材的试题,有生产实践为场景的试题,体现了以课程学习情境为检验基础的量尺,以探索创新情境为区分甄选的手段,以生活实践情境为拓展应用的渠道,彰显了数学的学科价值和育人功能。

本份试题在命题形式上有了较大的变化,通过调整试卷结构,打破固有模式,努力破除复习备考中题海战术和套路训练的影响。如多选题的引入,为数学基础和能力在不同层次的学生提供了发挥空间,可以更好地体现区分选拔功能;结构不良试题的引入,增强试题条件的开放性,引导学生注重灵活性及策略选择;探究类问题则关注逻辑推理和探究能力、数学学习能力的考查,对学生的创新能力进行考查。

而这所有的一切都指向基于数学学科核心素养的培育和考查。

以下,笔者将结合2020年高考试题,剖析数学抽象、逻辑推理、数学运算等数学学科核心素养在高考题中的体现。

二、数学抽象

新课标指出，数学抽象是指舍去事物的一切物理属性，得到数学研究对象的思维过程。

主要包括从数量与数量关系、图形与图形关系中抽象出数学概念及概念之间的关系，从事物的具体背景中抽象出一般规律和结构，并且用数学符号或者数学术语予以表征。

数学抽象的学科价值：数学抽象是数学的基本思想，是形成理性思维的重要基础，反映了数学的本质特征，贯穿在数学的产生、发展、应用的过程中。

数学抽象的育人价值：通过高中数学课程的学习，学生能在情境中抽象出数学概念、命题、方法和体系，积累从具体到抽象的活动经验；养成在日常生活和实践中一般性思考问题的习惯，把握事物的本质，以简驭繁；运用数学抽象的思维方式思考并解决问题。

数学抽象的主要表现：获得数学概念和规则，提出数学命题和模型，形成数学方法与思想，认识数学结构与体系。

由于数学是研究空间形式与数量关系的学科，数学中要抽象的是事物在数量关系和空间形式方面的共同的、本质的属性，舍弃其他属性。主要包括数量与数量关系的属性和图形与图形关系的抽象。苏联数学家亚历山大洛夫指出数学抽象有以下几个特点：数学抽象只保留量的关系和空间形式而舍弃了其他一切；数学抽象是一级一级逐步提高的，并且所达到的抽象程度大大超出其他学科的一般抽象；数学本身几乎完全周旋于抽象概念和它们的相互关系的圈子之中。

（2020 年新高考一卷第 4 题）日晷是中国古代用来测定时间的仪器，利用与晷面垂直的晷针投射到晷面的影子来测定时间。把地球看成一个球（球心记为 O），地球上一点 A 的纬度是指 OA 与地球赤道所在平面所成角，点 A 处的水平面是指过点 A 且与 OA 垂直的平面。在点 A 处放置一个日晷，若晷面与赤道所在平面平行，点 A 处的纬度为北纬 $40°$，则晷针与点 A 处的水平面所成角为（   ）。

A. $20°$　　　　B. $40°$　　　　C. $50°$　　　　D. $90°$

命题立意分析：立体几何研究现实世界中物体的形状、大小与位置关系。本题以古代测定时间的仪器——日晷为背景。日晷是利用太阳投射的影子来测定时间的仪器，它有着数千年的历史，是我国劳动人民智慧的结晶。日晷由晷盘、晷针和底座组成，晷盘上有 12 个方位和 12 时辰。日晷的种类多样，主要包括地平式、垂直式、赤道式。本题以最经典、最传统的赤道式日晷为载体命制。试题以文字叙述的方式解释日晷的工作原理,彰显古人智慧。在题目中,命题人融合地理学科知识,以自然语言叙述其中的线面角、线线角、线面垂直、面面平行等特殊位置关系。学生需要理解语言背后的条件与结论,通过直观想象然后从中抽象出空间形式之间的关系,借助于球体的直观图,将自然语言转化为图形语言和符号语言,利用空间几何中角度关系实现问题的求解。这与课标中"能够通过直观图理解空间图形,掌握基本空间图形及其简单组合体的概念和基本特征,解决简单的实际问题"的要求是高度吻合的。

知识点考查:线面角、线线角、线面垂直、面面平行等特殊位置关系,以及空间形式中的联系。

能力考查:空间想象、逻辑思维、运算求解。

核心素养考查:直观想象、数学抽象、逻辑推理。

分值:5。

解析:本题可通过球的直观图,以地理学科知识辅助,结合空间几何知识,将地理位置中的北纬 40° 抽象为直线与平面所成的角并刻画,将晷针与晷面垂直、点 A 处的水平面抽象为直线与平面垂直,将晷面与赤道所在平面平行抽象为平面与平面平行,将所求晷针与点 A 处的水平面所成角抽象为直线与平面所成的角,如图 5-9 所示。考生可通过

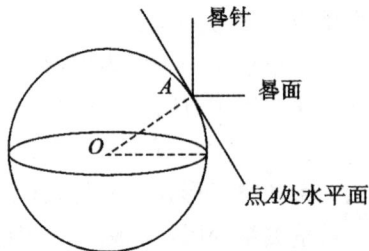

图 5-9 日晷抽象图

直观图在空间与平面间转化,寻找其中的角度关系,实现求解。

答案:B。

(2020 年新高考一卷第 6 题)基本再生数 R_0 与世代间隔 T 是新冠肺炎流行病学基本参数。基本再生数指一个感染者传染的平均人数,世代间隔数指两代间传染所需的平均时间。在新冠肺炎疫情初始阶段,可以用指数模型:$I(t)$ $=e^{rt}$ 描述累计感染病例数 $I(t)$ 随时间 t(单位:天)的变化规律,指数增长率 r 与 R_0 近似地满足 $R_0=1+rt$。有学者基于已有数据估计出 $R_0=3.28$,$T=6$。据此,在新冠肺炎疫情初始阶段,累计感染病例数增加 1 倍需要的时间约为($\ln 2 \approx$ 0.69)( )。

A. 1.2 天　　　　B. 1.8 天　　　　C. 2.5 天　　　　D. 3.5 天

命题立意分析:函数是现代数学中最基本的概念,是描述客观世界中变量关系和规律的最为基本的数学语言和工具,在解决实际问题中发挥重要作用。函数是贯穿高中数学课程的主线。新冠肺炎是 2020 年的一个关键词,它对我

国的国计民生造成了重大影响,甚至带来了全世界范围内的重大损失。各条战线上的工作人员在抗疫中展现出来的智慧和勇敢让世人赞叹,我国也向全世界展示出强大的综合力量和优越的政治制度。本题以之为背景拟定。题目以新冠肺炎感染病例增长的具体情境,利用给定确定的数量关系所构建具体的模型来揭示病毒传播规律,体现科学防疫。指数型模型贴近学生认知,既能让学生充分的感受指数爆炸式增长,又能考查学生利用函数解决实际问题的能力。解题时,学生需要充分理解实际情境中的数学概念以及数学模型的一般性,在情境中理解数学语言表达的数量关系及数学模型中参数的现实意义,运用数学抽象的思维方式思考并解决问题,体会函数在解决实际问题中的重要作用。

知识点考查:指数函数、指对运算。

能力考查:运算求解、数学建模。

核心素养考查:数学抽象、逻辑推理、数学运算。

分值:5。

解析:考生可将 $R_0=3.28,T=6$ 代入指数增长率 r 与 R_0 近似关系式:$R_0=1+rt$,求解出 r,则 $I(t)=e^{0.38t}$,可得 $0.38t=\ln2\approx0.69$,即可解得 t。

答案:B。

(2020 年新高考一卷第 9 题)已知曲线 $C:mx^2+ny^2=1($)。

A. 若 $m>n>0$,则 C 是椭圆,其焦点在 y 轴上

B. 若 $m=n>0$,则 C 是圆,其半径为 $\sqrt{n}$

C. 若 $mn<0$ $mn<0$,则 C 是双曲线,其渐近线方程为 $y=\pm\sqrt{-\dfrac{m}{n}}x$

D. 若 $m=0,n>0$,则 C 是两条直线

命题立意分析:圆锥曲线尽管是针对不同的现实情境问题中的数量规律进行的抽象,但如果能进一步上升到形式、结构上去认识,就能发现它们内在的一致性。本题以二次方程的一般式为载体,考查不同曲线的存在形式及重要特征,多侧面、多层次地检测学生对方程的曲线的理解水平,以及运用代数的方法研究曲线之间基本关系的能力。

知识点考查:曲线与方程、二次曲线的几何性质。

能力考查:逻辑思维、运算求解。

核心素养考查:数学抽象、逻辑推理、数学运算。

分值:5。

解析:本题依据选项中的条件,将方程转化为标准方程,逐项研究即可。

答案:ACD。

备考启示：对于基于现实的抽象，教师要引导学生重视基本概念，理解刻画研究对象及其关系的术语，梳理计算关系，选择计算方法，将现实问题转化为数学问题，从感性认识上升到理性认识；基于逻辑的抽象过程，则是将研究对象及其关系符号化、形式化，教师要引导学生广泛联想所学，从中提取对应知识和方法来解决问题，实现从理性具体到理性一般的超越。

教学建议：数学抽象是数学联系现实世界的主要环节，通常表现为两个方面：一是在实际情境中发现与数量关系或空间形式有关的带有普遍性的规律，并把这种规律用数学的形式或结构表示出来，从而形成一般的模式；二是利用给定情境中的特殊的数量关系或空间形式确定所构建的一般模式中的各种参数及其变化范围，从而得到具体的模型。

在概念课中，教师要善于基于问题情境，加强过程引导，引领学生积累从具体到抽象的活动经验，让学生在活动过程中进行观察、辨识、类化、抽象、概括、符号化等活动，在数学抽象过程中得到心理认知发展的过程。

教学中，教师要注重数学抽象在日常教学中的渗透，在高观点下对已学知识的系统梳理，系统描述某板块知识的知识体系，并尝试利用数学的某些核心概念串联相关知识，明晰背后的数学结构，强化数学与现实客观事物的联系、数学本身内在的联系，让学生逐渐学会在孤立中看到联系，在分散中看到整体，在表面中看到实质，培养学生抽象性思考问题的习惯和思维方式。

三、逻辑推理

新课标指出，逻辑推理是指从一些事实和命题出发，依据逻辑规则推出一个命题的思维过程。

主要包括两类：一是从特殊到一般的推理，推理形式主要有归纳、类比；二是从一般到特殊的推理，推理形式主要有演绎。

逻辑推理的学科价值：逻辑推理是得到数学结论、构建数学体系的重要方式，是数学严谨的基本保证，是人们在数学活动中进行交流的基本思维品质。

逻辑推理的育人价值：通过高中数学课程的学习，学生能掌握逻辑推理的基本形式，学会有逻辑地思考问题；能够在比较复杂的情境中把握事物之间的关联，把握事物发展的脉络；形成重论据、有条理、合乎逻辑的思维品质和理性精神，增强交流能力。

逻辑推理的主要表现：掌握推理基本形式和规则，发现问题和提出命题，探索和表述论证过程，理解命题体系，有逻辑地表达与交流。

（2020年新高考一卷第11题）已知 $a>0,b>0$，且 $a+b=1$，则（　　）。

A. $a^2+b^2\geqslant\dfrac{1}{2}$　　　　　　　B. $2^{a-b}>\dfrac{1}{2}$

C. $\log_2a+\log_2b\geqslant-2$　　　　D. $\sqrt{a}+\sqrt{b}\leqslant\sqrt{2}$

命题立意分析：相等关系、不等关系是数学中最基本的数量关系，是构建方程、不等式的基础。用函数理解不等式是数学的基本思想方法。本题以相等关系为条件，在变量的作用下推导不等关系，体现了条件与结论的逻辑关系，考查学生通过对条件与结论的分析，探索论证的思路，并选择合适方法论证的能力；考查了由一些基本命题或定理进而证明和通过举反例说明数学结论不成立的方法。命题人在选项设置上颇费匠心，对 a 与 b 不同形式的代数式的范围进行设计，避开了选项中的矛盾，体现的条件转化的灵活性和多样性，从而充分考查了学生对不等关系证明方法的掌握。其中选项 A，C，D 与基本不等式有关，选项 B 则与不等式性质有关。当然，所有的选项均可利用等式将代数式转化为关于 a 或 b 的函数，蕴含了函数的思想。另外，本题选项均为全称量词命题，如果证明命题为真命题，则需要严密推证；而如果证明该命题为假命题，则可以举反例以避开复杂的运算过程，达成"四两拨千金"的效果。

知识点考查：不等式性质、基本不等式、指对运算。

能力考查：运算求解、逻辑思维。

核心素养考查：逻辑推理、数学运算。

分值：5。

解析：由 $ab\leqslant(\dfrac{a+b}{2})^2\leqslant\dfrac{a^2+b^2}{2}$ 可得 $ab\leqslant\dfrac{1}{4}$，$a^2+b^2\geqslant\dfrac{1}{2}$，$\sqrt{a}+\sqrt{b}\leqslant\sqrt{2}$；同时由不等式性质，可得 $-1<a-b<1$。然后利用指数和对数运算法则即可求出结果。当然，也可以取 $a=\dfrac{1}{4}$，$b=\dfrac{3}{4}$ 代入选项 C，进行排除；或采用三角换元，令 $a=\sin^2\theta$，$b=\cos^2\theta$ 代入选项 B、C、D，进行判断。

答案：ABD。

溯源：在正实数范围内，存在以下不等关系：

$\dfrac{2}{\dfrac{1}{a}+\dfrac{1}{b}}\leqslant\sqrt{ab}\leqslant\dfrac{a+b}{2}\leqslant\sqrt{\dfrac{a^2+b^2}{2}}$。很多不等关系以之为背景进行命制。

改编：如果正实数 x,y 满足 $2x+y=2$，那么 $\dfrac{y}{4x}+\dfrac{1}{y}$ 的最小值为 _____，此时 x 的值为 _____。

解析：因为 $2x+y=2$，所以 $\dfrac{y}{4x}+\dfrac{1}{y}=\dfrac{y}{4x}+\dfrac{2}{2y}=\dfrac{y}{4x}+\dfrac{2x+y}{2y}\geqslant 2\sqrt{\dfrac{xy}{4xy}}+$

$\dfrac{1}{2}=\dfrac{3}{2}$，

当且仅当"$x=\dfrac{1}{2}$，$y=1$"时取等号。

（2020 年新高考一卷第 18 题）已知公比大于 1 的等比数列 $\{a_n\}$ 满足 $a_2+a_4=20$，$a_3=8$。

（1）求 $\{a_n\}$ 的通项公式；（2）记 b_n 为 $\{a_n\}$ 在区间 $(0,m),(m\in \mathbf{N}^*)$ 中的项的个数，求数列 $\{b_n\}$ 的前 100 项和。

命题立意分析：数列是可以用来刻画现实世界中一类具有递推规律事物的数学模型。命题人以等比数列作为入口，第一问考查借助基本量求解数列通项公式；第二问则在较复杂的情境中，考查学生提出假设，推断结论，形成关于数列 $\{b_n\}$ 的通项公式的命题，进而解决问题。该题引导学生通过观察、分析、抽象概括、推理证明等多种活动，对问题蕴含的数学本质、规律进行思考和判断，尤其突出了归纳、演绎等不同推理形式在数学探究中的功能。

知识点考查：等比数列的通项公式、递推数列。

能力考查：逻辑思维、数学运算。

核心素养考查：数学抽象、数学运算、逻辑推理。

分值：12。

解析：第一问可由基本量 a_1，q 构造方程组求解，或直接得到 $\dfrac{a_3}{q}+a_3q=20$，求出公式 q，进而得到通项公式。第二问中 b_n 的求解是个难点，可将 $(0,m)$，$(m\in \mathbf{N}^*)$ 分为 $(0,2]$，$(2,2^2]$，$(2^2,2^3]$，…，逐段分析，进而归纳得出一般性结论。

答案：（1）设 $\{a_n\}$ 的公比为 q，由题设得 $\dfrac{a_3}{q}+a_3q=20$，$a_3=8$，

解得 $q=2$ 或 $\dfrac{1}{2}$（舍去），

由题设得 $a_1=2$，所以 $\{a_n\}$ 的通项公式为 $a_n=2^n$。

由题设以及（1）知 $b_1=0$，且当 $m\in(2^n,2^{n+1}]$ 时，$b_m=n$，所以

$S_{100}=b_1+(b_2+b_3)+(b_4+\cdots+b7)+\cdots+(b_{32}+\cdots+b_{63})+((b_{64}+\cdots+b_{100})=0+1\times 2+2\times 2^2+3\times 2^3+4\times 2^4+5\times 2^5+6\times(100-63)=480$。

溯源：本题与 2012 年山东卷文理科试题相近。

(2012 年山东卷文科 20)已知等差数列 $\{a_n\}$ 的前 5 项和为 105,且 $a_{10}=2a_5$。

(1)求数列 $\{a_n\}$ 的通项公式;

(2)对任意 $m\in\mathbf{N}^*$,将数列 $\{a_n\}$ 中不大于 7^{2m} 的项的个数记为 b_m。求数列 $\{b_m\}$ 的前 m 项和 S_m。

解析:(1)由已知得: $\begin{cases}5a_1+10d=105\\a_1+9d=2(a_1+4d)\end{cases}$,解得 $a_1=7,d=7$,所以通项公式为 $a_n=7n$。

(2)由 $a_n=7n\leqslant 7^{2m}$,得 $n\leqslant 7^{2m-1}$,即 $b_m=7^{2m-1}$。$\{b_m\}$ 是公比为 49 的等比数列,所以 $S_m=\dfrac{7(49^m-1)}{48}$。

(2012 年山东理科 20)在等差数列 $\{a_n\}$ 中,$a_3+a_4+a_5=84,a_9=73$。

(1)求数列 $\{a_n\}$ 的通项公式;

(2)对任意 $m\in\mathbf{N}^*$,将数列 $\{a_n\}$ 中落入区间 $(9^m,9^{2m})$ 内的项的个数记为 b_m。求数列 $\{b_m\}$ 的前 m 项和 S_m。

解析:(1)$a_3+a_4+a_5=84,a_9=73$,可得 $3a_4=84,a_4=28$,而 $a_9=73$,则 $d=9,a_1=1$,于是 $a_n=9n-8$。

(2)对任意 $m\in\mathbf{N}^*$,$9^m<9n-8<9^{2m}$,则 $9^m+\dfrac{8}{9}<n<9^{2m-1}+\dfrac{8}{9}$,而 $n\in N^*$,由题意可知 $b_m=9^{2m-1}-9^{m-1}$,于是 $S_m=9^1+9^3+9^5+\cdots+9^{2m-1}-(9^0+9^1+9^2+\cdots+9^{m-1})=\dfrac{9-9^{2m+1}}{1-9^2}-\dfrac{9-9^m}{1-9}=\dfrac{1+9^{2m+1}}{80}-\dfrac{9^m}{8}$,即 $S_m=\dfrac{1+9^{2m+1}}{80}-\dfrac{9^m}{8}$。

(2020 年新高考一卷第 20 题)如图 5-10,四棱锥 $P-ABCD$ 的底面为正方形,$PD\perp$ 底面 $ABCD$,设平面 PAD 与平面 PBC 的交线为 l。

(1)证明:$l\perp$ 平面 PDC;(2)已知 $PD=AD=1$,Q 为 l 上的点,求 PB 与平面 QCD 所成角的正弦值的最大值。

命题立意分析:立体几何研究现实世界中物体的形状、大小与位置关系。课标指出要"以长方体为载体,认识和理解空间点、直线、平面的位置关

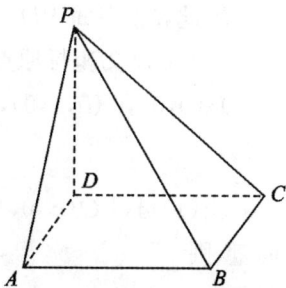

图 5-10 2020 年新高考一卷第 20 题

系;用数学语言表述有关平行、垂直的性质与判定,并对某些结论进行论证"。本题以阳马为模型,探讨其中的点、直线、平面的位置关系,门槛较低,易于上手。

但是在条件中,以平面 PAD 与平面 PBC,引出交线 l,并且直线 l 并未显诸图,使造成部分空间想象能力较差的学生的思维障碍。第一问解法多样,可以线面平行的性质定理进行推导,也可以"两个相交平面同时垂直于第三个平面,则它们的交线与第三个平面垂直"为背景推证;第二问则以动点 Q 的运动导致直线与平面所成角的变化为研究对象,探讨其中的最值问题,非常适宜于坐标法的应用,能够体现以函数的观点研究运动变化过程的思想方法。当然,空间想象能力较强的同学可以选择灵活的方式进行推理论证。运用向量方法解决简单的数学问题和实际问题,感悟向量是研究几何问题的有效工具。

知识点考查:空间点、直线、平面的位置关系。

能力考查:空间想象、逻辑思维、数学运算。

核心素养考查:直观想象、逻辑推理、数学运算。

分值:12。

解析:第一问解法多样,可以证明 $AD\perp$平面 PDC,然后以线面平行的性质定理进行推导,证明 $l/\!/AD$,进而证 $l\perp$平面 PDC;也可以"两个相交平面同时垂直于第三个平面,则它们的交线与第三个平面垂直"为背景推证。第二问可建立空间直角坐标系,以动点 Q 的坐标表示求 PB 与平面 QCD 所成角的正弦值,利用函数的观点求解最值。

答案:(1)因为 $PD\perp$底面 $ABCD$,所以 $PD\perp AD$,

又底面为正方形,所以,$AD\perp DC$ 因此 $AD\perp$平面 PDC。

因为 $BC/\!/AD$,$AD/\!/$面 PBC,由已知得 $l/\!/AD$,

因此,$l\perp$平面 PDC。

(2)以 D 为坐标原点,$\overrightarrow{DA}$ 方向为 x 轴正方向,建立空间直角坐标系,则

$D(0,0),C(0,1,0),B(1,1,0),P(0,0,1)$,可得 $\overrightarrow{DC}=(0,1,0)$,$\overrightarrow{PB}=(1,1,-1)$,

由(1)可设 $Q(a,0,1)$,则 $\overrightarrow{DQ}=(a,0,1)$,设 $\vec{n}=(x,y,z)$ 是平面 QCD 的法向量,则

$$\begin{cases} \vec{n}\cdot\overrightarrow{DQ}=ax+z=0 \\ \vec{n}\cdot\overrightarrow{DC}=y=0 \end{cases}$$,可取 $\vec{n}=(-1,0,a)$,

所以 $\cos<\vec{n},\overrightarrow{PB}>=\dfrac{\vec{n}\cdot\overrightarrow{PB}}{|\vec{n}||\overrightarrow{PB}|}=\dfrac{-1-a}{\sqrt{3}\cdot\sqrt{1+a^2}}$，

设 PB 与平面 QCD 所成角为 θ，则 $\sin\theta=\dfrac{\sqrt{3}}{3}\times\dfrac{|a+1|}{\sqrt{1+a^2}}=\dfrac{\sqrt{3}}{3}\times$

$\sqrt{1+\dfrac{2a}{1+a^2}}$。

因为 $\dfrac{\sqrt{3}}{3}\times\sqrt{1+\dfrac{2a}{1+a^2}}\leqslant\dfrac{\sqrt{6}}{3}$，当且仅当 $a=1$ 时等号成立，

所以 PB 与平面 QCD 所成角的正弦值的最大值为 $\dfrac{\sqrt{6}}{3}$。

其他解法：由题意可知，在直线 l 上必存在点 Q' 满足平面 $Q'AB$ 与平面 QCD 平行，如图 5-11。则 PB 与平面 QCD 所成角和 PB 与平面 $Q'AB$ 所成角大小相等。可知，点 P 到平面 $Q'AB$ 的距离最大值为 PA，所以 PB 与平面 QCD 所成角与 $\angle PBA$ 大小相等，即所成角的正弦值的最大值为 $\dfrac{\sqrt{6}}{3}$。

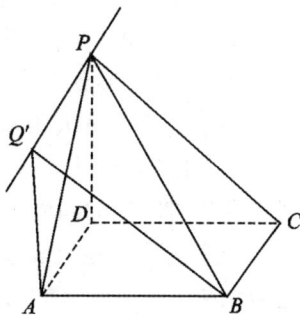

图 5-11　几何法求解

备考启示：数学知识和技能的学习不应是被动地接受，不只是熟练化的操作，还应该理解"来龙去脉"，学会灵活变通地分析、熟练地计算和推理。在平时的考练过程中，教师要借助学生资源，帮助学生体会"步骤完整""理由充足""表述规范"等，在步骤中逻辑、规范地表达。在讲评过程中，教师要引导学生大胆的类比、归纳、猜想具有一般性的结论，剖析事物的本质和规律，培养逻辑推理的技能和素养。

教学建议：数学思维不仅有生动活泼的探究过程，而且有严谨理性的证明过程。逻辑推理是人们在数学活动中进行交流的基本思维品质。数学推理不仅在操作层面是数学活动的基本方式，更是人们在数学活动中经常表现出的一种思维品质。在教学中，教师要有意识地引导学生主动梳理内容主线，梳理各部分、各板块间的内在逻辑关系，从整体上把握知识的逻辑结构，增强整体驾驭知识的能力；在问题解决过程中，要重演绎，同样重归纳，教师要善于引导学生进行"猜想——证明"式的探索过程，引导学生经历发现结论、证明结论的全过程，不断地提高学生的数学思维品质；在命题的教学中，引导学生梳理条件、结

论,把握条件、结论间的逻辑关系,启发学生探讨该命题的变化形式和相互逻辑关系;在证明教学中,尤其是立体几何的教学过程中,教师不要过分强调逻辑推理的技能训练,而应注意引导学生理解公理化方法的本质,即学习如何用分析的方法,从纷繁复杂的事实中找出出发点,然后以逻辑的方式将其他事实陈述出来。

四、数学运算

新课标指出,数学运算是指在明晰运算对象的基础上,依据运算法则解决数学问题的过程。

主要包括理解运算对象,掌握运算法则,探究运算方向,选择运算方法,设计运算程序,求得运算结果等。

数学运算的学科价值:数学运算是数学活动的基本形式,也是演绎推理的一种形式,是得到数学结果的重要手段。

数学运算的育人价值:通过高中数学课程的学习,学生能进一步发展数学运算能力;有效借助运算方法解决实际问题;通过运算促进数学思维发展,形成规范化思考问题的品质,养成一丝不苟、严谨求实的科学精神。

数学运算的主要表现:理解运算对象,掌握运算法则,探究运算思路,求得运算结果。

试卷中的绝大多数题目都涉及了数学运算,第 21 题、第 22 题两题计算量较大,方法灵活,突出了对运算求解能力的考查。

(2020 年新高考一卷第 21 题)已知函数 $f(x)=a\mathrm{e}^{x-1}-\ln x+\ln a$。

①当 $a=\mathrm{e}$ 时,求曲线 $y=f(x)$ 在点 $(1,f(1))$ 处的切线与两坐标轴围成的三角形的面积;

②若 $f(x)\geqslant1$,求 a 的取值范围。

命题立意分析:导数是研究函数性质的重要方法和工具。导数与不等式的结合是高考历来推崇的命题形式。2020 年高考也不例外。本题着重考查导数的几何意义,考查利用导数判断函数单调性、研究函数综合性质的能力,以及数学语言表达能力。本题第二问,难度较大,对学生的数学思维有较高的要求,有利于培养学生严谨求实的科学精神和规范化、程序化思考问题的思维品质。本题解法多样,充分体现了运算对象的多角度理解,运算思路的多方位探求,给学生提供了广阔的探究舞台,鼓励学生创新求解。

知识点考查:导数的几何意义,函数与不等式。

能力考查:运算求解、逻辑思维、创新能力。

核心素养考查：数学运算、逻辑推理。

分值：12。

解析：第一问主要考查导数的几何意义，较容易；第二问则非常综合，方法灵活多样，可通过探究得到临界值，然后分类讨论进行判断（否定或证明）；也可以通过求导，研究函数 $y=f(x)$ 的单调性（此处存在隐零点问题，需要严谨论证，对数学运算能力是一种考验），确定最小值，进而求解；还可变化不等式 $f(x)\geqslant 1$，形成"同构"代数式（体现了数学运算的技巧性和灵活性），构造函数，实现求解。

答案：① $y=f(x)$ 的定义域为 $(0,+\infty)$，$f'(x)=a\mathrm{e}^{x-1}-\dfrac{1}{x}$，

当 $a=\mathrm{e}$ 时，$f(x)=\mathrm{e}^x-\ln x+1$，$f'(1)=\mathrm{e}-1$，

曲线 $y=f(x)$ 在点 $(1,f(1))$ 处的切线方程为 $y=(\mathrm{e}-1)x+2$，

直线 $y=(\mathrm{e}-1)x+2$ 在 x 轴，y 轴上的截距分别为 $-\dfrac{2}{\mathrm{e}-1}$，2，

因此所求三角形的面积为 $\dfrac{2}{\mathrm{e}-1}$。

② 当 $0<a<1$ 时，$f(1)=a+\ln a<1$；

当 $a=1$ 时，$f(x)=\mathrm{e}^{x-1}-\ln x$，$f'(x)=\mathrm{e}^{x-1}-\dfrac{1}{x}$，

当 $x\in(0,1)$ 时，$f'(x)<0$，

当 $x\in(1,+\infty)$ 时，$f'(x)>0$，

所以，$x=1$ 时，$y=f(x)$ 取得最小值，最小值为 $f(1)=1$，

从而 $f(x)\geqslant 1$；

当 $a>1$ 时，$f(x)=a\mathrm{e}^{x-1}-\ln x+\ln a\geqslant \mathrm{e}^{x-1}-\ln x\geqslant 1$。

综上，a 的取值范围是 $[1,+\infty)$。

其他解法：(1)略；

(2)方法 1：（隐零点法）由题意知，$f(x)=a\mathrm{e}^{x-1}-\ln x+\ln a\geqslant 1$，$(x>0)$，

$f'(x)=a\mathrm{e}^{x-1}-\dfrac{1}{x}$，$f''(x)=a\mathrm{e}^{x-1}+\dfrac{1}{x^2}>0$，

所以，$y=f'(x)$ 在 $(0,+\infty)$ 递增。

又 $f'(x)=\dfrac{ax\mathrm{e}^{x-1}-1}{x}$，

设 $k(x)=ax\mathrm{e}^{x-1}-1$，则 $k'(x)>0$，$k(x)>-1$，

（或当 $0<a<1$ 时，当 $x\in(0,1)$ 时，$f'(x)<0$，$f'(\frac{1}{a})=a(e^{\frac{1}{a}-1}-1)>0$。

当 $a>1$ 时，$f'(\frac{1}{a})=a(e^{\frac{1}{a}-1}-1)<0$，$f'(a)>0$，

存在 $x_0>0$，使 $y=f(x)$ 在 $(0,x_0)$ 递减，$(x_0,+\infty)$ 递增，

所以 $f(x)_{min}=f(x_0)=ae^{x_0-1}-\ln x_0+\ln a=\frac{1}{x_0}-\ln x_0+\ln a$，

且 $f'(x_0)=ae^{x_0-1}-\frac{1}{x_0}=0$，

所以 $\ln a+(x_0-1)=-\ln x_0$，

所以 $f(x_0)=\frac{1}{x_0}-2\ln x_0+1-x_0$，

若 $f(x)\geqslant1$，则 $\frac{1}{x_0}-2\ln x_0-x_0\geqslant0$。

令 $g(x)=\frac{1}{x}-2\ln x-x(x>0)$，则 $g'(x)=-\frac{1}{x^2}-\frac{2}{x}-1=-\frac{x^2+2x+1}{x^2}$
<0，

所以 $g(x)$ 在 $(0,+\infty)$ 递减，

又 $g(1)=0$，当 $g(x)\geqslant0$ 时，$x\in(0,1]$，所以 $x_0\in(0,1]$。

又 $\ln a=-\ln x_0-x_0+1\geqslant0$，且 $y=-\ln x_0-x_0+1$ 单调递减，

所以 $a\geqslant1$。

方法 2：（构造函数法）$f(x)=ae^{x-1}-\ln x+\ln a\geqslant1$，$(x>0)$，

即 $e^{x+\ln a-1}+x-\ln x+\ln a\geqslant x+1$，$(x>0)$，

即 $e^{x+\ln a-1}+x+\ln a-1\geqslant\ln x+x$，$(x>0)$， ·················· ①

令 $g(x)=x+e^x$，$(x>0)$，可证 $y=g(x)$ 在 $(0,+\infty)$ 单调递增。

①式即 $g(x+\ln a-1)\geqslant g(\ln x)$，

所以，$x+\ln a-1\geqslant\ln x$，

即 $\ln a\geqslant\ln x-x+1$，可证 $\ln x-x+1\leqslant0$，

所以 $\ln a\geqslant0$，即 $a\geqslant1$。

方法 3（构造函数法）$f(x)=ae^{x-1}-\ln x+\ln a\geqslant1$，$(x>0)$，

即 $ae^{x-1}+\ln a+x-1\geqslant\ln x+x$，$(x>0)$，

即 $ae^{x-1}+\ln(ae^{x-1})\geqslant\ln x+x$，$(x>0)$， ·················· ①

令 $g(x)=x+\ln x$，$(x>0)$，可证 $y=g(x)$ 在 $(0,+\infty)$ 单调递增。

①式即 $g(ae^{x-1})\geqslant g(x)$，

所以 $a\mathrm{e}^{x-1} \geqslant x$，即 $a \geqslant \dfrac{x}{\mathrm{e}^{x-1}}$，

可证 $\dfrac{x}{\mathrm{e}^{x-1}} \leqslant 1$，

所以，$a \geqslant 1$。

(2020 年新高考一卷第 22 题)已知椭圆 $C:\dfrac{x^2}{a^2}+\dfrac{y^2}{b^2}=1(a>b>0)$ 的离心率

为 $\dfrac{\sqrt{2}}{2}$，且过点 $A(2,1)$。(1)求 C 的方程；(2)点 M,N 在 C 上，且 $AM \perp AN$，$AD \perp MN$，D 为垂足。证明：存在定点 Q，使得 $|DQ|$ 为定值。

命题立意分析：解析几何的思想核心是"以数解形"与"以形助数"的融合。解析法是指把几何问题转化为代数问题，通过代数式的运算认识圆锥曲线的性质以及它们的位置关系，解决简单的数学问题和实际问题。课标要求学生能够掌握平面解析几何解决问题的基本过程：根据具体问题情境的特点，建立平面直角坐标系；根据几何问题和图形的特点，用代数语言把几何问题转化成为代数问题；根据对几何问题(图形)的分析，探索解决问题的思路，运用代数方法得到结论，给出代数结论合理的几何解释，解决几何问题。

知识点考查：椭圆的方程、直线与椭圆的位置关系。

能力考查：逻辑思维、运算求解、创新能力。

核心素养考查：逻辑推理、数学运算。

分值：12。

解析：第一问可通过方程联立求解 a,b,c，得到方程；第二问需要将直线与曲线联立，利用点 M,N 的坐标表示 $AM \perp AN$，探究直线的特征，进而解决问题。

答案：(1)C 的方程为 $\dfrac{x^2}{6}+\dfrac{y^2}{3}=1$。

(2)若直线与 x 轴不垂直，设直线方程为 $y=kx+b$。

将直线与曲线 C 联立，

$\begin{cases} y=kx+b \\ x^2+2y^2-6=0 \end{cases}$，整理得 $(1+2k^2)x^2+4kbx+2b^2-6=0$，

$x_1+x_2=\dfrac{-4kb}{1+2k^2}$，$x_1 x_2=\dfrac{2b^2-6}{1+2k^2}$，

$y_1+y_2=k(x_1+x_2)+2b=\dfrac{2b}{1+2k^2}$，

$$y_1 \cdot y_2 = (kx_1 + b)(kx_2 + b) = k^2 x_1 x_2 + kb(x_1 + x_2) + b^2 = \frac{b^2 - 6k^2}{1 + 2k^2}.$$

$$\overrightarrow{AM} = (x_1 - 2, y_1 - 1), \overrightarrow{AN} = (x_2 - 2, y_2 - 1),$$

所以 $\overrightarrow{AM} \cdot \overrightarrow{AN} = x_1 x_2 - 2(x_1 + x_2) + 4 + y_1 y_2 - (y_1 + y_2) + 1$

$$= \frac{2b^2 - 6 + 8kb + 5 + 10k^2 - 6k^2 + b^2 - 2b}{1 + 2k^2}$$

$$= \frac{4k^2 + 8kb + (b - 1)(3b + 1)}{1 + 2k^2}$$

$$= \frac{(2k + b - 1)(2k + 3b + 1)}{1 + 2k^2} = 0,$$

所以 $2k + b - 1 = 0$ 或 $2k + 3b + 1 = 0$。

当 $b = 1 - 2k$ 时, $y = kx + 1 - 2k$, 直线恒过点 A, 所以舍去;

当 $2k + 3b + 1 = 0$ 时, $b = -\frac{2}{3}k - \frac{1}{3}$,

此时 $y = kx - \frac{2}{3}k - \frac{1}{3}$, 恒过点 $P(\frac{2}{3}, -\frac{1}{3})$, 所以 $PD \perp AD$,

可求得 $Q(\frac{4}{3}, \frac{1}{3})$, 所以 $DQ = \frac{1}{2}AP$ 为定值。

若直线与 x 轴垂直, 可求得直线点 $P(\frac{2}{3}, -\frac{1}{3})$, 可求得 $Q(\frac{4}{3}, \frac{1}{3})$,

所以 $DQ = \frac{1}{2}AP$。

综上, 存在点 $Q(\frac{4}{3}, \frac{1}{3})$, 使得 $|DQ|$ 为定值。

溯源: 在圆锥曲线中存在以下定理。

以椭圆 $C: \frac{x^2}{a^2} + \frac{y^2}{b^2} = 1 (a > b > 0)$ 上定点 $P(x_0, y_0)$ 为直角顶点的椭圆内接直角三角形的斜边必过定点 $G(\frac{a^2 - b^2}{a^2 + b^2}x_0, -\frac{a^2 - b^2}{a^2 + b^2}y_0)$, 且定点在斜边的中点轨迹上; 而且当直角顶点在椭圆上运动时, 其对应的定点 G 在一个新的椭圆上运动。

类似地, 以双曲线 $C: \frac{x^2}{a^2} - \frac{y^2}{b^2} = 1 (a > 0, b > 0)$ 上定点 $P(x_0, y_0)$ 为直角顶点的双曲线内接直角三角形的斜边必过定点 $G(\frac{a^2 + b^2}{a^2 - b^2}x_0, -\frac{a^2 + b^2}{a^2 - b^2}y_0)$, 且定

点在斜边的中点轨迹上；而且当直角顶点在双曲线上运动时，其对应的定点 G 在一个新的双曲线上运动。

同样，以抛物线 $y^2=2px$ 上定点 $P(x_0,y_0)$ 为直角顶点的抛物线内接直角三角形的斜边必过定点 $G(x_0+2p,-y_0)$，且定点在斜边的中点轨迹上；而且当直角顶点在抛物线上运动时，其对应的定点 G 在一个新的抛物线上运动。

本题即在此背景下命制。

备考启示：备考过程中，教师更多地关注思维的训练，而忽视计算能力的培养。其实数学运算能力是制约学生发展的一块重要拼板。教师要善于从学生的平日训练中搜寻运算力培养的基点，以比较评析、展示评价等途径，帮助学生充分理解算理，学会根据情境选择算法，设计运算程序，合理、简洁、准确地得到运算结果。在解析几何中，教师要紧紧围绕"以数解形，以形助数"的观点，重点突破如何"解答"和如何"助解"；在图形关系的判断与证明中，要突出看图能力的培养；在导数等综合性问题的研究中，要突出运算方向的引领作用。另外，在备考阶段，要警惕片面地追求运算的速度，只有在理解的基础上，形成良好的思维品质，准确度才有保证，速度才有意义。

教学建议：运算是数学最基本、最主要的研究对象。通过运算去研究和解决数学和其他学科的问题，也是数学解决问题的基本方法。教师要帮助学生理解运算对象，深入理解运算对象的含义和作用，寻找运算对象与结论之间的逻辑关系，教师要帮助学生学会"合理运用法则，确定运算思路"，明确运算法则的依据是基础，解决问题的思路是目标。运算方法不仅用于解决一个具体问题，还要不断地发掘这些问题的本质，进而拓展到解决一类问题的方法，形成通性通法。教师要在教学中营造宽松的氛围，让学生积极展示不同求解方法，呈现解题思路，鼓励创新求异，但同时要适时开展评析活动，让学生体会方法的合理性和适切性。

高考改革方兴未艾，命题创新任重道远，课堂教学还得永葆初心。让我们一起欢喜着，期待着，迎接未来必定汹涌的改革浪潮吧。

参考文献

[1] 中华人民共和国教育部. 普通高中数学课程标准(2017 年版)[S]. 北京:人民教育出版社,2018.

[2] 人民教育出版社课程教材研究所,中学数学课程教材研究开发中心. 普通高中教科书教师教学用书数学必修第一册[S]. 北京:人民教育出版社,2019.

[3] 人民教育出版社课程教材研究所,中学数学课程教材研究开发中心. 普通高中教科书教师教学用书数学必修第二册[S]. 北京:人民教育出版社,2020.

[4] G·波利亚. 怎样解题:数学教学法的新面貌[M]. 涂弘,冯承天,译. 上海:上海科技教育出版社,2002.

[5] 史宁中,王尚志. 普通高中数学课程标准(2017 年版)解读[M]. 北京:高等教育出版社,2018.

[6] 王尊甫. 一道最优化问题的解法学员析[J]. 中学数学,2010(8).

[7] 王尊甫. 利用轨迹求解三角形中的最值问题[J]. 中学生理科应试,2017(8).

[8] 王尊甫. 知难而退,知难善退[J]. 中学数学教学参考,2018(4X).

[9] 王尊甫,刘新雨. 以退为进,避实就虚——例析导数问题中虚拟设根方法的应用[J]. 高中数学教与学,2018(5).

[10] 王尊甫,于振玺."自主探究,合作学习"教法研究[J]. 中学教学参考,2019(2).

[11] 王尊甫,冷如冰. 一个椭圆性质的推广、应用与再思考[J]. 高中数学教与学,2019(6).

[12] 王尊甫. 在高中数学课堂中渗透传统文化的方式探讨[J]. 试题与研究,2020[19].